中共湖北省委宣传部　　共建　新闻与文化传播学院项目成果
中南财经政法大学

普通高等学校"十四五"规划文学与新闻传播类专业数字化精品教材

编委会

主 任 罗晓静

副主任 余秀才 张 雯

委 员（以姓氏拼音为序）

陈国和 胡德才 李 晓 石永军
吴玉兰 王大丽 徐 锐 阎 伟
朱 恒 朱 浩 张红蕾 朱云飞

普通高等学校"十四五"规划文学与新闻传播类专业数字化精品教材

国家社会科学基金重大项目"草创时期甲骨文献的整理与研究"
（项目编号：20&ZD307）成果

汉字溯源

Traceability of Chinese Characters

谭飞 著

华中科技大学出版社
http://www.hustp.com
中国·武汉

内容提要

《汉字溯源》介绍了汉字的性质、起源、形体演变、造字原理、孳乳与分化等基本常识,选取了人体类、动物类、植物类、天文地理类、器物建筑类共五大类古今常用字并系联一些相关的汉字集中讨论,厘清形义演变源流,兼及一些汉语常用词的讨论、历史信息的追寻,梳理汉字发展演变各阶段的典型字形,注重字形细节的挖掘和构形体系的关照,从字形出发,比较互证,言之有据。本书以严谨科学的态度对待每一个讨论的汉字,用丰富的实例告诉读者原来是这样的,用充分的证据告诉读者为什么是这样的,对具体汉字的分析过程可以让读者初步了解与掌握汉字溯源的基本思路与原则,举一反三,审慎地对待汉字,学会用类似的方法与途径来探究汉字问题,适合大学生、研究生、教师以及有一定知识基础的汉字爱好者参考学习。

图书在版编目(CIP)数据

汉字溯源/谭飞著. —武汉:华中科技大学出版社,2022.2
ISBN 978-7-5680-7551-0

Ⅰ.①汉… Ⅱ.①谭… Ⅲ.①汉字—字源—研究 Ⅳ.①H12

中国版本图书馆 CIP 数据核字(2021)第 260855 号

汉字溯源 谭飞 著
Hanzi Suyuan

策划编辑:周晓方 杨 玲
责任编辑:刘玉美
美术编辑:原色设计
责任监印:周治超
出版发行:华中科技大学出版社(中国•武汉)   电 话:(027)81321913
         武汉市东湖新技术开发区华工科技园   邮 编:430223
录   排:华中科技大学惠友文印中心
印   刷:武汉科源印刷设计有限公司
开   本:787mm×1092mm 1/16
印   张:20.25   插页:2
字   数:431 千字
版   次:2022 年 2 月第 1 版第 1 次印刷
定   价:68.00 元

本书若有印装质量问题,请向出版社营销中心调换
全国免费服务热线:400-6679-118 竭诚为您服务
版权所有 侵权必究

总　序

　　教育经历了"传统"与"现代"的断裂，"大学"也发生了从中世纪到现代的转变。一般认为，1810年德国柏林大学的创立标志着现代大学的诞生。现代大学不仅是教育机构，也是研究机构，推崇"学术自由"和"教学与研究的统一"。这种研究型大学的理念对世界高等教育影响深远，既为现代大学的形成奠定了基础，也在很长时间内规范着大学的评价体系。20世纪以来，大学则被赋予越来越多的功能，包括人才培养、科学研究和社会服务等，但无论大学怎样转变和多功能化，尤其是到了当下，有一个共识逐渐形成并被强化，即人才培养始终是大学最核心的功能。习近平总书记在2016年全国高校思想政治工作会议上明确指出："高校立身之本在于立德树人。只有培养出一流人才的高校，才能够成为世界一流大学。办好我国高校，办出世界一流大学，必须牢牢抓住全面提高人才培养能力这个核心点，并以此来带动高校其他工作。"

　　人才培养涉及面很广，几乎贯穿高等教育的各个环节。教材，是育人育才的重要依托，是课堂教学的关键载体，在落实立德树人和人才强国战略中具有基础性地位和作用。高校教师是教材建设的主体，但高校教师在教材建设中的积极性并不高。究其原因，很大程度上是高校绩效考核中科研成果所占比重远远高于教学成果，教材建设的激励机制严重不足。随着《深化新时代教育评价改革总体方案》的出台，如何改革教师评价方式成为高等教育领域最受关注的问题之一。《总体方案》强调"坚持破立结合"，"破"的是重科研轻教学、重教书轻育人等行为，"立"的是潜心教学、全心育人的制度要求。教育评价是引导教育发展方向的"指挥棒"，在《总体方案》出台前后，国家还出台了若干教材建设规划和教材管理办法，目的在于提高教材建设工作的科学化和规范化。提高教师参与教材建设的积极性，开创教材建设的新局面，已成为新时代背景下高等教育发展的必然趋向。

　　学术著作的撰写和出版具有很强的个人色彩，教材的编写和建设则往往需要组织领导和机制保障。从宏观层面来看，自改革开放以来，高校教材建设经历了实践与探索、发展与创新的不同阶段，并作为"国家事权"纳入我国高等教育的"顶层设计"之中，成为高校教育教学改革与人才培养模式变革的重要结合点。具体到我们学院组织编写这套"普通高等学校'十四五'规划文学与新闻传播类专业数字化精品教材"，既是为了接续学院在新闻、文学和艺术教育方面的优良传统，也是学院在学科专业建设、教学质量提升和人才培养目标实现方面立足当下、展望未来的努力和尝试！

　　中南财经政法大学新闻与文化传播学院成立于2004年9月，其实学院的新闻、文学、艺术等专业的开办与学校的历史一样长久，源头是1948年学校前身中原大学创建之初设立的新闻系和文艺学院。1948年，随着解放战争节节胜利，新解放区迅速扩大，党的政治宣传任务需要一定数量高素质的新闻宣传人才。同年8月26日，中原大学新闻系在河南宝丰县成立，时任中原大学副校长并全面主持学校工作的正是新华日报社第一任社长潘梓年。中原大学新闻系举办了两期培训班，共招收学员130余人，教学任务分别由中原局宣传部和新华社中原总分社的负责干部来承担，主要讲授时事政治和新闻业务知识两类课程，其中新闻业务知识课包括新闻记者的修养（陈克寒）、新闻的评论和编辑工作（熊复）、农村采访工作（张轶夫）、军事采访经验（李普、陈笑雨）、新闻摄影（李普）、新闻工作的编辑排版校对等工作（刘国明）等。在战火纷飞的年代，中原大学新闻系为革命事业及时输送了一批急需的新闻宣传人才，他们大多终身奋战于党的新闻事业中，成为著名的编辑、记者和在新闻战线担任一定职务的领导干部和业务骨干。新闻系随中原大学南迁武汉后，也曾筹备过招收第三期学员的事宜，因种种原因未能继续办下去。但可以自豪地说，中原大学新闻系为我国的新闻教育和宣传事业做出了应有的贡献。

文艺学院和文艺系，是中原大学最早设立的院系之一。1948年9月《中原大学招生广告》显示，当时学校设有文艺、财经、教育、行政、新闻、医务六个系。同年10月，中共中央任命范文澜为校长，潘梓年为副校长。首任校长和副校长均在文学理论领域颇有建树，范文澜的《文心雕龙注》是龙学最有影响的著作之一，潘梓年于1926年出版的《文学概论》是较早参照西方的文学理论研究文学的著作。同年12月，中原大学组建了文艺研究室，著名电影导演、表演艺术家崔嵬为主任。文艺研究室下设戏剧组、音乐组、创作组，另有1名美术干部。1949年六七月间，以文艺研究室为基础，文艺学院成立，崔嵬任院长、作家俞林任副院长，在专业设置上包含戏剧系、音乐系、美术系、创作组、文工团。在两年多的时间里，文艺学院共培养了音乐、戏剧、美术、文学等专业毕业生及各种短训、代培生1136人，他们分布在中南地区和全国宣传、文艺、教育战线上，为我国文化艺术教育事业的发展做出了显著贡献。1951年8月，中原大学文艺学院划归中南军政委员会文化部领导。

因为20世纪50年代全国范围内的高等教育院系调整，学校的新闻、文学和艺术教育曾中断多年。1997年，学校重新开办新闻学专业，创建新闻系，相关学科专业建设步入新的发展阶段。2004年，新闻与文化传播学院正式成立。2007和2008年，学院先后成立中文系和艺术系，使建校之初就有的新闻、文学和艺术教育得以薪火相传。经过二十多年的快速发展，学院已经具备了较为完整的人才培养体系，现下设新闻传播学系、中国语言文学系和艺术系，开设了新闻学、广播电视学、汉语言文学、数字媒体艺术、网络与新媒体五个本科专业及网络与新媒体—法学实验班，其中网络与新媒体、汉语言文学专业入选省级一流本科专业建设点，拥有新闻传播学及中国语言文学一级学科硕士学位授予权和新闻与传播、汉语国际教育专业硕士学位点，新闻传播学为湖北省重点学科、中国语言文学为学校重点学科。

2019年7月，学校与湖北省委宣传部、省教育厅正式签订《共建中南财经政法大学新闻与文化传播学院协议》，学院发展进入新阶段，也迎来了改革和发展的"十四五"规划。学院在"十四五"规划期间的发展目标是，专业建设进一步优化和发展，学科建设逐步增强，人才培养进一步彰显特色，国际合作办学逐步拓展，科学研究再获新的突破，师资队伍结构合理优化。本学院的教学研究与改革工程作为重大行动之一，其具体措施就包括了组织编写出版新闻、中文和艺术专业的系列教材。目前我们推出的系列教材，既有彰显学院在经济新闻、创意写作、文化产业、数字影像等方向人才培养特色的《财经媒体与新闻报道案例》（吴玉兰主编）、《创意写作课》（罗晓静、张玉敏主编）、《儿童文学理论与案例分析》（蔡俊、李纲主编）、《文化产业创意与案例》（王维主编）、《数字雕塑基础》（卢盛文主编），也有展示教师将研究专长与课堂教学有机融合成果的《视听节目策划实务》（石永军主编）、《汉字溯源》（谭飞著）、《应用语言艺术》（李军湘主编）、《中国当代小说选讲》（陈国和主编）、《欧美新闻传播理论教程》（王大丽主编）、《唐诗美学精神选讲》（程韬光主编）、《实用汉语史知识教程》（甘勇主编）、《整合品牌传播概论》（袁满主编）等。

我们深知教材编写之不易，并对编写教材始终保持敬畏之心！系列教材的出版，凝聚了每一位编写者多年潜心教学的思考和付出，也得到了华中科技大学出版社周晓方社长、策划编辑杨玲老师等的大力帮助，在此一并表示由衷的感谢！

我们希望以此为契机，深入贯彻习近平总书记在全国教育大会上的讲话精神，认真落实教育部"以本为本"的指导思想，以高水平教材建设为契机，以培养富有创新意识和开拓精神的复合型人才为目标，与时俱进、深化改革、开拓创新，进一步推动学院在教学质量、课程建设和教学改革等方面取得突破性进展。

罗晓静

2021年8月5日于武汉南湖畔

序

谭飞博士毕业已有十多年，但对汉字的学术兴趣始终不减，他以博士论文为基础的选题，得到教育部基金的支持，经过反复精研，顺利结项，其成果以多篇论文和著作的形式发表出版。从博士研究到教育部课题的结项，他做的工作相对比较集中，主要是与罗振玉相关的甲骨文研究。前些年他又在武汉大学做了个博后，在合作导师的指导下，出站报告也是关于汉字学方向的。那段时间他把主要精力放在研究汉字的构字理据方面，发表了几篇有一定新意的文章，他的博士后出站报告经整理修订后也正式出版了，学界反应良好。

近几年，谭飞结合教学和科研，还做了一些服务社会的工作。在湖北省语言学会的一届年会上，湖北广播电视台教育频道文化教育栏目的负责人，专程在会上介绍了该台拟做一档节目，推介汉字文化，栏目名称为"汉字解密"。会下，我们进行了交流，栏目负责人希望我提些建议并给他们推荐主讲的专家。具体提了些什么，我记得不是很清楚了，但几条主要的建议，还是有些印象的，主要的有三条：一是"解密"的科学性（正确性、学术性），二是"解密"的知识性，三是"解密"趣味性。后面的两条是建立在第一条科学性的基础上的，没有了科学性，知识性、趣味性就失去了依傍，无从谈起。我当时想说的关键意思是，当下乱解乱说汉字的现象比较普遍，不能因过度追求趣味性而损害汉字的理据和文化。当然，最后我也向栏目组推荐了谭飞。后来，谭飞为"汉字解密"栏目讲了一百五十余期，成了栏目的常驻主讲人。前几年的春节期间，我也曾在电视上看过谭飞主讲的几集"汉字解密"，"解密"大体体现了科学性与知识性、趣味性结合的精神。该栏目在 2017 年国家新闻出版广电总局举办的"迎接十九大优秀少儿节目"评选中，荣获电视类一等奖，节目组选送参评的代表节目正是谭飞主讲的动物系列汉字。

谭飞在他工作的大学开设了"汉字溯源"的课程，很受学生欢迎。很多大学都开设了与汉字相关的"汉字与文化"之类的课程，目的是想通过汉字这个"化石"来挖掘隐藏其中的文化，这样来设计课程名称和内容，比较讨巧：一方面可以切合中文系相关专业的学科特点，探讨所谓"本体"的内容，构建弥合专业知识的体系；另一方面，可以拓展专业知识的研究空间，体现"交叉"的特色，增加课程内容的广度和讲授的趣味性、普及性。谭飞的"汉字溯源"课程，不仅形式上，没有用这种讨巧的做法，而且内容上，也有很多他自己的思考，偏重于学科体系内的汉字本体内容的探讨，至于其中必然涉及的文化内容的讨论，那就应该是水到渠成的事儿。"汉字溯源"自然就成了"汉字解密"的基础。

我们即将看到的这本《汉字溯源》，应该是谭飞近几年把科研与教学、社会服务等结合起来思考、研究的结晶，其中有其最新的研究心得和多年的教学感悟，也有其服务社会的考量和担当。

一本好的汉字溯源著作，除了能从汉字符号本身的形、音、义三个要素去追溯其源流之外，还应该特别注意从以下几个方面去溯源、探索汉字的奥义。

一是要重视汉字符号的表意属性。要通过抽象的符号属性发掘汉字符号具体的本真本意。不同于世界上的大多数文字——拼音文字，汉字自始至终都是表意性质的文字，其使用的符号与所记录语言中的词或语素的意义有比较直接的关系，汉字形体中的每一个构件符号，都有其独特的构字意义。因此，在探索每一个汉字的源流时，不能忽略其任何一笔一画的细微变化，特别是在汉字溯源时，更应该如此。

二是要重视（聚焦）汉字结构的层次性。要在汉字共时平面结构的外表下挖掘其历时立体层次的复杂内涵。我们看到的每一个汉字，都有两张不同的面孔，一张面孔是定形固化在特定时间里的静态形体，另一张面孔则是在这个特定静态形体背后的多幅形体叠加起来的动态形体，我们溯源的工作，就是要借助静态的形体，还原汉字的动态形体。这就好比照相和录像一样，照相所得的图像是一幅一幅的，是静态的，而录像则不同，要把一帧一帧的图像连接起来，演示其历时演变的过程，是动态的。汉字的溯源，既要像照相那样，展示、定形不同时期共时的一幅一幅照片，固化其特定时期的结构；又要像录像那样，把固化的一帧一帧特定时期的汉字结构图像，连续不断地演示出来，还原汉字结构演变的动态景象，使汉字结构动起来，直至追溯到最早的结构。

三是要注重汉字的系统性。汉字是一群一群的，汉字所使用的符号也是一群一群的。这个系统性既包括汉字个体所构成的共时系统，也就是通常所说的文字是记录语言的符号系统的共时系统性，也包括汉字个体符号演化的历时系统性；既包括汉字使用的符号所构成的共时系统性，也包括汉字使用符号所构成的历时系统性；既包括汉字符号所表意义的共时系统性，也包括汉字符号所表意义的历时系统性。汉字符号所示语音的系统性和汉字符号结构的系统性，也有共时和历时的两个系统性特征。因此，汉字的溯源，既要把所讨论的"字"放到一个共时的记录语言的符号系统里去观察，也要把这个字放到历时的记录语言的符号系统里去考察；既要把讨论的"字"所使用的符号放到共时系统中不同的"字"里去观察，也要考察这个"符号"在历时系统中的变化情况；既要考察所讨论"字"的意义系统，也要关照这个"字"所使用符号的共时和历时意义系统。汉字的语音、汉字的结构同样也应该放到这两个系统里去讨论分析。

从整体上看，谭飞的《汉字溯源》基本上体现了这种精神，既继承了传统的字词溯源之方法和成果，也有其覃思精研之新构新论。

谭飞治学严谨，思维缜密，志存高远，锲而不舍。读者诸君可从其新作《汉字溯源》中，略窥一二。著作之不足，诸如关于汉字起源、简化等的讨论，或可做得更加精审一些，此不赘述。

是为序。

2021年暮春于喻家山南麓寓所

目 录

绪论 ·· 1

第一章 汉字基本知识 ·· 5
第一节 汉字的性质 ·· 5
第二节 汉字的起源 ·· 6
第三节 汉字的形体演变 ·· 10
第四节 汉字的构形模式 ·· 20
第五节 汉字的孳乳与分化 ··· 37
第六节 汉字的简化 ·· 42
第七节 与汉字相关的若干概念 ··· 44
第八节 汉字溯源应注意的问题 ··· 48

第二章 人体类部首及相关联的汉字溯源 ··· 53
第一节 外形相关 ·· 53
第二节 手部相关 ·· 93
第三节 足部相关 ·· 117
第四节 面部相关 ·· 125
第五节 内部器官相关 ··· 147

第三章 动物类部首及相关联的汉字溯源 ··· 155
第一节 飞禽相关 ·· 155
第二节 走兽相关 ·· 159
第三节 鳞虫相关 ·· 170

第四章 植物类部首及相关联的汉字溯源 ··· 175
第一节 草木类相关 ·· 175
第二节 禾类相关 ·· 184
第三节 竹麻及其他 ·· 191

第五章 天文地理类部首及相关联的汉字溯源 ·· 194
第一节 天文相关 ·· 194
第二节 地理相关 ·· 202
第三节 物象相关 ·· 222

第六章　器物建筑类部首及相关联的汉字溯源⋯⋯⋯⋯⋯⋯⋯⋯⋯⋯⋯⋯225
　　第一节　饮食服饰相关⋯⋯⋯⋯⋯⋯⋯⋯⋯⋯⋯⋯⋯⋯⋯⋯⋯⋯225
　　第二节　武器工具相关⋯⋯⋯⋯⋯⋯⋯⋯⋯⋯⋯⋯⋯⋯⋯⋯⋯⋯253
　　第三节　建筑居处相关⋯⋯⋯⋯⋯⋯⋯⋯⋯⋯⋯⋯⋯⋯⋯⋯⋯⋯288

附录　检字表⋯⋯⋯⋯⋯⋯⋯⋯⋯⋯⋯⋯⋯⋯⋯⋯⋯⋯⋯⋯⋯⋯⋯302

参考文献⋯⋯⋯⋯⋯⋯⋯⋯⋯⋯⋯⋯⋯⋯⋯⋯⋯⋯⋯⋯⋯⋯⋯⋯⋯310

后记⋯⋯⋯⋯⋯⋯⋯⋯⋯⋯⋯⋯⋯⋯⋯⋯⋯⋯⋯⋯⋯⋯⋯⋯⋯⋯⋯312

绪　论

　　文字是人类文明的重要标志，文字的产生和演变见证并记录了世界文明的发展历程。文字承载着丰富的文化信息，国际上认可度较高的四大文明古国——古巴比伦、古埃及、古中国、古印度，都有自己的古文字。汉字是世界上使用最为广泛的文字之一，也是目前仍在使用的历史最为悠久的文字，虽然其形体经历了一定的演变，但诸多历史基因被传承了下来，这在世界现行文字中是绝无仅有的。提高对汉字的科学认识，了解汉字的历史以及有关的中华历史文化，对于正确地运用汉字、深入地理解汉语作用巨大，对于文化的保护与传承意义深远。

一、课程内容与目标

　　从培养学生对汉字的理性认识出发，介绍汉字的基本知识、基本理论和分析方法，使学生掌握汉字的结构特点和发展规律，学会分析汉字并能通过分析汉字解决汉字书写与教学、文献阅读与理解等方面的实际问题，拓宽学生的知识面，扩大学生的文化视野，提高学生的人文素质，实现人文精神的传承。

　　课程主要包括两大部分。

　　第一部分为汉字基本常识。具体包括汉字的性质、汉字的起源、汉字的形体演变、汉字的构形模式、汉字的孳乳与分化等内容。

　　第二部分为常用部件及相关联的汉字分析。按部件主要分人体类、动物类、植物类、天文地理类、器物建筑类五大类，分别系联字形上有关联的一组字进行讨论。

　　通过本课程的学习，希望学生至少在如下四个方面有直接的收获。

　　（1）具备基本的文字学常识，能借助这些知识大致判断某一说法是否合理或进行初步的思考与分析。如有人将"婚"解释为"一个女人因为头脑发昏而结了婚"，其实通过典籍我们会发现，"婚"之本字为"昏"，《仪礼·士昏礼》讲的是结婚礼仪，用的就是"昏"字，郑玄曰："士娶妻之礼，以昏为期，因而名焉。"可见，"昏礼"因是于"昏"时举行的礼仪而得名，与头昏没有半点关系。有人将"裕"解释为丰衣足食，乍看起来似乎很有道理，但是表粮食义的"谷"字本来是写作从禾殻声的"穀"的，而"谷"的本义指山谷，在"裕"里只是提示字音的。"浴""峪""欲""鹆"等字读音跟"裕"相同，也是以"谷"为声符。

　　（2）对汉字构形的理据有基本的把握，知道汉字为什么这样写。如"冒"是人们经常写错的字，错误的主要原因即是不明其理据，"冒"从冃从目，"冃"本象头衣之形，从小篆字形可以清晰地发现"冕""冢""冠""胄"等字中均有构件"冃"或其省体。"川"甲骨文作 ）（、 ）））， 象不舍昼夜流淌的河流，有了这个认识，恐怕就不会再把"川流不息"写成"穿流不息"了吧。

（3）对汉字所记录的词有准确的理解，知道汉语为什么这样说。如"企鹅"何以叫"企鹅"？"企"甲骨文作 ，象人跂足之形，企鹅给人印象深刻之处不正是其双足站立、仰首挺胸之态吗？有了对"企"的认识，"企盼""企及""企图"等词也不难理解了。"牙""齿"意思相近，但为什么是"犬牙交错""笑不露齿""唇亡齿寒""咬牙切齿"，而不说"犬齿交错""笑不露牙""唇亡牙寒""咬齿切牙"？"牙"金文作 吴敔簋[①]，象交错的臼齿。"齿"甲骨文作 ，本指齐整的门齿，金文增声符"止"作 中山王𰻞壶。可见，"牙""齿"的部位与功能在这组成语里体现得是多么准确，古人造词是多么的精密。

（4）对汉字所蕴含的文化信息有所了解，在汉字丰富的文化内涵的熏染下提升个人文化素养。如"友"甲骨文作 ，所谓同志为友，劲朝一个方向使，以朝向相同的两只手会意。又如"兄"甲骨文作 、 ，"祝"甲骨文作 、 ，它们的形体之别在于"祝"多部件"示"，如此造字，反映了我国宗法制度的形成较早，祭祀时一般由长兄充当主祭者。

二、学习重点与方法

语言文字学具有严密的科学体系。同刮风、下雨、打雷、闪电等自然界的其他现象一样，语言现象本身具有一定的客观性，它虽然附载了很多的人文信息，但本质上只是自然界万千声响之一，因此，对一种自然现象的解释，并不是达到"讲得通""有一定的道理"就可以了，一般情况下，真相往往只有一个，应该尽力还原现象背后的唯一真相。从这个层面上看，语言文字学比较接近自然科学。本课程力图还原文字背后的真相并指示寻找真相的方法与途径，在学习者心中种下一颗正确的种子。

现在有不少不太严谨的文字解说流行，只能当文字游戏一笑置之。有些是稍有点文字学知识马上就可甄别的，如有说法认为"恕"就是向某人心上人求情以得到对方谅解，我需要食物就是"饿"。其实，"恕""饿"都是形声字，"如""我"是提示字音的声符，与字义没什么关系。若照此解法，"絮""帤""茹""筎""鹅""娥""蛾""峨"等字又该如何解释？

治文字不易，学者大家也难免偶有失误，这就需要我们养成缜密的思维习惯，具备较多的文字学知识，掌握科学的判断方法。如"家"，清代朴学大师段玉裁认为"豭家之生子最多，故人居聚处借用其字"。商承祚《说文中之古文考》认同之并申之曰："先民假豭厕为家者，因豕生殖蕃衍，人未有不欲大其族，故取蕃殖之意。"实际上

---

① 本书金文字形右下所标为该金文所在器物名称，出自容庚《金文编》。

甲骨文的"家""圂"为两个不同的字,"家"作🐷、🐷、🐷,"圂"作🐷、🐷、🐷,"圂"为豢豕之厕。"家"由"宀""豕"两个部件构成,"宀"象屋舍,但"豕"作何解？人类很早就开始豢养、驯化犬和豕,这在东亚和西亚均可追溯到近万年前,故文字中多有从"犬"与从"豕"的字,如"突""莽""伏""器""默""臭""奬（奖）""状""逐""豢""豚""豪""虘""豪"等。豕,即猪,很早为家庭饲养,为人类早期的主要肉食来源之一。东亚新石器时代主要文化遗址中几乎均有猪骨出土。1975 年,甘肃文物队对距今 4000 年左右的齐家坪遗址进行考古发掘,从出土的动物骨骼可知,家畜以豕为主,足示当日蓄豕之繁。云贵一带的苗族住房仍有保留上层住人下圈饲猪的形制者,这一形制很可能正是"🐷"的创制之源。20 世纪早期对于不太富裕的很多中国农村家庭来说,猪仍是主要的经济和肉食来源之一。正因为先民往往于居室内养猪,猪是重要的肉食来源,故创字时以"宀""豕"会"家"之意。

析解文字必须有全局的、系统的观念。汉字的形体演变是有一定规律的,如果对单个字做解析,相关的字可以提供辅证,当某个说法只能解析单个字时,哪怕再精妙,都有可能是不可靠的。如"臣"象竖目之形,何以取象于此？人首俯而仰观则目竖,故以竖目代屈服之人,所谓"俯首称臣"是也。大概是初时奴隶主以驯服的奴隶作臣,先是家臣,后随着奴隶主权势的增大而为国之大臣。同样发展为官员之称的"宰",其最初身份其实与"臣"相似,本为受了黥刑的奴隶在屋下执事,"宀"为房舍,"辛"本象古时刻镂用的曲刀①,文字中从"辛"之字多与罪罚有关,如"皋（罪）②""辜""辟""辥""辭""辡"等,直至清末光绪三十二年（1906 年）修订《大清律例》时,黥刑才被彻底废除。古时奴隶没有人权,故奴隶主往往会于奴隶身上作记号以方便识别,如"民"早期为奴隶之称,后来才泛指庶民,甲骨文作🐷,早期金文作🐷冠尊、🐷大盂鼎,象以针或小刀刺人眼。今农村饲养鸡鸭者,为免与邻家相混,也往往有断趾残冠者,其作法类似于当年把"民"视作个人私有财产之奴隶主。从"臣"的与眼睛有关的字还有"望（望）""臥（卧）""監（监）""臨（临）"等。"望"甲骨文作🐷,本为人登高望远,故特著其目,金文作🐷士上盂,增"月",以登高望月会意,西周中期出现🐷走馬休盤,将"臣"改为"亡",以作声符。"臥",《说文解字》曰:"休也。从人臣,取其伏也。"段玉裁认为"臥"与"寝"异,寝于床,卧于几,析言有别,统言之则不别,即"臥"象人俯伏的状态,"臣"为俯伏状态下的目。"監"甲骨文作🐷,金文作🐷應監甗、🐷頌鼎,象人俯首于皿而自察,细察之,目形也甚明。"臨"金文作🐷大盂鼎,象人俯视众物形,"臣"为俯瞰的目形。这些字中的"臣"本象目形无疑,因文字简化,现仅"卧"保留了"臣"形。一字通而相关的一组字均可通,才是理想的说解文字的情形。但凡真理,往往是颠扑不破的,其证据是多维的,于汉字溯源也是如此,

---

① 详见郭沫若《释支干》一文,见《甲骨文字研究》,大东书局,1931 年。
② 为直观展现字形的演变或字与字之间的关联,本书采用部分繁体字形或部件,必要时于繁体字后括注对应的通用规范汉字。

相关字会形成一个严密的证据场。

当然，因语言文字的人文性及目前已发掘的资料的限制，不排除有些字的析解难以形成唯一真相，但我们会力图在现有学术成果的基础上给出尽量合理的分析或推论。

我们希望学习者在学习过程中，养成严谨的思维习惯，掌握科学的汉字分析方法、步骤，坚持历史的眼光，在字形演变的完整链条的基础上，梳理相关的一组字，按造字原理探究字形中蕴含的理据信息，树立全局观念，综合比较各期字形，全面参阅典籍用法，准确把握汉字的形义流变情况。

第一章 汉字基本知识

第一节 汉字的性质

瑞士语言学家费尔迪南·德·索绪尔《普通语言学教程》将世界文字分为两大体系：①表意体系。一个词只用一个符号表示，而这个符号不取决于词赖以构成的声音。这个符号和整个词发生关系，因此也就间接地和它所表达的观念发生关系。这种体系的典范例子就是汉字。②通常所说的表音体系。它的目的是要把词中一连串连续的声音模写出来。表音文字有时是音节的，有时是字母的，即以言语中不能再缩减的要素为基础。索绪尔是从字形是记音还是记义的角度来给文字分类的，比较符合语言本身的符号性特征，字形是能指，音义是所指，在用形式表达内容时，文字往往只能侧重于记录其中某一个方面。

一、表意性是汉字的主要特性

文字是记录语言的符号系统，字形是它的物质外壳，字音、字义是它的内涵，而就音义本身的关系而言，义又是借助于音这个物质形式传达的。这就造成了人类造字时的两种倾向，一是用字形去提示声音，让人借助声音再去解读其附载的意义，二是用字形直接去提示意义。如同样是表示"水"这一意义，"water"用字母记录了这个意义的单词怎么发音，从这几个字母我们是看不到义的提示的，而"$"则以图像似的字形反映了水的形态，这一字形又没有声音方面的直观提示信息。或许有人会说，汉字早就不是甲骨文、金文时代的写法了，字形的图像性基本已经丧失，摆在我们眼前的只是笔画的组合。但须知，字形的演变是有较强的对应规律的，哪怕是讹变也找得出蛛丝马迹来，汉字的基本部件其实是有限的，这些部件都仍保留着很强的理据性。如"宀"由"∩"演变而来，现行汉字从"宀"的字均与房屋有一定的关系，当然，也有"∩"变为了"冂"的，但字例很少，目前就只"向""奥"两字。

二、作为构字基础的"文"表意特征突出

有人认为汉字形声字中的声符以及假借字都有提示声音的成分，主张表意性不能概括为汉字的性质。有一点可能没有多少人会质疑，从作为构字基础的"文"的角度来看，汉字的表意特征十分突出。虽然汉字形声字里含有起表音作用的声符，假借字

更是纯粹记音的,但它们属于由"文"孳乳而来的"字"和文字在使用中的变通,是发展与运用中的调整变化,其实声符、假借字字形本身往往是表意清晰的,只不过后来才充当记音符号,不能由后以例前,因此而否定它们的源的表意性,特别是不能忽略汉字字形本身对理据信息的顽强的历史承继性。这正是汉字与字母文字的迥异之处。如"到"从至刀声,声符"刀"在构字中的作用仅为提示读音,但大家都知道"刀"本身是有意义的,只是在"到"这个字里不显示意义罢了,也就是说,在"刀"充当声符之前,它是有明晰的表意作用的,文字发展到一定阶段后,才被当作提示声音的符号来造字,而在其他字形里它仍然有表意的作用,如"删""班""初""绝"等中的"刀"。此外,一部分形声字的声符并不是单纯的提示读音的,也有表意的作用,如:"珥"中"耳"既是声符,又提示"珥"是耳朵上的坠饰;"坪"中"平"既是声符,又提示地是平的。假借字如"其"很早被借作助词用,《诗·邶风·北风》"北风其凉,雨雪其雱",两个"其"放在形容词前起加强形容的作用。但"其"原本为簸箕的意思,它的甲骨文字形为⊠,正象簸箕形,金文出现大量增"丌"者,如师同鼎作⊠、虢季子白盘作⊠、伯者君盘作⊠等,遂成"其"形,而它被假借作助词的用法普及后,为记其本义,在本字的基础上加提示材质的"竹"而造出"箕"来,这才分化为两字,也就是说"其"在假借之前的表意是十分清晰的。

有人因汉字在语音上代表音节,在意义上代表语素,提出汉字是音节文字、语素文字,还有人主张叫意音文字等,都只抓住了汉字某一方面的特征,视角不同,归类当然有别了。有些提法其实并不具备分类价值,即反映不出汉字的区别特征,我们不参与争论。

第二节 汉字的起源

甲骨文是我国目前已知最早的成体系的文字,但不是最早的文字,任何事物的发展都有一个过程,汉字在甲骨文之前一定经历了漫长的发生、发展时期。关于汉字的起源,中国古代文献中多有涉及,其中有四个比较有影响的说法。

一、结绳说

《周易·系辞下》载:"上古结绳而治,后世圣人易之以书契,百官以治,万民以察。"郑玄注:"结绳为约。事大,大结其绳;事小,小结其绳。"《北史·魏本纪》说北朝魏的先世"射猎为业,淳朴为俗,简易为化;不为文字,刻木结绳而已"。有人根据这些认为文字起源于结绳。但回到典籍本身,我们不难发现,结绳只是帮助记忆的一种手段,"事大,大结其绳;事小,小结其绳"(如图1-1所示),并没有与语言对应起来。文字是记录语言的符号,结绳并非在记录语言,其实质类似于以实物记事。

在文字发明以前,先民们曾使用过实物助记的办法,即以具体的物件来辅助记忆一定的事件或传达某种信息。上古时期中国人及印加人都曾使用过结绳记事的办法，如古代印加人使用的奇普（Quipu），用一条带颜色的绳子作主绳，主绳上隔不同的距离系上不同颜色的副绳，用以表示各种不同的事情——红色代表军事及兵卒、黄色代表黄金、白色代表银器及和睦、绿色代表禾谷等，每根副绳上又以绳结来代表不同的事件，其所记之内容涵盖人口统计、土地疆域、种族标号、刑法宗教等各方面，而只有负责管理的 Quipucamayocs 才能准确地解读绳结所代表的信息。

实物记事的物件如何使用，在不同的族群内可能有不同的约定，并不一定局限于结绳的办法，经过族群约定后，有些实物会具备一定的象征意义，用在表达对应信息的场合。如解放前，中国的独龙族用木刻来记载和传达土司的命令，记录民间债务、聘礼清单等，比如在木头左上边刻一个大缺口，下边刻几个小缺口，就表示要来一个大管事、几个随从，有时还附带箭头、辣子、鸡毛等不同的物件，以表示不同的意思，箭头表示很快抵达，辣子表示如不服从必严厉制裁，鸡毛表示迅速传递等，持送木刻的人一般会根据刻口与附带实物做细致的解释。

从传递信息的过程来看，颜色、绳结、刻口、辣子、鸡毛等都只是帮助记忆的，最终还要靠人借助这些提示把信息用语言组织出来，人类发展史上，帮助记忆的实物并不仅仅局限于它们，并且也不存在物与事之间的严格对应。总之，用具体的物件辅助记忆或作为象征传达一定的信息，与记录语言的文字是有本质区别的，这些实物与文字的诞生没有必然的相关性，只是文字产生之前的一种记事手段。

二、八卦说

《周易·系辞下》云："古者包牺氏之王天下也，仰则观象于天，俯则观法于地，观鸟兽之文，与地之宜，近取诸身，远取诸物，于是始作八卦，以通神明之德，以类万物之情。"指出八卦是有所取象的，这与早期的象形文字确有共通之处。郑樵《通志·六书略》认为：取天于☰，取地于☷，取水于☵，取火于☲，取山于☶，取雷于☳，取风于☴，取泽于☱（如图 1-2 所示）。郑樵的分析当中，只有"水"与☵似乎可对应起来，其他诸字实在无法与卦象建立直接的关联。这种说法当是因人们崇拜文字而与当时普遍崇拜的八卦刻意比附形成的。

三、河图洛书说

《周易·系辞上》："河出图，洛出书，圣人则之。"《尚书》："伏羲有天下，龙马负图出于河。"两书可相映证，说的其实是伏羲创制八卦，但将其神秘化了。《尚书·顾命》孔安国传："伏羲王天下，龙马出河，遂则其文以画八卦，谓之河图。"即直言河图为八卦之源。《竹书纪年》有黄帝受河图、大禹受洛书的说法，《宋书·符瑞志》又有尧、舜得河图的说法，可见，因是传说，故版本各异。有人为消解典籍矛盾，提出其实龙马、灵龟有数次出现,多次负图、书而出(如图1-3所示)。传说将文字认为是神迹,反映了人们对文字及其代表的文明的景仰。

四、仓颉造字说

《荀子·解蔽》说:"好书者众矣,而仓颉独传者,一也。"仓颉之前已有文字,黄帝统一各部落之后,史官仓颉对文字进行了整理规范,作为标准推行开来,于是中国有了统一的文字,后世便以为文字始于仓颉了。《吕氏春秋·君守》说:"仓颉作书,后稷作稼。"仓颉时的文字究竟是怎样的,目前尚不可详考,但典籍零星有些记载。《韩非子·五蠹篇》:"仓颉之作书也,自环者谓之厶,背私者谓之公。"段玉裁曰:"自环为厶,六书之指事也;八厶为公,六书之会意也。"许慎《说文解字·叙》:"黄帝史官仓颉,见鸟兽蹄迒之迹,知分理之可相别异也,初造书契。""仓颉之初作书,盖依类象形,故谓之文;其后形声相益,即谓之字。"段玉裁注:"'依类象形',谓指事、象形二者也。指事亦所以象形也。""'形声相益',谓形声、会意二者也。有形则必有声,声与形相附为形声,形与形相附为会意。'其后',为仓颉以后也。仓颉有指事、象形二者而已。"早期的"文"主要是用象形、指事二法创制的,它接近于物体本来的形象,在"文"的基础上不断孳乳出"字"来。文字的创制是人类发展史上里程碑式的事件,标志着文明的开始,《淮南子·本经训》:"昔者仓颉作书,而天雨粟、鬼夜哭",认为文字的诞生是惊天动地的壮举。仓颉可能真有其人,他对早期的文字做过整理工作,但在传说中被神化了,传说他"双瞳四目"(如图1-4所示),反而削弱了"仓颉造字"的可信度。文字的发明当非一人之力,仓颉可视作在文字发展过程中做出卓越贡献的代表。

图1-1 结绳

图1-2 八卦

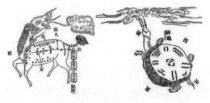

图1-3 河图洛书

图1-4 仓颉

以上四个说法,有的是文字产生之前的记事方法,有的具有神话传说的色彩,但其实多数涉及文字的来源问题,即文字最初是取象于天文、地理、"鸟兽蹄迒之迹"等自然物象的。

五、汉字起源于图画和刻画符号

从世界文字的起源及我国考古发现来看,汉字起源于图画和刻画符号。距今约 7000—5000 年的河姆渡文化遗址发掘有鱼藻纹陶盆、稻穗纹陶盆、猪纹陶钵、五叶纹陶块等(如图 1-5 所示)。距今 7000 年左右,位于安徽蚌埠市小蚌埠镇的双墩文化遗址发现了 600 多件有刻画符号的陶器,以鱼纹、猪纹为多,还有鹿纹、蚕纹、鸟纹、虫纹(如图 1-6 所示)。距今约 7000—5000 年,位于陕西华县泉护村的仰韶文化遗址出土的彩陶盆上有鸟形图案(如图 1-7 所示)。距今 6000 多年的西安半坡文化遗址中发现有大量的刻画符号(如图 1-8 所示)。学者们对半坡陶文关注较多,郭沫若《古代文字之辩证的发展》说:"刻划的意义至今虽尚未阐明,但无疑是具有文字性质的符号"。于省吾《关于古文字研究的若干问题》主张:"当时的简单文字不会也不可能只限于陶器上,陶器以外,自然要有更多的简单文字……这种陶器上的简单文字,考古工作者以为是符号,我认为是文字起源阶段所产生的一些简单文字。"但也有学者如高明[①]、徐中舒[②]等认为它们只是记事符号。虽然没有足够的证据证明这些符号记录了语言的音义,且它们往往是单独出现,没有构成完整的词语或句子,但应该与文字的产生有一定的关系,因为甲骨文中的象形字正是以线条勾勒事物的轮廓、特征来记录语言的,二者有一定的相似性。

在距今约 6500—4500 年的大汶口文化遗址出土的陶器上发现的刻符,形义明确,且已开始借部件的组合来传达意义,一般认为当是萌芽期的汉字(如图 1-9 所示)。从世界范围来看,文字都经历了一个由图画到文字的过程,如古中国的甲骨文(如图 1-10 所示)、古埃及的圣书字(如图 1-11 所示)、古巴比伦的楔形文字(如图 1-12 所示)、古希腊克里特岛的泥板文字(如图 1-13 所示)等均有一定的图画色彩。

图 1-5　河姆渡文化黑陶盆

图 1-6　双墩文化遗址陶片

图 1-7　泉护村遗址彩陶盆

图 1-8　西安半坡文化彩陶盆、陶片

---

① 高明,《论陶符兼谈汉字的起源》,《北京大学学报》,1984 年第 6 期,第 47-60 页。
② 徐中舒、唐嘉弘,《关于夏代文字的问题》,《夏史论丛》,齐鲁书社,1985 年。

图 1-9　大汶口文化遗址陶器刻符拓片

图 1-10　古中国的甲骨文

图 1-11　古埃及的圣书字

图 1-12　古巴比伦的楔形文字

图 1-13　古希腊克里特岛的泥板文字

第三节　汉字的形体演变

在漫长的历史发展中，某一阶段基本上都有一种对应的主要字体，如商代的甲骨文，西周的金文，秦代的篆书，汉代的隶书，汉以后的楷书、草书和行书。它们的形体变化具有一定的继承性，而又有各自鲜明的特点。

一、甲骨文

甲骨文是中国目前已发现的最早的有严密系统的文字，它还保留着一定的图画的痕迹，可能不是最古老的文字，但在汉字的发展中占有十分关键的位置。目前发现的甲骨文主要是商代后期（公元前 14—前 11 世纪）和西周早期（约公元前 16—前 10 世纪），王室贵族用于占卜而刻在龟甲和兽骨上的文字。因文字基本上都是契刻而成，又叫契文；因其最初大量被发现之地为殷商废墟，也称殷墟文字；因其内容绝大多数为占卜之辞，又称贞卜文字；现在一般以其载体为龟甲兽骨而通称甲骨文。一则完整的卜辞由前辞（时间和贞卜之人）、问辞（卜问之事）、占辞（兆纹解读）、验辞（应验情况）组成，内容涉及社会生活的诸多方面，包括祭祀、气候、收成、征伐、田猎、病患、生育、出行等，具有极高的历史、文化价值。迄今已发现大约 15 万片甲骨，4500 多个不同的文字图形，已基本识别的约有 2500 字。

甲骨文具有鲜明的早期文字的特点。

（1）笔画细瘦，多方笔与直笔。因甲骨文是用刀契刻在坚硬的龟甲（如图1-14）或兽骨（如图1-15）上的，所以线条比较瘦劲，多用直线，转笔处多方折。如：斧钺的锋刃一般是有一定弧度的，而戉之下笔写作了直横；早的头部写成了方形；牛、羊，牛羊角弯曲处的折角也十分明显。

（2）字形瘦长，大小不一。同一龟甲或兽骨上的文字，受笔画多少的影响，大小往往不一致，笔画多者占的空间大些，笔画少者则写的小些。如图1-15 牛肩胛骨左侧和右下的卜辞中，龟、鱼和明显大于其他字形，卜、口则相对小不少。

（3）结构不固定，异体字多。如图1-15 牛肩胛骨中间的卜辞中有两个"车"，一作车，一作车。具体来说，主要有三种情形：①同一文字形体方向、笔画多少不固定，如企、企都是"企"，彭、彭都是"彭"，玉、玉都是"玉"。②相同构件的字，在不影响字义传达的前提下，构件位置比较灵活，如休、休都是"休"，陟、陟都是"陟"，磬、磬都是"磬"。③义近形符通用的情况比较普遍，如"蒭"作蒭、蒭，或从屮，或从木；"鬼"作鬼、鬼、鬼、鬼，或从人，或从儿，或从大，或从女；"逐"作逐、逐、逐、逐，或从豕，或从犬，或从兔，或从鹿。

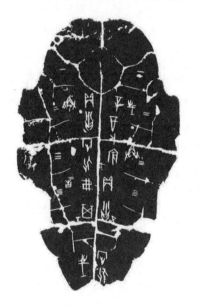

图1-14 龟甲

图1-15 牛肩胛骨

（4）存在合文现象。合文是将几个汉字按一个整体写，占一个字的位置。如"五千"作五千，"示癸"作示癸、示癸，"十二月"作十二月、十二月、十二月、十二月，"二十人"作二十人，"大吉"作大吉，等等。按内容分，主要有数字、专名、数名及熟语合文。按字数分，有两字合文和三字合文两种，其中三字合文较少见。组成合文的各个单字位置往往不固定。

（5）以象形字、会意字居多，形声字约占20%，存在不少假借现象。早期文字带有较浓厚的图画色彩，象形字就像简笔画，以线条勾勒出事物外形或主要特征，如"目"作▱，"象"作▱，"禾"作▱，"山"作▱。会意字则以几个形象的个体组合到一起传达新义，如"年"作▱，以人负禾，会谷物成熟之意，"初"作▱，以衣刀，会裁衣之始，"出"作▱，以居处的穴与向外的足形，会外出之意。指事字多是在象形字的基础上加抽象符号来提示新义，如"刃"作▱，"亦"作▱，分别在刀形与伸展的人形的基础上以点示其所在。形声字如从水可声的▱，从晶生声的▱，从女我声的▱等，说明甲骨文时代已具备一定的符号观念，已较多地在构字时运用一些部件来提示字音。假借字如"▱（在）"本象草木初生，而卜辞中大量借用作介词，"▱（东）"本象橐形，卜辞中借用来表东方，"▱（我）"本象一种武器，卜辞借用作第一人称代词。假借是在需要表达的意思越来越丰富复杂的背景下，现有的文字不够用，而一些抽象的意思及虚词等又不容易创造合适的新字来表现时，借已有的音同音近的字形来代替的做法。假借是在视觉上的以形表意的办法无法记录语词时，通过借形表音的方式从听觉上进行沟通。

二、金文

金文是指铸刻在青铜器上的铭文，西商、周、春秋、战国时期均有金文，但以西周为盛，主要内容有天子巡狩、祀典诏命、王侯功绩、契约盟誓等（如图1-16所示）。周代称铜为金，所以人们把这样的文字称金文或吉金文字。青铜铸造的礼器、乐器为当时重要场合经常使用的器物，而礼器以鼎为代表，乐器以钟为代表，且一般钟鼎上的字数较多，所以金文又叫作钟鼎文。容庚《金文编》引用器目3902件，金文共计3772字，其中可识别的有2420字，基本可以代表今日可见金文的概况。

铸造青铜器先以土做成模型，再注入青铜熔液，可能是因为先在土质模型上做好文字，所以金文字形十分规整。其主要特点有：

（1）笔画厚重，笔势圆转，出现了连贯的折笔。早期金文肥笔较多，如"辛"作▱册戊父辛卣、▱辛卿父簋、▱大父辛卣，"父"作▱父癸鼎、▱史父庚鼎、▱且己父辛卣、▱父戊鼎，"正"作▱邲卣、▱乙亥鼎、▱盂鼎、▱君夫簋，"在"作▱盂鼎、▱作册馥卣、▱敄尊。铭文庄重、严谨，与其所记内容往往为国之大事或丰功伟绩有关，所谓钟鸣鼎食之家往往都是王公贵族，特别是被视为国之重器的鼎，它们上面的文字自然力图表现出雄壮浑厚的庙堂之气。

（2）字形较甲骨文方正丰满，结构布局较为匀称，大小差距缩小，渐趋整齐。人们书写、铸造文字时已有很强的审美意识，如西周的大克鼎铭文前段有明显的界格，反映了铸字时对字形整齐划一的追求。

（3）异体字仍然存在，但与甲骨文相比已大为减少。义近形旁通用的情况逐渐减少，构字部件的位置趋于固定。有些甲骨文中存在的形符通作的现象在金文中消失，如"莫"甲骨文或从艸作▱、▱，或从木作▱、▱，而金文仅见从艸作▱散盘、▱莫父卣者；有些则仍然存在，如形符"人""卩"通用，"见"甲骨文▱、▱并见，金文作▱史见卣、䌂見尊，情形相同。构字部件的位置原来在甲骨文中不固定，金文则逐步定型，如"即"甲骨文作䈾、䈿，构件"皀""卪"的位置不拘，金文基本定型为䉀竞卣、䉁颂鼎；"既"甲骨文作䊀、䊁，构件"皀""旡"的位置不拘，金文基本定型为䊂矢方彝、䊃牆盘；"宿"甲骨文作䊄、䊅，金文作䊆宿父尊、䊇郊子宿车盆、䊈帚簋，"兽"甲骨文作䊉、䊊，金文作䊋史兽鼎、䊌先兽鼎、䊍啟卣、䊎员卣，构件位置基本固定。

（4）合文现象仍少量存在。多为专名、数名、常用短语，如"小臣"作䊏缶鼎，"三千"作䊐孟鼎，"五朋"作䊑宰甾簋，"四月"作䊒小臣邑斝，"宝用"作䊓召乐父匜，"子子孙孙"作䊔孚尊，等等。

（5）象形特征弱化，符号特征加强，形声字约占50%，明显多于甲骨文。一些原来不是形声字的字也形声化了，如"齿"甲骨文作䊕、䊖、䊗，金文增声符"止"作䊘中山王䜭壶；"裘"甲骨文作䊙，金文增声符"求"作䊚九年卫鼎、䊛大师虘簋；"禽"甲骨文作䊜，金文增声符"今"作䊝多友鼎；"宝"甲骨文作䊞，金文增声符"缶"作䊟伯鱼簋、䊠颂鼎；"囿"甲骨文作䊡、䊢，金文改会意为形声作䊣秦公簋；"望"甲骨文作䊤，无叀鼎将目形改为声符"亡"作䊥；"甫"甲骨文作䊦，金文改为从用父声的䊧蘇甫人匜、䊨为甫人盨。

商代小子逢卣

商代四祀邲其卣

西周大盂鼎（局部）

西周大克鼎（局部）

图1-16　商周青铜器铭文示例

从春秋晚期到战国时期，诸侯割据、战乱频仍的局面使得当时的中国没有统一的文化政策，青铜器铭文的地区差异越来越突出，在不同的简化、美化心理的影响下，承袭了西周大篆风格的秦文字与东方六国古文文字在形体上逐渐出现较大的差异，如吴、楚、闽、越等地的字形中常加鸟虫类的装饰，文字简化时部件的取舍上也各有不同。当然，必须承认的是社会变迁不可能立即影响文字的演变，所以在春秋时期的许多诸侯国里，都存在一些与西周大篆风格相似的作品。

三、篆书

篆书分为大篆和小篆。

大篆也称"籀文"。《汉书·艺文志》："周宣王太史作大篆十五篇，建武时亡六篇矣。"许慎《说文解字·叙》："宣王太史籀著大篆十五篇，与古文或异。"即西周晚期，周宣王时的太史籀对金文进行了整理和规范，改造后的字体笔画匀称、线条流畅、结构整齐，这便是大篆，也有学者主张大篆泛指战国文字。大篆的代表为战国中期的石鼓文、诅楚文（如图 1-17、图 1-18 所示）。大篆直接脱胎于金文，故尚有较浓的金文的痕迹，特别是与西周晚期的金文差异较小，但也有比较明显的特色。

（1）笔画粗细均匀一致，完全线条化，符号化特征更为鲜明。金文中尚有不少填实的笔画，如"王"作 ![]小臣系卣、![]成王鼎、![]矢尊、![]井侯簋，而石鼓文作![]，全为粗细一致的线条。金文中的点，石鼓文大多处理为横，当然这一做法开始于西周中期的金文，石鼓文则将字形定型化，如"矢"早期金文作![]矢伯卣、![]戜簋、![]豆閉簋，而趞曹鼎作![]，伯晨鼎作![]，石鼓文作![]；"天"早期金文作![]天作从尊、![]禾作父乙簋、![]天父辛卣、![]盂鼎、![]追簋，西周晚期多作![]颂壺、![]史颂簋、![]虢弔鐘、![]秦公簋，石鼓文作![]。早期金文甚至有一些图画色彩较甲骨文更浓的字形，如"魚（鱼）"作![]伯魚鼎、![]魚父乙卣、![]魚父己卣、![]魚爵、![]伯魚簋，"車（车）"作![]作車簋、![]父己車鼎、![]車父己簋、![]弔車觚、![]盂鼎，石鼓文"魚（鱼）"作![]，"車（车）"作![]，全为粗细均匀的线条，图像性大为减弱。

（2）字形接近方形，结构工整，形体统一，异体字进一步减少。大篆字形较金文更为规整统一，如"隹"金文作![]宰椃角、![]緐尊、![]何尊、![]臣辰盉，石鼓文统一作![]；"马"金文作![]作册大鼎、![]盂鼎、![]吴方彝、![]师兑簋，石鼓文统一作![]。笔形、部件的写法与位置基本稳定，如"其"金文作![]母辛卣、![]其侯父己簋、![]克鼎、![]单子伯盨、![]弔向父鼎、![]襄簋、![]弔高父匜、![]师同鼎、![]师虎簋、![]仲殷父鼎、![]毛弔盤、![]叔申鼎、![]伯者君匜，"箕"形不一，"丌"或有或无，石鼓文一律作![]，字形及基本笔画已统一，部件的写法固定；"斿"金文作![]冉斿卣、![]亚若癸方彝、![]曾仲斿父甫、![]曾仲斿父壶、![]曾子斿鼎、![]四年相邦戟、![]曾侯仲子斿父鼎、![]鄂君啟舟节、![]僕平鐘，笔画繁简不一、构件左右不拘，石鼓文一律作![]，构件写法及位置均固定。

小篆也叫"秦篆"。许慎《说文解字·叙》："秦始皇帝初兼天下，丞相李斯乃奏同之，罢其不与秦文合者。斯作《仓颉篇》，中车府令赵高作《爰历篇》，太史令胡毋敬作《博学篇》，皆取史籀大篆，或颇省改，所谓小篆者也。"即秦始皇统一中国后，推行"书同文"，令李斯等人在大篆的基础上进行适当调整而成小篆。秦代传世小篆有泰山刻石、琅琊台刻石、阳陵虎符、秦诏版权量铭文等（如图 1-19、图 1-20、图 1-21 所示）。小篆与大篆相较，最大的特点是书体简化、字形长圆、形象性进一步丧失。

（1）在大篆的基础上，小篆笔画有所简省，笔形及构件有所调整。省简者如"中"石鼓文作![]，小篆作![]，省去中竖上的饰笔；"漁（渔）"石鼓文作![]，小篆作![]，省去部件"又"；"安"石鼓文作![]，小篆作![]，省去"女"下之小竖；"薦（荐）"石鼓文作![]，小篆作![]，省去字之下半的"艸"；"草"石鼓文作![]，小篆作![]，省去字之下半的"艸"。笔形、构件有调整者如"出"石鼓文作![]，小篆作![]，笔形有些微调整；"嘉"石鼓文作![]，小篆作![]，构件"力"置于"壴"下与"口"并列；"鹿"石鼓文作![]，小篆作![]，鹿角、头变化较大；"槀（栗）"石鼓文作![]，小篆作![]，果实形删减为一个且外形调整;"射"石鼓文作🖼,小篆作🖼,弓形讹变为"身"。

（2）字形近椭圆形,弯折处呈弧线,布局均衡对称,形成比较规范的结构法则。如"帝"作🖼、"舞"作🖼、"去"作🖼、"行"作🖼,以中线为轴呈左右对称分布。凡构字部件两侧有对应笔画均作对称处理,如"家"作🖼,部件"宀"弯折处均十分圆润,两边对称。其他没有两侧对应笔画的汉字,也注意笔画之间的间距及呼应,疏密有致。

（3）部件形状稳定,构件位置基本固定,异体基本消失。如"介"作🖼,"休"作🖼,"及"作🖼,"臽"作🖼,"卧"作🖼,部件"人"的写法基本一致。"见"金文尚有🖼史见卣、🖼见尊两形,而小篆仅见🖼一形。

（4）形象性进一步丧失。如"爲（为）"石鼓文作🖼,从爪从象,小篆作🖼,大象之形完全丧失,以致许慎误释为"母猴也";"異（异）"石鼓文作🖼,小篆作🖼,误将双手与人形断离;"则"石鼓文作🖼,小篆作🖼,误鼎形为"贝"。当然小篆仍有不少字形象性较强,如"龟"作🖼,"鸟"作🖼,"水"作🖼,"田"作🖼,"网"作🖼,"册"作🖼,"春"作🖼,等等。

图 1-17　石鼓文

图 1-18　诅楚文

图 1-19　琅琊台刻石

图 1-20　阳陵虎符

图 1-21　秦诏版权量铭文

汉字形体演变链条完整清晰。公元前 770 年，犬戎攻破镐京，西周灭亡，晋、郑等国诸侯护送周平王东迁，定都雒邑（今河南洛阳），即东周，周王室从此衰落，中国历史进入诸侯争霸的春秋时期。公元前 677 年，秦迁都雍（今陕西凤翔），承袭了西周的故地，同时也承袭了西周的文化。正因为如此，春秋战国时期的秦国文字和西周文字是一脉相承的，其他诸侯国的文字则字形变化较多，也就是说秦国文字较其他诸侯国的文字更多地保留了西周金文的特点，诚如王国维《史籀篇疏证序》所言"秦处宗周故地，其文字自当多仍周旧"。秦统一六国之后又以秦文字为基础推行"书同文"，规范汉字，奠定了两千多年来中国文字统一的格局。

四、隶书

隶书分为秦隶与汉隶。

秦隶又称"古隶"，是篆书的简化俗体。许慎《说文解字·叙》："是时秦烧灭经书，涤除旧典，大发隶卒，兴役戍，官狱职务繁，初有隶书，以趣约易，而古文由此绝矣。"西晋初卫恒《四体书势·隶势》："隶书者，篆之捷也。"即秦时行政和狱讼文书量大，而小篆笔画繁复且弯曲圆转，书写缓慢，小吏们为求便捷而采用简易的隶书，但当时正式的字体仍为小篆。秦隶的代表为睡虎地秦简文字（如图 1-22 所示）。秦隶用笔和结构安排仍有一些篆书的痕迹，有些笔画与篆书相似，但很多笔画和结构有较大的变化。

（1）笔画简省，曲笔平直化，笔锋、波势渐显。如"尊"小篆作𢼸，睡虎地秦简作𢽻，与《说文解字》或体𨠰相近，但"酋"内的笔画更简；"星"小篆作𤽎，睡虎地秦简作星，省"晶"为"日"，与《说文解字》或体𤽅同，但秦隶最下一横波势明显；"木"小篆作木，睡虎地秦简作木，上笔均作弧线，下笔则有差异，竖、捺笔锋较为明显；"各""神""益""市""爵"小篆分别作𠮛、禮、益、巿、𢍜，睡虎地秦简分别作各、神、益、市、爵，不少曲笔平直化，部件也有较多的简化乃至更换。

（2）部件结构有一定的调整，字形多扁平方正。如"羊"小篆作羊，睡虎地秦简作羊，羊的曲角省减为直角，中竖上添加一横；"逆""恐"小篆作逆、恐，睡虎地秦简作逆、恐，笔画粗细有间，改变了原来的左右结构；"和""秋"小篆作和、秌，睡虎地秦简作和、秋，左右构件对调。

（3）存在少量的异体现象。如"猶（犹）"小篆作猶，睡虎地秦简作猶、猷，构件位置不定，但同样的现象却未在犬部其他字上出现，可能是偶尔为之，说明秦隶已十分稳定。

汉承秦制，汉初在庄重、正式的场合仍使用篆书，隶书仍处于佐书地位。

西汉中叶，隶书取代小篆成为正式的书写字体，称为"汉隶"，与"古隶"相对，又叫"今隶"。西汉末年，隶书完全成熟；东汉为全盛时期，发展达到顶峰。汉隶的代表为石门颂（公元 148 年）、乙瑛碑（公元 153 年）、礼器碑（公元 156 年）、西岳华山庙碑（公元 165 年）、鲜于璜碑（公元 165 年）、史晨碑（公元 169 年）、衡方碑（公元 168 年）、西狭颂（公元 171 年）、曹全碑（公元 185 年）、张迁碑（公元 186 年）等。汉隶完全脱去篆体特征，汉字的形象意味不复存在，彻底走上了符号化的道路。汉隶是汉字形体演变史上的一个重要的转折点，是古、今汉字的分水岭。汉隶对汉字形体的调整史称"隶变"。隶变以后，汉字的形体再也没有发生大的变化。汉隶在篆书、秦隶的基础上有一些明显的变化。

（1）笔画平直方折，波磔分明，形成了点、横、竖、撇、捺、钩、折等基本笔画。篆体"随体诘诎"的形象笔画彻底消失，如"龍（龙）"小篆作 ▨，睡虎地秦简作 ▨，马王堆帛书①作 ▨，礼器碑作 ▨；"不"小篆作 ▨，睡虎地秦简作 ▨，马王堆帛书作 ▨，礼器碑作 ▨；"得"小篆作 ▨，睡虎地秦简作 ▨，马王堆帛书作 ▨，史晨碑作 ▨。

（2）字形宽扁，严整精工。如"壽（寿）"，小篆作 ▨，睡虎地秦简作 ▨，马王堆帛书作 ▨，礼器碑作 ▨，汉隶经过了大幅的调整，礼器碑字形方整端严（如图 1-23 所示）。

（3）大量改造与简化汉字形体，主要表现为构字部件的异形同化与同形分化。为就书写之便和追求结构协调美观，汉隶融合了一些本相分离的结构，混同了一些差异部件，将一些部件分化为不同的字形，极大地破坏了字形中的理据信息，从而使汉字成为一种抽象的符号。①异形同化的例子如，"青"小篆作 ▨，睡虎地秦简作 ▨，马王堆帛书作 ▨，孔彪碑（公元 171 年）作 ▨；"表"小篆作 ▨，睡虎地秦简作 ▨，居延汉简作 ▨；"素"小篆作 ▨，马王堆帛书作 ▨、▨、▨，史晨碑作 ▨；"责"小篆作 ▨，睡虎地秦简作 ▨、▨，马王堆帛书作 ▨、▨，衡方碑作 ▨；"麦"小篆作 ▨，睡虎地秦简作 ▨、▨，马王堆帛书作 ▨、▨，西狭颂作 ▨。可以看到，"青""表""素""责""麦"上半之"丰"在东汉隶书中开始混同为一，其实它们分别来源于"▨""▨""▨""▨""▨"。"▨"为"生"、"▨"为"衣"之上半与"毛"、"▨"为"巫"、"▨"为"束"、"▨"为"来"。②同形分化的例子如，"心"小篆作 ▨，睡虎地秦简作 ▨，马王堆帛书作 ▨，景君碑（公元 144 年）作 ▨，曹全碑作 ▨，而"心"作构件使用时，视其所处位置及与其他构件的协调有不同的处理。"意"小篆作 ▨，睡虎地秦简作 ▨，马王堆帛书作 ▨，乙瑛碑作 ▨，与独体"心"的形变轨迹基本相同；"恒"，小篆作 ▨，睡虎地秦简作 ▨，马王堆帛书作 ▨、▨，曹全碑作 ▨，部件"心"变作"忄"。汉隶中左侧部件"心"大致经过了由 ▨ 到 忄、忄 而 忄的形变，如"惟""情"，礼器碑作 ▨、▨，华山神庙碑（公元 567 年）作 ▨、史晨碑作 ▨，而衡方碑作 ▨、▨，西狭颂作 ▨，曹全碑作 ▨；"忄"又有变为"小"者，如"恭""慕"，肥致碑（公元 169 年）作 ▨、▨。

---

① 马王堆汉墓是西汉初期长沙国丞相利苍及其家属的墓葬群。马王堆出土的帛书非一人一时所作，总体反映了由篆至隶的隶变阶段的文字特征。

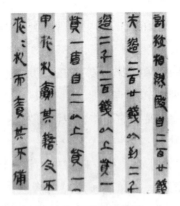

图 1-22　睡虎地秦简　　　　图 1-23　礼器碑

五、楷书、草书、行书

汉末,在隶书的基础上,楷书、草书、行书均有所发展。从某种层面上看,楷书、草书、行书主要是笔画形状、书写风格之变,字形结构并没有实质性的调整。

楷书是在隶书基础上产生的一种规范书体,又称"正书",或称"真书"。因其笔画平直,形体方正,结构严整,可作楷模,故名楷书。楷书始于汉末,盛行于魏晋南北朝。初期楷书,仍存隶笔遗意,横画长而直画短,结体略宽,至王羲之,楷则备尽,代表作如三国魏钟繇的《宣示表》《荐季直表》,东晋王羲之的《乐毅论》《曹娥碑》《黄庭经》,东晋王献之的《洛神赋十三行》等。南北朝时期,南北形成各自风格,南方秀雅妍妙,北方质朴古拙,北方发展为魏碑体。唐代的楷书,书体成熟,书家辈出,风格各异,代表作有初唐欧阳询的《九成宫醴泉铭》(如图 1-24 所示)《化度寺碑》、虞世南的《夫子庙堂碑》、褚遂良的《雁塔圣教序》,中唐颜真卿的《多宝塔碑》《麻姑山仙坛记》,晚唐柳公权的《玄秘塔碑》《神策军碑》等。

草书形成于汉代,当时通用的是隶草,即潦草的隶书。草书有章草、今草、狂草之分。章草起于西汉,盛于东汉,是隶书的草写体,笔画略带隶书波磔,打破隶书的方整规矩,保存字形整体轮廓,笔画省变而有章法可循,字字独立,不相纠连。代表作如三国吴皇象的《急就章》、晋索靖的《月仪帖》等。汉末,张芝变革章草为今草,今草不拘章法,笔势流畅,组字部件多有简化和互借,形体连绵,顾盼呼应,代表作如东晋王羲之的《十七帖》(如图 1-25 所示)《初月帖》《得示帖》等。狂草出现于唐代,笔意狂放不羁,体势连绵回绕,字形变化繁多,极具书者个人特色,成为完全脱离实用的艺术创作,代表作如唐代张旭的《千字文断碑》《古诗四帖》《肚痛帖》(如图 1-26 所示)、唐代怀素的《自叙帖》等。

行书是介于楷书、草书之间的一种字体,楷法多于草法的叫"行楷",草法多于楷法的叫"行草"。行书大约是在东汉末年产生的,代表作有王羲之的《兰亭序》、颜真卿的《祭侄文稿》、苏轼的《黄州寒食诗帖》等。

图 1-24　欧阳询《九成宫醴泉铭》

图 1-25　王羲之《十七帖》

图 1-26　张旭《肚痛帖》

字体演变简表（以"既"为例），见下表 1-1。

表 1-1

殷商	甲骨文	
	金文	
周	金文	
西周晚期	大篆	石鼓文
秦	小篆	
	秦隶	睡虎地秦简
西汉以后	汉隶	马王堆帛书、马王堆帛书、华山神庙碑、张迁碑
汉魏以后	楷书	钟繇、褚遂良
汉以后	草书	索靖、王羲之、怀素
东汉晚期以后	行书	王羲之

汉字形体发展的主体趋势是简化、符号化。简化具体表现为笔画、结构渐简，异体字统一；符号化具体表现为形象性线条渐变为横、竖、撇、点、折等书写符号。汉字是记录语言的符号，随着书写工具、承载介质的变化，在简易与美观的心理影响下，形体发生了较大的变化，以便更好地发挥其交流信息的职能。

第四节　汉字的构形模式

"六书"是最早的关于汉字构造的系统理论，始见于《周礼·地官·保氏》："保氏掌谏王恶而养国子以道，乃教之六艺：一曰五礼，二曰六乐，三曰五射，四曰五驭，五曰六书，六曰九数"，但未加阐释。东汉郑玄注引郑众说："六书，象形、会意、转注、处事、假借、谐声也。"西汉刘歆《七略》："古者八岁入小学，故周官保氏掌养国子，教之六书，谓象形、象事、象意、象声、转注、假借，造字之本也。"班固《汉书·艺文志》以"六书"为象形、象事、象意、象声、转注、假借。许慎《说文解字·叙》首次对"六书"分别定义，定名为指事、象形、形声、会意、转注、假借。现在所说的"六书"一般采用班固的顺序，许慎的名称，即象形、指事、会意、形声、转注、假借。

"六书"本是对早期汉字结构方式与原则的归纳和概括，分析的是字形记录语言的方式方法。后来学者们在这一问题上的探索颇多，如1935年，唐兰在其著作《古文字学导论》中批判了"六书说"，提出了"三书说"：象形、象意、形声；1956年，陈梦家在《殷虚卜辞综述》中，把汉字分为象形、假借、形声三种类型；1957年，刘又辛在《从汉字演变的历史看文字改革》中把汉字发展分为三个阶段：形意字阶段、假借字阶段、形声字阶段；1988年，裘锡圭在《文字学概要》中提出表意、形声、假借以及记号字、半记号字等。

因"六书"的社会认知度最高，基本能说清汉字的本来构造，我们大体以许慎的"六书"理论为基础，结合各家成果来介绍汉字的造字原理。

一、象形

许慎："象形者，画成其物，随体诘诎，日月是也。"象形造字法通过描绘事物形状，以富于真实感的图像来表现词义，表现对象以有形可感的自然万物为主。象形字构成了汉字的基础，汉字的构形部件基本是象形字。

1.整体象形

勾勒事物的整体轮廓。如"日"甲骨文作☉、⊡，"月"甲骨文作☽、☾，象日月之常形，日形常圆，月形常缺。"日"写作⊡者，因甲骨坚硬，刻写圆形困难，故为方形。至于⊙、☽中之点，其实为饰笔。甲骨文中多有此类现象，如"更"甲骨文作🙰、🙰，也有不少加饰笔作🙰、🙰、🙰者；"壴"甲骨文作🙰、🙰，也有大量作🙰、🙰者，不同处在于，"日""月"中的饰笔化作了横，成为字形的一部分，而"更""壴"中的饰笔没有保留下来。"馬（马）"甲骨文作🙰、🙰，象马形，突出马的鬃毛、尾及蹄，简笔或省其腹与蹄。"門（门）"甲骨文作🙰、🙰，象两扇对开的门。

2.省体象形

摹写事物特征鲜明的部分。此类字数量很少，如"牛"作🙰，"羊"作🙰、🙰，均未勾勒它们的整体形象，而仅突出其头角形，牛角呈弧形，羊为曲角。

3.加体象形

因摹写外形与其他事物区分度不够，故而增加摹写与之密切相关的部分以增加特征、提示线索，帮助识别。王筠《说文释例·象形》："石与果一类，本以〇象石形，而此形多矣，乃以厂定之。"即单画一圆形，难以让人一见可知其所象之形，故增与之关系密切的事物为衬托以补充信息，"石"增象山崖之形的"厂"，"果"增象果树之形的"木"，还有"瓜"增象藤蔓之形的"八"，"眉"增象眼睛之形的"目"，"🙰（页）"增象身体之形的"儿"，"尾"增象人体之形的"尸"，"🙰（父）"增象手形的"又"，"🙰（左）"增象手形的"🙰（又）"，"🙰、🙰、🙰"（"聿""筆"之初形）增象手形的"ヨ"，"🙰、🙰"（"医""疾"之初形）增象箭形的"矢"，"🙰（夫）"增象人形的"🙰（大）"，等等。加体象形字字形中有个部分是正象所欲表现的对象，所加者是与之有直接密切关联的陪衬，因欲摹写的事物外形太过简单，其自身的特征无法使它一下子被识别出来，故增加与之关系密切的事物，所加的陪衬虽非表现的对象，但形体特征鲜明，极易识别，从而提高了整体的可识度。字形演变的结果就是，欲象之形往往不成字，而陪衬多为成字部件。

无论何种方式的象形，均突出所象之物最主要的特征，尽量使人一见可知。如"犬"甲骨文作🙰，"豕"甲骨文作🙰，"象"甲骨文作🙰，"鹿"甲骨文作🙰，均为全体象形字，为使人准确识别，"犬"修体长尾，"豕"硕腹短尾，"象"突出长鼻，"鹿"突出犄角。

随着汉字形体的演变，绝大部分象形字线条化后，已基本丧失象形意味，但仍有少数字依稀可辨其所象之形，如山、田、雨、井、网等字，有些繁体字保留的象形特征相对多些，如龜（龟）、馬（马）、艸（草）等字。

二、指事

许慎："指事者，视而可识，察而见意，上下是也。"指事造字法纯粹用象征性符号或在象形字基础上加提示性符号来表示一个抽象的意义。指事符号信息传达的有效性依赖于交流双方的理解的一致性，这极大地限制了意义传达的精准度，因此，指事字在整个汉字体系中所占比例不大。

1. 整体指事

单纯由抽象符号组成的指事字。如，"上"甲骨文作 ⟘、⟘，"下"甲骨文作 ⟙、⟙，取一长横为参照，然后以短横标示其方位。为与"二"相区别，一般长横均写成向短横微微弯曲的弧线，金文已有作 上_{上官鼎、上乐鼎、盗壶}、下_{哀成弔鼎、中山王罍鼎、曾侯乙钟}，分别增加了一条向上和向下的竖线，与"二"的区别就更加明显了。还有"一""二""三"里组成字形的横也为抽象符号，并未具体代表某种实物，当然也可以说是以抽象的符号代表了所有可以计数的实物。

2. 加体指事

由象形字加提示性符号而成的指事字，是指事字的主要类型。如，"刃"甲骨文作 ，于刀的锋刃处加点以提示所指，其简化字形仍保持了原始理据。"甘"甲骨文作 、，于口中加点或短横提示口所感知到的味道。杨树达《文字形义学》云："味无形可象，以一表之"，"甘"本为五味之一，后凡味之可口者皆可曰"甘"，《说文解字》"甘""美"互训，说明当时典籍已常见此类用法。前期甲骨文"夕"作 ，于" （月）"中加一短竖以示别于"月"，后期甲骨文"月""夕"二字互易字形。"朱"甲骨文作 ，金文作 _{卫簋}、 _{录伯簋}、 _{颂壶}，与"末""本"为一个体系， _{末距惇}于"木"上加点以示树梢， _{本鼎}于"木"下加点以示树根， _{卫簋}于"木"中加点以示树干。还有如" （寸）"是在" （又）"的基础上加提示符而成，" （卒）"是在" （衣）"的基础上加标示符而成，" （亦）"是在" （大）"的基础上加提示符而成，" （面）"是在" （百）"的基础上加提示符而成。

3. 变体指事

由象形字删减笔画或变换形体的方向、位置而成。如"屰"甲骨文作 ，金文作 _{父癸爵}，以倒人之形表示顺屰之"屰"，甲骨文、金文另有 、 _{默钟}，为迎逆之"逆"，"屰""逆"本为两字， 之所以从 ，取相向之义。《说文》①："片，判木也。从半木。""叵，不可也。从反可。""倒人""半木""反可"均系在已有的象形字的基础上直接调整而成，调整之处正是新义所在，与原字有直接的关系。

指事字以指示符号和改变之处来提示字义，在一定程度上可以补充象形字所不能表示的抽象义，但因提示手段比较单一，故造字能力不强。现代汉字也有用指事的办

---

① 即许慎《说文解字》，中华书局 1963 年第 1 版，以下简称《说文》，为方便辨识相关汉字或部件的形体演变，本书引用自《说文》的字头，大部分保留小篆字形。部分字条参考了段玉裁《说文解字注》，上海古籍出版社 1988 年第 2 版。

法造出的新字，如"乒乓"，借"兵"拟其音，缺笔以提示球的打法；"冇"，省去"有"下两横以示没有之义。

三、会意

许慎："会意者，比类合谊，以见指㧑，武信是也。"会意造字法是由两个或两个以上的独体字组成一个新字，意义由组字个体会合传达，建立在人们的联想和推理的基础上。其组成个体具有较强的形象性，整体往往有较为生动的画面感，能表达动作行为及一些抽象的概念，造字能力比较强大。

从记义的方式来看，会意字可分为以形会意与以义会意两大类。

1.以形会意

以整体的直观形象来传达意义，按构字个体相同与否及其排布位置又可分为四种情况。

（1）异文会意：由不同的单字组合而成，是会意字的主要类型。

"男"，甲骨文作☐，《说文》："☐，丈夫也。从田从力。言男用力于田也。"徐中舒《甲骨文字典》："☐象原始耒形，从田从力，会以耒于田中从事农耕之意，故以为男子之称。"是也。

"出"，甲骨文作☐、☐，《说文》："☐，进也。象草木益滋，上出达也。"据小篆误以止形为草形。杨树达《文字形义学》："从人足在坎内，向外出之形。"是也。

"丞"，甲骨文作☐，《说文》："☐，翊也。从廾从卩从山。山高，奉承之义。"罗振玉《增订殷虚书契考释》："象人臽阱中，有拚之者，臽者在下，拚者在上，故从☐，象拚之者之手也。此即许书之丞字，而义则为拚救之拚。许君训丞为翊，云'从廾从卩从山。山高，奉承之义'，盖误☐为廾，误☐为山，误☐为卩，故初义全不可知。"罗振玉对字之形义及许书之误的分析十分准确。

"芻（刍）"，甲骨文作☐、☐，罗振玉《增订殷虚书契考释》："从又持断草"，是也。《说文》："☐，刈艸也。象包束艸之形。"许慎释义是对的，但析形乃据小篆已变之形为说，误。

"宿（宿）"，甲骨文作☐、☐，《说文》："☐，止也。从宀佤声。"甲骨文从宀从人从囚，以"宀"下人卧席上之形，会止宿之意，许书误合"人""囚"为"佤"声。

"寶（宝）"，甲骨文作☐、☐、☐，《说文》："☐，珍也。从宀从王从贝，缶声。"甲骨文从宀从玉（或珏）从贝，以贝、玉在"宀"内，会珍宝之意。金文作☐德方鼎、☐貉子卣、☐录簋、☐鲁伯愈父鬲，增声符"缶"，变为形声字。

（2）同文会意：由相同的单字并列、叠加而成。

"競（竞）"，甲骨文作☐、☐、☐、☐，《说文》："☐，强语也。一曰逐也。从詰，从二人。"许书"一曰"尚存古义，甲骨文象二人"竞"逐之形，非"从詰"，人形上为头饰。

"比"，甲骨文作󰀀、󰀀，《说文》："󰀀，密也。二人为从，反从为比。"甲骨文与󰀀、󰀀（从）形体有别，但亦有近似者，金文二字写法已基本相同，须依靠前后文来判断。"比"为比肩、比邻之义，引申而有亲密之义。

"友"，甲骨文作󰀀、󰀀，《说文》："󰀀，同志为友。从二又。"以朝同一方向用力的手会友人之意。

"步"，甲骨文作󰀀、󰀀，《说文》："󰀀，行也。从止少相背。"以均朝上的脚趾会前行之意。

"林"，甲骨文作󰀀，《说文》："󰀀，平土有丛木曰林。从二木。"以二"木"会丛林之意。

"森"，甲骨文作󰀀，《说文》："󰀀，木多貌。从林从木。"以三"木"会森林之意。

还有训百卉的"艸"，艸之总名的"芔（卉）"，众艸的"茻"，向上的火焰的"炎"，火花的"焱"，群鸟的"雥"，虫之总名的"䖝"，与豕相别的"蟲"，惊呼的"吅"，左右视的"䀠"，光亮的"晶"，两犬相啮的"犾"，狗奔跑貌的"猋"，大水的"淼"，土高的"垚"，众石的"磊"，牛奔的"犇"，等等。

（3）对文会意：由相同的单字，方向相对而成。

"門（斗）"，甲骨文作󰀀、󰀀，两形正对，《说文》："󰀀，两士相对，兵杖在后，象門之形。"甲骨文以二人正对，徒手相搏之形，会争斗之意，《说文》据已形变之小篆误以两手形为两士，误以人形为兵杖。

还有如"収"甲骨文作󰀀，两手向上相对，为捧举之意，󰀀（奉）、󰀀（共）、󰀀（兵）、󰀀（弄）、󰀀（舆）等字从之；"臼"小篆作󰀀，两手向下相对，为双手合持之意，󰀀（要）、󰀀（晨）、󰀀（革）鄂君启车节、󰀀（奥）、󰀀（异）等字从之，等等。

"北"，甲骨文作󰀀，两形背对，《说文》："󰀀，乖也。从二人相背。"即本为违背、背离字，假借为北方之北后，加"月（肉）"成"背"以表其本义。

还有如"癶"小篆作󰀀，两"手"相背，会分拨之意，󰀀（樊）、󰀀（攀）等字从之；"癶"小篆作󰀀，两"止"相背，会登踏之意，豋（登）字从之；"舛"小篆作󰀀，两倒"止"相背，会足相背之意，󰀀（舞）、󰀀（桀）等字从之；"卝"小篆作󰀀，两"臣"相背，会背离之意，󰀀（㸚）字从之，等等。

"冓"，甲骨文作󰀀、󰀀、󰀀，两形上下相对，《说文》："󰀀，交积材也。象对交之形。"按许书则字形系以材木相交架，会结构之意，为"構"之本字。而卜辞均用作遭遇字，以上下两形相交接，会相逢之意也。

"受"，《说文》："受，上下相付也。"以上下相对的两手，会交付意也。

（4）倒文会意：由相同的单字一正一倒，背对而成。

"化",甲骨文作🝘、🝘,两人相倒背对,《说文》:"🝘,教行也。从七,从人,七亦声。"《荀子·正名篇》:"状变而实无别而为异者,谓之化。"🝘、🝘之两人正为"状变而实无别",以与原形相倒背的人形,会形变之意,《说文》训教化义乃其引申义。

"虤",甲骨文作🝘,金文作🝘即䖵,二虎相倒背对,《说文》:"🝘,虎怒也。"以倒背的两虎,会两虎争斗之意。为便于书写,篆书调整为并列正写。

早期的会意字图画特征比较强,在不影响意义传达的前提下,构字个体及其位置都比较灵活,如"牧"甲骨文作🝘、🝘、🝘、🝘、🝘、🝘,或从牛或从羊,或增"彳",且构件位置均不固定;"析"甲骨文作🝘,从木从斤,会以斤破木之意,木、斤的位置可以互换,当然,斤口须朝向木,以示斫之也;"从"甲骨文作🝘、🝘,可以同时改换朝向,但也须一致,这样方能会跟从之意。需要注意的是,有些字组字个体的细微差异会直接影响意义的表达,如甲骨文"如"作🝘,"讯"作🝘,前者跪跽形朝向口形,会聆听之意,后者背向口形,会被审问之意;甲骨文"𠬝"作🝘,"印"作🝘,前者手在项背,会降服之意,后者手在头的上前方,会按抑之意。随着文字的演变,形体逐渐定型,这种异写的情况逐渐消失,相似形体表意有别的区分也越来越明显。

2.以义会意

"凭",《说文》:"依几也。从几从任。""任"指倚靠,"几"指矮小的桌子,以倚靠桌几会意。

"雀",《说文》:"依人小鸟也。从小隹。"隹者鸟也,小隹即小鸟,指鸟中之体型小者,犹麻雀之类也。

"劣",《说文》:"弱也。从力少。"力少则弱。

"夯",《字汇》:"大用力以肩举物。"指用大力劳作,可扛、可砸、可抓。

"耷",《玉篇》:"大耳也。"《集韵》:"大耳曰耷。"

"套",《集韵》:"与㚆同。长大也。"

一些汉字正是采取以义会意的方式进行简化的,如从山嚴声的"巖",《正字通》:"俗省作岩";从立爾声的"䉾",《字汇》收其俗体作"歪";从入从糶的"糴",《集韵》:"或作籴";从二先的"兓",徐锴曰:"今作尖";从出从糶的"糶"简化为"粜";从麤从土的"麤",先简化为"塵",后又简化作"尘";从㐺从目的"眾"简化为"众";从穴黽声的"竈"简化为"灶";从水威声的"滅"简化为"灭",等等。俗语方言字也有不少用这样的办法造字记词的,如范成大《桂海虞衡志·杂志》收有一组方言土俗字:"奀,不好也。""䯝,音矮,不长也。""奀,音动,人瘦弱也。""𡘫,音腊,人不能举足也。"还有如口语中使用颇为普遍的"甭",四川、贵州等地方言里的"嫑",吴语的"嘦""覅""𡚶"或"嫑""勥",潮州话的"汆",粤语的"嵌"等,这类字以两字组合的为多,一般是口语中将两字合音而成。

文字的起源与图画有密切关系，早期汉字有较强的绘画特征，象形、指事、会意均以直观的图画为基础。早期会意字均由多个形象的个体构成生动的画面，当具备较强的符号观念后，直接组字会意也不失为一种便捷的造字方式。由构图会意到组字会意，反映了文字的符号性在不断增强。

四、假借

许慎："假借者，本无其字，依声托事，令长是也。"假借是用已有的汉字充当记音符号，很多概念不能用形象的方式表现，于是假借已有的音同或音近的字来代表，字形与字义间没有任何关联，只是声音上有一定的提示作用。一般会有约定俗成的字形，不能随意更换。陈梦家《殷虚卜辞综述》："汉字从象形开始，在发展与应用的过程中变作了声符，是为假借字"，刘又辛《论假借》："假借字的特点，是把形意字当作声符来用，只表音，不表形"，即假借字仅仅是将已有的字当作记音符号来记录与之同音的字，从这个意义上说，假借字具有某些表音文字的特征。用假借之法，虽没有造新字形，但通过新的约定，赋予某形以新义，形仅提示声音而与义无关。如：

"我"，甲骨文作 𢦏，象长柄带有锯齿刃的兵器，即"锜"之初文[①]。后借作第一人称代词。

"東（东）"，甲骨文作 ᴥ、ᴥ、ᴥ，象两端有口的袋子，是"橐"之初文。后借作方位词，表东西之东。

"莫"，甲骨文作 ᴥ、ᴥ，以太阳降于草木中，会日暮之意，是"暮"之初文。后借作否定代词，表没有谁、没有人。

"才"，甲骨文作 ᴥ，以草木之初出地面，表才始之意。甲骨文、金文均借作介词"在"使用。西周早期才出现加"土"的"在"，大盂鼎作 ᴥ，作册䰍卣作 ᴥ，敌作且丁尊作 ᴥ。秦汉时，借"才"为才能之才，"在"则作介词。

"率"，甲骨文作 ᴥ、ᴥ、ᴥ，《说文》："𡍚，捕鸟毕也。象丝网，上下其竿柄也。"甲骨文、金文象丝网形，"率"本义为捕鸟器具，被借作率领字，虽然金文出现增形符"行"作"衛"或增"辵"作"達"，但经传多用"率"，"衛""達"则废矣。

许慎"本无其字，依声托事"指出了假借的本质，假借是因某个字用象形、指事、会意的办法无法造出字形来记录时，用一个同音字做记音符号来记录。从这个层面上来看，形声字的声符其实与之有类似的性质，只不过，形声字还以形符增加了意义上的提示。不少形声字就是在假借字的基础上加形符而形成的，如"狮"，《汉书·西域传》："乌弋地暑热莽平……而有桃拔、师子、犀牛"，《后汉书·班超传》："是岁贡奉珍宝符拔、师子"，均作"师"。"师子"最初只记音，后为突出其种属而加"犭"，与"狼""狐""獾""猴""猫""猩""狻"等成一类。"彩"，甲骨卜辞借"采"来表色

[①] 某字最早的写法。

彩，以"大采""小采"状云之色，在先秦典籍里更是常见。《尚书·益稷》："以五采彰施于五色作服。"《孟子·梁惠王上》："抑为采色不足视于目与？"《周礼·春官·典瑞》："王晋大圭，执镇圭，缫藉五采五就以朝日。"《左传·昭公二十五年》："为九文、六采、五章，以奉五色。"以上典籍里均作"采"，后为突出纹饰义而增"彡"，与"彤""形""修""彫（雕）""尨""彰""彪""彭"等相类。

假借本无其字，是通过视觉上的以形表意的办法无法记录语词时，采取借形表音的方式，从听觉上进行沟通的记词方法，虽然没有产生新字形，但其实是对旧字形进行了新的约定，从这个层面上，可以说是在文字系统里记录了新词。更为重要的是，假借之后，一般会推动文字体系的调整。具体而言，假借之后主要有三种情形。

（1）本字本义消失，后世专司新义。如第二人称代词最初借"女"来表示，但因"女"十分常用，含义明确，容易造成误解，遂借用使用率较低的河流名"汝"来指"女"，后来汝水消失，"汝"就单纯地作第二人称代词使用了。"豆"本象高脚食器①，借用指豆类，该器物后来使用渐少，"豆"遂成为豆类专名。还有如"焉"本指鸟，后专用为语气词；"而"本指胡须，后专用为连词，等等。

（2）本字为借义所专，为本字造新形。一般采用形声造字法，加形符的居多，如为"西"造"栖"，为"文"造"纹"，为"匡"造"筐"，为"韦"造"围"，为"新"造"薪"，为"州"造"洲"，为"何"造"荷"，等等。也有极少数加声符的，如为"自"造"鼻"等。

（3）本字仍表本义，为借字造新形。一般情况是本字被假借后，在语言发展中一直保持着原有职能，为从字形上区别意义相关度不大的两字，遂为借字增加意义方面的提示。如"师子"与"狮子"，"采色"与"彩色"。

第一种情形是旧字借助新义在文字体系里继续存在下去，后两种情形则直接促使了新形的诞生。

通假是用字层面的，本有其字，临时以它字来代用。如《论语·阳货》："归孔子豚。"《孟子·滕文公下》："馈孔子蒸豚。"表馈食当用"馈"，而《论语》借用了音近的"归"，《说文》："归，女嫁也。"指女子出嫁，引申有还家、归依等义。《孟子》："餍酒肉而后反。"《六国论》："暴秦之欲无厌。"表饱食、满足之义当用"餍"，而《六国论》借用了形近的"厌"，《说文》："笮也"，其本义为压。当然，不排除有的字最初为通假字，而后来取代原形或分担原形某一引申义，成为假借字的情况，如"原来"之"原"本作"元"，元者首也，本指人的头部，后引申出开始的意思，"元来"指刚开始的时候，与"元月""元宵""元旦"里的"元"意思相近，明朝为避讳，将"元"改作"原"，于是"元来"之"元"就被写作"原"了。

先有语言，后有文字，文字是用来记录语言的，假借是在用形象的手段无法记录

---

① 今港澳地区流行的"豆捞"犹存其本义。

语言时，改而仅记其音，通过声音来反映它，把文字单纯用作记音符号，而与其形体本身承载的意义信息无关。汉字创制以来一直着重考虑的是形与义的关系，力图通过形象的字形来传达明晰的意义，假借则另开一个视角，从音的角度寻求与义的联系，撇开形体的理据性而仅用它来提示读音，直接启发了形声造字法。

五、形声

许慎："形声者，以事为名，取譬相成，江河是也。"形声造字法是由表字义类属的形符和表读音的声符两部分构成新字的方法。

甲骨文中已有20%左右的形声字，如：从彳正声的✶（征），从斤父声的✶（斧），从斤亲声的✶（新），从示且声的✶（祖），从贝束声的✶（责），从立羽声的✶（翊），从林鹿声的✶（麓），从牛勿声的✶（物），从止王声的✶（往），从石我声的✶（硪），从女我声的✶（娥），从女未声的✶（妹），从女至声的✶（姪），从女生声的✶（姓），从宀至声的✶（室），从氵女声的✶（汝），从雨林声的✶（霖），从土其声的✶（基），从舟方声的✶（旁），从皿于声的✶（盂），从隹奚声的✶（雞），从鸟凡声的✶（鳳），从晶生声的✶（曐），从水何声的✶（河），等等。

（一）形符与声符的位置

左形右声，如：淇（从水其声）、姑（从女古声）、情（从心青声）、践（从足戋声）、缸（从缶工声）、经（从糸圣声）、吻（从口勿声）、消（从水肖声）等。

右形左声，如：欺（从欠其声）、故（从攴古声）、静（从青争声）、虩（从虎㦰声）、攻（从攴工声）、颈（从页圣声）、刎（从刀勿声）、削（从刀肖声）等。

上形下声，如：萁（从艸其声）、罟（从网古声）、菁（从艸青声）、笺（从竹戋声）、空（从穴工声）、茎（从艸圣声）、筠（从竹勿声）、霄（从雨肖声）等。

下形上声，如：基（从土其声）、辜（从辛古声）、裳（从衣尚声）、盏（从皿戋声）、贡（从贝工声）、照（从火昭声）、忽（从心勿声）、掣（从手削声）等。

内形外声，如：闽（从虫门声）、闻（从耳门声）、辫（从糸辡声）、哀（从口衣声）、赢（从羊㿃声）、齑（从韭齐声）、雁（从隹从人厂声）、风（从虫凡声）等。

外形内声，如：闺（从门圭声）、固（从囗古声）、匪（从匚非声）、衷（从衣中声）、匋（从勹畐声）、痤（从疒坐声）、厓（从厂圭声）、府（从广付声）等。

形在一角，如：疆（从土彊声）、荆（从艸刑声）、腾（从马朕声）、裁（从衣㦰声）、赖（从贝剌声）、倏（从犬攸声）、颖（从禾顷声）、蔼（从言葛声）等。

声在一角，如：旗（从㫃其声）、盬（从皿从缶古声）、碧（从玉从石白声）、徒（从辵土声）、徙（从辵止声）、寐（从㝱省未声）、佞（从女仁声）、强（从虫弘声）等。

形声穿插，如：街（从行圭声）、衡（从角从大行声）、游（从㫃汓声）、随（从廴隋声）、夜（从夕亦省声）等。

（二）形声字的特别表现形式

汉字中除了诸如"征""菲""园"等形符与声符容易辨识的形声字外，还有表现形式比较特别的类型。

1.省形字与省声字

造字时，为求字形匀称、书写便捷，不少形声字并未完整书写其形符或声符，也有不少形声字在演变中，为协调简约，字形有了较大的调整，以致原本清晰的形符、声符不够完整或与其他字形相粘连甚至穿插。此类字传统谓之省形字、省声字。

（1）省形字。简省的模式与省声字基本相同。如：

①直接删除形符的部分形体。"星"甲骨文作 ❀、✦、✧，其中 ✦、✧ 即是从晶生声，而睡虎地秦简已有作 星，"晶"被省作"日"。"弑"，《说文》："从殺省，式声"。

②删除形符的部分形体以填入声符。"屡""屐""屩""屦""屏"，均从履省，声符分别为"娄""支""喬""歷""予"。"亭""高""亳"，均从高省，声符分别为"丁""同""乇"。"耆""考""耇""𠷎（壽）"，均从老省，声符分别为"旨""丂""句""𠷎"。

（2）省声字。主要有两种简省模式：

①直接删除声符的部分形体。以左右结构居多，如："河"甲骨文作 ᾳ、ᾳ、ᾳ（ᾳ 为 ᾳ 之简写，省去人所荷之戈），金文作 ᾳ同ᾳ，从水何声，小篆作 ᾳ，《说文》以为"从水可声"，从来源上看，"可"其实为"何"之省。"珊"，《说文》："从玉，删省声"。还有"炊"，从火，吹省声；"恬"，从心，甛省声；"疫"，从疒，役省声；"窦"，从穴，瀆省声，等等。

②删除声符的部分形体以填入形符。上下结构与半包围结构均有见例，如："岛"小篆作 ᾳ，《说文》："从山鸟声"，现字形中鸟爪已省写。"夜"金文作 ᾳ效尊，小篆作 ᾳ，《说文》："从夕，亦省声"。"覺（觉）"，《说文》："从見，學省声。""徽"，《说文》："从糸，微省声。"还有"搴""蹇""褰""鶱""骞"分别从手、足、衣、鸟、马，均为寒省声；"豪""毫"分别从豕、毛，均为高省声；"券"从力，卷省声；"畿"从田，幾省声；"産（产）"从生，彦省声；"梁"从木，梁省声，等等。

省形与省声削弱了形符、声符的独立性，增强了字形的整体感，避免结体过于臃肿，使得字形紧凑协调，但同时也破坏了汉字的理据信息，增加了汉字读解的难度，从某种程度上说，使一部分汉字的符号性增强。

简省是为追求字形的协调美观，非形声字所独有，如会意字"雧（集）"，《说文》："ᾳ，群鸟在木上也。从雥从木。集，雧或省。""驫（泉）"，《说文》："ᾳ，水泉本也。从驫出厂下。原，篆文从泉。""喬（乔）"，《说文》："喬，高而曲也。从夭从高省。""夭"之下与"高"之上共用一形。"臺（台）"，《说文》："ᾳ，观，四方而高者。从至从之，从高省。""高"之上⼈下口均被省去，以将"屮""至"融入字形中。

2.亦声字

汉字中存在一些形声兼会意字，传统谓之亦声字，即其某一构形部件在表意的同时兼有提示读音的作用。如：

"婚"，《说文》："婚，妇家也。《礼》：娶妇以昏时。妇人阴也，故曰婚。从女从昏，昏亦声。"先秦典籍均用"昏"为婚媾字，因其仪式于"昏"时举行而名"昏礼"，后增女旁以表婚姻字，诅楚文已有&。

"娶"，甲骨文作&，《说文》："取妇也。从女从取，取亦声"。

"執（执）"，甲骨文作&，《说文》："捕罪人也。从丮从幸，幸亦声"。"幸"本象桎梏，"丮"本象伏罪的人形，&以罪人双手着桎梏，会执捕之意，金文作&或簋、&師同鼎、&翏生盨、&兮甲盤、&員鼎，"幸""丮"分离，后世亦然，《说文》遂以为"幸"兼表音。

"返"，金文作&曾章作曾侯乙鐘、&鄂君啟舟節、&鲁壺，《说文》："还也。从辵从反，反亦声"。

"坪"，金文作&戎孫鐘、&坪安君鼎，《说文》："地平也。从土从平，平亦声"。

"忘"，金文作&十年陳侯午錞、&鲁壺、&中山王響鼎，《说文》："不识也。从心从亡，亡亦声"。

还有在字形演变中，形声变为形声兼会意的情况，如《说文》："鯾，魚名。从魚便声。鯾，鯾又从扁"。该义现在写作"鯿"，而鯿鱼突出的特征为身体侧扁，说明文字使用者希望汉字的形音两方面具备有效提示信息的作用。

（三）形声造字法对汉字结构形式的影响

汉字在发展演变中形体结构逐渐调整而形声化的现象比较普遍。

1.象形字的形声化

"裘"甲骨文作&，象用带毛的兽皮制成的衣服，金文作&衛盉、&五祀衛鼎、&九年衛鼎、&大師虘簋，从衣求声。"齒"甲骨文作&，象口中的牙齿形，金文增声符"止"作&中山王響壺。"虹"甲骨文作&，象传说中的两头为龙形的动物，小篆作&，从虫工声。

2.指事字的形声化

"朱"甲骨文作&，金文作&衛簋、&彔伯簋、&頌壺，于木中加点以示树干，"朱"被借作赤色字后，增"木"作"株"以记其本字。徐鉉曰："在土曰根，在土上曰株。"《韩非子·五蠹篇》："兔走触株，折颈而死。"兔当是撞在了冒出地面的一段树干上，犹人行走时一不留神撞上电线杆。"株"为树干，引申为用以度量树的棵数，如《三国志》："亮自表后主曰：'成都有桑八百株，薄田十五顷。'"

3.会意字的形声化

具体有三种情况。

(1) 在原字基础上增加声符，这种情况最为便捷。如"宝"甲骨文作🅰、🅱、🅲，以"宀"下有贝、玉会意，金文作🅳德方鼎、🅴貉子卣、🅵彔爵、🅶鲁伯愈父鬲，增声符"缶"。

(2) 改写某一构件为声符，可能是在字形变化以后，误认其为形声字，遂以为某一部件为形近的声符而改写。如："望"甲骨文作🅰，金文作🅱庚嬴卣、🅲无叀鼎，已出现改目形为声符"亡"的🅳。"埜"甲骨文作🅰，金文作🅱克鼎、🅲埜志鼎，古陶文作🅳，其中，古陶文字形为"埜"之异体，"田"在野外，"吕"可能系田边歇息之棚舍，犹🅰（宫）所从之"吕"，田、吕与林均为野外常见，故以之与同样常见之"土"组合会意，小篆将"吕"写作🅱（予），变为声符，🅲遂成🅳。"何"甲骨文作🅰，金文作🅱何尊、🅲子何爵，象人荷物形，小篆作🅳，调整为从人可声。

(3) 有些会意字的形声化甚至采用假借的办法，如"沉"甲骨文作🅰、🅱，以沉牛于水中，会埋沉之意，后世借本为水名的从水冘声的"沈"代之。

4.假借字本字与借字的形声化

(1) 为本字加意符或声符以表其本义。

①加意符者如"止"，其甲骨文作🅰、🅱，象人脚形，被借作息止字后，加意符"𧾷"而成"趾"以表其本义。为本字加意符的情形较多，益—溢、然—燃、其—箕、它—蛇、莫—暮、云—雲、衰—蓑、午—杵、孚—俘、孰—熟、象—像等均属此类。

②加声符者如"自"，其甲骨文作🅰、🅱，象鼻形，被借作自指代词后，加声符"畀"而成"鼻"以表其本义。此类甚少。

(2) 为借字增形符以明确其意义。

如"隹"甲骨文作🅰，本象鸟形，甲骨文、金文常借作发语词，后增"心"作"惟"。甲骨文中有从口的"唯"也用作发语词，《说文》以"唯"为唯诺字，"隹""惟""唯"遂分化为三。此类还有采—彩、师—狮、仓庚—鸧鹒、毒冒—瑇（玳）瑁、尚羊—徜徉、阿那—婀娜，等等。因假借本是缘音而借，所以基本没有为借字加声符者。

5.词义引申、分化造成的字形调整而产生的形声字

(1) 同源分化。早期汉字存在名动一体、施受同辞、主客一字的情况，随着表义准确化需求的增强，必然从字形上加以分化。名动一体的往往通过声调的变读来区别，如"钉"以第一声表名词，第四声表动词；"冠"以第一声表名词，第四声表动词。施受同辞的往往采取增加提示意义的部件来分化。区分同源字的不同意义，字形上的差异化比较常见，而字形调整最常用的办法就是形声法，如：

①加形符。

a.主客体、动作与使用的工具及作用的对象密切相关，最初可能共用一形，如："兵"既指兵器，也指拿兵器的人；"锄"至今仍有名动两义，既指一种农具，也指用这种农具锄草的动作；"扇""锁""锯""锤""病""刺""书""画""结""赋""钉""磨"等也是名动一字。汉字中还有不少字则在使用中通过字形上的调整分化了，如：

"禽"甲骨文作🪶,本象捕禽兽的器具,金文增声符"今"作🪶大祝禽鼎,转指被擒获的鸟兽,后又增"扌"作"擒"以表擒获义。《诗·齐风·甫田》:"无田甫田,维莠骄骄。"孔颖达曰:"上田谓垦耕,下田谓土地。"即前一"田"为动词,后一"田"为名词,孔又曰:"言'无田甫田',犹《多方》云:'宅尔宅田。'田,今人谓佃",即后来以"佃"专司动词义。

b.动作是相互的,造字上不易区分,最初可能共用一形,如"受"甲骨文作🪶,一手交付一手承接,本施受同字,后为分化二义,增手形作"授"为授予字。"爱""援"与"奉""捧"的情形同之。

②加声符。如"食"甲骨文作🪶、🪶、🪶,本指饭食,也指吃的动作,进而改读声调指给人食物吃,遂加声符"司"而成"飼(饲)"。

(2)义项分担。词义引申是十分普遍的现象,有时引申义与本义间的联系显得不够直接,为更准确地记录不同的义项,字形必然会做出调整。

①加形符。"尊"甲骨文作🪶,本指酒器,酒敬尊者,引申出尊贵、尊敬义,为示区别,历史上曾有为表酒尊义加意符,另造"罇""甄""樽"等形。"州"甲骨文作🪶,本指水中陆地,后引申作州县字,加意符"氵"以表本义。"臭"甲骨文作🪶,《说文》:"禽走,臭而知其迹者,犬也。从犬从自"。本指嗅的动作,引申指气味,为从字形上分化二义,加意符"鼻"作"齅"以表动词义,后改意符为"口"作"嗅"。"舍"本指客舍,后由宾客之所止引申为凡止之称,加"扌"作"捨"以表废止、舍弃义。

②改形符。"张",《说文》:"施弓弦也。从弓长声",本指弓张弦,后引申为张开、展开之称,既而指能张开、展开的物件。为相互区别,于是改"弓"为不同的意符以提示相关具体的意义,以篷幕张开为"帐",以体积变大为"胀",以水大为"涨"。《集韵》"涨,与漲同",可能受使用习惯的影响,今写为"涨"。"障""嶂""幛""瘴"均有遮挡义,而它们共有的部件"章"无此义,疑"嶂""幛""瘴"系在"障"的基础上调整意符而成。"根""跟"均有底部义,而它们共有的部件"艮"无此义,疑"跟"系在"根"的基础上调整意符而成,《释名·释形体》:"足后曰跟,在下方着地,一体任之,象木根也"。"椅子"的"椅"是在"倚"的基础上调整意符而成,"桌子"的"桌"是在"卓"的基础上调整意符而成。汉字中存在不少音近而核心义素相类的字,疑均为此类情形。

6.旧形声字改造成新形声字

有些形声字为求形音的准确性,随着材料质地的变化、语音的演变,在形符与声符上有所调整。

(1)改换形符。"盘"曾有鏊、槃等形,段玉裁《说文解字注》:"盖古以金,后乃以木。""尊"曾有甄、樽的写法,或为瓦质,或为木质。"碗"曾有🪶右里盘、㼤、埦、椀等形,或为金质,或为瓦质,或为木质。

(2)改换声符。"怖",《说文》:"惶也。从心甫声。怖,或从布声"。现写作"怖",

因"布"的现代音记音更准。还有如"艦"写作"舰"、"膚"写作"肤"、"癥"写作"症"、"癰"写作"痈"、"憶"写作"忆"等均是改换了声符。

（3）形符、声符均改换。如"镜"即是形符、声符均调整后的结果，甲骨文作 ，本为"監"，为以水为监的写照，青铜镜产生后，加"金"作"鑑"，又有变左右结构为上下结构的异体"鑒"，语音变化后，为更准确地记音，改"鑑"之"監"为"竟"。还有如"绔"，形符、声符均做调整而成"裤"。

7.新造形声字

新字的创造多运用形声的办法。如氨、氮、氖、钛、铀、镁、呀、哇、哪等字，是气体元素就以"气"为意符，再加个声符；是金属元素就以"金"为意符，再加个声符；是语气词的就以"口"为意符，再加个声符。

形声法造字能力强大，形义兼顾的构字原则具有绝对的优势，对汉字形体结构产生了深远的影响，不少字在发展演变中调整为形声字，新字的创制更是首选形声法。形声字在《说文解字》里占82.3%，在《康熙字典》里占90%，现行汉字绝大多数为形声字。需要注意的是，在文字发展演变中，一方面，不少字通过增加形符或声符实现形声化，另一方面，因字形与字音的演变，一些字的形符与声符在表义、表音方面又不够准确。

（四）形声字的层次性

构成字形的形符与声符可能并非最小的个体单位，看似不符合字形经济简约的原则，而实际是有其合理性的。

（1）记音准确。形音演变后，原声符已融入字形或记音不够准确，新造字当然不可能仍以原始声符为声符。

①形体演变后，原始声符已融入字形无法离析，后世造字时遂以整字作声符。如："甫"金文作 ，《说文》："，男子美称也。从用父，父亦声。"小篆尚可看到构形的"父"，礼器碑（公元156年）作 ，已不见"父"形，后起字形"埔"直接用"甫"作声符。"奉"，《说文》："，承也。从手从廾，丰声。"小篆中声符"丰"的形体清晰，马王堆帛书"奉"已有作 ，西岳华山庙碑（公元165年）作 ，"丰"形已失，后起字形"俸"直接用"奉"为声符。

②语音演变后，原始声符与欲造字的读音相去甚远，后世遂以读音更接近的整字作声符。如："海"金文作 ，《说文》：" ，天池也，以纳百川者。从水每声。""每"，《说文》：" ，艸盛上出也。从屮母声。""每"缘"母"得声，而小篆"海"却直接以"每"为声符，更后起的"嗨"又直接以"海"为声符。

（2）表义清晰。补充义素，以使字形更清晰地提示意义信息。如"照"，《说文》：" ，明也。从火昭声"，而又："昭，日明也。从日召声"。"昭"的声符为"召"，在记照明义时却并没有采取在"召"的基础上加"火"而成，因太阳、火均提供光明，于是直接在"昭"的基础上加形符"火"。"景",《说文》:"光也。从日京声",本指日光,光所在处,物皆有阴,引申而有阴影义,后起之"影"在"景"的基础上加形符"彡"以记光影义。

（3）区分字形,避免与已有字形相混。如:"成"甲骨文作⿰、⿰,金文作⿰,《说文》:"⿰,就也。从戊丁声"。"盛"甲骨文作⿰,金文偶有直接作⿰书家父匡者,但多作⿰史兔臣,从皿成声,以"成"为声符,若以"丁"为声符,字形上与⿰、⿰（血）过于接近。"姑",金文作⿰復公子簋,《说文》:"⿰,夫母也。从女古声"。而"菇",《玉篇》"音姑",以"姑"为声符,一方面可能"姑"较"古"能更准确记音,另一方面也免与"苦"形同。"涸""梱"以"固"为声符,以与"沽""枯"字形上相区别。

（五）形符与声符的作用与局限

1.形符的作用与局限性

（1）作用

①提示义类。如从"目"的字一般与眼睛有关,从"金"的字一般与金属有关,从"木"的字一般与树木有关,从"水"的字一般与水流有关。虽然不少形符提供的信息不够具体,但至少可以为判别字义提供一个有益的思考方向。

②区别同音字。如"媚""楣""湄"读音相近,形符"女""木""水"分别表示不同的意义类别:"媚"从"女",表示与女性有关,义为嫣媚;"楣"从"木",表示为木制,义为门楣;"湄"从"水",表示与河流有关,义为水滨。"踢""剔""惕"声符相同,形符有别:"踢"从"足",表示脚的动作;"剔"从"刀",表示用刀挖;"惕"从"心",表示要警惕。

（2）局限

①物质与观念变化了,但形符未做相应调整。事物发展,认识提高,原有形符反映的是特定历史阶段的信息,以今天的视角来看,表义不够准确。如"虹"为形声字,至今仍与同声符的"红""讧"等字音相近,但"虹"何以从"虫"?因为传说中虹为两头为龙形的动物,这是历史认识在字形里的遗留,这个认识在今天的人看来当然是不对的。又如表色彩的"红""绿""绛""紫",何以均从"糸"?与书册有关的"笔""籍""篇""简""笺",何以均从"竹"?与财物有关的"购""赊""贩""贸""费""货""贵""贱""贫""资",何以均从"贝"?"桥""楼"何以从"木"?"镜"何以从"金"?"沙""漠"何以均从"水"?

②形符常用义改变,意义线索湮没。如"页"本指头部,从"页"之字均与头有关,但现代汉语中"页"的常用义为纸页,这就使得不少人对"颠""顶""颊""颈""项""领""额""题""须""颁""颇""顷""颤""顺""硕""嚣""颂""顾""顿"等字何以均从"页"感到疑惑了。

③字形演变致形符不易辨识。形符变形，如"辨"从刀辡声，现代字形中刀形已难辨识。形符分化，写法不同的部件提示相同的意义，难免造成一定的困惑，如"厂"分化为"广""厂"，"庙""廊""府""庭""庖""库"从"广"，而"厦""厢""厨""厩""厕"从"厂"。

2. 声符的作用与局限性

（1）作用

①提示读音。约 1/4 的形声字声符与字音完全相同，如以"争"为声符的"峥""狰""铮""睁"，以"式"为声符的"试""拭""轼""弑"。即使语音演变后，声符仍可起到一定的提示读音线索的作用，如本以"各"为声符的"烙""洛""络""酪""路"，其现代音也十分接近。

②区别字形。如"抡"与"抢"、"狠"与"狼"、"雎"与"睢"，准确把握声符可以有效避免读写错误。

（2）局限性

有些字声符相同但读音各异，如"芍""灼""约""钓""的""豹"，均以"勺"为声符，"功""贡""空""扛""缸""江""项""红""讧""邛"，均以"工"为声符，它们现代的读音却各不相同。周有光统计《新华字典》的正字，形声字有效标音率为39%。

造成声符不能准确表音的原因主要有二：

①语音演变导致声符不能准确表音，如"滑"从水骨声，"绽"从糸定声，"狐"从犬瓜声，"等"从竹寺声，"移"从禾多声，"隆"从生降声，"读"从言卖声，以现代音来看，它们的声符与读音均相去甚远。

②字形演变导致声符不易辨识，如"成"小篆作𢦩，从戊丁声；"春"小篆作𣈶，从艸从日屯声；"贼"小篆作𧵩，从戈则声；"在"小篆作𡉈，从土才声；"年"小篆作秊，从禾千声；"更"小篆作𠬝，从攴丙声；"急"小篆作𢚩，从心及声。

六、转注

许慎："转注者，建类一首，同意相受，考老是也。"《说文》正文未明确指出哪些字是转注字，因此后世的理解各有不同，众说纷纭，主要有三：

（1）"形转"，以同部首的形声字为转注字。徐锴《说文解字系传》："江、河可以同谓之水，水不可同谓之江、河；松、柏可以同谓之木，木不可同谓之松、柏。"所谓"建类一首"是指同部首的汉字为一类，"同意相受"即《说文》所谓"凡某之属皆从某"。

（2）"音转"，为记录同一语源派生出来的字所造的为转注字。朱骏声《说文通训定声》"履"条："此字本训践，转注为所践之具也。"章炳麟《国故论衡·转注假借说》:"字之未造,语言先之矣。以文字代语言,各循其声,方语有殊,名义一也。其音或双声相转,叠韵相迤,则为更制一字,此所谓转注也。……何谓'建类一首'?类谓声类……首者,今所谓语基。……考、老同在幽部,其义相互容受,其音小变。按形体,成枝别;审语言,同本株。虽制殊文,其实公族也。"

(3)"义转",以可以相互解释的同义字为转注字。戴震《答江慎修先生论小学书》:"转相为注,互相为训"。段玉裁《说文解字注》:"一其义类,所谓建类一首也;互其训诂,所谓同意相受也。""转注尤言互训也。……《老部》曰:'老者,考也;考者,老也。'以考注老,以老注考,是之谓转注。"

综合各家观点,转注可能是指部首相同、字音与字义相同或相近,具体用法或含义有细微区别的一组字。如"顶"与"颠"、"考"与"老"、"空"与"窾(窍)"、"迎"与"逆"等,它们形音义均有密切关联,但在使用对象、场合方面有一些差异。为满足精细表意的需求,以一定差别的字形来记录意义、用法有细微区别的语言。

裘锡圭先生在《文字学概要》中指出:"不讲转注,完全能够把汉字的结构讲清楚","我们完全没有必要卷入到无休无止的关于转注定义的争论中去"。关于什么是转注的问题,我们暂不做进一步的讨论。

七、"六书"理论的作用

1.提示读音线索

通过形声字的声符,可以大概把握字的读音。虽然因字形、语音的演变,不少声符提供的信息已不够准确,但这为研究语音演变提供了丰富的材料,加之演变是有规律的,有些音虽变了,但变后的新音十分相近,如声符均为"瓜"的"弧""狐""孤""觚""呱",声符均为"卖"的"读""渎""犊""牍""黩"。

2.避免写错别字

理解"六书"理论,准确把握造字理据,避免写错别字。

(1)避免写成形近部件。不少字外形相似,容易误写,如"冒"从冃从目,"昌"从日从曰,"冒"所从之"冃"象头衣,不能写成"曰"。"柿"从木市声,"閙(闹)"从市鬥,"沛"从水市声,"旆"从㫃市声,"市""市"音义差异很大,不能混同。"析"从木从斤,斤为斧斤,就不会误写为"枍"了,"枍"为"樜"的简化字,"樜"从木庶声。

(2)避免误写繁体。现代通行简体字,但有些书法作品会使用繁体,稍有不慎,就会写错,如将"影后""九球天后"的"后"写作"後","后"金文作 吴王光鑑,为皇后之后,"後"金文作 帥鼎,为先后之後,简化以前两字不相混用;又如将"圣人邻里"的"里"写作"裡",金文"里"作 矢方彝、里 史頌簋,从田从土,为乡里、故里之"里","裡"作 師兌簋、 毛公鼎鼎,从衣里声,指衣内,虽伯晨鼎借 为"裡",但系偶尔为之,金文中并不多见,"里"为会意字,"裡"为形声字,两字造意上区别甚大。

3.帮助理解词义

(1) 寻求本义,提高典籍阅读能力。"页"甲骨文作 ,突出人的头部,凡从页的字均与头部有关,于是"无偏无颇"(《尚书·洪范》)、"有马白颠"(《诗经·春风·车邻》)、"雕题黑齿"(《楚辞·招魂》)、"颁白者不负戴于道路矣"(《孟子·梁惠王上》)、"持竿不顾"(《庄子·秋水》)等就不难理解了。"走"金文作 孟鼎、 井侯簋,从夭从止,会疾走之意,"奔"金文作 孟鼎,《说文》:"与走同意",今所谓"奔走"其实用的正是"走"之本义。"古公亶父,来朝走马"(《诗·大雅·绵》)、"夸父与日逐走"(《山海经·海外北经》)、"兵刃既接,弃甲曳兵而走"(《孟子·梁惠王上》)、"兔走触株,折颈而死"(《韩非子·五蠹》)、"双兔傍地走"(《乐府诗集·木兰诗》)、"飞沙走砾"(《满井游记》)等句中"走"均用其本义。"格"在《尚书》中多解为来到、到达义,如"光被四表,格于上下""格尔众庶,悉听朕言""祖考来格"等,这是因为它实际上通"佫","佫"又由"各"衍生而来,"各"甲骨文作 、 、 ,罗振玉云:"从 ,象足形自外至;从口,自名也。此为来佫之本字"。"各""为来佫之本字",是也,罗振玉以"凵"为"口"形,误,其实"凵""凵"象居所或某一区域,犹"出"作 、 、 ,足形自"凵""凵"中外出。"莫"甲骨文作 、 、 、 ,以太阳降于草木中,会日暮之意,引申而有晚意,"至莫夜月明"(《石钟山记》)、"莫春者,春服既成"(《论语·先进篇》)等也就不难理解了。

(2) 准确理解词语,提高遣词造句能力。一些书面语色彩比较浓厚的词,如"企盼""追及""顾虑""祛除""物阜年丰"等,如果准确掌握"企""及""顾""祛""阜""年"的含义,词义自然明了。

第五节 汉字的孳乳与分化

随着物质的丰富、观念思想的复杂,为更全面地反映现实生活、更精细地表情达意,文字必然会不断增多。东汉许慎《说文解字》收小篆字 9353 个,南朝梁顾野王《玉篇》收字 22726 个,宋陈彭年等《广韵》收字 26194 个,明梅膺祚《字汇》收字 33179 个,清张玉书等《康熙字典》收字 47035 个,徐中舒等《汉字大字典》(第一版)收字 54678 个,第二版收字 60370 个。汉字在不断地孳乳与分化,总量在不断地增多。

一、以象形为造字基础,文字体系不断完备

许慎《说文解字·叙》云:"仓颉之初作书,盖依类象形,故谓之文;其后形声

相益，即谓之字。文者，物象之本；字者，言孳乳而浸多也。"文字从最初的随体诘诎，逐渐抽象化，以象形字为基础，通过指事、会意、形声等方法，造出越来越多的字形以记录不同的意义。

从现在已知的成熟文字体系甲骨文、金文来看，象形字为基础构字部件，其他字形的创制均与之有密切的关系。如"舌"甲骨文作🝃、🝃，象口中舌形。"言"甲骨文作🝃，于"舌"之上增一横，以别于舌，但又与舌有关，指鼓舌弄唇发出的语言。"音"金文作🝃秦公鎛，又于"言"的口中增一短横，以示口中发出的声音，它们均以"舌"为基础不断增提示符而成。"牧"甲骨文作🝃、🝃，从牛或羊从攴，以极具图画色彩的部件组合，会放牧之意。假借、形声字虽有以字形提示声音的元素，但充当声音提示符的字形也来源于象形字。转注则在已有字形的基础上进行细节的调整，以表有细微差异的不同意义。文字的发展，正是以象形字为基础，通过字形的组合、指示符号以及本身充当记音符号、笔画变形或部件省改等手段，孳乳出大量的字来记录语言。

清代学者戴震说："象形、指事、会意、形声四者，字之体也；转注、假借二者，字之用也。"认为转注、假借并未产生新字形，不是严格意义的造字法。转注的问题目前还没有形成统一意见，但假借以借形表音的方式记录了新词，并且推动了新字形的产生。象形、指事、会意、形声的造字能力自不待言。

二、字形差异化，以精准记录不同意义

文字是最重要的辅助性交际工具，它记录了丰富的历史文化信息，为更有效地记录语言、表达思想，其在使用中必然会不断地发展。由于假借、词义引申等，出现一个字形承担多个职能的情况，而在文字使用中，人们追求表义的精准，从字形上对这些同形字、多义字进行分化。

1.异体分化

"邪"与"耶"。《说文》："邪，琅邪郡。从邑牙声。"段玉裁注："邪，古书用为衺正字，又用为辞助。""近人隶书从耳作耶，由牙耳相似。"后"邪""耶"分工，"邪"为正邪之邪，"耶"为疑问语气词。

"雅"与"鸦"。《说文》："雅，楚乌也。""从隹牙声。"《集韵》："亦作鴉鵶。"古文隹鸟不别，如《说文》："雞，知时畜也。从隹奚声。鷄，籒文雞从鳥。"又"雕，鷻也，从隹周声。鵰，籒文雕从鳥。"后"雅""鸦"分工，"雅"为正的近义词，既而又引申出高雅义，"鸦"为乌鸦之鸦。

"箸"与"著"。"竹"与"艹"表义相类，作意符使用时，有通作的情形，如"蓑"在《仪礼·既夕》"稾车载蓑笠"中，写作"蓑"。典籍中"第"也写作"苐"。"箸"与"著"初本两字，《说文》："箸，饭攲也。"本指饭箸，即筷子。《小尔雅》："著，明也。"本指显著，因后世"竹""艹"通作而被视作异体，《广韵》："箸同著。"典籍

有以"箸"表"著"之本义及引申义"著作"的用例,《列子·仲尼篇》:"形物其箸。"东晋张湛《列子注》:"形物,犹事理也。事理自明,非我之功也。"《史记·刘敬叔孙通列传》:"及稍定汉诸仪法,皆叔孙生为太常所论箸也。""箸"均用作"著"。后来明确分化,"箸"指饭箸,"著"指显著、著作。

"谕"与"喻"。《说文》:"谕,告也。从言俞声。"《集韵》:"或作喻。"《广韵》:"喻本作谕。譬谕也,谏也。"典籍里二字多混用,如《战国策》:"请以市谕,市朝则满,夕则虚。"《礼记·文王世子》:"师也者,教之以事而喻诸德者也。"后世以"喻"作譬喻字,以"谕"为告谕字。

2.假借分化

(1)造新形承担本义,本字表借义。如"自",《说文》:"自,鼻也。象鼻形",被借作自指代词后,另造"鼻"以表本义。"西",《说文》:"西,鸟在巢上,象形。日在西方而鸟栖,故因以为东西之西",借作方位词后,秦文字造"棲"以表其本义,秦汉以后调整声符遂成"栖"。

(2)造新形承担借义,本字表本义。如"蘇",《说文》:"蘇,桂荏也。从艸穌声",本指桂荏,被借作复苏字,如《战国策》:"勃然乃蘇"。南北朝时,造"甦"以表此义,简化时又被当作异体并入"苏"。还如舞—無、母—毋、荼—茶、佳—唯、辟—避等。

(3)借它字承担借义,而本字仍表本义。如《说文》:"女,妇人也。象形。""汝,水。出弘农卢氏还归山,东入淮。从水,女声。"先是借"女"作第二人称代词,但因"女"用本义的情形颇多,遂换作使用频率不高的"汝"。《说文》:"可,肯也。从口丂,丂亦声。""何,儋也。从人可声。"疑问代词"何"也是先借"可",但因"可"用其本义表肯定的情形颇多,为免误解,换借"负何"之"何",又造"荷"为负何字。

(4)借它字承担借义的一部分。如"沽"与"酤"。《说文》:"沽,水。出渔阳塞外,东入海。从水古声。"本为水名,借用指买、卖。《论语·子罕》:"有美玉于斯,韫椟而藏诸?求善贾而沽诸?"指卖。《论语·乡党》:"沽酒市脯。"指买。后为准确记买酒义而改借"酤",《说文》:"酤,一宿酒也",因之卖酒也用"酤",《训俭示康》:"酒酤于市,果止于梨、栗、枣、柿之类。"指买酒,《淮南子·泛论》:"出于屠酤之肆。"指卖酒。

3.引申分化

文字使用中,义项越来越丰富,有的多次引申后,义项间的关联逐渐弱化,甚至看起来没有关联,为更准确地记录各个义项,字形上遂做出一定的调整。如:

(1)为本义造新形

"冒"与"帽"。《说文》:"冒,冡而前也。从冃从目。"徐灏《说文解字注笺》:

"冒，即古帽字。冃之形略，故从目作冒。引申为冢冒之义后，为引申义所专，又从巾作帽，皆相承增偏旁也。"

"原"与"源"。《说文》："原，水泉本也。从灥出厂下。""原"本指泉源，它的引申义"本原"及假借义"原野"成为其常用义后，另造"源"来承担本义。

"要"与"腰"。《说文》："要，身中也，象人要自臼之形。""要"本指人的腰部，它的引申义"要害"成为其常用义后，另造"腰"来承担本义。

"弟"与"第"。《说文》："弟，韦束之次弟也。""弟"本指次序，引申指"兄弟"并成为其常用义后，另造"第"来承担本义。

（2）为引申义造新形

"甞"与"嚐"。《说文》："甞，口味之也。从旨尚声。"本指味道，引申指辨别味道，加"口"作"嚐"以表引申义。简化后"甞""嚐"并作"尝"（"甞"之草书楷化）。

"注"与"註"。《说文》："注，灌也。从水主声。"引申指注释，明代以"註"专表注释义。后二字仍并作"注"。

"反"与"返"。《说文》："反，覆也。从又，厂反形。"本指手翻转，引申指人返回，加表行走义的"辵"成"𢒈（返）"以表引申义。

"竟"与"境"。《说文》："竟，乐曲尽为竟。从音从人。"段玉裁注："引伸之凡事之所止、土地之所止皆曰竟。"后加"土"作"境"以表边境义。

"坐"与"座"。"坐"本指人席地而坐，引申指坐的位置，后加有止息场所义的"广"成"座"，承担"座位"义。

"知"与"智"。由知晓义引申出智慧义，隶书以"智"表才智、智慧义。

"亨""享""烹"。三字同来源于𠅘，早期典籍"亨"兼三义，后加横作"享"以表祭享、进献义，加"火"成"烹"以表烹饪义。

"赴"与"讣"。《说文》："赴，趋也。从走，仆省声。"段玉裁注："古文讣告字只作赴者，取急疾之意。今文从言，急疾意转隐矣。"即古只有"赴"，"讣"为后起专字。《仪礼·聘礼》："赴者未至，则哭于巷，哀于馆。"《左传·文公十四年》："凡崩薨，不赴则不书。"《战国策·赵策三》："周烈王崩，诸侯皆吊，齐后往。周怒，赴于齐曰：'天崩地坼，天子下席。东藩之臣田婴齐后至，则斮之！'"皆用"赴"，"讣"改"赴"之形符"走"为"言"，以专指报丧义。

"帐"与"胀"，则以调整源字"张"的形符为手段，为各引申义分化出各自字形。

字的使用情况是复杂的，有的是通假字取代原字，字义引申之后为记引申义而简省或变形原字而成新字。如"陳（陈）"，《说文》："陳，宛丘"，本为地名，通假为表陈列之"敶"，后因"陣"笔画简少取而代之。陈列义引申而有战阵义，《史记·李将军列传》："前未到匈奴陳二里所"，尚用"陳"。后人改字形为"陣"，《隶辨》指出"陣"已见于东汉司农刘夫人碑。

4.同源分化

我们这里所说的同源是指文字初造时,受构造手段等的局限,无法精细化而以一个字形兼表密切相关的几个意义的情况,即文字初造时多义记于一形。排除文字使用过程中的引申情况,较宽泛意义的同源所指范围要小,宽泛意义上的同源字包括发展中孳乳分化出来的所有在字义或构形上有意义联系的字。王力《同源字典·同源字论》:"凡音义皆近,音近义同,或义近音同的字,叫做同源字","它们在原始的时候本是一个词",我们借用这个概念,仅讨论在文字初造时即有多个职能的分化问题,而非引申中逐渐具有多个职能而进行分化的情况。

同源分化与字义引申不完全相同,其多个职能有紧密的相关性,于造字之初已承载于同一字形,诸如名动一形、施受同字等情形,字义引申主要是通过联想由本义衍生出一系列的意义,是语言使用过程中产生的。同源分化也不同于异体字,异体字只是同一个字的不同写法,用法上无任何差异。我们这里指的是出于分化初文职能的目的而进行的字形改变,如"买"与"卖":

"买"与"卖"。"買(买)"甲骨文作 、 ,金文作 買王卣、 右買戈,《说文》:"市也。从网贝"。"賣(卖)"字甲骨文、金文未见,《说文》:"賣,出物货也。从出,从買"。徐灏《说文解字注笺》曰:"出物货曰'卖',购取曰'买',只一声之轻重。与物美曰'好',好之曰'好',物丑曰'恶',恶之曰'恶'同例。窃谓'買''賣'本是一字,后以其声异,而从'出'以别之。《书》《传》'買''賣'二字往往互用。如《周官·贾师》:'凡国之賣價。'郑注:'故书賣为買。'《萍氏》:'幾酒。'郑注:'苛察沽買过多。'《释文》:'買,一本作賣。'"《资治通鉴·晋纪十》:"遣养子贩易于梁州,私賣良人子一人。"根据前后文,"賣"作"買"用。"好""好"、"恶""恶"读音与词性均有不同,是初本一字,还是因后来发生词义引申而变读其音,还可进一步探讨,但关于"買""賣",徐说证据充分,当得其实,"買"分化前的情形颇类于今之"借",借进借出均可言借,需根据语境做具体的判断。

古施受同字的情形较多,后来才发生分化,还有如"受"与"授",杨树达《古书疑义举例续补·施受同辞例》:"初民语言,授、受本无区别,加'手'作'授',乃造字者恐混惑而为之别白耳","据《说文》市谷为糴,出谷为糶。然二字皆从翟声","授受,買賣,糴糶本各两事也,古人语言且混合不分",即古人用词上存在施受一音的情况,初时记词的字可能也共用一形,后来为精细表义,方从字形上进行区别。类似的情形还有"爰"与"援"、"奉"与"捧"等。

古名动一形也比较常见。如"立"与"位",《周礼·春官·小宗伯》:"掌建国之神位。"郑玄注:"故书位作立。郑司农云:立读为位,古者立位同字。古文《春秋》经'公即位'作'公即立'。"泰山刻石中的"皇帝临位"作"皇帝临立",《商君书·更法》:"代立不忘社稷。""立"亦指"位",站立为"立",站立的位置为"位",初本一字,后分为二形。林沄《士、王二字同形分化说》指出,"位""立"在西汉早期才彻底分化。还有如"戒"与"械"、"田"与"佃"、"禽"与"擒"、"兽"与"獸（狩）"等。

同源多义因与字义引申之间的区分难度大，一般混而言之，均作引申处理，但我们认为这种现象应该是客观存在的，文字产生之初，构形手段有限，要表达的意思尚未达到后世之精细程度，可能存在一字兼记几个密切相关的意义的情形。

还有一种比较有意思的情况是初造时并非一形兼数义，但字形本身却可与另一意义关联起来，后来以新造字形记本义，原形记另一意义。如"隻"甲骨文作，罗振玉《殷虚书契考释》曰："象捕鸟在手之形，与许书训鸟一枚之隻字同形。""隻"本指捕获，后来造"獲"表此义，《说文》："獲，猎所获也。"因"隻"字形上半为一只鸟，望形生义就成为量词"只"，两只则作"雙（双）"。

字形分化现象是在表义精细化的背景下产生的，这个阶段的人类已具备非常丰富的文化知识，常用的基本汉字早已完善，所以，更多的是进行字形上的细节调整，最常用的手段便是形声法，通过增加或调整意符与改变声符来提示不同的含义。具体情形可参见第四节"汉字的构形模式"。

第六节　汉字的简化

1956 年 1 月，国务院公布《汉字简化方案》，《人民日报》公布第一批 230 个简体字和 30 个类推偏旁，之后修订增补，共公布了四批简化字，简化字 515 个，简化偏旁 54 个。1964 年 5 月，中国文字改革委员会归纳整理已发布的简化字，编印成《简化字总表》，共收简化字 2238 个（"签""须"两字重见，实为 2236 字）。1977 年 12 月，公布《第二次汉字简化方案（草案）》，简化 853 字，其中第一表 248 个直接实行，第二表 605 个供讨论。1978 年 4 月，教育部撤回在教科书上试用"二简字"的决定，7 月，中宣部发出通知，在所有报刊杂志停止试用"二简字"。1986 年 6 月，国务院批准废止二简方案，10 月，重新发表经少量修订的《简化字总表》，共收 2274 个简化字（包括《附录》所收习惯被看作简化字的 39 个字）及 14 个简化偏旁，叠、覆、像、啰不再简化为迭、复、象、罗。2013 年，国务院公布《通用规范汉字表》，在 1986 年《总表》基础上又收录了 226 个类推简化字。

《汉字简化方案》收入的简化字，简化的方法主要有以下九种：

（1）草书楷化

如：貝→ 皇象、 赵构→贝，東→ 索靖、 王羲之→东，當→ 王羲之、 怀素→当，飯→ 怀素→饭，顧→ 索靖→顾，會→ 月仪帖、 王羲之→会，經→ 王羲之、 李邕→经，樂→ 皇象、 王羲之→乐，說→ 王凝之、 王羲之→说，書→ 皇象、 王羲之、 米芾→书，銅→ 蔡襄、 鲜于枢→铜，為→ 张芝、 索靖→为，偉→ 皇象、 孙过庭→伟，應→ 怀素、 吴志淳→应，專

→书孙过庭、寺蔡襄→专，驛→𫘦草书韵会→驿，長→长皇象、长王羲之→长，學→学皇象、学智永、学怀素→学。

（2）省减部件

如：齒→齿，產→产，處→处，奪→夺，飛→飞，豐→丰，龍→龙异体→龙，寧→宁，親→亲，聲→声，術→术，尋→寻，習→习，醫→医，鑿→凿，掛→挂，蠍→蝎，盤→盘，遲→迟，開→开。

（3）更换偏旁

①更换形符。

如：貍、貓、豬→狸、猫、猪，颳→刮，願→愿，骯→肮。

②更换声符。

如：襖→袄，艦→舰，癰→痈，擁→拥，憶→忆，癥→症，劇→剧。声符更换不具有类推性，如以"奥"为声符的还有"懊""澳"，均没有作类推处理。当然，"澳"不能简化，还有会与"肥沃"之"沃"形同的原因。

③更换草书楷化部件。

如：𦀗王羲之、頏苏轼→经、顽，綘谢安、𫘦草书韵会→绎。

（4）同音合并

①取同音字中形体简单者合并多字。

如：醜（丑陋）、丑（地支）→丑，鬥（打斗）、斗（容量）→斗，穀（五谷）、谷（山谷）→谷，昇（日升）、陞（登）、升（容量）→升，徵（召集）、征（远行）→征，餘（剩余）、余（我）→余，幾（细微）、几（坐几）→几，籲（呼喊）、吁（叹息）→吁，隻（量词）、祇（仅仅）、只（语气词）→只，幹（才干）、榦（树干）、乾（干湿）、干（干戈）→干，裏（衣内）、里（居所）→里，韆（鞦韆之韆）、千（数目字）→千。

②新造简化字合并原来多个旧字。

如：發（发射）、髮（头发）→发，複（夹衣）、復（往复）→复，纖（纤细）、縴（纤绳）→纤，臟（内脏）、髒（肮脏）→脏，鍾（酒器）、鐘（乐器）→钟，曆（日历）、歷（经历）→历。

（5）符号替代部件

常用"又""乂"及重写符"𠃓"替换部分字形。如：鄧→邓，對→对，鳳→凤，觀→观，漢→汉，轟→轰，僅→仅，鷄→鸡，樹→树，戲→戏，風→风，岡→冈，區→区，趙→赵，棗→枣。简省符号"𠃓""又"古已用之，孚尊"子子孙孙"作𡥜，《宋元以来俗字谱》："鳳，《目连记》作凤。"符号替代并没有对应规律，仅是以无意义的符号替换笔画较多的部件。

（6）采用古体或古异体中笔画少者

①采用古体。

如：從→从→从，雲→云→云，啟→启→启，誇→夸→夸，網→网→网。

②采用古异体。

如：繖→伞 类篇→伞，禮→礼 古文四声韵，灋→法 说文或体→法，棄→弃 说文古文→弃，無→无 说文奇字→无。

③采用古同音字。

如：薦（草）、荐（草垫）→荐，氣（馈客刍米）、气（云气）→气。

（7）采用历代的俗体

①古已存在的俗体。

如：廬→庐 宋元以来俗字谱，爐→炉 篇海类编，蘆→芦 字汇，驢→驴 字汇，寶→宝，墳→坟，亂→乱，體→体，萬→万。

②现代新产生的俗体。

如：隊→队，階→阶，進→进，擊→击。

（8）新造简体，包括旧形改造与完全新造

①会意法。

改造如：塵→尘，蠶→蚕，滅→灭，嶽→岳。

新造如：淚→泪，竈→灶，衆→众。

②形声法。

改造如：幣→币，礎→础，趕→赶，嚇→吓，價→价，竊→窃，纖→纤，療→疗，憐→怜，態→态，鼠→窜，審→审。

新造如：叢→丛，驚→惊，響→响，護→护。

（9）类推简化

有些字被简化后，把由该字组成的合体字中的相应部件也进行简化处理，如："車"被简化成了"车"，"輂""輪""連""輩""庫""載"也相应地简化成"辇""轮""连""辈""库""载"。要注意的是，类推简化是有限类推，如"兒"简化成了"儿"，但是"倪""睨""霓"等字中的部件"兒"却不能写成"儿"。

这些方法是在研究前人简化汉字的经验的基础上总结、提炼出来的。不少简化字尽量保持了汉字在声音与意义方面的理据信息，是比较得当的。

第七节 与汉字相关的若干概念

一、汉字构成单位

1.笔画

笔画是构成汉字的最小单位，指的是在书写时从下笔到提笔过程中连续写成的一个线条。基本笔画主要有"永"字八法和"札"字五法两种提法。"永"字八法是在毛笔书法基础上总结出来的八个基本笔形：点、横、竖、撇、捺、提、折、钩。"札"字五法是现代对"永"字八法做进一步归纳得出的五类基本笔形：横、竖、撇、点、折。两类基本笔画的区别在于："札"字五法将"永"字八法里的"提"归并进了"横"，将"捺"归并进了"点"，将"竖""钩"归并进了"竖"。

组成一个汉字的所有笔画书写的先后顺序叫笔顺。基本规则是先横后竖（"十"）、先撇后捺（"八"）、从上到下（"岁"）、从左到右（"明"）、先外后内（"周"）、先进后关（"回"）、先中间后两边（"水"）、先横后撇（"厂"）。

2.部件

部件是由笔画组成的可以组配成汉字的构字单位。因为它是汉字的构形单位，王宁先生称之为"构件"。

按构字层次，部件可以分为基础部件和合成部件。所谓基础部件指的是不能再进行拆分的最小部件，如"件"由"亻"和"牛"两个基础部件构成，"解"由"角""刀""牛"三个基础部件构成，"鸟"的基础部件就是"鸟"。一般来说，全字的造字意图是通过基础部件的组合而体现出来的。所谓合成部件指的是还可以进一步拆分的部件，如"部"第一次拆分出部件"咅""阝"，而部件"咅"还可以再拆分成"立""口"，所以"部"是合成部件。我们把第一次拆分出的部件叫一级部件，第二次拆分出的部件叫二级部件，依次拆分。如对"礴"进行拆分，一级部件是"石""薄"，二级部件是"艹""溥"，三级部件是"氵""尃"，四级部件是"甫""寸"。部件拆分的顺序反过来就是逐级构字的顺序。

按是否独立成字，部件可以分为成字部件和不成字部件。进行汉字拆分时，应尽量照顾构形理据，成字部件优先拆分，如"竟"的一级部件是"音""儿"，"章"的一级部件是"音""十"，"旗"的一级部件是"㫃""其"，"裹"的一级部件是"衣""果"。许慎《说文》有："竟，乐曲尽为竟。从音从人。""章，乐竟为一章。从音从十。十，数之终也。""旗，从㫃其声。""裹，缠也。从衣果声。"

单一笔画也可能是部件。如"旦"由"一""日"两个部件组成，"引"由"弓""丨"两个部件组成，"艺"由"艹""乙"两个部件组成，"一""丨""乙"既是笔画也是部件。

3.部首

部首是具有字形归类作用的部件，是在字词典编纂中为便于查检、编排而产生的。如"松""柏""杨""架""李""杏""林""相"的部首是"木"。部首为东汉著名的文字学家许慎在编《说文解字》时所首创，他将汉字分类在 540 个部首里。因为分部的思想与原则不完全相同，常见工具书所分立的部首并不完全一致。《辞源》分立有 214 个部首，《辞海》分立有 250 个部首，《汉语大字典》和《汉语大词典》分立有 200 个部首，《现代汉语词典》和《新华字典》分立有 189 个部首。

4.偏旁

偏旁指的是对合体字进行一次切分后所得到的两个部分。习惯上有"左偏右旁"的说法。因为许多汉字不是左右结构，现在一般不再区分左右，一律称之为"偏旁"。

部首一定是偏旁，偏旁不一定是部首。

5.声符和意符

声符和意符是就形声字而言的，声符提示读音，意符提示字义。如"偎"从人畏声，表示人相依偎。

要注意的是，因为字形演变或语音发展演变，有些形声字的声符已难辨识或用现代音已经不能准确地提示字音了。如"在"是从土才声的，"尚"是从八向声的，"鷄（鸡）"是从鸟奚声的，"爺（爷）"是从父耶声的；"堂""棠""赏""常""党""裳""掌"均是以"尚"为声符的，"攻""贡""空""邛""虹""红""缸""杠""江""项"均是以"工"为声符的，这些字的现代音仍然相近，但声符明显跟字音有差异了。有些字的声符在历史发展中进行了调整，如"膚"现在写作"肤"，"戰"现在写作"战"，"達"现在写作"达"，"補"现在写作"补"等。

要注意的是，部分汉字的声符兼有表义的作用，如"句"是曲的意思，以"句"为声符的字也多有曲的含义，"鉤（钩）"指曲钩，"笱"指捕鱼的曲竹，"翑"指羽曲，"痀"指曲脊，"軥"指车轭两边下伸弯曲的部分。此外，还有一些汉字是后来添加意符分化出来的。如"婚"是在"昏"的基础上增加部件"女"而成，"娶"是在"取"的基础上增加部件"女"而成，"返"是在"反"的基础上增加部件"辶"而成，"影"是在"景"的基础上增加部件"彡"而成，增加部件的主要原因是为分化出它们的某一引申义，这些字的声符其实是它们字义的源头。

因为汉字历史悠久，受造字时代的人类认识的局限，有些汉字的形符不一定科学。如"鲸"并不是鱼，"虹"并不是虫，"想"并不是发自心等。

一般情况下，人们把意符也称为形符。裘锡圭在《文字学概要》中将文字的字符分为三类：意符、音符和记号，意符又分为形符和义符，形符通过形象来表意，义符则通过字义来表义。

二、汉字发展相关

1.古今字

在语言发展中，为了更精细、准确地记录词义，原来用一个字记录的意义，分开用两个或两个以上的字来记录，原来的字形叫作古字，后来造出的字叫作今字。如《说文解字》里是没有"悦"的，先秦典籍均用"说"来表示喜悦。《论语·学而》有："学而时习之，不亦说乎？"《诗·邶风·静女》有："彤管有炜，说怿女美。""悦"是为表喜悦义，改部件"言"为"忄"而成。"竟"本指乐曲的终结，引申指一般事物的终结。《礼记·曲礼》:"入竟而问禁。"《左传·庄公二十七年》:"卿非君命不越竟。"都是用"竟"来表示边境的意思,后来增部件"土"而成"境"来表疆界义。

2.繁简字

繁简字是就同一个字的字形笔画多少而言的,笔画多的叫做繁体字,笔画少的叫做简体字。因为汉字简化中存在同音合并的情况,所以阅读古籍和进行繁简转化时要注意区分,如"後面"与"皇后"、"裏面"与"故里"、"山谷"与"稻穀"、"茶几"与"幾乎"、"木板"与"老闆"、"千万"与"鞦韆"是不能混淆的。

三、汉字使用相关

1.异体字

异体字是指一组读音、字义、用法完全相同而只是字形上有差异的汉字。在汉字发展的早期阶段,这种现象十分普遍。如甲骨文里义近部件通用的情形很多,"逐"就有 ⻊、⻊、⻊、⻊ 等不同的写法。汉字隶变时,因为隶写方式不同也曾出现一些异体,如"春"和"旾"、"光"和"灮"等。历代都有不少只是部件组合位置不同的异体字,如"鞍"和"鞌"、"峰"和"峯"、"鵝"和"鶩"、"棋"和"棊"、"慼"和"慽"、"闊"和"濶"等。此外,还有一些因为造字视角不同而产生的异体字,如"明"和"朙",从日是因为日为光源,从囧是因为囧象窗牖;"尘"和"塵",小土为"尘"是以义会意,"塵"是以鹿群奔跑而致尘土飞扬会意;"野"和"埜",野从里予声,"埜"以林外之地会郊野意;"泪"和"涙","泪"从水从目,"涙"从水戾声;"村"和"邨","木"表示村庄里种着树,"邑"表示人居住的地方,"寸""屯"是声符,"屯"还有屯聚之意;"寨"和"砦","寨"从木赛省声,"砦"本指山砦,从石此声,等等。

因为异体字仅仅是书写字形上存在差异,在进行汉字规范时,一般是确定一个推荐字形,以便于使用与交流。

2.通假字

造字阶段有假借的现象,是"本无其字,依声托事",因为语言里的某些词难以造出合适的字形来记录,就借已有的同音字来代替而不是造新字。如:"它"本来象蛇,是"蛇"的本字,后借用作第三人称代词。

现在我们说的通假一般指的是"本有其字的假借",也就是本来已经有了记录某义的字,但典籍里却借用了另外一个同音字来代替。《左传·僖公二十八年》:"请与君之士戏,君冯轼而观之。""冯"是"凭"的借字,《说文》有"凭,依几也","凭轼"就是依傍着车轼。

第八节　汉字溯源应注意的问题

流俗文字学中有一种观念——只要能自圆其说，怎么讲都行，这正表明了汉字的博大精深，但这种观念也导致了很多人随意地解说文字。有一些解说很有迷惑性，因为不少时候，在随意演绎的过程中，纳入了一些文化方面的内容，正误掺杂，很难分辨。一般来说，每一个具体文字的创制都是有明确的考量的，并且大多应该比较直接，因为这样才容易理解，进而被广泛地接受和使用，毕竟文字是记录语言的工具，而不是拿来猜谜和卖弄的。

汉字溯源中有一些需要注意的基本问题，以保证我们的分析能够尽量接近构形真相。

一、尊重字形

以字形为讨论的根本，字形可靠，结论才可靠。仅从现行汉字字形出发所做的讨论是不严谨的。汉字历史悠久，在漫长的发展演变中大多发生了复杂的调整与变化，很多现代字形里是看不出当初的造字意图的，从现代字形出发的奇思妙想，只能看成文字游戏，不具备科学性。下面以几个字为例来说明。

（1）教。𱍣、𱍤、𱍥散盤、𱍦鄭侯簋、𱍧、𱍨秦简、𱍩汉帛、𱍪礼器碑、𱍫郭有道碑。𱍬王羲之、𱍭欧阳询。

从现代字形看，左边的部件为"孝"，可能就有人因此认为"教"是教育人讲孝道。但哪怕是只追溯到小篆，都可以发现这样的说法是有问题的。小篆"教"作𱍧，而"孝"作𱍮，简单比较就可以发现，"教"的左边最初根本就不是"孝"。我们再查查"学""老"等字的古字形，更是可以确定，古代它们的写法一直都有明显的差异。"学"甲骨文作𱍯，金文作𱍰孟鼎，小篆作𱍱，"老"甲骨文作𱍲，金文作𱍳殳季良父壶，小篆作𱍴。"教"与"学"、"孝"与"老"，每一组在意义上有一定的相关性，所以，它们的古字形也分别有一些共同的部件。"孝"把老人拄的拐杖换成了"子"，表示的正是晚辈扶持长辈之义。教与学是一组相对的动作，疑"教""学"中的部件"爻"为教学内容，"子"为教学对象。至于"教"右边的"攵"，可不是文化的"文"，本为手持教鞭形，这个教鞭，发展到后来就是古代先生手中的戒尺。

（2）德。𱍵、𱍶师望鼎、𱍷蔡姞簋、𱍸、𱍹孔彪碑。

"直"的甲骨文作𱍺，为目光直视形。"德"的甲骨文𱍻与之相较就多了个表示道路的"彳"。"德"里边有个"直"，表示的正是中国人的一种观念——正道直行、为人正直。所以，金文中加了个"心"以强调品德的意思。传统典籍里用"聽"表示倾听的意思，字形跟表示圣贤意思的"聖"有相同的部分，它们的甲骨文、金文分别为听（𱍼、𱍽大保簋），圣（𱍾、𱍿井人妄鐘），主要区别在于"聖"较"聽"多一个人形，反映了古人的一种朴素的观念——所谓圣人，就是善于倾听的人。《左传》把处理政务叫"听政"。我们应该发现了，"聽"跟"德"相同的部件在甲骨文和金文里是没有的，是在小篆中才加上去的，这是为什么呢？很明显，字形变化里蕴含着一种评价，即善于倾听是一种美德。

（3）木。🌲、🌲、🌲父丁爵。🌲。

"木"是个象形字，象树木之形，现代字形仍然保留着象形意味。问题是，字形表现的是树木的哪些部分？通过对甲骨文、金文主流写法的观察，可以发现，中竖为树干，上边分叉的斜线象树枝，下边分叉的斜线象树根。因为多数古字形下边分叉的斜线明显处于树干偏下的部分。小篆虽然为求对称，下边的曲线写得也比较靠近树干中点了。《说文》说"从屮，下象其根"，虽然"从屮"是有问题的，但"下象其根"是准确的。此外，"本"金文作🌲本鼎，在树木的三条根上都加了点以指示字义之所在，可以作为一个很好的辅证。

二、选字要典型

古文字为手写，难免会带有书写者的个人色彩，选取研究对象时，必须要全面观照，以其中的主流写法为讨论对象。以"旦"为例。

旦。🌞、🌞、🌞颂壶、🌞吴方彝、🌞休盘、🌞。

《说文》："旦，明也。从日见一上。一，地也。"多数人受此影响，认为"旦"表示的是太阳从地平线上升起。于省吾先生发现甲骨文、金文中大多数字形的下边并非为一条直线，提出"旦"从日丁声，从主流字形来看是符合字形实际的。然而，甲骨文中还有🌞掇续197、🌞明藏44等写法，金文多有🌞趞曹鼎、🌞克鼎形，下半部分明显在模仿上半部分，疑为画日之倒影。考虑到古代人沿水而居，疑这部分字形表现的正是水上日出之景。古代用"九州"代表中国，现代很多地名里也仍有"州"，如杭州、苏州、郑州、荆州等，"州"的甲骨文作🌊，表示的正是水中的一块陆地，也反映了古人沿水而居。其实，世界各国莫不如此，所以每个文明里都有母亲河。

类似的如"美"，甲骨文多有🌲前7·28·2、🌲掇续16等形，这些写法明显是在强调装饰性，结合原始部族多有戴羽毛、羊角、牛角、鹿角等美饰的习俗，美的本义更有可能是表示直观的、外在的漂亮，而非《说文》所说的美味。

三、注重细节

有些汉字从古字形出发似乎也可以有几种不同的分析。其实还是观察不够细致，很多细节里是隐藏着一些真相的。以"好"为例。

好。🌲、🌲、🌲、🌲。🌲師伯簋、🌲齊鞄氏鐘、🌲。

"好"一直以来都是由"女"跟"子"两个部件组成。有人按照一些现代人的观念,觉得它表达的是有儿有女就是好。究竟对不对呢?通过对甲骨文、西周金文字形的观察,可以发现,"女"无论是写在左边还是右边,始终是朝向"子"的,还有不少字形将"子"写得偏小偏上。如果仔细查找,还可以发现有写作从母从子的。这明显是有意为之,是承载着造字意图的。春秋晚期才出现将"女"背朝"子"的写法,小篆承之,应该只是为了书写方便。而要注意的是,"好"在商代晚期的妇好鼎作🔣,在妇好爵作🔣,里边的"子"明显写得偏小偏上,是被抚育的对象。字义引申之后,"好"多有满意的意味,其实也与这种重视养育后代的观念有一定的关系。

类似的如"保""休"的甲骨文、金文,人形与子、木均是相背的;"殷""段""磬"的甲骨文、金文,"殳"与身体、崖岩、石磬均是相对的,必定都是有意为之。

四、在字群里析字

字形、字义上有相关性的汉字往往可以相互为证,提高结论的可信度。以"女""思""鬼"为例。

(1) 女。🔣、🔣、🔣女帚卣、🔣子卣、🔣师西簋、🔣鄂君启车节、🔣。

有人说"女"象一个跪着的双手被绑着的女子。难道这是古代女性的常态?古人席地而坐,臀部坐在脚后跟上。这种坐姿很普遍,如:"即",甲骨文作🔣,金文作🔣克鼎,以人靠近食器会意,字形里的人就是坐姿。"邑",甲骨文作🔣,金文作🔣臣卿鼎,"口"表示城邑,下边加个坐着的人,表示这是人聚居的地方。可见,"女"所表现的也可能是坐姿,当然,也不能排除是跪着的,两种姿势实在太像了。我们再看看"安"字,"安"的甲骨文作🔣,金文作🔣農尊、🔣安父簋,从宀从女,有的金文还在"女"下增一斜横,有学者主张斜横象坐垫。"安"以人安坐于室内会意,所以引申有安定、安静、安适等意思。综合来看,"女"表现的当是女子安坐形。

(2) 思。🔣五年琱生思戈。🔣秦简、🔣汉帛、🔣礼器碑、🔣鲜于璜碑、🔣孔彪碑、🔣王羲之。

现代汉字里"思"的上边是个"田",人们的关注点一般在下边的"心"上,认为古人缺乏科学观念,《孟子》里有"心之官则思",更加坚定了这种印象。这实在是对古人的误解。"脑"的小篆为🔣,🔣为人形,🔣象头发,🔣象脑袋。"思"的金文写作🔣五年琱生思戈,小篆为🔣,本来是由"囟"和"心"组成的。隶书中"囟"写成了"田",发生类似变化的还有"细",《说文》说"细"从糸囟声。"囟"代表脑袋,现在人们口语里把头顶仍然称作"囟门"。可见,"思"反映了古人认为脑、心都是人类思考的器官。

(3) 鬼。🔣、🔣、🔣、🔣、🔣鬼壶、🔣陈助簋、🔣。🔣曹全碑。🔣钟繇。

"鬼"的下边为人形,姿态各异,有坐的、侧面站的、正面站的,等等,关键是,上边是什么?含有这个部件的有"畏""異""戴"。"畏",甲骨文作🔣,金文作🔣孟鼎,以鬼持杖,会畏惧之意。"異",甲骨文作🔣,金文作🔣召卣,以一个人两手捧着头部会意。"戴"从異𢦒声,意符正是"異",即将面具一类的东西戴在头上。综合这些来看,

"鬼"表示的可能是古代祭祀时，巫师头戴面具以作为神灵的象征。傩戏很大的一个特色就是巫师会戴彩绘面具。口语里骂人有"大头鬼"，似亦可为证。

还有一些看起来似乎关联不大的汉字也可以构成字群。如"尾"。

尾。󰀀。󰀁。󰀂秦简、󰀃汉帛。󰀄颜真卿。

"尾"的甲骨文从人从倒毛。人形后来成了"尸"，"履""尿""居"等字里的"尸"都是人。"尸"本象人高坐之形，典籍里将祭祀时代表死者受祭的人称作"尸"，"尸位素餐"就是由此演变而来。人没有尾巴，甲骨文为什么在人的臀部画条尾巴来表示？"尾"，《说文》："微也。从到（倒）毛在尸后。古人或饰系尾，西南夷亦然"，《后汉书·南蛮传·西南夷》里说盘瓠的后裔："织绩木皮，染以草实，好五色衣服，制裁皆有尾形"，这实际是古风的遗存。上古时期人们用兽皮做衣服，"裘""表"等字都反映了这点，而兽皮衣服可能一直都保留有动物的尾巴。文学作品中常把媚惑人的美女比作九尾狐，可能与她们的穿着有一定的关系。其实，"僕""隶"两个汉字的古字形也可以提供很好的证据。"僕"，甲骨文作󰀅，负责洒扫的仆人所穿的衣服正有尾形；"隶"，金文作󰀆邵钟，以手抓住了尾巴表示逮捉之义，逮住的人就是奴隶了，后来，加"辵"（隶变成"辶"）把逮捉这个义项分化了出来。古代部落战争中，常将抓来的俘虏充当奴隶。"羌"的甲骨文多作󰀇，《说文》："羌，西戎，牧羊人也"，"羌"指的是西方以牧羊为生的部落。甲骨文中"󰀈"有不少字形在头颈处加了绳索，写作󰀉、󰀊、󰀋，反映的正是商人常把捕获的羌人用作奴隶。"尾""僕""隶""羌"这些字，从现代字形看不出什么关联，但这么一追溯，似可相互为证。相信汉字中还存在不少类似的情形。

五、文化的适用性

文字里确实是积淀着丰富的文化的，但必须清楚，有些观念的形成相对较晚，以后世的思想观念来分析之前早已存在的汉字，很多时候是不太合适的。以"天"和"夫"为例。

有人把"夫"跟"天"比，说"夫"字是"天"的上边出头了，想表示的是夫比天大。这明显是根据封建社会强调夫权而做的臆断。"天"的甲骨文多写作󰀌，金文也有很多写作󰀍猷钟，从字形上不难判断，"天"最初的意思指头部，天空是其引申义。《山海经》里的"刑天"，之所以叫刑天，就是因为他的头被砍了，所以才"以乳为目，以脐为口"。将同时代的"天"与"夫"进行比较，"天"的形体中比较接近"夫"的是󰀎、󰀏（甲骨文），󰀐颂簋、󰀑洹子孟姜壶（金文），这些写法其实是把人的脑袋简写成了一横，写成两横的，上边短横是饰笔，古文字首笔为横者，常于其上增一短横。虽然"天"的甲骨文里还有写成󰀒的，但数量不多，不是典型写法，当是󰀓之变。经过字形的仔细比较，相信很难得出"夫"是由"天"改造而来的结论。"天"与"夫"都是在"大"的基础上增加了一些符号而创造出来的，"天"增加的是象脑袋的圆圈，圆圈经常省写为横，而"夫"则加的是象发簪的一横，男子成年戴冠需用到簪，故加上它以表示成年男子。"妻""长""老"等的古文字字形里都有表现头发的部分，这说明头发是创制汉字时表现年龄的一个手段。

　　当然，要提高结论的可靠性，还有很多可以借助的手段，比如可以选取几种物象的典型程度做比较①、借助古文献资料中的用法反推字形、参考传统文化习俗等，但不管使用何种方法，最终的析解都要符合字形实际，初形与本义相切合。而如果结论正确，一般情况下，是可以从多个角度来验证的。

　　汉字历史悠久，创制时就记录了当时的生活环境、社会活动、思想观念，发展演变中更是积淀了丰富的文化信息，传承至今，虽然在形体上有很大的调整，但在个体或群体中，其实仍然保留着诸多的痕迹，使得文化基因赖以延续。只要掌握了科学的方法，是能够准确地抓住这些线索，追本溯源，发现真相的。

---

① 参看谭飞《部件"立"的几个来源及相关问题研究》一文中关于"舌"的讨论，《语言研究》2017年第 1 期，第 95-99 页。

第二章　人体类部首及相关联的汉字溯源

章节以部首分大类，所收汉字不局限于人体相关的字，而以其主要构件是否含有该部件为依据，以方便据形系联、彼此互证、形成字群，加深对相关字的认识与理解。教材其余章节亦类此。

第一节　外形相关

一、人儿组

1.人：人、千、寒、弔（吊）、亟、及、负、㕚、广、臥（卧）、咎、戍、臨（临）、監（监）、飾（饰）、飭（饬）、餙（蚀）、企、介、仚（仙）、㐱、囚、勾、坐（坐）、仄、丸、死、从、眾（众）、休、伐、件、㳅（溺）、閃（闪）、伊、仲、付、傾、仰、伍、什、佰、作、侵、便、倌、倭、儯、伏、係（系）、像、儈（侩）、低、債（债）、價（价）、佇（伫）

构字部件中的"人"取自人站、坐、卧等形态，字形演变致"人"的写法不完全相同，有的甚至与其他部件相糅合。

（1）人。亻、𠆢。𓂀克鼎、𠆢殷甗、𠆢井侯簋。尺。人秦简、人汉帛、人礼器碑。人王羲之。①

《说文》："尺，象臂胫之形。"甲骨文、金文字形象人侧面垂手而立之形。为了书写上的简便，有将手臂与躯干之上部作一笔写者，如甲骨文有作𠂉，金文有作𠂉散盘、𠂉王人甗，分别写为亻、㇏、㇇。这种合为一笔的写法为隶书所采用，成为字体演变的关键。睡虎地秦简文字作人、人，汉马王堆帛书作人、人，虽然前一形仍在力图保留原有理据，左笔写的相对短小、稍带曲势，以将手臂尽量区别出来，但后一形已与楷书无别，成为一撇一捺的组合，难以看出臂胫之形。

（2）千。𠂉、𠂉。𠂉盂鼎、𠂉矢簋、𠂉散盘、𠂉羋生盨。𠂉。千秦简、千秦简、千居延汉简、千礼器碑。千王羲之。

《说文》："𠂉，十百也。从十从人。"徐锴作"从十人声"。数目较大，非能如"一""二""三"积画成字，故假同音字"人"代之；"𠂉"初为"一千"的合文，"百""千"

---
①本书古文字字形右下角所标注的小字为字形出处，如"秦简"指睡虎地秦简，"汉帛"指汉马王堆帛书，所举字形依照汉字演变顺序，从甲骨文、金文、小篆、隶书、楷书等字形中选取典型字。

"万"均始自"一百""一千""一万",故均以合文为字;同时,因"人"为常用字,以加一横的"千"为"千",可以避免混淆。隶书为就书写之便,手臂形成单独的一撇,身躯及腿胫则成一竖,遂成"千"。

(3)寒。☒大克鼎、☒小子發鼎。☒秦简、☒秦简、☒汉帛、☒汉帛、☒居延汉简、☒钟繇。

《说文》:"☒,冻也。从人在宀下,以茻荐覆之,下有仌。""寒"为会意字,《说文》对字的形分析十分精辟,天寒地冻,人藏于屋内茻中以御寒。小篆字形中,部件"仌"为冰凌形,与"𡕲(冬)"下部相同,隶书中渐成"⺀"。

(4)弔(吊)。☒、☒、☒、☒、☒逐鼎、☒扬鼎、☒弔狀簋、☒鑄弔匜、☒毛弔盘、☒衡方碑、☒普洛碑。☒智永、☒怀素、☒。

《说文》:"弔,问终也。古之葬者,厚衣之以薪,从人持弓,会驱禽。"小篆的"人""弓"二形十分清晰,但从甲骨文、金文来看,弓形当为矰缴形,即系有丝绳的短箭,☒本由人、矰缴组成,初义已难考证。段玉裁《说文解字注》引王引之《经义述闻》中的分析,指出《尚书》《诗经》《左传》《汉书》等典籍中多有"弔""淑"通用的情况,即用义为美善。因音近,金文中"弔"多假借作伯叔之"叔",其另一用义美善疑也系假借,"淑"从水叔声,本指水清澈,常用来喻指人善良美好。"吊"系"弔"草书楷化而成。

(5)亟。☒、☒、☒班簋、☒牆盘、☒毛公鼎、☒曾大保盆、☒。☒秦简、☒汉帛、☒卜壶、☒李邕、☒苏轼、☒文彦博。

《说文》:"亟,敏疾也。从人从口从又从二。二,天地也。"甲骨文作☒,于省吾《甲骨文字释林·释☒》:"亟,古极字……亟字中从人,而上下有二横画,上极于顶,下极于踵,而极之本义昭然可睹矣。"金文逐渐增繁,所增之"口"可能为饰笔性质,如"周"甲骨文作☒、☒、☒、☒,金文作☒德方鼎、☒兔簋、☒埈鼎、☒无更鼎、☒何尊、☒成周铃、☒今甲盘、☒散盘、☒敔比鼎、☒盂爵、☒格伯簋,或增"口""∨""∨"等饰笔。"逆"甲骨文作☒、☒,金文作☒吕鼎、☒狱簋、☒禹比鼎、☒同簋、☒多友鼎。多友鼎中的"口"明显赘出,还有"若""商"中的"口"也是由饰笔而来,"归""画""受""追"的金文也有增"口"作饰笔的情况。至于"攴"如何解析,则尚未有达论。部件"攴",小篆省作"又",秦隶、汉隶中尚有不省者,作构件的"攴""又"常可通作。《说文》所训"敏疾"义系其与"急"音同,通假而有之。今"極"简体作"极",系将"極"视作单纯的形声字更换声符而成,石鼓文已见☒。

(6)及。☒、☒。☒保卣、☒不娶簋、☒郑虢仲簋、☒兔弔簋、☒王孙棐钟、☒秦公鎛、☒。☒秦简、☒秦简、☒汉帛、☒汉帛、☒汉帛、☒衡方碑、☒曹全碑、☒钟繇、☒索靖、☒王羲之。

甲骨文以手抓住了前面的人,会追及、逮获之意。今"追及"尚用其本义。因其为动词,金文有增"彳"或"辵"作者,后来"伋"成专表急行的字,《说文》有"伋,急行也。从彳及声"。其实"及"亦表义,《说文》:"及,逮也。从又从人。""及"之古文☒,段玉裁以为"左从辵,右盖从筆",以金文☒兔弔簋观之,右实从"及"。引申指达到、比得上、连带等。"力所能及""过犹不及"中"及"指达到、做到,"不及"

指没达到、不够。《战国策·齐策》:"徐公何能及君也?""及"指比得上。"爱乌及乌""城门失火,殃及池鱼""涉及""波及"之中的"及"指牵涉、关联。隶书"人"形渐失,与"又"连写融为一体,遂成今形。

(7) 负。负秦简、负秦简、负汉帛、负曹全碑、负敬使君碑。

见本节"五、尸隶组"(第88页)。

(8) 臽。 臽父戊觚、 獸鐘、 臽秦简、 臽秦简、 臽汉帛。

见本节"五、尸隶组"(第87页)。

(9) 厃。厃

《说文》:"厃,仰也。从人在厂上。一曰屋梠也,秦谓之桷,齐谓之厃。"从字形看,"屋梠"当为后起义,该义今写作"檐"。"厃"从人在厂上,故有高义。《说文》另有:"危,在高而惧也。从厃,自卪止之。"王筠《说文句读》、戴侗《六书故》、徐灏《说文解字注笺》等以为"厃""危"一字。危系在厃的基础上增卪而成,卪为人之象,"邑(邑)""令(令)"等字从之,后世已不见"厃"。《国语·晋语》:"摇木不生危。"即用其高险义。由高引申而有直义。《论语·宪问》:"邦有道,危言危行,邦无道,危行言孙。"指言行正直。

(10) 臥(卧)。臥。 臥秦简、 臥秦简、 臥汉帛、 臥汉帛、 臥衡方碑、 卧褚遂良、 卧颜真卿。

见本章第四节"二、目组"(第133页)。

(11) 咎。 毓且丁卣、 咎。 咎秦简、 咎秦简、 咎秦简、 咎汉帛、 咎汉帛、 咎谯君碑、 咎鲜于璜碑。

《说文》:"咎,灾也。从人从各。各者,相违也。""咎"之上半与"处(后简化为处)"写法本不相同,《说文》:"处,止也。得几而止。从几从夂。處,处或从虍声。"金文作 臐盘,与《说文》或体同,但部件"几"写法明显与 毓且丁卣中的"人"不同。"咎"指与人的意愿相违,故有灾祸、疾病、过失等义。

(12) 戍。 、 、 令簋、 贞簋、 录卣、 竞卣、 孚尊、 、 戍秦简、 戍秦简、 戍汉帛、 戍衡方碑、 戍曹全碑。

见第六章第二节"一、武器组"(第259页)。

(13) 臨(临)。 、 孟鼎、 毛公厝鼎、 韋临父簋、 、 臨秦简、 臨秦简、 臨汉帛、 臨景君碑、 臨衡方碑、 臨王羲之。

见本章第四节"二、目组"(第132页)。

(14) 監(监)。 、 、 史舘簋、 應監甗、 頌鼎、 、 監秦简、 監汉帛、 監华山神庙碑、 監欧阳询、 監颜真卿。

见本章第四节"二、目组"(第132页)。

(15) 飾(饰)。 、 苏轼。

《说文》:"飾,㕞也。从巾从人,食声。"《释名》:"饰,拭也,物秽者拭其使明,由他物而后明,犹加文于质上也。"该字小篆作 ,形旁象人执巾拭物。段玉裁云:"凡物去其尘垢即所以增其光采",故有"凡踵事增华皆谓之饰"的引申。字形左半声旁,今依草书楷化,省简为"饣";右半的上半实为人形,形变的情况与"临""监"

中的人形相类。《周礼·地官·封人》有"凡祭祀，饰其牛牲"，用的即是其本义。

（16）飭（饬）。䩛。䩛秦简。䩛皇象。

《说文》："䩛，致坚也。从人从力，食声。"段玉裁据《周礼·考工记》"饬"的用法云："凡人物皆得云饬，饬人而筋骸束矣，饬物而器用精良矣。"其所以从人从力者，谓以人力整治也。今"整饬"即用其义。

（17）饉（蚀）。䩛。

《说文》："䩛，败创也。从虫人食，食亦声。"《集韵》："或省作蚀。"段玉裁注："败者，毁也。创者，伤也。毁坏之伤有虫食之，故字从虫。"何以从人则尚未有通达之论。今"蚀啮""腐蚀"即用其本义。

（18）企。㐱、㐱、㐱。㐱汉帛。企王羲之、企昭仁寺碑、企欧阳通。

《说文》："㐱，举踵也。从人止声。"昭仁寺碑（公元630年）部件"止"作"止"，欧阳通（公元625—691年）的写法与今形同。字形变化十分规整，基本构件保持完好，从人从止，为会意字，为人企足而望之形，今"企望""企立""企鹅"，尚用其本义。

（19）介。朩、朩、朩、朩、朩。朩秦简、朩秦简、朩汉帛、朩汉帛、朩华山神庙碑、朩王羲之、朩欧阳询、介李邕、介颜真卿。

《说文》："朩，画也。从八从人。"又"画，畍（界）也。象田四界。"段玉裁《说文解字注》："'畍也'当是本作'介也'。'介'与'画'互训，田部'畍'字盖后人增之耳，'介''畍'古今字。"杨树达《积微居小学述林全编》云："字从人在八之间，当以介在介间为义矣。由此孳乳，田境介在田间，故谓之界。""画"，甲骨文作㐱、㐱，下半本象错画之形，金文始增"囲""田""禺""周"，作㐱宅簋、㐱吴方彝、㐱录伯簋、㐱师兑簋，其实所增之形体为"珤"或"彤"，表刻画之纹，而《说文》据小篆字形误以为"田"，以致误导了后世的思考。罗振玉《增订殷虚书契考释》以为："象人着介形，介联革为之，或从㐱者，象联革形。"或得其真。《诗·郑风·清人》："清人在彭，驷介旁旁。""驷介"指四马披甲，即用其本义。

（20）仚（仙）。仚。仚曹全碑。仙王羲之、仙欧阳询、仙褚遂良。

《说文》："仚，人在山上。从人从山。"隶书调整为左右结构。《说文》又有："僊，长生僊去。从人从䙴，䙴亦声。"《释名·释长幼》："老而不死曰仙。仙，迁也，迁入山林也。故其制字，人旁作山也。"《集韵》："同仙。""仙""僊"实一字。华山神庙碑作僊，曹全碑作仙，或从䙴或从山，后"仙"行而"僊"废。

（21）参。㐱参卣、㐱参尊。㐱。

《说文》："㐱，稠发也。从彡从人。《诗》曰：'㐱发如云。'䯱，㐱或从髟，眞声。""彡"象发形，以人彡会意，指稠密的头发。

（22）囚。囚、囚、囚。囚秦简、囚汉帛、囚衡方碑、囚曹全碑、囚敬使君碑。

见第六章第三节"3.仓廪"（第294页）。

（23）勾。勾。

《说文》:"⊕,覆也。从勹覆人。""勹",《说文》:"裹也。象人曲形,有所包裹"。即"勹"其实象有所怀抱的人形,段玉裁以为"勹","当为抱子、抱孙之正字"。"包",《说文》:"象人裹妊,巳在中,象子未成形也"。即象人腹中怀着未成形的孩子,义近于今之"胞"。"勹""包"两字,但又存在一定的关联,后世造"抱"取代"勹",增"手"以示用手臂环抱也。

(24)坐(坐)。坐。坐秦简、坐秦简、坐汉帛、坐汉帛、坐汉帛、坐汉帛、坐史晨碑、坐袁博碑。坐皇象、坐欧阳询。

《说文》:"坐,止也。从留省从土,土,所止也。此与留同意。叀,古文坐。"今古文行而小篆废。疑"坐"非从留省,其上之"卯"实为两人相对跪坐之形。"卿",睡虎地秦简作卿、卿,马王堆帛书作卿、卿,其左右构件正与"坐"上之"卯"同。"卿",甲骨文作卿,金文作卿臣卿簋,"卯"为相向而坐之人形,甚是明晰。正因古人明其实为人形,故有"坐"之古文作"叀"。

(25)仄。仄。

《说文》:"仄,侧倾也。从人在厂下。仄,籀文从矢,矢亦声。"又"厂",《说文》:"山石之厓岩,人可居。象形"。人处于低矮的崖岩之下,因空间狭窄,往往侧倾,籀文仄干脆以"厂"下侧头之人会意。今"仄立""日仄"用其倾斜义,"逼仄""人多地仄"用其狭窄义。

(26)丸。丸。丸武威汉简、丸武威汉简、丸汉东海木牍。丸王献之、丸王献之、丸智永、丸欧阳询。

《说文》:"丸,圜也,倾侧而转者。从反仄。"段玉裁注:"圜则不能平立,故从反仄以象之。仄而反复,是为丸也。"隶书人形多比较清晰,亦有将"人"之右捺写作点者,后来"人"之右捺均作点,继而被写为压于左撇上的点,遂成今形。汉碑"戍"中的部件"人"之右捺也均被写作点,见第六章第二节"戍"条(第259页)。

(27)死。死、死、死孟鼎、死追簋、死颂鼎。死秦简、死秦简、死汉帛、死汉帛、死汉帛、死乙瑛碑、死史晨碑、死曹全碑、死皇象、死王羲之。

《说文》:"死,澌也,人所离也。从歹从人。"罗振玉谓,甲骨文"从卩,象人跪形。生人拜于朽骨之旁,歹之义昭然矣"。甲骨文已有将跪拜的人形卩写作(人)者,金文一律写作"人",隶书人形渐变作"匕"。隶书部件"歹"则被写为"歹",为求字形规整,上横引长,将象人形的"匕"亦覆于其下,遂成今形。

(28)从。从、从、从。从氏从簋、从天作从尊、从作从彝卣、从传尊、从甲盘、从芮公钟。从秦简、从秦简、从汉帛、从汉帛、从史晨碑、从衡方碑。從王献之、從颜真卿。

《说文》:"从,相听也。从二人。"又"從,随行也。从辵从从,从亦声。""从""從"为古今字,初形作从,增"彳"或"辵"或"止",以见行走意,后以"從"专指随行义。文字简化,二形合作"从",是比较合适的处理。

(29)眾(众)。眾。眾师旂鼎、眾邑鼎、眾师裹簋。眾。眾秦简、眾汉帛、眾桐柏庙碑、眾校官碑。眾欧阳询。

《说文》:"眾,多也,从仈、目,众意。"甲骨文多从日从仈,金文则变为从目从仦，汉代碑刻又变为从血从仦，且"仦"中最后一人已失其形。从甲骨文来看，其造字本义当为太阳下的人，裘锡圭在《关于商代的宗族组织与贵族和平民两个阶级的初步研究》中指出："从卜辞看，众经常为商王从事农业生产，参加战争，有时也从事田猎或其他工作。"《说文》："𠈉，众立也。从三人。"卜辞有𠈉，用为纵雨之纵，指连续下了多日的雨。疑"仦"专表众立，但此义使用较少，故后世仅见"眾"。汉字简化，取"仦"改造为"众"。

（30）休。朴、休。休_{大保簋}、休_{易鼎}、休_{虢弔鐘}、休_{師害簋}、休。休_{汉帛}、休_{汉帛}、休_{朝侯残碑}。休_{王羲之}、休_{欧阳询}。

《说文》："休，息止也。从人依木。庥，休或从广。"以人倚木，会休息之意，《说文》或体增从广，"广"象屋形，增屋舍以强调休息义也。金文有变从禾者，可能是出于美饰目的而产生的错讹，小篆、隶书均仍从木。

（31）伐。杙、戎。伐_{大保簋}、伐_{康侯簋}、伐_{令簋}、伐_{南疆鉦}。伐。伐_{秦简}、伐_{秦简}、伐_{汉帛}、伐_{汉帛}、伐_{衡方碑}、伐_{张表碑}、伐_{曹全碑}。

见第六章第二节"一、武器组"（第258页）。

（32）件。件。件_{颜真卿}。

《说文》："件，分也。从人从牛。牛，大物，故可分。"桂馥《说文解字义证》："件，大徐所加。"《山海经·图赞》："件错理微"，即用分析义。把事物一一分开故可计量，遂有作量词的用法，如吴福祥《朱子语类辑略》："不要因一事而惹出两件三件"。其构字部件中"牛"有大义，故引申指重要的事情、对象，如"事件""证件"等。

（33）㲻（溺）。㲻、㲻。

《说文》："㲻，没也。从水，从人。"《释名》："死于水曰溺。溺，弱也，不能自胜也。"《玉篇》："㲻，古文溺字。"即"㲻"为"溺"之古文。"溺"，《说文》："水。自张掖删丹，西至酒泉合黎，余波入于流沙。从水弱声"。但《尚书·禹贡》均作"弱水"，因其为水名，故从水。后为"㲻"造出的异体"溺"与本为水名的"溺"同形。水名的使用率不高，其常用义渐变为淹没、沉没。

（34）閃（闪）。閃。閃_{衡方碑}、閃_{曹全碑}。

《说文》："閃，窥头门中也。从人在门中。"又"𨵿，闪也。从门规声"。二字互训，"闪"本指人在门中窥视，《魏略·苛吏传》："白日常自于墙壁间窥闪。"即用其本义。窥视不希望被发现，自然躲躲闪闪，忽隐忽现。木华《海赋》："蜩像暂晓而闪尸。"李善注："闪尸，暂见之貌。"吕向注："闪尸，疾见貌。"

（35）伊。伊、伊。伊_{伊生簋}、伊_{史懋壺}、伊_{伊簋}。伊。伊_{秦简}、伊_{汉帛}、伊_{衡方碑}、伊_{张表碑}。

《说文》："伊，殷圣人阿衡，尹治天下者。从人从尹。"卜辞多见"伊尹"，从祀成汤、上甲，可见其地位之尊崇。《吕氏春秋》："其母居伊水之上。"毕沅："以其生于伊水，故名之伊尹。""尹"为其官名。"伊"为水名，居住于此的人或以之为姓。先秦典籍借用为发语词、代词。

(36)仲。中。中散盤。仲居延汉简、仲衡方碑、仲曹全碑。仲王羲之、仲王献之。

《说文》:"仲,中也。从人从中,中亦声。""中"甲骨文作 𝌶、𝌷、𝌸、中,伯仲字,甲骨文、金文多作中。"中""仲"初本无别,金文多以有旗旒的 𝌶 为中间之"中",以无旗旒的中为伯仲之"仲"。后增"人"以作伯仲字,进而引申指排行第二者。

(37)付。付永盂、付散盤、付鬲攸比鼎。付。付秦简、付汉帛、付衡方碑。

《说文》:"付,与也。从寸,持物对人。""付"与"及"均由"人""又"两个部件组成,但金文"及"作保卣、秦公𨟵,"又"与"人"相交接以会逮之意,而组成"付"时两部件相离,以表付与之义。文字演变中,本从"又"之字多有变作从"寸"者,如"对""得""寺""将""寻""專(专)""尃""尉""冠""封""辱"等,其"寸"本为"又",即手之意。

(38)倾。倾。倾虞世南。

《说文》:"倾,仄也。从人从顷,顷亦声。"又"顷,头不正也。从匕从页"。段玉裁注:"引伸为凡倾仄不正之称。今则倾行而顷废。专为俄顷、顷亩之用矣。"徐灏注:"顷、倾古今字。""顷"本义为头部偏侧,引申为凡偏侧之称,借为少顷、顷亩字后增"亻"作"倾"以表偏侧义。"陒",《说文》:"仄也。从𨸏从顷,顷亦声",段玉裁注:"顷者头不正也,故从页;倾者人之仄也,故从人;陒者山阜之仄也,故从阜。"其实,"顷"为本字,后为精细表意,加"亻"表人偏斜,加"阜"表山阜偏斜,后来在实际使用中,又以"倾"为凡偏斜之称,故《玉篇》有"陒亦作倾"。

(39)仰。仰。仰王羲之。

《说文》:"仰,举也。从人从卬。"段玉裁注:"古卬仰多互用。"桂馥《说文解字义证》:"仰即卬之分别文。""卬",《说文》:"卬,望欲有所庶及也。从匕从卩。"仰(卬)倾(顷)中的"亻"本为人形,卬以一曲屈的人形与站立的人形相对,以会仰视之意,倾则以偏侧的人与页,会人头偏斜之意。书写中本同为人形的"亻"一作匕,一作卩。"卬"被借作第一人称代词,《诗·邶风·匏有苦叶》:"招招舟子,人涉卬否。"即指"我"。增"亻"作"仰"以表其本义。

(40)伍。伍。伍秦简、伍秦简、伍汉帛、伍衡方碑、伍怀素。

《说文》:"伍,相参伍也。从人从五。"《周礼·小司徒》:"五人为伍。"本指由五人组成的单位,一伍之长为伍长。后也指五家组成的单位,如《左传·襄公三十年》:"子产使庐井有伍"。引申指队伍、同伴,如《史记·淮阴侯列传》:"生乃与哙等为伍"。

(41)什。什。什秦简、什汉帛、什衡方碑、什曹全碑。

《说文》:"什,相什保也。从人十。"本指十人组成的单位,古代军队十人之长为"什长"。后也作十家、十篇的单位,《文选》李善注:"《诗》每十篇同卷,故曰什也。"因十为多数,故引申指多、杂,"什锦"即指由多样东西组成的食物。

(42)佰。佰秦简、佰曹全碑。

《说文》:"佰,相什佰也。从人百。"《集韵》:"百人之长。"本指由百人组成的

(43) 作。㠯、㠯、㡿頌鼎、㡿姑氏簋、作秦简、作秦简、作汉帛、作汉帛。作衡方碑、作王羲之。

《说文》：“作，起也。从人从乍。”甲骨文、金文作"乍"，《说文》：“止也。”《广雅》：“乍，暂也。”指事物发生得突然，有初、始之义。"乍"兼开始与停止两义，学界称此类现象为反训，如《尔雅·释诂》：“落，始也。”“乱，治也。”典籍中，"乍"多指猝然，"作"多训作起，产生了分工。《孟子》"今人乍见孺子将入于井"，朱熹《孟子集注》：“乍，犹忽也。”口语中犹有"乍一看""乍冷乍热"等。《诗·秦风·无衣》"与子偕作"，《毛传》：“作，起也。”"振作""日出而作"与之义近。

(44) 侵。𢗳、𢗳、𢗳鐘伯侵鼎、侵汉帛、侵汉帛。侵皇象、侵欧阳通。

《说文》：“侵，渐进也。从人又持帚，若埽之进。又，手也。”甲骨文从牛从帚从又，或省"又"作𢗳，多省"又""牛"作𢗳。疑渐进为其引申义，卜辞及先秦典籍已用作侵犯字，如卜辞有"慢（侵）我西啚田"，《榖梁传·隐公五年》：“苞人民、殴牛马曰侵”。金文在"㞢"的基础上增"人"作"侵"，汉隶"帚"下之"巾"与"又"被处理为"㐅""㐅"，楷书变作"又"，遂成"侵"。

(45) 便。便儣匜。便、便秦简、便汉帛、便汉帛。便王羲之。

《说文》：“便，安也。人有不便，更之。从人、更。”《说文》"鞭"之古文作𩍿，与"便"之𩍿颇近，疑"便"为"鞭"之本字，借作便利字。右半部件变化颇大，隶书部件"丙"被写成"丙"，与"又"相连成"更"，楷书遂成"更"。

(46) 佲。佲。佲曹全碑。

《说文》：“佲，小臣也。从人从官。”《诗·鄘风·定之方中》：“命彼佲人。”《毛传》：“佲人，主驾者，盖掌巾车脂辖之事。”本指从事杂役的下层小官，后泛指饲养牲畜的人。

(47) 偄。偄。

《说文》：“偄，弱也。从人从耎。奴乱切。”《玉篇》：“耎，柔也。”《类篇》：“耎，弱也。”"偄"为"耎"之后起字。《说文》：“懦，驽弱者也。从心需声。人朱切。”"儒，柔也。术士之称。从人需声。人朱切。"“偄”指人弱，“懦”指怯弱，“儒”为术士之称。段玉裁注：“此自古相传不误之字也，因形近或讹为懦，再讹为儒。”即初不相混，后世混用，视作异体。

(48) 儗。儗。

《说文》：“儗，僭也。一曰相疑。从人从疑。”本义使用较少，通作"拟"，《说文》：“拟，度也。从手疑声”。《礼记·曲礼》：“儗人必于其伦。”儗指比、比拟。

(49) 伏。伏史伏尊。伏。伏秦简、伏汉帛、伏汉帛。伏王羲之、伏虞世南。

《说文》：“伏，司也。从人从犬。”徐铉曰：“司，今人作伺。”本指犬俯伏伺人，如《周礼·秋官·犬人》：“伏瘗亦如之”，郑众曰：“伏犬以王车轹之”。后泛化为凡俯伏之称，如《礼记·曲礼上》：“游毋倨，立毋跛，坐毋箕，寝毋伏”。又引申指藏伏，如《尚书·大禹谟》：“嘉言罔攸伏，野无遗贤，万邦咸宁”，朱熹曰：“见人嘉言善行，则敬慕而记录之。"

（50）係（系）。ᛸ、ᛎ、ᛎ、係。**係**居延汉简。**係**王羲之。

《说文》："係，絜束也。从人从系，系亦声。"于省吾《甲骨文字释林·释係》认为许慎"误以从糸为从系"，"训係为絜束，乃引申义，并非本义。甲骨文'係'字象用绳索以缚系人的颈部"。对字形分析甚为细致，甲骨文"系"作ᛸ、ᛸ，从爪从丝，会系连之意，引申为世系字。ᛸ从人从糸，以糸缚人会意。《左传·僖公二十五年》："秦人过析隈，入而係舆人以围商密，昏而傅焉。""係"即捆绑、束缚。后由捆绑人引申作凡系连之称，与"系"义同。《说文》另有："繫，繫繘也。一曰恶絮。从糸毄声。"本指丝絮相纠连，引申而有联缀义，六朝以后假"系"为"繫"，"系""係""繫"遂相混同，简体则以"系"统一之。

（51）像。**像**。**像**王羲之、**像**杨大眼造像。

《说文》："像，象也。从人从象，象亦声。""像"本指外形相似，《韩非子·解老》："人希见生象也，而得死象之骨，案其图以想其生也，故诸人之所以意想者皆谓之象也。"此即"想象"之语源。段玉裁因之曰："韩非以前或只有象字无像字，韩非以后小篆既作像。"《荀子·强国》："夫下之和上，譬之犹响之应声，影之像形也。"即用其本义。相似、外形之义在"好像""肖像"等词中留存下来。

（52）儈（侩）。**儈**。

《说文·新附》："儈，合市也。从人会，会亦声。"本指介绍买卖的中间人。"市侩"犹见其本义。

（53）低。**低**。**低**曹全碑。

《说文·新附》："低，下也。从人氐，氐亦声。"为"氐"之分化字，"氐"，《说文》："至也。从氏下箸一"。《汉书·食货志下》："封君皆氐首仰给焉。"颜师古注："氐首，犹俯首也。""低"本指低头，《庄子·盗跖》："色若死灰，据轼低头，不能出气。"后泛指低垂。

（54）債（债）。**債**。**債**欧阳询。

《说文·新附》："債，债负也。从人责，责亦声。"为"责"之后起字，"责"，《说文》："责，求也。从贝束声"。《周礼·天官·小宰》："听称责以傅别。"郑众注："称责，谓贷予。"即借债。《管子·轻重乙》："使无券契之责。"《战国策·齐策》："谁习计会，能为文收责于薛者乎？"等均为"债"义。"责"引申后有责求、诘责、责任等义，"债"则专司借债、债务义。

（55）價（价）。**價**。**價**王羲之。

《说文·新附》："價，物直也。从人贾，贾亦声。"为"贾"的分化字，《说文》中"贾"，"为市也。从贝而声"。"贾"本指买卖，引申指买卖的价格，如《孟子·滕文公上》："从许子之道，则市贾不贰。"《论贵粟疏》："有者半贾而卖，亡者取倍称之息。""贾"引申有商贾、谋求等义，价格义则以"價"专之。《说文》："价，善也。从人介声。""價""价"本非一字，因作善讲的"价"后来基本不用，简化时遂以"价"

为"價"。

(56) 佇（伫）。伫。佇孔彪碑。佇索靖、佇崔敬邕墓志。

《说文·新附》："佇，久立也。从人从宁。"《说文》："宁，辨积物也。象形。"宁与宁愿之"宁"非一字，"宁"本作寍，《说文》："寍，愿词也。从丂寍声。"后"丂"隶变为"丁"，简化时简省其中间部分，保留轮廓遂成"宁"。宁（宁）条，段玉裁注："凡云宁立者，正积物之义之引申。"后造"佇"以表伫立义，今简化为"伫"，与"宁（宁）"之今字"贮"一系，一定程度上保留了其来源之痕迹。

2.𠤎与匕：𠤎、化、眞（真）、疑、匕、旨、皀、𠧪、卬（卯）、𠨍、頃、𦣞（脑）、尼、此、死、𠥓、能

构字部件中的"𠤎""匕"为人之倒、倾的形态。

(1) 𠤎。

《说文》："𠤎，变也。从到人。"段玉裁注："到者今之倒字。人而倒，变𠤎之意也。""𠤎"以倒人形表变化之意。

(2) 化。中子化盘。

《说文》："化，教行也。从𠤎从人，𠤎亦声。"徐灏曰："𠤎化古今字。"甲骨文以正反相倒背的人形会变化、转化之意。

(3) 眞（真）。伯真甗、真盘、季真鬲。秦简、秦简、汉帛、礼器碑、朝侯残碑。王羲之。

《说文》："眞，僊人变形而登天也。从𠤎从目从乚。八，所乘载也。古文眞。"金文字形从𠤎从鼎或贝，鼎贝形近，古文字多有混同，如"贞"，甲骨文本从鼎作，而冲子鼎作，形近于贝。《说文》据小篆将"眞"下之鼎形误析为"目""乚""八"三个部件。"眞"从𠤎从鼎，鼎为重要礼器，字形殆以鼎上之倒人，会得道升天之意，故古时称道行深厚的人为"真人"，如《庄子·列御寇》："夫免乎外内之刑者，唯真人能之。"

(4) *①疑。疑觥、齐史疑觥、伯疑父簋。秦简、汉帛、汉帛、汉帛、校官碑。王羲之、颜真卿、苏轼。

《说文》："疑，惑也。从子止匕，矢声。"又"𣲙，未定也。从匕矣声。矣，古文矢字。"二字形义相近，疑"𣲙"为"疑"之本字，今"疑"行而"𣲙"废。甲骨文为"𣲙"之原型，杖形变作右边的"匕"，犹"老"下之"匕"初本为杖形也。与行路有关的字，甲骨文常增"彳"，如"得"，甲骨文多作，亦有增"彳"作，以示行有所得；"疑"，甲骨文有作者，说明其与行路有关，为增强行路义，金文复增"止"。金文，增声符"牛"。小篆，"牛"变作"子"，徐锴《说文解字系传》

---

① 文中加*号的字头，为单纯从形体上看，似与本组其他字有意义上的关联，而实际上来源却并不相同。放在一起讨论，是为以理性的分析，消除可能产生的误解。

以为"幼子多惑也",郭沫若《卜辞通纂》认为是声符的调整,于省吾的文章《释"夒"和"亚夒"》①认为"甲骨文牛、牟二字有时互用","疑"从"子""乃牟字的讹变",变化的原因目前尚无定论。㚉为"疑"之初文,㚇、㚈为其增繁的写法,罗振玉认为,㚉"象人仰首旁顾形,疑之象也"。商承祚认为,㚈"象人遇歧途而侧首凝思也"。侧首形"㇇",小篆被写作"㇉",隶书作"㇇",楷书则成"𠃌""匕";人形被误作𠂆(矢);金文所增之"止",在隶书中写作"㇄""㇈",楷书作"龰";小篆中的部件"㔾"隶书被处理成"卩",行书写作"了",下竖则与"龰"之中竖合一。"疑"所从之"匕"系由侧首形变而来。

(5) 匕。𠤎、𠤛、𠤏、𠤎、𠤎 篆妣辛簋、𠤎 戈匕辛鼎、𠤎 我鼎、𠤎 木工鼎妣戊、𠤎 瘐匕、𠤎 仲相父匕、𠤎。

《说文》:"相与比叙也。从反人。匕,亦所以用比取饭,一名柶。"疑"匕"本为两字,一象反人,一象饭匙,因写法相近而误为一字。"匕"部字指食器的仅"匙","匕首"系因其头类匕而得名,《说苑》:"尺八短剑头似匕。"《通俗文》:"其头类匕,故曰匕首。短刃可袖者。"卜辞多用象人形的"匕"为"妣",如妣甲作𠤎+,妣己作𠤏。

(6) 旨。𠤎、𠤏、𠤎 匽侯旨鼎、𠤎 及季良父壶、𠤎 伯旅魚父臣、𠤎 國差𦉢、𠤎 越王剑、𠤎。

《说文》:"𠤎,美也。从甘,匕声。𠤎,古文旨。"从甲骨文、金文字形来看,"旨"从匕从口,匕者匙也,金文有𠤎 盠驹尊,古陶文有𠤎,构件"匕"正象勺斗形;金文于部件"口"中增点,遂成小篆形体中的"甘"。"旨"以匕注口会意,其本义为美。《诗·小雅·正月》:"彼有旨酒,又有嘉肴。""旨"与"嘉"对举,旨酒、嘉肴即美酒、美食也。《诗·邶风·谷风》:"我有旨蓄,亦以御冬。"郑玄笺:"蓄聚美菜者,以御冬月乏无时也。"训旨为美。"匕""人"形近,甲骨文一般以身体曲度大小来区别,"人"作𠂉,身体线条较为平滑,"匕"作𠤎,勺柄曲度明显一些,即使这样,区分度仍然不大,书写中更是多有混同。国差𦉢、越王剑上的"旨"字增一横可能正是为与"人"相区别,但后世仍有人视"匕"为"人",《说文》古文𠤎即如此,以致段玉裁认为其为"从千甘"。

(7) *皀。𣪘、𣪘、𣪘、𣪘 寰吊簋、𣪘。

《说文》:"𣪘,谷之馨香也。象嘉谷在裹中之形,匕所以扱之。""皀",甲骨文作𣪘,象簋形,其下之"匕"实为簋之圈足,非《说文》以为的取饭之"匕"。(详见第六章第一节 5.皀,第229页)

(8) *鬯。𣥠、𣥠、𣥠、𣥠、𣥠 矢方彝、𣥠 師兑簋、𣥠 叔卣、𣥠。

《说文》:"𣥠,以秬酿郁艸,芬芳攸服,以降神也。从凵,凵,器也;中象米;匕所以扱之。""鬯",甲骨文作𣥠,上层盛秬黍、香艸,即小篆之凶,下层承接滤出的酒,"匕"由其下层形变而来。(详见第六章第一节 3.鬯,第228页)

(9) 卬(印)。𠨍。

《说文》:"𠨍,望欲有所庶及也。从匕从卩。《诗》曰:'高山卬止。'"《诗·大雅·云

---

① 于省吾《释"夒"和"亚夒"》,《社会科学战线》,1983年1期,107-109页。

汉》："瞻卬昊天。""卬"为"仰"之本字，"卬"假借作第一人称代词后，复造"仰"以表其本义。《诗·邶风·匏有苦叶》："招招舟子，人涉卬否。"即用作代词"我"。"卩"为倾伏的人形，"匕"为倾向"卩"站立的人，两形呼应，会仰望之意。

（10）跂。䟸。

《说文》："䟸，顷也。从匕，支声。匕，头顷也。《诗》曰：'跂彼织女。'""跂"为形声字，指人踮脚倾头之状。

（11）顷。頃秦简、𩒱秦简、𩓐汉帛、𩑔汉帛、頃肥致碑、頃米芾、頃陆游。

《说文》："頃，头不正也。从匕从页。""匕"为倾侧的人形，"页"为头，本指人倾斜，引申为凡顷斜之称，如《诗·周南·卷耳》："采采卷耳，不盈顷筐"，"顷筐"因其口倾斜而得名。"顷"假借作俄顷、顷亩字后，加"亻"记其本义。

（12）𦛴（脑）。𦛴。

见本章第五节"五、囟组"（第154页）。

（13）尼。𡰪。

《说文》："𡰪，从后近之。从尸，匕声。"部件"尸""匕"均为人形，林义光《文源》以为"象二人相昵形，实昵之本字"。于省吾《甲骨文字释林·释尼》据汉武梁祠堂画像中夏桀执戈骑于二人背上及《后汉书》《帝王世纪》等，指出"尼"字的本义："象人坐于人上之形，人坐于人上则有不动之义，故《尔雅·释诂》训尼为安。人之坐于人上，则上下二人相接相近，故典籍中也训尼为近"。至于"尼"字造意究竟是人相昵，还是人坐于人之上，不大好做出判断，但其组成部件均为人形，则无疑义。

（14）此。𣥠、𣥠。𣥠此牛尊、𣥠此鼎、𣥠南疆鉦。𣥠秦简、𣥠秦简、𣥠汉帛、𣥠汉帛、𣥠衡方碑。𣥠王羲之、此褚遂良。

《说文》："𣥠，止也。从止从匕。匕，相比次也。"《尔雅·释诂》："已，此也。"二字互训。段玉裁注："于物为止之处，于文为止之词。"字形殆以人止，会停止、结束之意，文献多用作表与"彼"相对的近指义。

（15）*死。小篆作𣦵，从𣦸从人，部件"人"隶变作"匕"，详见本节"二、骨组""死"条（第57页）。

（16）*彘。𢑣、𢑣、𢑣、𢑣三年𤮺壶、𢑣。

《说文》："𢑣，豕也，后蹄废谓之彘。从彑矢声，从二匕。彘足与鹿足同。""彘"本为着矢之豕，"匕"象彘足。

（17）*能。𦝣沈子它簋、𦝣能匋尊、𦝣毛公厝鼎、𦝣哀成弔鼎、𦝣中山王䚦鼎、𦝣盗壶、𦝣秦简、𦝣秦简、𦝣汉帛、𦝣汉帛、𦝣史晨碑、𦝣谯敏碑、𦝣朝侯残碑、𦝣钟繇、能颜真卿、能柳公权。

《说文》："熊属，足似鹿。从肉㠯声。"徐铉曰："㠯非声，疑皆象形。"从金文看，"能"为全体象形字，中山王䚦鼎、盗壶等字形中的熊之身体与熊爪离析。假借作贤能之"能"，遂借从火能声的"熊"为兽名。

3.壬与壬：壬、朢（望）、廷、挺、重、坙、壬、纴、妊

（1）壬。[字形]。[字形]。

《说文》："[字形]，善也。从人士；士，事也。一曰象物出地挺生也。""壬"非从人士，许慎所谓从"士"乃"土"之误。甲骨文作[字形]，以人立土上，会挺立之意。

（2）朢（望）。[字形]、[字形]、[字形]保卣、[字形]臣辰盉、[字形]传卣、[字形]望簋、[字形]走馬休盘、[字形]無更鼎、[字形]秦简、[字形]汉帛、[字形]曹全碑、[字形]郭有道碑、[字形]王羲之、[字形]褚遂良。

《说文》："[字形]，月满与日相朢，以朝君也。从月从臣从壬。壬，朝廷也。朢，古文朢省。""臣"为目形，"监""临""卧"中之"臣"也系目形，"壬"为人立于土上，"朢"以人登高望月会意。甲骨文作[字形]，为人立土上，举目而望。金文增"月"，以望月会意。西周中期的走馬休盘作[字形]，西周晚期的無更鼎作[字形]，改目形为"亡"，以作声符。

（3）廷。[字形]孟鼎、[字形]毛公厝鼎、[字形]師酉簋、[字形]秦公簋、[字形]、[字形]秦简、[字形]秦简、[字形]汉帛、[字形]汉帛、[字形]景君碑、[字形]桐柏庙碑、[字形]曹全碑、[字形]欧阳询、[字形]颜真卿。

《说文》："[字形]，朝中也。从廴壬声。"从金文看，非从廴壬声，字形中的"廴"金文本作[字形]，"壬"本作[字形]、[字形]，由"人""土"组成。[字形]为庭院之象，金文字形以人挺立于庭中，会庭院之意，为"庭"之本字。"廴"，小篆作[字形]，从彳引之，"延"，甲骨文作[字形]、[字形]，金文作[字形]子父辛尊、[字形]麦鼎，可以看到"廴"系由"彳"形变而来，与"廷"中的"廴"来源不同。

（4）挺。[字形]。[字形]张表碑、[字形]魏灵藏造像、[字形]褚遂良。

《说文》："[字形]，拔也。从手廷声。""挺"从手，与手部动作有关，本义为拔，挺直为其引申义。

（5）重。[字形]。[字形]重爵、[字形]重鼎、[字形]井侯簋、[字形]外卒铎、[字形]、[字形]秦简、[字形]秦简、[字形]汉帛、[字形]汉帛、[字形]汉帛、[字形]郭有道碑、[字形]校官碑、[字形]王羲之、[字形]欧阳询。

《说文》："[字形]，厚也。从壬東声。"柯昌济《鞸华阁集古录跋尾》认为："重字从人从束，取人服重义。"李孝定《金文诂林读后记》认为"重"，"象人负橐形"。刘钊《甲骨文字考释》[1]认为甲骨文写作[字形]、金文写作[字形]是采用了借笔法，将两形重叠在一起。由重鼎、重爵的字形来看，"重"本以人负囊橐为意，"東"本象囊橐，西周早期部件"東""人"共享中竖，战国早期又于人下增"土"，小篆"人""東""土"尚十分清晰，隶变"人""東"均失其形，高度糅合。

（6）坙。[字形]。

《说文》："[字形]，近求也。从爪壬。"段玉裁注："爪壬言挺其爪𡚼有所取。"现行字误"壬"为"壬"。

（7）壬。[字形]、[字形]宅簋、[字形]無景簋、[字形]伯中父簋。[字形]。[字形]秦简、[字形]秦简、[字形]汉帛、[字形]衡方碑。[字形]牛橛造像、

---

[1] 中国古文字研究会、中华书局编辑部，《古文字研究》第十九辑，中华书局，1992年。

王石夫人墓志、王元珍墓志、王李邕。

《说文》:"王,位北方也。阴极阳生,故《易》曰:'龙战于野。'战者,接也。象人裹妊之形。"从甲骨文、金文看,未见人形,《说文》云,象人裹(怀)妊之形,殆有未当。金文"经"作 毛公厝鼎、虢季子白盘,相关部件与"壬"的甲骨文、金文字形颇似,"壬"当为"䌳"之本字,象收丝之器。

(8) 䌳。䌳。

《说文》:"䌳,机缕也。从糸 壬声。"其本形当为工,象绕线之工具,本指绕线,引申指纺织。

(9) 妊。扭、妞、㚻吹鼎、中工叔䚮妊簋、妊。

《说文》:"妊,孕也。从女从壬,壬亦声。""妊"为亦声字,"壬"兼有表义的作用,绕线工具经丝线缠绕后往往隆其中部,与怀孕女子腹部隆起颇相似。

4.身与㑋:身、躬(躳)、躲(射)、㑋、殷、慇

(1) 身。身虢鼎、身默簋、身。身秦简、身汉帛、耳景君碑、身桐柏庙碑、身张表碑。身王羲之、身王羲之。

《说文》:"身,躬也。象人之身。从人厂声。"段玉裁注:"厂古音在十六部,非声也。"是也。金文在"人"的基础上以曲线表其隆起之腹部,并于腹部下着一短横以提示范围,或于腹中加点以示其所在。本指人的身躯,如《诗·秦风·黄鸟》:"如可赎兮,人百其身。"引申指怀有身孕,如《诗·大雅·大明》:"大任有身,生此文王。"汉隶腹中之点写作横。王羲之书法作品或于腹中写两横,与今形同。

(2) 躬(躳)。躳。躬桐柏庙碑、躬张表碑、躬王羲之。

"躳",《说文》:"躳,身也。从身从吕。躬,躳或从弓";"吕",《说文》:"吕,脊骨也。象形"。段玉裁注:"弓身者,曲之会意也。""躳"为会意字,"躬"为会意兼形声字。今"躬"行而"躳"废。

(3) *躲(射)。躲、躲、躲射戟、躲门射甗、躲静簋。躲、射秦简、射汉帛、射袁博碑、射武威简。

"躲"甲骨文从弓从矢,依形隶定当为"弞",而《说文》"弞"训况且,为语词。金文多增"又"。《说文》:"躲,弓弩发于身而中于远也。从矢从身。躲,篆文躲。"段注重文"躲"从寸,"寸"同"又",与金文同。

(4) 㑋。㑋。

《说文》:"㑋,归也。从反身。"《大明同文集举要》以为与"依"音义皆同,《正字通》以为与"隐"音义通。典籍未见用例,字形很早即仅见于构字部件中。

(5) 殷。殷殷毁盘、殷格伯簋。慇。

于省吾先生《甲骨文字释林·释殷》:"古文殷字象人内腑有疾病,用按摩器以治之。"《广雅·释诂》:"殷,痛也。"从金文字形上看,是有道理的。《诗·邶风·北门》:"出自北门,忧心殷殷。"以"殷殷"形容忧伤痛苦貌。《说文》:"慇,作乐之盛称殷。从㑋从殳。"形义间难以建立合理的联系,非其本义。可能的情况是,先是痛之深中的疾痛义消隐,进而引申指大、多。《诗·郑风·溱洧》:"士与女,殷其盈矣。"即用众、多义。

（6）慇。䯳。

《说文》：“痛也。从心殷声。”"慇"为"殷"之后起字，增"心"以分担其情绪体验相关的义项。汉字简化时复简为"殷"。

5.耂、考、長（长）

（1）老。🝈、🝉、🝊 夨季良父壺、🝋。🝌秦简、🝍秦简、🝎汉帛、🝏汉帛、🝐校官碑、🝑曹全碑、🝒王羲之。

甲骨文、金文象长发老者拄杖之形。形体演变中，长发形变作"土"，手臂变为"丿"，杖形写为了"匕"。《说文》："老，考也。七十曰老。从人毛匕。"

（2）考。🝓、🝔、🝕。🝖师望鼎、🝗鐘簋、🝘杜伯盨、🝙。🝚秦简、🝛史晨碑、🝜曹全碑。

甲骨文"考""老"多无别，金文多将杖形改为丁，丁即"丂"。"考"，《说文》："老也。从老省，丂声。""老""考"义本无别。"考"，金文已多用为祖考字，字用上与"老"分工，后成为指"去世的父亲"的专字。《说文》另有："𣪩，敂也。从攴丂声。"为"考击"之本字，因音同常假"考"为之，简化后二字合用一形。

（3）長（长）。🝝、🝞、🝟 𪢺長鼎、🝠墙盘、🝡长子臣匜。🝢、🝣秦简、🝤秦简、🝥汉帛、🝦孔宙碑、🝧史晨碑、🝨皇象、🝩索靖、🝪王羲之、🝫王羲之。

《说文》："🝢，久远也。从兀从匕，亾声。"系从小篆字形出发的析解，形义分析均有未当。从甲骨文、金文看，"長"本象一长发人形，上为发形，非"亾"，下为人形，非"兀"，着力突出其头发之长。金文所增之"卜""𠂆"，实为杖形，即后来之"匕"。现行简化字形为草书楷化而成。本以发长表短长之长，泛化而指距离长、时间长。《诗·秦风·蒹葭》："溯洄从之，道阻且长。"指路途遥远。《诗·商颂·长发》："濬哲维商，长发其祥。"指时间久。发长者又可能为年长者，金文多有增杖形作者，故长有年长义，又由年高引申而指位高。《尚书·伊训》："立爱惟亲，立敬惟长。"《尚书·益稷》："外薄四海，咸建五长。"前为长辈，后为官长。今所用简形为草书楷化而成。

6.儿：兒（儿）、兄、祝、元、兀、堯（尧）、允、兌（兑）、光、先、兆、競（竞）、竟、鬼、羌、秃（禿）、亮（亮）、散

（1）兒（儿）。🝬、🝭。🝮小臣儿卤、🝯沈兒鐘。🝰。🝱秦简、🝲汉帛、🝳汉东海木牍。

《说文》："🝰，孺子也。从儿，象小儿头囟未合。"下为人形，上为小儿特征标志。《说文》以为象头囟未合，李孝定以为象未成年男子总角之形①。头囟未合难用形象的办法表示，暂依李说。汉字简化时，象其头部特征的部件被省减。

（2）兄。🝴、🝵、🝶。🝷刺卣、🝸保卣。🝹。🝺秦简、🝻汉帛、🝼衡方碑、🝽钟繇。

---
① 古时未成年男则总角，女则佩颈饰。

李孝定《金文诂林读后记》云："兄之本义，未可确指，应与'人'之形体、动作有关。"是也，但李先生未云与人的何种具体动作有关。"祝"甲骨文作㔾、㔾，通过比较不难发现，相关部件的写法相同，"兄"常为主祭者，故造字时取象之。金文出现加注声符"生"的㔾王孙钟、㔾嘉宾钟，但未流传下来。《说文》："兄，长也。从儿从口。"《尔雅·释亲》："男子先生为兄。"《诗·小雅·斯干》："兄及弟矣，式相好矣。"即用其本义。

（3）祝。㔾、㔾、㔾。㔾太祝禽鼎、㔾长由盉、㔾禽簋。㔾、㔾秦简、㔾汉帛、㔾衡方碑。㔾褚遂良。

《说文》："祝，祭主赞词者。从示从人口。"段玉裁注："谓以人口交神也。""祝"本指祭祀的活动，甲骨文有省"示"作㔾、㔾者，表现的正是人的祝祷之姿；此外，甲骨文、金文有作㔾、㔾禽簋者，为人于"示"前祭拜之形。《诗·大雅·荡》："侯作侯祝，靡届靡究。"即用本义，指向神灵祝祷。也指主祭者，如《诗·小雅·楚茨》："孝孙徂位，工祝致告"。

（4）元。㔾、㔾。㔾师酉簋、㔾邛季戈。㔾。㔾秦简、㔾汉帛、㔾景君碑、㔾乙瑛碑、㔾史晨碑。

《说文》："元，始也。从一从兀。"所释非其本义，"元"本指人的头部，金文有作㔾兀作父戊卣，为象形的写法。甲骨文、金文多作㔾，为指事的写法，人上加横以示其所在，古文首笔为横者，常于其上复增一短横。《仪礼·士冠礼》："令月吉日，始加元服。"《左传·僖公三十三年》："免胄入狄师，死焉。狄人归其元，面如生。"均用其本义。"元""首"义同，古用以喻指君主，如《尚书·虞书·益稷》："元首明哉，股肱良哉，庶事康哉！"

（5）兀。㔾、㔾。㔾兀作父戊卣。㔾。

《说文》："兀，高而上平也。从一在人上。"许慎系据小篆字形立说。从甲骨文、金文看，本与"元"无别。疑其借为高平之义后，复于其上增一横，表其本义。

（6）尧（尧）。㔾。㔾。㔾汉帛、㔾衡方碑。㔾王羲之、㔾欧阳询、㔾虞世南。

甲骨文从二土从兀。小篆复增一"土"，以凸显至高之义。《说文》："尧，高也。从垚在兀上，高远也。㔾，古文尧。"《说文》古文与甲骨文相类。《说文》又有："垚，土高也。从三土。""尧"较之多一部件"兀"，段玉裁注："兀者，高而上平也。高而上平之上又增益之以垚，是其高且远可知也。"《墨子·亲士》："王德不尧尧者，乃千人之长也。"《白虎通》："尧犹峣峣，至高之貌。"《说文》有："峣，焦峣，山高貌。从山尧声。"其实"尧"也提示字义。现代简化字由草书楷化，作"尧"。

（7）允。㔾。㔾班簋。㔾。㔾汉帛、㔾衡方碑、㔾孔彪碑、㔾白石君碑、㔾索靖、㔾虞世南。

字形下半象人形，上半部件为何意，目前学界尚未形成一致看法，林义光、罗振玉、徐中舒等主张象头部，但对于头顶向上延的短竖究竟为何意则未有定论。疑象应允之声气。"允"，《说文》："允，信也。从儿㠯声"，认为上边的部件为声符。"允"在卜辞里均用为验辞，为确实之义，与《说文》同。

（8）兑（兑）。㔾。㔾师兑簋。㔾、㔾秦简、㔾汉帛、㔾颜真卿。

《说文》："兑，说也。从儿㕣声。"徐铉曰："当从口从八，象气之分散。"是也，曾、兮、只里均有象气流的部件"八"。"兑"的甲骨文、金文字形，正象人张口舒气形。段玉裁注："说者今之悦字。"《诗·邶风·静女》："彤管有炜，说怿女美。"《论语》："学而时习之，不亦说乎？"《诗》《论语》和《说文》都用"说"来表示喜悦的悦，是因为这一时期还没有"悦"字。为了更准确地提示意义，后来人们将"说"的言字旁改成了竖心旁，就出现了喜悦的"悦"字，《尔雅·释诂》有："悦，乐也"。"兑"从八从口从人，以人笑得合不拢嘴、气流从口里舒散出来，会高兴、喜悦之意。《庄子·德充符》："使之和豫，通而不失于兑。"意思是要使心灵平和安适，通畅而不失怡悦，用的就是"兑"的本义。

（9）光。𦥑敢尊、𦥑通录锺、𦥑宰宙簋。𦥑。𦥑秦简、𦥑汉帛、𦥑礼器碑、𦥑史晨碑、𦥑衡方碑、𦥑郭有道碑、𦥑索靖、𦥑王羲之。

甲骨文、金文均以火在人上，取光明照耀之意，偶有从女作者，不影响字义的传达。《说文》："𦥑，明也。从火在人上，光明意也。"构字部件仍十分明晰，隶变中，部件"火"渐成"⺌"。

（10）先。𠑹、𠑹、𠑹、𠑹师虎簋、𠑹虢季子白盘。𠑹。𠑹秦简、𠑹汉帛、𠑹景君碑、𠑹史晨碑、𠑹衡方碑。𠑹王羲之、𠑹虞世南。

甲骨文、金文以"止"在"人"上，会行于人先之意，卜辞均用为先后之先。《说文》："𠑹，前进也。从儿从𡳿。""儿"是"人"的变形，因为处于字形的下边，为协调均衡就写成了屈曲的状态，"元""允""兑"等字也有类似变形，戴侗在《六书故》里说："人儿非二字，特因所合而变其势。"在我们所讨论的这些字里确实是这种情况。"𡳿"是由足趾之形变来的，出入的"出"本以足趾从坎穴里出来会意，小篆足趾形也变作了"屮"，与"先"中的部件"止"的形变相似。隶书部件"𡳿"写成了"㞢"。

（11）兆。𠑹。

《说文》："𠑹，雝蔽也。从人，象左右皆蔽形。"中间的"儿"象人形，左右的符号象遮盖的样子，大概表示某物把人的耳目遮盖住了。

（12）競（竞）。𥭖、𥭖、𥭖、𥭖。𥭖竞卣、𥭖竞簋、𥭖趞鐘。𥭖。𥭖衡方碑、𥭖欧阳询、𥭖虞世南、𥭖苏轼。

甲骨文本以并排的两个人会竞争之意，金文里出现将人的头部写作"言"的写法，小篆承之，隶书、楷书部件"言"逐渐演变为"音"。《说文》："𥭖，强语也。一曰逐也。从誩，从二人。""强语"是据变形之后的小篆字形立说，"一曰"所释为其本义。本为两人相逐，现行汉字省其一半。

（13）竟。𥭖。𥭖汉帛、𥭖曹全碑。𥭖王羲之。

甲骨文以人张口歌唱，会乐曲完结之意。《说文》："𥭖，乐曲尽为竟。从音从人。"段玉裁注："引伸之凡事之所止、土地之所止皆曰竟。"《礼记》有："入竟而问禁，入国而问俗，入门而问讳。"《左传·宣公二年》有："子为正卿，亡不越竟，反不讨贼，非子而谁？""竟"指的是边境、国境，后来人们给"竟"加"土"就成了"境"。《史记·廉颇蔺相如列传》有："秦王竟酒，终不能加胜于赵。""竟"指的则是酒宴的结束。完结就意味着经历了整个过程，所以引申有周遍义，《汉书·王莽传》有："劳遗其师，恩施下竟同学。"颜师古注："竟，周遍也。"完结表示到底了，所以又有终究义，《后汉书·耿弇传》有："有志者事竟成也！"表示有志向的人，做事情终究会成功。"毕竟"里的"竟"也有终究的意味，"毕"是在完结义上跟"竟"组合成词的，它们一起虚化出到底、终归的含义来。

（14）鬼。𢂇、𢁨、𢁱、𢀖、𢀗、𢂑鬼壶、𢂒陈财簋。鬼。鬼秦简、鬼汉帛、鬼曹全碑、鬼钟繇。

甲骨文字形下边是人，写法不一，或为女或为人或为大，只要能传达出人的意思来即可，上边的部件象面具，以人戴面具之形表示观念中的鬼。古代祭祀时常有巫师头戴面具以作为神灵的象征。《说文》："鬼，人所归为鬼。从人，象鬼头。鬼阴气贼害，从厶。𤓈，古文从示。"在古人的观念里，人去世是去往了另一个世界，所以说"人所归为鬼"。战国秦简"儿"旁所加的"﹑"最初可能只是一个区别符号，表示鬼与人有别，小篆里变作了"厶"，朱骏声、徐灏认为"厶"为声符。"羌"古有俗体作"羗"，殆因古中原之人将周边少数民族视作非人，故有南蛮、北狄、东貊、西羌的说法，分别从虫、犬、豸、羊。"羌"所增之"厶"与"鬼"中的"厶"大概都是区别符号。甲骨文、金文或从示，与《说文》古文同，这是因为鬼是祭祀的对象，所以有增加部件"示"的写法。

（15）羌。𦍍、𦍌、𦍏、𦍎郑羌伯鬲、𦍐羌尊。羗。羌樊敏碑。羌王羲之、羌王献之。

《说文》："羌，西戎牧羊人也。从人从羊，羊亦声。"甲骨文下象人形，上象羊角，指的是游牧部落的羌人。因羌人常被俘获做奴隶，故甲骨文、金文里多有于其字形头颈处加绳索的写法，篆、隶、楷均无之。

（16）秃（禿）。𥝌。秃颜真卿。

《说文》："秃，无发也。从人，上象禾粟之形，取其声。"字形本为上禾下人，"禾"有提示字音的作用，人形在楷书里写成了"几"。《玉篇·毛部》收有"秃"的籀文"毧"，有意强调头上的毛发，大概是在提示头部毛发稀疏。

（17）亮（亮）。𧫝。亮礼器碑、亮孔彪碑。亮王羲之、亮欧阳询、亮颜真卿、亮董其昌。

《说文》无，段玉裁依《六书故》等补云："亮，朙也。从儿、高省。"段玉裁曰："人处高则明。"楷书中部件"儿"渐成"几"。《诗·大雅·大明》"凉彼武王"，假"凉"为"亮"，朱骏声《说文通训定声》认为"亮"本作"倞"，何琳仪《战国古文字典》认为"亮，从儿，京省声"，可备一说。

（18）散。𣉼、𣉻牆盤、𣊂牧師父簋。𣊃。

《说文》："散，妙也。从人从支，岂省声。"徐铉曰："疑从耑省。耑，物初生之题尚散也。"然而，"耑"的甲骨文作𣎵，金文作𣎶郑王耑，与"散"的相关部件有较大的差异。高鸿缙认为"象人戴发形"，以头发的细小来传达细微之义。裘锡圭先生则主张是从攴岂声。该字的构形目前尚未有一致意见。段玉裁注："妙者，小也。引申为凡细之称。微者，隐行也。微行而散废矣。""微"是在"散"的基础上增"彳"而成。"微"表示隐秘地行走，"微服私访"就是用的这个意思。《左传·哀公十六年》："白公奔山而缢,其徒微之。"杜预注:"微,匿也。"孔颖达疏:"微谓逃藏也。"

7.欠:欠、飲(饮)、吹、歌、钦、欣、歡(欢)、歇、嘆(叹)、歐(欧)、欷、歉、欺、次、欲、㳄、盜(盗)、羨(羡)

(1)欠。㕣、㣺、㣺、㣺。㣺欧阳询、㣺虞世南。

甲骨文字形象人张口打呵欠形,《说文》小篆㣺的人形上部全写作气流形了,这其中的形变过程,可能先是写作㣺,然后写作㣺,于口中增一笔,状气流之貌,最后变成㣺,口与气流完全写作气。楷书把口形写成了"⺈",下为人,没有表现气流。《说文》:"㣺,张口气悟也。象气从人上出之形。"《仪礼·士相见礼》:"君子欠伸。"郑玄注:"志倦则欠,体倦则伸。"就是伸腰打呵欠的意思。段玉裁曰:"欠者,气不足也,故引伸为欠少字。"白居易《寒食夜》:"忽因时节惊年几,四十如今欠一年。"就是还差一岁四十的意思。

(2)飲(饮)。㣺、㣺。㣺善夫山鼎、㣺曼仲壶、㣺中山王曹壶、㣺曾孟姬谏盆。㣺秦简、㣺汉帛、㣺居延简、㣺武威简、㣺辟雍碑。㣺欧阳询、㣺苏轼。

甲骨文字形以人张口伸舌于酉中啜饮会意。金文舌形逐渐与口分离,被写作"今",变成"酓"和"欠"组成的左右结构,"欠"则多为人张口形,或有于口中加一点者。小篆部件"欠"上边写作气流形。隶书中部件"欠"象人张口形,楷书书写笔画略有变形,遂成今形。《说文》:"㣺,歠也。从欠酓声。㣺,古文飲,从今水。㣺,古文飲,从今食。"据小篆误以为"飲"从欠酓声。《释名》有:"飲,奄也,以口奄而引咽之也。"《玉篇》:"歙,古文饮。"金文已有从食的"飲",春秋时期的曾孟姬谏盆中的字形从食从欠。今之简体"饮"系将部件"食"草书楷化为"饣"而成。

(3)吹。㣺、㣺吹方鼎、㣺虞司寇壶、㣺汉帛、㣺史晨碑、㣺欧阳询。

甲骨文、金文从口从欠,欠上张开的口形均对着口,本指撮口嘘气。《说文》:"吹,嘘也。从口从欠。"《庄子·逍遥游》:"生物之以息相吹也。"用的即是其本义。吹乐器也须撮口出气,所以也指吹奏,《诗·小雅·何人斯》:"伯氏吹壎,仲氏吹篪。"壎和篪都是古代吹奏乐器,二者声音相谐,古人因之常以"壎篪"喻指兄弟和睦。

(4)歌。㣺、㣺余义钟、㣺、㣺秦简、㣺汉帛、㣺史晨碑、㣺皇象、㣺欧阳询。

《说文》:"歌,詠也。从欠哥声。㣺,或从言。"金文从言可声,与《说文》或体同。《礼记·乐记》有"歌之为言也,长言之也"。"歌"的本义指长言,就是曼声长吟的意思,《说文》里"歌""詠"是互训的,说明它们的意思一样。"哥"是"可"的繁化,"可"从口丂,表示口中有气流舒出。曼声吟咏时,口中的气流自然比较强,可见部件"哥"也有提示字义的作用,小篆以从欠的"歌"为正体,可能也正是这个原因。"哥",《说文》:"声也。从二可",《广韵》:"古歌字。今呼为兄也"。古文献里常用"哥"为"歌",称兄为哥,大概始于唐代。

(5)钦。㣺鱼鼎匕、㣺、㣺秦简、㣺汉帛、㣺衡方碑。㣺王羲之、㣺虞世南、㣺草书韵会。

《说文》:"钦,欠貌。从欠金声。"段玉裁注:"钦者,倦而张口之貌也。引伸之,乃欿然如不足谓之钦。"《尔雅·释诂下》："钦，敬也。"徐灏《说文解字注笺》有"钦，戴氏侗曰：'屏声钦敛之貌'，引之为钦敬"。戴家祥先生根据鱼鼎匕"钦"的用法，认为"钦初义为人对某事、某物、某人的一种赞叹声，以后又由这种赞叹声转而有肃然起敬的含义。"

（6）欣。㒸 居延汉简、欣 杨统碑、欣 王羲之、欣 欧阳通。

《说文》："㒸，笑喜也。从欠斤声。"段玉裁注："《万石君传》：'僮仆訢訢如也。'晋灼云：'訢，许慎曰古欣字。'"又"听"，《说文》："笑貌。从口斤声"。部件"斤"可能也有提示笑声的作用。"欣"的本义为喜乐。《诗·大雅·凫鹥》："旨酒欣欣，燔炙芬芬。"《毛传》："欣欣然乐也。"

（7）歡（欢）。歡。歡 校官碑、歡 曹全碑、歡 王羲之、歡 王献之。

《说文》："歡，喜乐也。从欠雚声。"徐锴《说文解字系传》曰："喜动声气，故从欠。"与"欣"字中的"欠"作用相同，以人张口表示喜乐之态。《广韵》曰："懽同歡。"改意符"欠"为"忄"，以表示心情愉悦。汉字简化时，以抽象符号"又"取代了声符"雚"，遂成"欢"。

（8）歇。歇。歇 颜真卿。

《说文》："歇，息也。从欠曷声。"段玉裁注："息者，鼻息也。息之义引伸为休息。""欠"表示的是吐气以放松身体的紧张状态，引申指停止。白居易《卖炭翁》："牛困人饥日已高，市南门外泥中歇。"指歇息。《世说新语·假谲》："江郎莫来，女哭詈弥甚，积日渐歇。"指止息。

（9）嘆（叹）。歎。歎 礼器碑、歎 王基碑、歎 王羲之、歎 褚遂良。

"歎"，《说文》："歎，吟也。从欠，鸛省声。歎，籀文歎不省"。"嘆（叹）"，《说文》："嘆，吞歎也。从口歎省声。一曰太息也"。段玉裁注："古歎与嘆义别。歎与喜樂为类。嘆与怒哀为类。""嘆、歎二字今人通用。"《诗》二字用法无别，可能本系一字之异体。《集韵·寒韵》："歎，太息也，或从口。"《正字通·欠部》："歎，与嘆同。称美曰歎。"汉字简化时取"嘆"，并用符号代替的办法简作"叹"。

（10）歐（欧）。歐。歐 欧阳询。

《说文》："歐，吐也。从欠區声。"《山海经·海外北经》："歐丝之野在大踵东，有女子跪据树歐丝。"郭璞注："言噉叶而吐丝，盖蚕类也。"《汉书·丙吉传》："吉驭吏耆酒，数逋荡，尝从吉出，醉歐丞相车上。"颜师古注："歐，吐也。"《集韵·厚韵》："歐，或作嘔。"汉字简化以"嘔"表其本义，"區"中间部分用符号"乂"代替。"欧"则作姓氏专字。

（11）欷。欷。欷 王羲之、欷 张贵南墓志。

《说文》："欷，歔也。从欠，稀省声。"徐锴《说文解字系传》曰："从欠，希声。"段玉裁注："欷亦作唏。"《玉篇·欠部》："欷，泣余声也。"本指叹息、抽噎。

（12）歉。歉。歉 颜真卿。

《说文》："歉，歉食不满。从欠兼声。"《玉篇·欠部》："歉，食不饱也。"王念孙《广雅疏证》："襄二十四年《穀梁传》云：'一谷不升谓之嗛'。《韩诗外传》作'馦'。《广雅·释天》作'歉'，并字异而义同。"段玉裁《说文解字注》云："引伸为凡未满之称。"即本指食不足，引申指一般的不足。《广雅·释诂》："歉，少也。"《集韵·忝韵》："歉，不足貌。"黄滔《壬癸岁书情》有诗句："江头寒夜宿，垄上歉年耕。""歉年"指收成不好的年份，跟丰年相对。

（13）欺。_{汉帛}。_{颜真卿}。

"欺"，《说文》：" ，诈欺也。从欠其声。"段玉裁注："从欠者，犹从言之意。"《说文》又有：" ，欺也。从言其声。"两字或本为一字。《论语·子罕》中"吾谁欺，欺天乎？"即用其本义。

（14）次。_{史次鼎}、_{刁次尊}、_{婴次卢}。 _{秦简}、 _{汉帛}、 _{礼器碑}、 _{王羲之}、 _{石婉墓志}。

《说文》：" ，不前，不精也。从欠二声。 ，古文次。"段玉裁注："当作从二、从欠。从二故为次。"本指次等、第二的意思。战国时期，常借作"师次"之"次"，表驻扎义。表示军队驻扎的字本从自朿声，甲骨文、金文均有之。

（15）欲。 。 _{秦简}、 _{汉帛}、 _{肥致碑}、 _{孔彪碑}、 _{王羲之}。

《说文》：" ，贪欲也。从欠谷声。"段玉裁注："欲从欠者，取慕液之意。从谷者，取虚受之意。"西周金文用"谷"为"欲"，加"欠"的"欲"出现在战国时期，"欠"为人张口形，可表欲望义。

（16）㳄。 、 。 。

以唾液从人口中流出会意，甲骨文中象唾液的点或二或三，无定数。《说文》：" ，慕欲口液也。从欠从水。 ，㳄或从侃。 ，籀文㳄。"《集韵》："㳄，涎本字。""涎"大约是东汉时期用形声的办法造出的新形。"垂涎欲滴""垂涎三尺"就是用的它的本义。

（17）盗（盜）。 。 。 _{秦简}、 _{秦简}、 _{汉帛}、 _{居延简}。 _{王羲之}。

《说文》：" ，私利物也。从㳄，㳄欲皿者。""盗"从㳄从皿，"㳄"是唾液流出，"皿"代表器物，以对他人的器物垂涎三尺，会盗窃之意。睡虎地秦简中已有将部件"㳄"省写作"次"者。

（18）羡（羨）。 。 _{元珍墓志}。

《说文》：" ，贪欲也。从㳄，从羑省。"又"羑，进善也。从羊久声。""羡"以羊为意符，故"羨"可能本从㳄从羊。林义光曰："从㳄羊，见羊美而涎欲下也。"张舜徽曰："羊肉为食之美者，故羡字从羊。""羡"本表示因喜爱而希望得到的意思。

8.旡：旡、既

（1）旡。 、 、 。 _{汉帛}。

甲骨文里"欠"正反无别，"旡"是西周中晚期从"欠"里分化出来的，以反"欠"表示逆气。" （欠）"" （旡）"的小篆字形正是一正一反。《说文》：" ，饮食屰气不得息曰旡。从反欠。 ，古文旡。"段玉裁注："《大雅·桑柔》曰：'如彼遡风，亦恐之僈。'……笺云：'使人喝然如鄉疾风不能息也。'今观许书，则知旡乃正字，僈乃假借字。"

（2）既。卽、卽、卽、卽。卽_{师虎簋}、卽_{庚嬴卣}、卽_{孚尊}。既_{秦简}、既_{汉帛}、既_{汉帛}、既_{衡方碑}、既_{曹全碑}。既_{钟繇}、既_{王羲之}。

"既"的甲骨文部件"旡"的写法与"欠"同，但组合时口的朝向几乎均背离食器，以会食既之意。《说文》："既，小食也。从皀旡声。"不确，当从皀从旡，本指食毕，引申为凡物之毕尽。《穀梁传》："既者，尽也。"《玉篇》："既，已也。""已"就是结束，由动词虚化为副词，指已经。我们常用的"既然"是"已经这样"的意思。

9. 尢：尢（尤）、尥、稽、就、僦、抛

（1）尢（尤）。尢_{牆盘}。尢。

《说文》："尢，跛也，曲胫人也。从大，象偏曲之形。"段玉裁注："从大而象一胫偏曲之形也。"特异是尤的引申义。《左传·昭公二十八年》："夫有尤物，足以移人。苟非德义，则必有祸。"杜预注："尤，异也。"杨伯峻注："尤物，指特美之女。"

（2）尥。尥。

《说文》："尥，塞也。从尢皮声。"段玉裁注："尥俗作跛。"《说文》又有"跛，行不正也。从足皮声"。经传无"尥"。马王堆帛书有跛，即"跛"。

（3）稽。稽。稽_{乙瑛碑}、稽_{史晨碑}、稽_{王羲之}、稽_{欧阳询}、稽_{颜真卿}。

《说文》："稽，留止也。从禾从尤，旨声。"《说文》里"禾""禾"为两字，一作禾，一作禾，"禾"头右出而平，"禾"头左出而垂。《说文》："禾，木之曲头止不能上也。""禾""尤"有迟缓、停留义。现在仍有"稽留"一词。

（4）就。就、就、就_{秦简}、就_{秦简}、就_{汉帛}、就_{汉帛}、就_{衡方碑}、就_{夏承碑}、就_{西狭颂}、就_{华山神庙碑}。就_{褚遂良}、就_{唐玄宗}。

《说文》："就，就高也。从京从尤。尤，异于凡也。就，籀文就。"徐锴曰："尤高人所就之处。"朱骏声《说文通训定声》："此字实从京尤声。"甲骨文字形无部件"尤"，当为后来加上的。桂馥曰："此言人就高以居也。"先秦典籍多用作动词，作靠近、走近讲。《左传·僖公二十三年》："我二十五年矣，又如是而嫁，则就木焉，请待子！"杜预注："言将死入木，不复成嫁。"就是进入的意思，现在仍有成语"行将就木"，意思与此同。《墨子·号令》："各令以年少长相次，旦夕就位，先佑有功有能，其余皆以次立。""就位"就是走到指定的位置。

（5）僦。僦。

《说文》："僦，赁也。从人就，就亦声。""僦"是租赁、雇用的意思。

（6）抛。抛。抛_{颜真卿}。

《说文·新附》："抛，弃也。从手从尤从力，或从手尥声。""抛"的本义为抛掷。

二、大组（整体动态）

1.大：大、天、夫、美、夾（夹）、夹、齐、夲、央、因、夸、奢、赤、奋、奇、盍或盖（盖）、去、幸、達（达）

（1）大。𠆢、大颂鼎。大。大秦简、大秦简、大汉帛、大汉帛、大景君碑、大曹全碑、大索靖。

《说文》："大，天大，地大，人亦大。故大象人形。"以四肢伸展的人形来表大的含义。甲骨文里有大风、大雨、大吉等用法。《诗·郑风·遵大路》："遵彼大路兮。"指路广。《尚书·禹贡》："奠高山大川。"指河宽。《穀梁传·桓公元年》："而祭大山之邑也。"指山大。汉代郑玄《三礼目录》曰："大学者，以其记博学，可以为政也。"认为大学就是博学。朱熹则认为："大学者，大人之学也。古之为教者，有小子之学，有大人之学。小子之学，扫洒、应对、进退之节，诗、书、礼、乐、射、御、书、数之文是也。大人之学，穷理、修身、齐家、治国、平天下之道也。"认为大学是指大人之学，当然，从所学内容上看，博大精深，与郑玄所谓的"博学"有相通之处。大可用来形容体积、面积、数量、力量、规模、程度、年龄、学问等。

（2）天。吴、禾、齐、秀、吴禾作父乙簋、夫獣钟、天颂鼎。丕。天秦简、天秦简、天汉帛、天汉帛、天西狭颂、天校官碑、天虞世南。

《说文》："丕，颠也。至高无上，从一大。""颠"从页真声，跟人的头部有关，颠者，人之顶也。"天"的古文字先以圆形表示人的头部，后简化为横。《周易·睽卦》："其人天且劓。"虞翻注："黥额为天。"《山海经·海外西经》："刑天与帝至此争神，帝断其首，葬之于常羊之山，乃以乳为目，以脐为口，操干戚以舞。"刑天因头被砍去而得名。《史记》载英布早年因犯罪被黥面，所以后来人们称之为"黥布"，与刑天的得名相似。我们现在还把头顶骨叫做天灵盖。"天"的本义指头顶，引申指头顶之上的天空。

（3）夫。夫。夫善夫克鼎。夫。夫秦简、夫秦简、夫汉帛、夫汉帛、夫乙瑛碑、夫史晨碑、夫王羲之。

《说文》："夫，丈夫也。从大，一以象簪也。周制以八寸为尺，十尺为丈。人长八尺，故曰丈夫。"古时成年人束发，男曰冠，女曰笄。《礼记·乐记》："婚姻冠笄，所以别男女也。"郑玄注："男二十而冠，女许嫁而笄，成人之礼。"其实男女均有固定头发的笄，不过男子笄与冠配合使用。旧时称从事某种职业的人为农夫、马夫、车夫、渔夫、纤夫、脚夫、船夫、屠夫、清道夫等。由《说文》可知，丈夫本指成年男子，主要特征是头发缠结用簪固定、身高约一丈（周制一丈）。《穀梁传·文公十二年》："男子二十而冠，冠而列丈夫。"《战国策·赵策四》："太后曰：'丈夫亦爱怜其少子乎？'对曰：'甚于妇人。'"丈夫就只指成年男子。我们现在还有男子汉大丈夫的说法。指女子的配偶是丈夫的引申义。

（4）美。美、美、美、美美爵、美中山王𠕎壶。美。美秦简、美秦简、美汉帛、美汉帛、美西狭颂、美曹全碑、美欧阳询、美欧阳通。

"美"的甲骨文以人头部戴着羊角或羽饰会意。世界上很多原始部族都有戴羊角、鹿角或插羽为饰的习俗，直到今天有些民族服饰里仍然有遗留。"美"的本义指的就是视觉上感知到的美。《说文》："美，甘也。从羊从大。"表示味觉的甘美应该是其引申义。现在"美"已泛指所有美好的事物，如"美声""美德""美文""美谈""美差""美梦"等。

（5）夾（夹）。🔣。🔣夹卤。🔣。🔣秦简、🔣汉帛、🔣曹全碑。🔣皇象。

《说文》："夾，持也。从大夾二人。"段玉裁注："夾裹物，故从二入。夾持人，故从二人。"字形以一人左右两边各夹持一人会意。徐锴注："引申为凡物在左右之称。"《桃花源记》："夹岸数百步。"就是河两边的堤岸。又有夹杂、掺杂之义。夹竹桃就是因其叶似竹叶、花似桃花而得名。因"夹"是由两人夹拥一人，又引申有双层的意思，口语里有夹衣、夹衫的说法，为准确表意，人们曾增意符作"袷"，汉字简化时归入"夹"。

（6）夾。🔣。

《说文》："夾，盗窃裹物也。从亦，有所持。"徐灏曰："盗窃怀物，虑为人所见，行踪隐蔽谓之夾。"因形近，与"夾"误合为"夹"，今"陕西"之"陕"实从夾得音。

（7）夼。🔣。

《说文》："夼，放也。从大而八分也。"段玉裁注："夼者，大分之意也。""夼"的本义指分散。

（8）奔。🔣。

《说文》："奔，进趣也。从大从十。大十，犹兼十人也。"段玉裁注："言其进之疾，如兼十人之能也。"《陆文通墓表》："左视右顾，莫得而奔。""奔"即指快速前进。

（9）央。🔣。🔣虢季子白盘。🔣。🔣秦简、🔣秦简、🔣汉帛、🔣汉帛、🔣皇象。

关于"央"的甲骨文字形有两种看法，丁山主张："字象人颈上荷枷形。"《说文》训殃曰：'咎也。'或曰：'凶也。'凶咎殆是央字本义。"高鸿缙认为："字倚大画其肩担物形。由物形𠄌生意。担物必在扁担之中央。故托以寄中央之意。"白玉峥的观点与高鸿缙比较相似，"字盖象人以头戴物之形"，"戴物，必得凵及头顶之中央，始可求所戴之物之平衡，故引申为中央或中点之义"。《说文》："央，中央也。从大在冂之内。大，人也。"小篆"央"的上半部分变化较大，《说文》以为"冂"，认为是以人在冂内会中央之意。先秦典籍多用中央义，《诗·秦风·蒹葭》："溯游从之，宛在水中央。"指在河的中间。《诗·小雅·庭燎》："夜如何其？夜未央。"指夜未过半，夜深还未到天明，故理解为夜未尽。汉代瓦当上常书"长乐未央"，表达人们希望长久欢乐、永无止尽的愿望。

（10）因。🔣。🔣陈侯因齐镎。🔣。🔣秦简、🔣汉帛、🔣汉帛、🔣索靖、🔣王羲之。

《说文》："因，就也。从囗大。"江永曰："象茵褥之形。"林义光、朱骏声、马叙伦、杨树达、高鸿缙等也均主张"因"为"茵"之初文。人在席上故引申有亲近、顺应、依凭、沿袭等义。《诗·大雅·皇矣》："维此王季，因心则友。"《毛传》："因，亲也。"陈奂传疏："因训亲，亲心即仁心。"是说王季有亲善仁爱之心。《论语·为政》：

"殷因于夏礼，所损益可知也。"是说殷沿袭、承袭了夏的礼制。"因循守旧""因袭"用的是沿袭义。《庄子·养生主》："依乎天理，批大郤，导大窾，因其固然。""因"与"依"意思相近，指依照、顺应。"因势利导"用的是顺应义。《韩非子·五蠹》："论世之事，因为之备。"指根据实际情况制定措施。"因地制宜""因材施教"用的是根据、依据义。作介词表因为、由于义，是动词义虚化的结果。

（11）夸。㛐伯夸父㜏、㚏、夸。夸秦简、夸汉帛。

卜辞为方国名。《说文》："夸，奢也。从大于声。"《山海经》里的夸父指的是体型大的人。韩愈《进学解》说"《春秋》谨严，《左氏》浮夸"，是说《春秋》文字简质，而《左传》是对《春秋》的解释说明，事件具体、细节丰富、内容充实、文辞铺张。虚夸、不切实是浮夸的引申义。《说文》另有："誇，譀也。从言夸声。"《广韵》："大言也。""誇"是后起字，加"言"以强调夸大其辞，汉字简化时归并进了"夸"里。

（12）奢。奢虎匜。奢。奢汉帛、奢白石君碑。

《说文》："奢，张也。从大者声。奓，籀文。"段玉裁注："籀会意，篆形声。"徐灏曰："奢者侈靡放纵之义。故曰'张'，言其张大也。"《论语·八佾》："礼，与其奢也，宁俭。""奢"指多而杂，"俭"指俭约。司马相如《子虚赋》："今足下不称楚王之德厚，而盛推云梦以为高，奢言淫乐而显侈靡。"李善注引郭璞曰："奢，阔也。"

（13）赤。卤、卤。卥元年师兑簋、卥师酉簋、奃颂鼎、卥此簋。贪。夵秦简、赤汉帛、赤史晨碑、赤欧阳询、赤欧阳通。

《说文》："贪，南方色也。从大从火。䞤，古文从炎、土。"《玉篇》："朱色也。"《释名·释采帛》："赤，赫也，太阳之色也。""面红耳赤"仍用其本义。《尚书·康诰》："若保赤子。"孔颖达疏："子生而赤色，故言赤子。"引申指空、尽、一无所有。如《韩非子·十过》："晋国大旱，赤地三年。""赤手空拳""赤贫"等也用此义。

（14）*奞。奞鄂季子奞父簋。奞。

金文用作人名。《说文》："奞，鸟张毛羽自奋（奋）也。从大从隹。"从大从隹，表示鸟张大羽翅奋飞。

（15）*奇。奇。奇秦简、奇汉帛、奇皇象、奇欧阳询。

《说文》："奇，异也。一曰不耦。从大从可。"甲骨文、金文未见。马叙伦先生以为："盖奇之本义谓一足。""奇为踦之初文。"或得其实，睡虎地秦简"奇"多有通"踦"者，似可为之证，《说文》："踦，一足也。"构件有"奇"的"觭"（虎牙）、"觭"（角一俯一仰）、"倚"（依靠）、"攲"（不正）、"剞"（曲刀）、"掎"（偏引）、"輢"（车旁）等字有偏斜义，似可为旁证。

（16）*盇、葢（盖）。盇盇志鼎葢。盇。盇秦简。

《说文》："盇，覆也。从血大。"徐铉曰："大，象盖覆之形。"是也。段玉裁注："皿中有血而上覆之。覆必大于下，故从大。"《说文》又有："葢，苫也。从艸盇声。"葢，隶变为"葢""盖"。鲜于璜碑作葢，衡方碑作葢，孔彪碑作葢，曹全碑作葢，汉字简化后，以"盖"为覆盖字。

（17）去。㭍、㭍、㭍㭍中山王䵼鼎、㭍盗壶、㭍。㭍秦简、㭍汉帛、㭍汉帛、㭍景君碑、㭍乙瑛碑、㭍皇象、㭍王羲之、㭍虞世南。

《说文》："㭍，人相违也。从大凵声。"又《说文》："凵，凵盧，饭器，以柳为之。象形。㭍，凵或从竹，去声。"段玉裁注："下侈上敛。"《广韵》："笭，饭器。""去"为"笭"之本字。上象盖形，下象盛饭器物。"壶"，甲骨文作㭍、㭍，金文作㭍伯公父壶、㭍伯壶、㭍皆壶，上边的壶盖，最初的写法与之相似，后来它们上边的盖子都隶变为"土"了。"去"作动词，表离开的用法出现得很早、使用频率高，故金文里有增"止"的字形，《说文》训"去"为违离，以加"竹"的"笭"为盛饭器，典籍里多以后起形声字"筥"代替"笭"。《诗·召南·采蘋》："维筐及筥。"《毛传》："方曰筐，圆曰筥。"《说文》："筥，筲也。从竹，吕声。"

（18）*幸。㭍、㭍、㭍中山王䵼壶、㭍、㭍秦简、㭍汉帛、㭍曹全碑、㭍王羲之、㭍高贞碑。

此为"执"所从之"幸"，本象手铐类的刑具，大概即后来的梏①。董作宾《殷历谱》："㭍，象手械之形，盖加于俘虏之刑具也。"《说文》："㭍，所以惊人也。从大从羊。一曰大声也。""幸运"的"幸"《说文》作"㚔"："㚔，吉而免凶也。从屰从夭。"隶变后两形偶同，"㚔"只作构字部件，故没有造成汉字体系的混乱。

（19）*達（达）。㭍、㭍、㭍保子达簋、㭍师褭簋、㭍、㭍秦简、㭍汉帛、㭍王羲之。

甲骨文"達"从辵大声，或从彳，金文将声符改为"㚔"。《说文》："㭍，行不相遇也。从辵㚔声。《诗》曰：'挑兮达兮。'②㭍，达或从大。"声符隶变为"幸"，实与"幸"无关，简化字选用了"大"为声符，与甲骨文及《说文》或体同。《广雅》："达，通也。"本指道路畅通。"四通八达"仍用其本义。

2.立：立、位、竝（并）、併（并）、并（并）

（1）立。㭍、㭍史獸鼎、㭍克鼎、㭍、㭍秦简、㭍秦简、㭍汉帛、㭍汉帛、㭍乙瑛碑、㭍礼器碑、㭍王羲之、㭍欧阳询。

"大"象人形，"一"代表地面，以人立于地面传达站立之义。《说文》："㭍，住也。从大立一之上。"隶书部件"大"逐渐变形，笔画断离，重新组合。"立正""肃立"仍用其本义。

（2）位。㭍、㭍颂鼎。㭍、㭍汉帛、㭍汉帛、㭍衡方碑、㭍孔彪碑、㭍曹全碑、㭍张猛龙碑。

甲骨文、金文"立""位"一字，人所站立的地方即为"位"。小篆增部件"亻"分化为两字。《说文》："㭍，列中庭之左右谓之位。从人立。"《说文》指的是群臣在朝廷各有站立之位。"位置""座位"等即用其本义。

（3）竝（并）。㭍、㭍、㭍并爵、㭍中山王䵼壶、㭍、㭍秦简、㭍汉帛、㭍衡方碑、㭍曹全碑。

---

① 郑玄曰："在足曰桎，在手曰梏。"
② 《毛传》："挑达，往来相见貌。"犹道路畅达，往来自由。

甲骨文以二人并排站立会意。小篆将字形下边表示地面的横线断离，成为两个立字。《说文》："㗊，併也。从二立。"段玉裁注："郑注《礼经》：'古文竝今文多作併。'是二字音义皆同之故也。古书亦多用为傍字者。傍，附也。"现代汉字整理时，"竝""併"均作为"并"的异体被淘汰。本义指并立、并列。

（4）*併（并）。

"併"为形声兼会意字。《说文》："併，竝也。从人并声。"段玉裁注："许互训者，《礼经》郑玄注曰：'古文并今文作併。'是古二字同也。"

（5）*并（并）。 、 中山王䖒鼎、 秦简、 汉帛、 王羲之。

"并"的甲骨文于两个侧立的人形下划一横或两横，与㗊相较，可能 表并行，㗊表并立，一个侧重于动态，一个侧重于静态，实际使用中常混用。《说文》："并，相从也。从从开声。"小篆字形下半的笔画离析重组，许慎误以为"开"为声符。隶变、楷化后就成了"并"。《诗·齐风·还》："并驱从两肩兮，揖我谓我儇兮。"即用其本义。"齐头并进""并驾齐驱""并肩作战"等尚用其本义。

3.亦

亦。 盠卣簋、 兮甲盘。 。 秦简、 汉帛、 郭有道碑、 西狭颂。 索靖、 王羲之、 欧阳询。

甲骨文由"大"与两点组成，"大"象正立之人形，两点为指事符号，指示两腋之所在，"亦"为"腋"之本字。《说文》："亦，人之臂亦也。从大，象两亦之形。"但是甲骨文里"亦"已假借作副词，表示"也""又"等义，为免混淆，后来人们用形声的办法新造了"腋"表其本义。徐铉曰："今别作腋，非是。"说明至迟在北宋初已有"腋"字。

4.夨

夨。 。 夨王鼎盖、 令簋、 。

《说文》："夨，倾头也。从大，象形。"又"倾"，"仄也。从人从顷，顷亦声。"段玉裁注："仄当作夨。""夨象头倾，因以为凡倾之称。""夨"本象人头部倾侧。《玉篇·夨部》："夨，倾头也。今并作侧。"说明"夨"很早就被"侧"所替代。

5.夭：夭、奔、走、喬（乔）

（1）夭。 亚齍爵、 秦简、 汉帛、 夏承碑、 王羲之、 元珍墓志。

甲骨文、金文字形象人奔跑时一前一后甩动双臂的样子。《说文》："夭，屈也。从大，象形。"小篆以人的头部向右偏斜会意。隶变后偏斜的头部被写作了左撇。《说文》认为"夭"是以人歪斜着头来表示弯曲的意思。《论语·述而》："子之燕居，申申如也，夭夭如也。"钱穆《论语新解》："大树干条直上，申申也；嫩枝轻盈妙婉，夭夭也。""申"指平直舒展，"夭"与之相对，指身体弯曲放松的样子，两句表现的是孔子闲居时舒展放松的状态。《诗·周南·桃夭》："桃之夭夭，灼灼其华。"《毛传》："桃有华之盛者。夭夭，其少壮也。"因"桃"与"逃"音同，后来人们用谐音的形式来表示逃跑，如《醒世恒言·卖油郎独占花魁》："两个商量出一条计策来，俟夜静更深，将店中资本席卷，双双的'桃之夭夭'，不知去向"。为准确表逃跑义，人们将"桃"改作了"逃"。段玉裁认为"夭"本指"物初长可观也"。《国语·鲁语上》有："山不槎蘖，泽不伐夭。""夭"即指初生的草木。夭折义正是由此引申而来，"物初长者尚屈而未申。假令不成遂，则终于夭而已矣。"《释名》有："少壮而死曰夭。"《孟子·尽心上》："夭寿不贰，修身以俟之，所以立命也。""夭"与"寿"相对，是说夭折与长寿没有分别，以平常心待之，修身养性。夭，作名词念 ǎo，作动词、形容词念 yāo。

(2) 奔。 ᄎ孟鼎、ᄎ井侯簋、ᄎ啟簋、ᄎ秦简、ᄎ、奔颜真卿。

会意字，从夭、从三止。字形上边为摆动双臂的人形，下边以三"止"表示快速跑动。金文或有增表示道路的部件"彳"的写法。西周金文"止"已有讹作"中"者，战国以后均作"中"。《说文》："奔，走也。从夭，贲省声。与走同意，俱从夭。"隶楷笔画化以后，上边写作了"大"，下边写成了"卉"。"奔"的意义变化不大，"东奔西走""奔走相告"等均用其本义。

(3) 走。 ᄎ休盘、ᄎ效卣、ᄎ、ᄎ秦简、ᄎ汉帛、ᄎ汉帛、ᄎ汉帛、走桐柏庙碑。

甲骨文上象摆动双臂的人，下象足趾。金文有增表示道路的部件"彳"的写法。《说文》："走，趋也。从夭止。"隶书中字形上边的"夭"写作了"土"，下边的"止"变形为"疋"。《释名·释姿容》："徐行曰步，疾行曰趋，疾趋曰走。""飞沙走石""走马观花""不胫而走"等仍用其本义。"走"的现代词义转移为慢慢步行，相当于以前的"步"。

(4) 乔（乔）。 ᄎ。乔颜真卿。

《说文》："乔，高而曲也。从夭，从高省。"段玉裁注："乔不专谓木。浅人以说木则作桥。如《郑风》：'山有桥松'是也。以说山则作峤。《释山》：'锐而高，峤。'是也。皆俗字耳。"即"桥""峤"为"乔"之俗字。凡物高而曲均谓之"乔"。《尔雅·释木》："句如羽乔。"晋郭璞注："树枝曲卷，似鸟毛羽。"典籍里多用"乔"的高义，而往往弱化其曲义，《尚书·禹贡》："厥草惟夭，厥木惟乔。"《尚书孔传》："少长曰夭；乔，高也。"乔木、乔迁等词里也侧重指高。部件里含有"乔"的"骄"也有高义，"骄"，《说文》："马高六尺为骄。从马乔声。"即"骄"本指高头大马。又《说文》："侨，高也。从人乔声。""跻，举足行高也。从足乔声。"

三、文组（整体装饰）

(1) 文。 ᄎ利鼎、ᄎ曶尊、ᄎ啟鼎、ᄎ兮仲钟、ᄎ虢文公鼎、ᄎ秦简、ᄎ汉帛、ᄎ汉帛、ᄎ乙瑛碑、ᄎ衡方碑、ᄎ校官碑、ᄎ皇象、ᄎ王羲之。

甲骨文象人身上有交错的花纹，朱芳圃《殷周文字释丛》认为人胸前的符号"即刻画之文饰也"。《礼记·王制》："东方曰夷，被发文身，有不火食矣。"郑玄注："谓刻其肌，以丹青涅之。"孔颖达疏："文身者，谓以丹青文饰其身。"《说文》："介，错画也。象交文。"小篆简省了身体上的文饰，隶书字形的头部与双臂写作了"亠"。《左传·宣公十二年》："夫文，止戈为武。""文"指文字。许慎《说文解字·叙》说："仓颉之初作书，盖依类象形，故谓之文；其后形声相益，即谓之字。文者，物象之本；字者，言孳乳而浸多也。""独体为文，合体为字"。原始的文就是描摹勾勒事物的特征轮廓，进而通过文与文组合成字，表达更多更复杂的意思。段玉裁《说文解字注》曰："析言之，独体为文，合体为字，统言之，则文字可互称。"是也。"文章""文质彬彬"等词本有花纹、纹饰义。《左传·昭公二十五年》："为九文、六采、五章，以奉五色。"杜预注："青与赤谓之文，赤与白谓之章。"因为"文""章"都指彩色花纹，所以常并称，进而凝结成词。析言之，"文"与"章"有细微的区别，遣造的词句叫"文"，结构段落叫"章"。《论语·雍也》："质胜文则野，文胜质则史。文质彬彬，然后君子。""质"指质朴，"文"指文饰，孔子认为君子内质与外在的修饰应该相杂适中。

（2）彣。彡。

《说文》："彣，𢼄也，从彡从文。""彣"是在"文"的基础上增加表文饰的"彡"而成。《说文》："彡，毛饰画文也。象形。"彩、彪、彤、彰、修、彫（雕）等字里的"彡"均有文饰义。《说文》："彩，文章也。从彡采声。""彪，虎文也。从虎，彡象其文也。""彤，丹饰也。从丹从彡。彡，其画也。""彰，文彰也。从彡从章，章亦声。""修，饰也。从彡攸声。""彫，琢文也。从彡周声。"

四、交卩组（整体变形）

1.交、绞

（1）交。秦简、汉帛、汉帛、王基碑、皇象、王羲之、虞世南、褚遂良。

《说文》："交，交胫也。从大，象交形。"现代字形中的"亠"由头及双臂演变而来，大致过程为：人→𠆢→亠→𠆢→𠆢→亠。下半之"父"由相交的双胫演变而来，小篆及早期的隶书本作乂，为便于书写变为夂，又为字形协调对称而成父。《战国策·秦策》："交足而待。"就是两腿交叉着等待。

（2）绞。綾。汉帛、衡方碑、曹全碑、皇象、褚遂良。

《说文》："綾，缢也。从交从糸。"段玉裁注："两绳相交而紧谓之绞。""绞缠""绞结"即用其本义。

2. 卩：卩（㔾）、即、印、归（抑）、令、命、及、色、絕（绝）、辟、丞、卮

（1）卩（㔾）。〔甲骨文形〕、〔金文形〕、〔篆形〕。

甲骨文字形象人跪踞之形。《说文》："㔾，瑞信也。"许慎以为该字为表符节之义，系据"印"之部件立说，非其本义。

（2）即。〔甲骨文〕、〔金文〕、即克鼎、即颂鼎、〔金文〕、即秦简、即秦简、即汉帛、即史晨碑、即衡方碑、即白石君碑、即王羲之。

组成部件"皀""卩"在甲骨文中位置不固定，金文则基本稳定。《说文》："即，即食也。从皀卩声。"以人靠近食器，会接近之意。《诗·卫风·氓》："匪来贸丝，来即我谋。"指靠近、接近。《左传·隐公元年》："及庄公即位，为之请制。"指就位、登位。"若即若离"指好像接近，又好像疏远。由空间的靠近，引申指时间的靠近。《左传·僖公二十四年》："蒲城之役，君命一宿，女即至。"指立即、马上。虚化为连词，相当于便、就。如《墨子·非乐上》："利人乎即为，不利人乎即止。"

（3）印。〔金文〕曾伯簠、〔金文〕、〔秦简〕、〔汉帛〕、印王羲之、印欧阳通。

从爪从卩，罗振玉《增订殷虚书契考释》："象以手抑人而使之跽。其义如许书之抑，其字形则如许书之印。"泛化指以手按物。《说文》："印，执政所持信也。从爪从卩。"由按印引申指所按印之物。隶书变上下结构为左右结构。

（4）归（抑）。〔甲骨文〕、〔金文〕、〔篆形〕。抑西狭颂、押校官碑、抑王羲之。

本与"印"为一字，小篆分化为二。《说文》："抑，按也。从反印。押，俗从手。"与"印（印）"相较，一是反写了人形，二则人形与手爪的组合位置有别。隶书取用了增"扌"的俗体，楷书爪形发生讹变，部件"卩"被简作"卩"。

（5）令。〔甲骨文〕、〔金文〕、井侯簋、〔金文〕史颂簋、〔篆形〕。令秦简、令秦简、令汉帛、令汉帛、令景君碑、令礼器碑、令衡方碑、令校官碑、令曹全碑、令王羲之。

"令"，甲骨文上为口形，"龠"（义为吹竹管），金文作〔形〕臣辰卣，上为吹竹管之口，与"令"上半一致；下为听令之人。《说文》："令，发号也。从亼卩。"徐锴曰："号令者，集而为之。卩，制也。""亼"从来源上看非表召集义，系由口形演变而来，楷书将"亼"之下横写作了点。构件"卩"隶书简作"卩"，楷化后成了"マ"。"令"多用作名词，如"法令""政令""令尹""尚书令"；也用为动词，如"挟天子以令诸侯"。

（6）命。〔金文〕、〔金文〕免盘、命伯康簋、命驹父盨、命者旨盘、命〔篆〕、命秦简、命汉帛、命曹全碑、命王羲之、命王献之。

命、令本一字，甲骨文无"命"，金文命形多见。"命"是在"令"的基础上增意符"口"而成，大概意在强调命令的动词义。《说文》："命，使也。从口从令。"朱骏声《说文通训定声》："在事为令，在言为命。散文则通，对文则别。令当训使也，命当训发号也。""命"多训为差遣、派遣，亦有用为名词的，如"奉命""遵命"。

（7）及。〔甲骨文〕、〔甲骨文〕、〔卩形〕獻鐘、及〔篆〕。

从爪从卩，"又"象手形，"卩"象跪伏的人形，会以手捕人之意。"及"，《说文》：

"𠬝，治也。从又从卪。卪，事之节也"，这是对"卪"的分析非其溯义。"报"，《说文》："𫊣，当罪人也。从幸从𠬝。𠬝，服罪也"，"当"谓处其罪也，就是判处、判决的意思。"幸"象刑具，"𠬝"为用手在后面执捕，《韩非子·五蠹》："报而罪之。"就是抓捕起来治罪的意思。

（8）色。𦉢𢧵鐘、𠂯、𠂤秦简、𠂮秦简、𠃜汉帛、𠂭史晨碑、色衡方碑、色校官碑、色王羲之、色欧阳询。

金文从爪从卪，以手在脸旁，表脸色之意。小篆爪形讹变为人形，被置于部件"卪"之上。《说文》："𠂯，颜气也。从人从卪。凡色之属皆从色。𩏮，古文。"部件"卪"隶变作"巴"的还有"肥""邑"等字，《说文》："肥，多肉也。从肉从卪。""邑，国也。""邑"从口从卪，"口"表示城邑，"卪"指居民。

（9）*絕（绝）。𢇻、𢇼、𢇾中山王䧫壶、絕、絕秦简、絕汉帛、絕衡方碑、絕郭有道碑、絕孔彪碑、絕校官碑、絕曹全碑、絕欧阳询、绝虞世南。

"絕"的甲骨文在两束相连的丝上加横线，表示断绝义，金文则从刀从糸，会以刀断丝之意。《说文》："𦅗，断丝也。从糸从刀从卪。𢇻，古文絕。象不连体，絕二丝。"古文与金文形体相近，"𢇻（绝）"与"𦅸（继）"的写法颇为接近，《说文》："𦅸，续也。"本指丝缕相连。可能因为两字写法相近，为免混淆，小篆取用了增加部件"卪"的形体，"刀"置于"卪"之上，至于"卪"在字形中的作用，段玉裁以为是提示字音的声符，绝"从刀糸，卪声"。隶变中"刀"与"卪"的组合体渐成"色"，与脸色之"色"混同。

（10）辟。𤰞、𤰩、𤰫、辟臣谏簋、辟师望鼎、辟师害簋、辟、辟秦简、辟秦简、辟汉帛、辟汉帛、辟曹全碑、辟辟雍碑、辟欧阳询。

甲骨文从卪从辛，"卪"为人形，"辛"象刑具，以刑具施刑于人会意。《说文》："辟，法也。从卪从辛，节制其罪也；从口，用法者也。"引申指君王、官长等，徐灏《说文段注笺》："《尔雅》曰：辟，法也。法谓法令。君称辟，行法者也。罪称辟，犯法者也。"《诗·小雅·雨无正》："如何昊天，辟言不信。如彼行迈，则靡所臻。"是说不信合乎法则的话，就好比走路没有目标，是永远不能到达目的地的，辟指法则。《诗·大雅·文王有声》："四方攸同，皇王维辟。"就是天下四方只有周武王是君主，辟指君主。"复辟"最早指的就是"恢复帝位"之意。《尚书·商书·咸有一德》："伊尹既复政厥辟，将告归，乃陈戒于德。"是说伊尹帮助失位的君主恢复了君位。表示开辟义的"辟"本写作"闢"，《说文》："闢，开也。从门辟声。""闢"金文作闢盂鼎、闢录伯簋，以手开门，会开启之意，小篆有异体作闢，与金文同。汉字简化时因与"辟"音同而合用一形。

（11）丞。𠬞、𠬝、𢎜、丞秦简、丞汉帛、丞张景碑、丞校官碑、丞曹全碑、丞皇象、丞王羲之。

甲骨文以双手从上面拉落于深坑中的人会意，为"拯"之本字。《说文》："𢎜，翊也。从𠬞从卪从山。山高，奉承之义。"小篆字形变化颇大，讹深坑为山，从上面拉的双手则移到了人的两侧。隶书中间的人形写成"了"，深坑写成平直的一横。"丞"引申有辅佐义，秦汉时，辅佐天子的最高行政官员为丞相，汉以后中央和地方官吏的副职有大理寺丞、府丞、县丞等。"承"甲骨文作𢎜，以双手在人下，会承托之意，小篆在字形下边复增一手，《说文》："𠬪，奉也。受也。从手从卪从又。"隶变后增加的手形与人形下半相叠合，礼器碑作"卒"。

（12）卮。卮。<small>汉帛</small>。

林义光、唐兰、马叙伦等认为"卮"由两个人形组成，一人立，一人跽坐。本义不明，音同假借，表酒器。《说文》："卮，圜器也。一名觛。所以节饮食。象人，卪在其下也。《易》曰：'君子节饮食。'"解释的是其假借义。人形隶变为"卩"的还有"厄""卷""夗""危"。《说文》："𠪈（厄），科厄，木节也。从卪厂声。"马叙伦先生以为其本义或指膝节，故从卪，"卪"象人形。《说文》有从卪㴰声的"𦟛（䣛）"，后被俗体字形"膝"所替代。《说文》："卷，厀曲也。从卪𢍏声。"王筠《说文解字句读》："䣛与卷盖内外相对。""卷"的本义指膝关节后边弯曲的部位，引申为凡卷曲之称；声符"𢍏"兼表意，张舜徽《说文解字约注》："厀曲为卷，犹齿曲为齺，角曲为觠，手曲为拳，牛鼻环为桊，俱从𢍏声，并有曲义。"可见从"𢍏"的字多有弯曲义。《说文》："夗，转卧也。从夕从卪。"本指人弯曲身体侧卧。有人主张"夕"也象人形，有人主张"夕"在提示时间，尚未有一致看法。段玉裁曰："凡夗声、宛声字皆取委曲意。"《说文》："危，在高而惧也。从厃，自卪止之。"本作"厃"，后于山崖之下增跽坐的人形"卩"。

五、尸隶组（整体曲屈）

1.尸：尸、展、屈（屆）、履、尾、尿、屬（属）、屈、居、叔（刷）、屋、扇

（1）尸。<small>师酉簋</small>。<small>秦简</small>、<small>汉帛</small>、<small>褚遂良</small>。

《说文》："尸，陈也。象卧之形。"象卧之形是有问题的。李孝定《甲骨文字集释》："疑象人高坐之形。"先秦典籍多将祭祀时，代表死者受祭的人称作"尸"。《礼记·曲礼》："坐如尸，立如齐。"郑玄注："坐如尸，视貌正。"孔颖达疏："尸居神位，坐必矜庄。"是说坐要像祭祀中装扮的受祭人那样端正，站要像祭祀前斋戒时那样肃穆恭敬。《仪礼·士虞礼》郑玄注："尸，主也。孝子之祭不见亲之形，象心无所系，立尸而主意焉。"《公羊传·宣公八年》何休注："祭必有尸者，节神也。礼，天子以卿为尸，诸侯以大夫为尸，卿大夫以下以孙为尸。"尸体义是后起义，为表达这一意义，字形上增"死"而成"屍"，《说文》："屍，终主。从尸从死。""屍"为尸体义之专字。甲骨文、金文未见以"尸"为"屍"的。"尸位素餐"指空占着职位，什么事也不做，白吃闲饭。《汉书·朱云传》："今朝廷大臣，上不能匡主，下亡以益民，皆尸位素餐。"

（2）展。<small>礼器碑</small>。<small>欧阳询</small>。

《说文》："䎷，转也。从尸，襄省声。"《诗·周南·关雎》："悠哉悠哉，辗转反侧。"郑玄笺："卧而不周曰辗。"朱熹《诗集传》："辗者转之半，转者辗之周，反者辗之过，侧者转之留，皆卧不安席之意。""辗"为"展"的后起字。"辗转"也作"展转"，受"转"的影响而加部件"车"。俞樾《古书疑义举例》指出汉字有因上下相涉而增加偏旁的现象："字有本无偏旁，因与上下字相涉而误加者。如《诗·关雎》篇'展转反侧'，'展'字涉下'转'字而加'车'旁。《采薇》篇'狁允之故'，'允'字涉上'狁'字而加'犬'旁。"类似的还有"凤凰""伙伴""嫦娥"本作"凤皇""火伴""常娥"。《山海经·南山经》："丹穴之山，其上多金玉。丹水出焉，而南流注于渤海。有鸟焉，其状如鸡，五采而文，名曰凤皇。""皇"是在提示凤的身份，与文献里称伏羲为羲皇、称舜为舜帝是相似的。"火伴"本指古代军营里用同一口锅煮饭吃的同伴。"常娥"的"常"本是避汉文帝刘恒的名讳而改用的近义字。

（3）屈（屆）。屆。屆_{王羲之}。

《说文》："屆，行不便也。一曰极也。从尸凷声。"本指行动不便。声符"凷"字形后来讹变为"由"。《广韵》《集韵》："艘，古屆字。"《说文》："艘，船着沙不行也。从舟叟声。"段玉裁注："艘与屆亦双声。汉时语如是。"张舜徽《说文解字约注》："行不便者，谓行为物阻，不得前进也。在人为屆，在舟为艘，其事一耳。行不得进，故屆字又有极义，谓有所止也。"《诗·大雅·瞻卬》："蟊贼蟊疾，靡有夷屆。"郑玄笺："屆，极也。其为残酷痛疾于民，如蟊贼之害禾稼然，为之无常，亦无止息时。"引申有到达之意。《诗·小雅·小弁》："譬彼舟流，不知所屆。"是说好像船随波漂荡，不知到哪里。我们现在还用"屆时"指到时候。

（4）履。𩫸_{五祀卫鼎}、𩫸_{令仲盘}、𩫸_{大簋盖}、履、履_{秦简}、履_{衡方碑}、履_{王羲之}、履_{颜真卿}。

金文从页从止从𠚣，为人穿履形。𠚣象鞋形，鞋形与舟形相似，小篆写作"舟"。《说文》："履，足所依也。从尸从彳从夂，舟象履形。𩠐，古文履从頁从足。"段玉裁注："从尸，服履者也。从彳夂，彳夂皆行也。从舟，象履形。合四字会意。"朱骏声《说文通训定声》："古曰屦，汉以后曰履，今曰鞵。"段玉裁说是"名之随时不同者也"。《说文》："鞵，生革鞮也。从革奚声。"《玉篇》："鞋，本作鞵。""鞋"是将"鞵"的声符改作"圭"而成。"履"既指鞋子，也表践踏、踩踏。汉代以前，"屦"为名词，"履"多用为动词，是踩踏的意思，"履历""如履薄冰"等词里都还保留着它的本义。"履"指鞋子，是由脚部动作转指脚所穿的对象，"西装革履""削足适履"都是指鞋子。

（5）尾。𢑥。尾。尾_{秦简}、尾_{汉帛}。尾_{颜真卿}。

甲骨文以人系尾毛会意。《说文》："尾，微也。从到毛在尸后。古人或饰系尾，西南夷亦然。"段玉裁注："许必以尾系之人者，以其字从尸，人可言尸，禽兽不得言尸也。""人饰系尾，而禽兽似之。"也就是说段玉裁认为"尾"本指人服装所饰之尾。《后汉书·南蛮西南夷列传》："盘瓠之后，好五色衣服，制裁皆有尾形。"甲骨文"僕"作𢘑，人形之后也有尾巴形状的饰物。人无尾，其他动物多有之，然而画任一动物皆易令人联想到该动物之名，故取人之饰物，因人无尾，反而可以凸显所欲表现的对象。

（6）尿。尿。尿_{颜真卿}。

甲骨文有𣲬，于"人"前加水点，唐兰、徐中舒以为"尿"之初文，然杨树达、姚孝遂以为"㳕"。《说文》："尿，人小便也。从尾从水。"张舜徽《说文解字约注》：

"此字所从之尾但作下体解。"《广韵》:"屎,小便也,或作溺。""溺"为用形声的办法造出的新形,与《说文》所收作水名的"溺"形体偶合。《汉书·郦陆朱刘叔孙传》:"沛公不喜儒,诸客冠儒来者,沛公辄解其冠,溺其中。"颜师古注:"溺,读曰尿。"段玉裁注:"古书多假溺为之。"楷书省部件"毛"为"尸",遂成"尿"。

(7)屬(属)。屬秦简、屬汉帛、属曹全碑。属王献之、属虞世南、属褚遂良、属颜真卿、属颜真卿。

《说文》:"屬,连也。从尾蜀声。"徐锴《说文解字系传》:"屬,相连续,若尾之在体。"段玉裁注:"从尾,取尾之连于体也。"班固《西都赋》:"都都相望,邑邑相屬。"《史记·魏公子列传》:"平原君使者冠盖相屬于魏。""屬"均是连续的意思。引申有附属之义,又引申有从属、类属、亲属等义。东汉隶书省毛而成"属"。

(8)屈。屈楚屈弔沱戈。屈。屈秦简、屈秦简、屈汉帛、屈汉帛。屈王羲之。

金文从尾出声,说明字义与尾有关。《说文》:"屈,无尾也。从尾出声。"《韩非子·说林下》:"鸟有翢翢者,重首而屈尾,将欲饮于河则必颠,乃衔其羽而饮之。""重首而屈尾"是说翢翢这种鸟,头大尾秃。粤方言把没有尾巴或断了尾巴的猫狗叫"屈尾猫""屈尾狗"。引申有弯曲、屈服、委屈义。《周易·系辞》:"尺蠖之屈,以求信也。""屈"与"信"相反,屈指弯曲,信指伸展。"不屈不挠""屈指可数""卑躬屈膝"等词里仍有弯曲义,常用义是引申出来的。《孙子·谋攻》:"不战而屈人之兵,善之善者也。""屈"指使对方屈服。

(9)居。居鄂君启车节。居。居秦简、居汉帛、居曹全碑。居王羲之。

"居"从人古声。《说文》:"居,蹲也。从尸古者,居从古。踞,俗居从足。"徐铉曰:"俗居从足。"说明"居"可能本与脚有关。段玉裁注:"《说文》有凥,有居。凥,处也。从尸得几而止,凡今人居处字古只作凥处。居,蹲也。凡今人蹲踞字古只作居。""今字用蹲居字为凥处字,而凥字废矣。又别制踞字为蹲居字,而居之本义废矣。"指出"居"为"踞"之本字,因典籍多用以表凥处义,后世遂以"居"为"凥",而另造"踞"以表其本义。《论语·阳货》:"居!吾语女。"《左传·哀公元年》:"昔阖庐食不二味,居不重席,室不崇坛,器不彤镂,宫室不观,舟车不饰,衣服财用,择不取费。""居"均当坐讲,与蹲蹲义尚相去不远。《史记·高祖本纪》:"乃求见说沛公。沛公方居床,使两女子洗足。郦生不拜,长揖,曰:'足下必欲诛无道秦,不宜居见长者。'于是沛公起,摄衣谢之。延上坐。"刘邦的坐姿可能就是"居",即箕踞,就是臀着席而伸其脚于前,古人认为这样的姿势太随意,不礼貌。《说文》有:"倨,不逊也。从人居声。"疑为"居"之后起分化字。《荀子·不苟》:"小人能,则倨傲僻违以骄溢人。"指傲慢不恭。

(10)㕞(刷)。㕞、刷昭仁寺碑。

《说文》:"㕞,拭也。从又持巾在尸下。"段玉裁注:"屋字下云:'尸象屋形。'"主张"㕞"是持巾于屋下擦拭。左思《魏都赋》:"㕞马江洲。"用的是擦拭的意思。汉时已借"刷"为之。《说文》:"刷,刮也。从刀,㕞省声。《礼》:'布刷巾。'"《礼》中的"刷"当作"㕞",同音通假。今以"刷"为"㕞"。

(11) *屋。̇屋。屋秦简、屋汉帛、屋曹全碑。屋王羲之、屋张猛龙碑。

《说文》:"屋,居也。从尸。尸,所主也。一曰尸,象屋形。从至。至,所至止。"段玉裁注:"屋者,室之覆也。引申之凡覆于上者皆曰屋。"主张屋指顶盖。《诗·大雅·抑》:"相在尔室,尚不愧于屋漏。"郑玄笺:"屋,小帐也;漏,隐也。""屋漏"是古人为了采光,在屋子的西北角开的天窗。《史记·项羽本纪》:"纪信乘黄屋车。"张守节正义:"天子车以黄缯为盖里。""屋"指的是车的顶盖。《诗·秦风·小戎》:"在其板屋,乱我心曲。""屋"指的是房屋。"層"未见于甲骨文、金文,徐锴本未收,疑为后人羼入。《说文》:"層,重屋也。从尸曾声。"段玉裁注:"曾之言重也,曾祖、曾孙皆是也。故从曾之層为重屋。""層"因与屋有关,比照"屋"而从"尸"。汉字简化时"層"草书楷化作"层"。

(12) *屚。屚。屚秦简、漏武威汉简、漏皇象、漏龙藏寺碑。

《说文》:"屚,屋穿水下也。从雨在尸下。尸者,屋也。"《说文》:"漏,以铜受水,刻节,昼夜百刻。从水屚声。"段玉裁注:"从水屚,取屚下之义,屚亦声。"《正字通》:"屚漏通。""屚"为"屚"之异体,疑"屚""漏"本一字,后"漏"行而"屚"废矣。

2. ⺈:臽、危、及、负

(1) 臽。̇。̇臽父戊觚、̇献钟、̇。臽秦简、臽汉帛、陷华山神庙碑。

甲骨文从人从凵,以人陷坑穴会意,既表陷入,也表陷阱,金文坑穴内加了一些笔画变作"臼"。《说文》:"臽,小阱也。从人在臼上。"段玉裁注:"古者掘地为臼,故从人臼,会意。臼犹坑也。"《说文》:"陷,高下也。从𨸏从臽,臽亦声。"段玉裁注:"高下之形曰陷,故自高入于下亦曰陷,义之引申也。"后来以"陷"为"臽","臽""陷"当为古今字。秦简"臽""陷"两字均见。

(2) 危。̇、̇。危秦简、危汉帛、危王羲之、危欧阳询。

甲骨文有̇,于省吾先生以为"厃",为古代的一种敧器,"虚则敧,中则正,满则覆",故用以为劝戒之器,但字形上与小篆没有联系。战国文字有̇郭店楚简,从人从山,象人站立在山顶上,与"厃"的造字心理是相似的,一为人在山上,一为人在崖上,都以人在高处会意。《说文》:"危,在高而惧也。从厃,自卩止之。""危"是由"厃"衍生出来的,在山崖下加个跪坐的人,大概意在增加"高"义,指高而危,后泛指危险。《论语·宪问》:"邦有道,危言危行,邦无道,危行言孙。"《史记·日者列传》:"宋忠、贾谊瞿然而悟,猎缨正襟危坐。""危言危行""正襟危坐"里的"危"是由高引申出正直、端正的含义。《论语·季氏将伐颛臾》:"危而不持,颠而不扶,则将焉用彼相矣?"则指危险。隶书为方便书写和字形协调美观,山崖下跪坐的人形笔画向右弯曲而成"㔾"。

(3) 及。̇、̇保卣、̇不嬰簋。及秦简、及汉帛、及衡方碑、及曹全碑。及钟繇、及索靖、及王羲之。

见本节"一、人儿组"(第 54 页)。

(4) 负。负秦简、负汉帛、负曹全碑、负敬使君碑。

《说文》:"负,恃也。从人守贝,有所恃也。一曰受贷不偿。"从人从贝,会人有所依恃之意。由仗倚引申而有背负义,进而有负债义,即《说文》"一曰受贷不偿"。负既指背负,也指背负之物。《诗·小雅·无羊》:"尔牧来思,何蓑何笠,或负其糇。""负糇"指背着干粮。《孟子·梁惠王上》:"颁白者不负戴于道路矣。""负戴"指背着和顶着。《史记·廉颇蔺相如列传》:"廉颇闻之,肉袒负荆,因宾客至蔺相如门谢罪。""负荆请罪"指背负荆条请罪。还有"负责"指担负责任,"久负盛名"指长期承担、享有好名声。《穀梁传·昭公二十九年》:"昭公出奔,民如释重负。""重负"指沉重的负担。"负"引申指依仗,即《说文》所谓恃也,如《左传·襄公十四年》:"昔秦人负恃其众,贪于土地,逐我诸戎",即凭仗、依恃。《孟子·尽心下》:"有众逐虎。虎负嵎,莫之敢撄。""负隅顽抗"就是依靠险要地势,顽固抵抗。又引申有背弃、辜负,如《史记·廉颇蔺相如列传》:"相如度秦王虽斋,决负约不偿城""臣诚恐见欺于王而负赵,故令人持璧归"。又引申有欠缺、失败等义。《汉书·邓通传》:"通家尚负责数巨万。"就是欠债数万。《孙子·谋攻》:"不知彼而知己,一胜一负。"与胜利相对,指失败。汉字简化时,"貝"简作了"贝","負"类推简化为"负"。

六、母女组

1. 女组:女、姓、安、妾、奴、妻、妇(婦)、始、如、娃

(1) 女。史母癸簋、者女觥、師西簋、女秦简、汉帛、华山碑、曹全碑。王羲之、王献之、龙藏寺碑。

甲骨文取象于女子常有的形态——双手相交放于膝上,娴静地跪坐着。现在日本、韩国的女性仍然保留着这样的坐姿,坐时身体呈屈曲之态,所以委曲之"委"从女。《说文》:"女,妇人也。象形。"隶变中笔画、整字方向均有调整,楷书笔画进一步离析,遂难以看出它本为象形字了。

(2) 姓。兮甲盤、輪鎛、姓秦简、汉帛、汉帛、礼器碑、孔彪碑、西狭颂、曹全碑、袁博碑、皇象、欧阳询、褚遂良、褚遂良、颜真卿。

甲骨文从女从生,金文从人从生。《说文》:"姓,人所生也。古之神圣母,感天而生子,故称天子。从女从生,生亦声。"徐灏《说文解字注笺》:"姓之本义谓生,故古通作生,其后因生以赐姓,遂为姓氏字耳。""姓"表示的是血统关系,最初产生于母系氏族社会,故古老的姓大多从女,如姜、姬、姚、嬴等。《左传·隐公八年》:"天子建德,因生以赐姓,胙之土而命之氏。""氏"是"姓"的分支,天子将同姓兄弟裂土封侯,赐以不同的"氏"。《通志·氏族略》:"氏所以别贵贱,贵者有氏,贱者有名无氏。姓所以别婚姻,故有同姓异姓庶姓之别。"在西周时期,贵族才有氏。《通志·氏族略》:"秦灭六国,子孙皆为民庶,或以国为姓,或以姓为氏,或以氏为氏,姓氏之失由此始。"战国以后，"姓""氏"逐渐混同为一。

（3）安。🔲、🔲、🔲、🔲睘尊、🔲安父簋。🔲、🔲秦简、🔲汉帛、安礼器碑、安衡方碑、安白石君碑、安华山神庙碑、安欧阳询、安褚遂良、安颜真卿。

甲骨文以女子安坐于房屋内会意，或有于女的周边加饰点者。金文多于女子臀部增一短横或短撇者，有学者主张短横表示坐垫，也有学者认为是指示符号，表示股、胫相接触，以使坐姿安适。秦简、汉帛承袭了金文里主流的写法。小篆省去了短横。《说文》："🔲，静也。从女在宀下。"《尔雅》："安，定也。"《广韵》："徐也，止也。"安静义为其本义，引申有安定、安全、安稳义。

（4）妾。🔲、🔲、🔲、🔲伊簋、🔲克鼎。🔲、妾秦简、妾汉帛、妾汉帛、妾皇象、妾智永。

甲骨文中"妾"的用法与"妻"基本相同，故有学者主张"妾"头上的形状与"龍""鳳"头上的形状相似，均为头饰。《说文》："🔲，有罪女子，给事之得接于君者。从辛从女。"认为"妾"头上的形状象刑具。"有罪女子"可能是引申义，大概是因为后来有罪女子常被贬为女仆、侍妾。《礼记·内则》："聘则为妻，奔则为妾。""妾"为非正娶，但形同妻室的女子，不一定有罪。

（5）奴。🔲、🔲弗奴父鼎。🔲。🔲秦简、🔲秦简、🔲汉帛、奴皇象、奴王羲之。

从女从又，以手抓住女子，会女奴之意，泛指奴仆。《说文》："🔲，奴、婢，皆古之罪人也。《周礼》曰：'其奴，男子入于罪隶，女子入于舂藁。'从女从又。🔲，古文奴从人。"

（6）妻。🔲、🔲父丁方罍。🔲。妻秦简、妻汉帛、妻张山子碑、妻皇象、妻石婉墓志。

甲骨文从女从屮从又，"屮"象女子头发，以手抓住女子头发会意，反映了古代的抢婚习俗。《周易·屯卦》："屯如邅如，乘马班如。匪寇婚媾。"因为有抢夺的仪式表演，会让人误解，所以强调"匪寇婚媾"，告诉人们不是贼寇土匪，是来娶亲的。现代娶亲也有象征性地抢夺的表演。李孝定主张该字形本象用手束发，表示女子成年可为人妻，然而甲骨文里有以手顺发的字，作🔲、🔲，是"若"字，泛指顺从、顺应。《诗·鲁颂·閟宫》："万民是若。"即顺应万民的意思。《说文》："🔲，妇与夫齐者也。从女从屮从又。又，持事，妻职也。"许慎对部件"又"的分析不太准确，也未指出"屮"其实象头发之形。隶书中头发形逐渐平直化为横，"又"变作了"彐"。汉字里的手形变作"彐"的还有"秉""兼""隶""尹"等。"秉"甲骨文作🔲，"兼"金文作🔲郑王子旗钟，均为手持禾形，"秉"持一禾，"兼"持两禾。"隶"金文作🔲邵钟，以手抓持住尾巴，表示逮捉之义。"尹"甲骨文作🔲，以手持杖或笔表示官员，引申指握有权力者。

（7）婦（妇）。🔲、🔲、🔲守妇觯、🔲帚多父盘。🔲、🔲秦简、🔲汉帛、🔲曹全碑、婦钟繇、婦王羲之、婦褚遂良。

甲骨文从女从帚，会妇女操持家务之意。金文"婦"有指儿媳、妻子、妇女等用法。《说文》："🔲，服也。从女持帚洒扫也。""婦"本指已婚女子。汉字简化时仅保留了部件"帚"上边本象植物长叶或竹条的部分，遂成"妇"。

(8) 始。☐弔向父簋、☐季良父盉、☐嬴姛鼎、☐者女觥、☐秦简、☐汉帛、☐曹全碑、☐王羲之、☐张猛龙碑、☐欧阳询、☐虞世南。

金文从女目声，或累增声符"司"。《说文》："☐，女之初也。从女台声。"目（以）、台上古读音相同，今以"台"为声符的形声字"怡""贻""饴"等读音仍与"目（以）"相近。引申有开始、根本的意思。《公羊传·隐公元年》："元者何？君之始年也。春者何？岁之始也。"即为开始的意思。《国语·晋语》："夫坚树在始。"韦昭注："始，根本也。"

(9) 如。☐、☐、☐。☐秦简、☐汉帛、☐曹全碑、☐皇象、☐王羲之、☐王献之。

《说文》："☐，从随也。从女从口。"段玉裁注："从随即随从也。随从必以口。从女者，女子从人者也。幼从父兄，嫁从夫，夫死从子。故《白虎通》曰：'女者，如也。'引申之，凡相似曰如，凡有所往曰如，皆从随之引伸也。"均主张"口"表示向女子发出指令，"女"为顺从、跟随指令者。《左传·宣公十二年》："有律以如己也。"杜预注："如，从也。"《史记·项羽本纪》："坐须臾，沛公起如厕。""如厕"即去厕所。《诗·小雅·小旻》："战战兢兢，如临深渊，如履薄冰。"是如同的意思。

(10) 娃。☐。☐褚遂良。

《说文》："☐，圜深目貌。或曰吴楚之间谓好曰娃。从女圭声。"《说文·新附》有："䀹，深目也。从目圭声。"疑误以"䀹"训"娃"。扬雄《方言》："娃，美也。吴楚衡淮之间曰娃。"春秋时吴王夫差为西施建有"馆娃宫"。唐传奇有《李娃传》，李娃是一个李姓女子。

2.母组：母、每、婁（娄）

(1) 母。☐、☐、☐子卣、☐辛卣、☐颂鼎、☐、☐秦简、☐秦简、☐汉帛、☐汉帛、☐史晨碑、☐孔彪碑、☐曹全碑、☐王羲之、☐欧阳询、☐颜真卿。

"母"与"女"的甲骨文、金文的主要区别在于"母"比"女"多了两点，两点指示哺育幼儿的双乳。《说文》："☐，牧也。从女，象裹子形。一曰象乳子也。"甲骨文、金文里或假借作否定副词，后改两点为贯穿的一笔成"毋"，遂分化为两字。

(2) 每。☐、☐、☐杞伯簋、☐、☐衡方碑、☐孔彪碑、☐袁博碑、☐钟繇、☐王羲之、☐欧阳询、☐颜真卿。

《说文》："☐，艸盛上出也。从中母声。"《左传·僖公二十八年》："舆人诵曰：原田每每。"杜预注："高平曰原，喻晋军美盛，若原田之草每每然。"先秦典籍已用作副词，如《诗·秦风·权舆》："於我乎？每食四簋。今也每食不饱。""每"指每次、每顿。《孟子·离娄下》："故为政者，每人而悦之，日亦不足矣。""每人"即每个人、所有人。

(3) 婁（娄）。☐。☐秦简、☐颜真卿、☐王庭筠、☐赵孟頫。

《说文》："☐，空也。从毋中女，空之意也。☐，古文。"段玉裁注："凡中空曰娄，今俗语尚如是。凡一实一虚、层见叠出曰娄。人曰离娄，窗牖曰丽廔，是其意也。故娄之义又为数也，此正如窗牖、丽廔之多孔也，而转其音为力住切，俗乃加尸旁为屡字。"意即镂空的"镂"、屡次的"屡"均由"娄"孳乳而来。《诗·周颂·桓》："绥万邦，娄丰年。"孔颖达疏："武王诛纣之后，安此万邦，使无兵寇之害；数有丰年，无饥馑之忧。""娄"是多次的意思。屈原《楚辞·九章·怀沙》："离娄微睇兮，瞽以为无明。"焦循曰："离娄，古之明目者。"古人常用特征命名人物，"离娄"大概是在形容他的眼睛明亮。何晏《景福殿赋》："缭以藻井，编以綷疏。红葩䩅緤，丹绮离娄。"李善注："离娄，镂刻分明也。"

七、子组

1.子：子、孚、俘、保、孕、包、胞、勹、军、匈、匀、籥

（1）子。 ♀ ♀ ♀ ♀ ♀。♀女子鼎、♀颂鼎、♀大作大仲簋、♀虢季子白盘、♀子且己卣、♀戍甫鼎、♀引觥、♀。♀秦简、♀汉帛、♀衡方碑、♀曹全碑。♀索靖、♀王羲之、♀虞世南。

甲骨文字形突出婴儿的头部和双臂。《说文》："♀，十一月，阳气动，万物滋，人以为称。象形。凡子之属皆从子。♀，古文子从巛，象髪也。"隶书头部写作了"マ"，双臂则写作了横。《尚书·康诰》："若保赤子，惟民其康乂。"孔颖达疏："子生赤色，故言赤子。"引申有幼小、稚嫩的意思，如民间称小而嫩的鸡为"子鸡"。

（2）孚。♀。♀孟鼎、♀多友鼎。孚熹平石经、孚颜真卿。

甲骨文从又从子，金文从爪从子，以手抓小孩，会俘获之意，为"俘"之初文。《说文》："♀，卵孚也。从爪从子。"许慎所说非其溯义，此义后来写作"孵"。小篆用"俘"表俘获义，这样"孚""俘"就分化为两字了。"孚"的常用义为信任，可能是其假借义。《诗·大雅·文王》："仪刑文王，万邦作孚。"郑玄笺："仪法文王之事，则天下咸信而顺之。""深孚众望"指深得众人信服，"不孚众望"则指不能使大家信服。

（3）俘。♀。♀师褰簋。俘衡方碑。俘褚遂良。

与"孚"本一字，甲骨文增从彳。小篆改从人。《说文》："俘，军所获也。从人孚声。""孚"提示字义兼表音，"亻"为累增表义部件。

（4）保。♀ ♀。♀保卣、♀毛弔盘、♀鄀侯簋。保。保秦简、保汉帛、保汉帛、保衡方碑、保皇象、保王羲之、保欧阳询。

甲骨文从人从子，"子"在"人"后，以人背负小孩会意。商代的保鼎作♀，正象人反手托着背后的小孩。商代晚期开始，金文有所简化，通过在部件"子"的右下加一撇的形式来表示以手反托趴在后背的小孩。战国金文为求平衡，在部件"子"的左下复加一撇，这一写法为小篆所继承。金文多有于部件"子"上增"玉"者，玉为珍贵之物，殆以表示小心护佑之意也。《说文》："保，养也。从人，从♀省。"从甲骨文、金文看，本从人从子。西周置有"太保"一职，最初由召公奭担任，负责监护与辅弼国君。明清太师、太傅、太保都是东宫官职。太师教文，太傅教武，太保护其安全。

（5）孕。♀。♀。孕虞世南。

甲骨文从身从子，以腹中有子，会怀孕之意。小篆人形没有用腹部完全包住子。《说文》："🅰，裹子也。从子从几。"许慎误以人形为"几"，楷书又将"几"写作了"乃"。

（6）包。🅰。囫秦简、囵汉帛、囵汉帛、包王羲之、包欧阳询、包薛稷、包王知敬、包颜真卿。

《说文》："🅰，象人裹妊，巳在中，象子未成形也。"段玉裁注："勹象裹其中，巳字象未成之子也。勹亦声。"《玉篇》："今作胞。"字形以胎儿裹于腹中会意。引申有包裹、包含、包围义。玉米在很多方言里也叫包谷、包米，就是因为它外边包着多层叶子。包子跟馒头的区别在于包子里边包着馅料。

（7）胞。🅰。胞隶辨。胞褚遂良。

《说文》："🅰，儿生裹也。从肉从包。"《庄子·外物》："胞有重阆，心有天游。"陆德明释文："胞，腹中胎。"《汉书·外戚传》："善臧我儿胞。"颜师古注："音苞。谓胎之衣也。"《集韵·尤韵》："胞，胎衣也。"段玉裁《说文解字注》："包谓母腹，胞谓胎衣。""同胞"即指同一个娘胞里出生的，引申指同一国家的人。

（8）勹。🅰。

《说文》："🅰，裹也。象人曲形，有所包裹。"文献未见用"勹"字者，可能是从"包"里离析出来的，段玉裁曰："今字包行而勹废矣。"

（9）军。🅰庚壶、🅰郘右军矛、🅰中山王䲨鼎、🅰秦简、🅰秦简、🅰汉帛、🅰汉帛、军白石君碑、军王基碑。军钟繇、军王羲之、军欧阳询。

春秋金文从勹从车，战国晚期的中山王䲨鼎从车匀声。《说文》："🅰，圜围也。四千人为军。从车，从包省。"段玉裁注："'包省'当作'勹'。勹，裹也。勹车，会意也。"朱芳圃《殷周文字释丛》："字从车、从勹，会意。古者车战，止则以车自围。""车"指的是战车。《周礼·夏官·序官》："凡制军，万有二千五百人为军。王六军，大国三军，次国二军，小国一军。"春秋时诸侯大国多设有"三军"，齐国、晋国称之为上军、中军、下军，楚国则称之为左军、中军、右军，故常以"三军"指全军。

（10）匈。🅰。匈王羲之、匈王羲之。

"匈"从勹凶声。《说文》："🅰，膺也。从勹，凶声。🅰，匈或从肉。"段玉裁注："今字胷（胸）行而匈废矣。"战国楚简已见🅰、🅰，"匈"是"胷""胸"的古字。《山海经·海外南经》："贯匈国，其为人匈有窍。"《史记·高祖本纪》："项羽大怒，伏弩射中汉王，汉王伤匈。"均用其本字。

（11）*匄。🅰、🅰、🅰、🅰克鐘、🅰伯陶鼎、🅰。

"匄"甲骨文、金文本从刀从亡，多用乞求义。因"刀"与"人"形体相近，小篆误为从人从亡。《说文》："🅰，气也。"段玉裁注："用其声假借为气求、气与字。""气"即今之"乞"。《玉篇》："乞也，行请也，取也。""丐，同匄。"《广韵》："亦作丐。""丐"其实是由"匄（匃）"隶变而成的俗体。

（12）鞫。🅰。

《说文》："🅰，穷理罪人也。从㚔从人从言，竹声。🅰，或省言。""㚔"为拘执犯人的刑具。段玉裁注："人言者，犯罪之言也。"《汉书·刑法志》颜师古注："以囚辞决狱事为鞫。""鞠"指根据罪人所交代的供词来进行判决。

2.去：去、育、弃（弃）

（1）去。去。

《说文》："去，不顺忽出也。从到子。去，或从到，古文子。"段玉裁注："'到'，今'倒'字。'倒子'，会意也。"《六书精蕴》："凡孕胎，男背女向。临产，腹痛，子转，身首向下，始分免也。"分娩时，顺产的婴儿正是头朝下。

（2）育。毓且丁卣、墙盘、育曹全碑、育王献之、育智永、育虞世南、育颜真卿。

甲骨文从母（或女或人），从去，有的字形在婴儿周边加了一些象羊水的点，表示母亲生产孩子，本指生育。金文写法与甲骨文差异不大。《说文》："育，养子使作善也。从去肉声。毓，育或从每。"许慎认为"育"是形声字，从去肉声。"孕育""养育""哺育"等均用其本义，引申有培养、教育义。《说文》所载或体跟甲骨文、金文有明显的继承关系：部件"母"变作"每"；倒子形下保留了羊水，有人认为是头发，从来源上说是不太准确的。"毓"在成语"钟灵毓秀"和姓名用字里仍在使用。

（3）弃（弃）。散盘、中山王罍鼎、秦简、汉帛、隶辨、皇象、索靖、欧阳询、弃米芾。

甲骨文从子，从其，从廾，婴儿形状周边的点，有人认为是羊水，也有人主张象尘土，甲骨文以双手持箕抛弃其中的婴儿会意。典籍里多有弃婴的记载,《诗·大雅·生民》有"诞寘之隘巷，牛羊腓字之。诞寘之平林，会伐平林。诞寘之寒冰，鸟复翼之"。可见，后稷就被抛弃过，所以他名叫弃，《史记·周本纪》有："周后稷，名弃。"金文一律将"子"倒写，大概意在强调抛弃之意，小篆基本承继了金文的写法。"弃"，《说文》："弃，捐也。从廾推华弃之。从去。去，逆子也。弃，古文弃。弃，籀文弃。"《说文》所载古文"弃"从去从廾，草书中也有这样省简的写法，与之简体同。"弄"，《说文》："弄，玩也。从廾持玉。"隶变时下边的双手也成了"廾"。

第二节　手部相关

一、手组：手、拜、看、失、扶、操

（1）手。昌壶、秦简、汉帛、汉帛、史晨碑、武威汉简、皇象、索靖、虞世南。

《说文》："手，拳也。象形。"段玉裁注："今人舒之为手，卷之为拳，其实一也，故以手与拳二篆互训"，"象指掌及擘也。"金文中多见的"拜手頴首"，《尚书·周书·召诰》的"拜手稽首"，《诗·邶风·击鼓》的"执子之手，与子偕老"，均用的是手的本义。由手部引申有拿持的意思，如《公羊传·庄公十三年》"庄公升坛，曹子手剑

（2）拜。𢪙 元年师兑簋、𢪙 师嫠簋。𢴫 、𢴫 秦简、𢴫 汉帛、𢪙 史晨碑、拜 衡方碑、拜 孔彪碑。拜 谢安、拜 高贞碑、拜 虞世南。

《说文》：“𢴫，首至地也。从手、𠦪。𠦪音忽。𢱭，杨雄说：'拜从两手下。'𠦪，古文𢴫。”从"拜"的金文字形𢪙看，𢪙本象某种植物，"華"的金文作𦻏克鼎，二形颇有相似之处，𢪙对于植物的根部表现得更为充分细致，金文𢪙常表示的意思为祛恶求福。"拜"的金文可能是个会意字，其本义指用手连根拔起植物，《诗·召南·甘棠》："蔽芾甘棠，勿翦勿拜。"《毛传》："攀下其枝，如人之拜也。"郑玄《毛诗笺》："拜之言拔也。"郭沫若《金文余释之余》："拜手至地有类拔草卉然，故引申为拜。"

（3）看。看。看 索靖、看 王羲之、看 褚遂良。

《说文》："看，睎也。从手下目。"桂馥《说文解字义证》："凡物见审，则手遮目看之，故看从手下目。"又《说文》："睎，望也。""看"与"望"义相近，现有"看望"一词，不过用的是其引申义。"看"是眼睛动作，所以引申有观察、观赏、看待以及看守等义。

（4）失。失。失 秦简、失 汉帛、失 衡方碑、失 褚遂良、失 颜真卿。

《说文》："失，纵也。从手，乙声。""失"是个形声字。段玉裁注："在手而逸去为失。"本义为失去。小篆字形里手形还比较清晰。隶变之后，形符、声符都再难以辨识。《左传·庄公十二年》："得一夫而失一国，与恶而弃好，非谋也。"即用其本义。引申指失去了时间、机会等，从而有过失、损失、迷失、消失等义。

（5）扶。𢮻 叔卣、𢮻 叔鼎、𢮻 、扶 秦简、扶 汉帛、扶 桐柏庙碑、扶 衡方碑、扶 曹全碑、扶 欧阳询、扶 虞世南。

《说文》："𢮻，左也。从手夫声。"《说文》以其为形声字。疑为形声兼会意字。"夫"表示成年男子，旁边的"又"表示扶持之义。《论语·季氏》："危而不持，颠而不扶，则将焉用彼相矣？"《左传·宣公二年》："遂扶以下。"均用其本义。

（6）操。操。操 秦简、操 汉帛、操 郭有道碑、操 衡方碑、操 王羲之、操 欧阳通、操 褚遂良。

《说文》："操，把持也。从手喿声。"屈原《楚辞·九歌·国殇》："操吴戈兮被犀甲，车错毂兮短兵接。"王逸注："操，持也。""操"与"持"义相近，故相连用，《汉书·苏武传》："杖汉节牧羊，卧起操持，节旄尽落。""同室操戈""稳操胜券""操刀"等词仍可见其拿握之本义。

二、丮组：丮、𡎱（蓺、藝、艺）、孰、執（执）、鬥（斗）

（1）丮。𠬝、𠬝、丮 沈子它簋、𠬝。

《说文》："丮，持也。象手有所丮据也。"甲骨文象人两手前伸有所握持之形。基本是作构字部件使用，表示与手有关的动作。一般隶变作"丸"，如"执""孰"等字，但"巩"中的"丮"，楷书中写成了"凡"。

(2) 埶（蓺、藝、艺）。🔣、🔣。🔣盠方彝、🔣毛公厝鼎。🔣。藝史晨碑、藝夏承碑。艺皇象、🔣褚遂良、藝颜真卿。

"埶"为"藝"之初文。甲骨文象人双手栽种草木之形，或从中或从木。西周金文于"木"下增"土"。《说文》："埶，种也。从坴丮。持亟种之。"后来繁化，上增"艹"，下增"云"。金文里有于"丮"下增"女"的字形，"云"就是由它讹变而成的。简化字形是将"藝"繁复的部分换成了声符"乙"。"艺"的本义指种植，《诗·唐风·鸨羽》有："不能艺稷黍。"即用其本义。"园艺"即园地栽培。

(3) 孰。🔣。🔣伯侄簋、🔣、🔣秦简、🔣汉帛、🔣汉帛。🔣欧阳通。

"孰"为"熟"之初文。甲骨文象一人于宗庙旁伸出双手有所进献之形。《说文》："孰，食饪也。从丮𩫏声。""𩫏"非声，《说文》有："𩫏，孰也。从亯从羊。"段玉裁注："后人乃分别熟为生熟，孰为谁孰矣。""熟"乃"孰"加火而成。《左传·宣公二年》："宰夫胹熊蹯不孰。"用的就是"熟"的意思。

(4) 執（执）。🔣、🔣。🔣䍙生盨、🔣虢季子白盘、🔣多友鼎。🔣。🔣秦简、🔣汉帛、🔣史晨碑。🔣皇象、🔣索靖、🔣王羲之、執羊欣。

甲骨文从丮从幸，"幸"象手铐类的刑具，圉、报、䈞、皋等字从之。"執"以人手铐刑具，会拘执之意。《说文》："執，捕罪人也。从丮从幸，幸亦声。"《左传·僖公五年》："遂袭虞，灭之，执虞公。"就是拘捕、囚禁的意思。引申指持、拿，又引申有执掌、执行义。部件"幸"隶变成了"幸"。现行简化字据草书楷化而成"执"。

(5) 鬥（斗）。🔣、🔣、🔣。🔣秦简、🔣索靖、鬪白鹤观碑。

甲骨文以两个人对立，会格斗意，繁复的字形"手"均伸向对方的头发，有的则简省了头发。《说文》："鬥，两士相对，兵杖在后，象斗之形。"分析字形有误，小篆表现的仍然是两个相对的人形，上边是由手形变形而成的。"鬪"是由"鬥"增声符"斲"而成。有了声符后，形符"鬥"常被讹写作"門"。段玉裁曰："俗皆用'鬪'为争竞，而'鬥'废矣。"现行简化字将之归并进了同音的"斗"里，"斗"本义为勺子。

三、𠂇组：𠂇、左、右、厷、友、有

(1) 𠂇。🔣、🔣、🔣师兑簋、🔣散盘、🔣。

为"左"之初文。甲骨文🔣象左手之形，为左手放于眼前侧视所见。因甲骨文左书、右书往往无别，故时有作🔣，但🔣与🔣、中并用表方位时，则区分严格。《说文》："𠂇，𠂇手也。象形。""𠂇"很早就仅作构字部件使用了。

(2) 左。🔣。🔣矢方彝、🔣班簋、🔣虢季子白盘。🔣、🔣秦简、🔣汉帛、左汉帛、左衡方碑、左校官碑、左白石君碑。左王羲之、左王献之。

"左"本作🔣，🔣除了表左右之"左"外，还有辅佐等义。西周早期出现增从"口"或"言"的写法，西周晚期从工的写法渐成主流，而手形一律为左手之形。《说文》："左，手相左助也。从𠂇、工。"段玉裁注："左者，今之佐字。《说文》无佐也。𠂇者，今之左字。""佐"是后来为表辅佐义而分化出来的。

（3）右。⋯⋯⋯⋯⋯⋯⋯⋯⋯⋯⋯⋯⋯⋯⋯⋯⋯⋯⋯⋯⋯⋯⋯⋯矢方彝、班簋、颂簋。⋯秦简、汉帛、史晨碑、衡方碑、曹全碑。王羲之、欧阳询。

因又多用作再又之"又"，为分担字义，金文里增"口"来表示其本义，即左右之"右"，杜虎符有："甲兵之符，右在王，左在杜。"《说文》："⋯，助也。从口从又。"小篆"右"的构字部件仍为右手之形，隶变中与"左"中的左手之形均变作了"ナ"。《说文》无"佑"字，徐铉曰："今俗别作佑。""佑"是为表佑助、护佑义而分化出来的，金文已有之，师询簋有："邦佑潢辥，敬明乃心。"大致意思是保卫、辅助邦国。"佐""佑"意义的产生与左手、右手密切相关。

（4）厷。⋯⋯⋯⋯⋯⋯⋯⋯⋯⋯⋯⋯⋯⋯⋯⋯⋯亚厷父乙卣。

"厷"为"肱"之初文，甲骨文字形在的手臂处以一半圆形的圈指示手臂。师询簋有"殳厷先王"，"殳厷"就是"股肱"，用作动词，表示辅佐的意思。《左传·僖公二十六年》："昔周公、大公，股肱周室，夹辅成王。"用法与师询簋同。《尚书·益稷》："臣作朕股肱耳目。"以股肱耳目比喻辅佐君王的大臣。《说文》："⋯，臂上也。从又，从古文。⋯，古文厷，象形。⋯，厷或从肉。"《说文》以"肱"为"厷"之或体，今"肱"行而"厷"废。"肱"增"肉"，因其与身体有关，如肘、胸、腹、腿、胫、肝等字均从肉。

（5）友。⋯⋯⋯⋯⋯⋯⋯⋯⋯⋯⋯⋯⋯⋯⋯⋯⋯辛鼎、史颂鼎、毛公旅鼎。⋯秦简、汉帛、衡方碑、郭有道碑。钟繇。

甲骨文以两只朝同一方向的手会意。《说文》："⋯，同志为友。从二又。""友"表示朋友、友好的意思。郑玄："同师曰朋，同志曰友。"孔颖达："同门曰朋，同志曰友。"意思是在同一老师门下学习的人为"朋"，志趣相投的人为"友"。《诗·小雅·常棣》："虽有兄弟，不如友生。""友生"指朋友。隶书中两只侧面的手形出现了不同的形变，上边的"又"写成了"ナ"。

（6）有。⋯⋯⋯⋯⋯⋯⋯⋯⋯⋯⋯⋯⋯⋯南公有司鼎、秦公镈。⋯秦简、汉帛、衡方碑、白石君碑、曹全碑。王羲之、道匠造像、欧阳询。

金文以手持肉会意，表示有无之有、拥有、具有等义。《尚书·说命中》："惟事事乃其有备，有备无患。"即有无之"有"。春秋晚期的叔尸钟铭文"咸有九州"表示的则是拥有之义。《说文》："⋯，不宜有也。从月又声。"许慎据小篆误以"肉"为"月"，现行汉字中从月的汉字多本是从肉的。

四、又组

1.又：又、祭、丈、史、吏、事、使、支、皮、反、叚、叔、叕、叙、曼、隻（只）、雙（双）、叟、圣

（1）又。⋯⋯⋯⋯⋯⋯⋯⋯⋯⋯⋯⋯⋯⋯⋯善鼎、秦公镈。⋯秦简、汉帛、史晨碑、郭有道碑。索靖、王羲之。

甲骨文象右手形，为右手放于眼前侧视所见。本为左右之"右"，甲骨文、金文中多借用为再又之"又"、有无之"有"，后成为"又"之专字。《说文》："㕜，手也。象形。三指者，手之列多略不过三也。"

（2）祭。㸚、㝮、㝬邾公華鐘、㝱櫟書缶、㝳、㝴秦简、㝲汉帛、㝵汉帛、㝶校官碑、㝷白石君碑、㝸皇象、㝹王羲之、㝺中岳灵庙碑、㝻虞世南、㝼颜真卿、㝽颜真卿。

甲骨文以手持肉献祭会意，后期加象祭台的"示"。金文承袭了从"示"的字形，这样也可以与"有"明显区分开来。《说文》："㝮，祭祀也。从示，以手持肉。"许慎对"祭"的分析十分准确。《公羊传·桓公八年》何休注："无牲而祭曰荐，荐而加牲曰祭。""荐"本是无肉的素祭，《礼记·王制》有："庶人春荐韭，夏荐麦，秋荐黍，冬荐稻。""祭"是比较隆重的祭祀，祭品中有肉。当然，在实际使用中，"荐"早已泛化开来，《礼记·月令》："天子乃鲜羔开冰，先荐寝庙。"进献的是羊羔。隶书中象手形的"又"仍然十分清晰，楷书中渐成"𠂇"。肉形变成"夕"的汉字还有"炙"、繁体的"將"等。

（3）丈。㲋。㲌秦简、㲍汉帛、㲎皇象。

《说文》："㲋，十尺也。从又持十。"主张"十"表示十尺，"丈"以手持"十"会意，本为长度单位。段玉裁注："夫部曰：'周制以八寸为尺，十尺为丈。人长八尺，故曰丈夫。'然则伸臂一寻，周之丈也。"魏晋时期常将"十"之中竖与"又"之左撇连写，省减"又"的首横。这样变形之后，与"支"也有了明显区分，于是沿用了下来。

（4）史。㕜、㕝、㕞。㕟令簋、㕠颂簋、㕡吴王姬鼎。㕣、㕤秦简、㕥秦简、㕦汉帛、㕧景君碑、㕨鲜于璜碑、㕩孔彪碑、㕪白石君碑、㕫曹全碑、㕬王元燮造像。

甲骨文字形象手中有所握持，王国维先生认为所持之物为盛简册的器具。甲骨文中"史"表官名、差事、派遣，金文多表官名。《说文》："㕜，记事者也。从又持中。中，正也。"从甲骨文、金文来看，字形上边非为"中"，《说文》据小篆立说，故有未当。文献中"史"多为文职官员，掌祭祀、星历、卜筮、记事等。《礼记·玉藻》："动则左史书之，言则右史书之。"《汉书·艺文志》："左史记言，右史记事。"古代史官记录下君王的一言一行，使得君王谨言慎行，客观上起到了监察的作用。从秦代开始，御史作为监察性质的官职一直延续至清代。

（5）吏。㕮、㕱、㕯孟鼎。㕲、㕳秦简、㕴秦简、㕶汉帛、㕷景君碑、㕸乙瑛碑、㕹衡方碑、㕺曹全碑、㖁王羲之、㖂庾翼。

"吏"是在"史"的中竖上端加了一小笔分化而成，金文变成了类似于"中"的写法，小篆进而又变作了横。金文里"吏"与"事"同形同用。《说文》："㕮，治人者也。从一从史，史亦声。""吏"为官吏之通称。《左传·成公二年》："王使委于三吏。"杜预注："三吏，三公也。三公者，天子之吏也。"《国语·周语上》："王乃使司徒咸戒公卿、百吏、庶民。"韦昭注："百吏，百官。"汉代以后"吏"多指低级官员或吏卒。

（6）事。☒矢方彝、☒☒、☒不嬰簋、☒、☒秦简、☒秦简、☒汉帛、☒汉帛、☒礼器碑、☒郭有道碑、☒曹全碑、☒张迁碑、☒钟繇、☒王献之。

"事"与"吏"本为一字。小篆"事"与"吏"中均有象手的"又"，只是"事"的中竖贯穿了"又"，隶变之后"又"写成了"⇒"。《说文》："☒，职也。从史，之省声。"析形有误，释义当为其本义，"事"表示的意思是职事。《国语·鲁语上》："诸侯祀先王、先公，卿大夫佐之受事焉。"韦昭注："事，职事也。"《庄子·逍遥游》："宋人有善为不龟手之药者，世世以洴澼絖为事。""以……事"就是"以……为职业"之义。

（7）使。☒、☒鈴镈、☒中山王罍鼎、☒、☒秦简、☒汉帛、☒汉帛、☒衡方碑、☒曹全碑、☒王羲之、☒王献之、☒刘韬墓志、☒牛橛造像、☒敬使君碑。

"使"本来与"吏""事"同字。战国金文增"辵"或"彳"，以强调其使令、派遣义。秦系文字从"彳"，至于究竟是"彳"的讹误，还是意在强调使者义，难做定断。类似的如"俘"，甲骨文作☒，从"彳"，而小篆变从"亻"。《说文》："☒，令也。从人吏声。"《左传·襄公二十三年》："使庆乐往。"是派遣的意思。《左传·成公九年》："兵交，使在其间可也。"指的是使者。

（8）支。☒。☒秦简、☒汉帛、☒校官碑、☒曹全碑、☒皇象、☒敬使君碑。

《说文》："☒，去竹之枝也。从手持半竹。"以手持半竹，会竹枝之意，泛指植物的枝条。《诗·卫风·芄兰》："芄兰之支。"朱熹《诗集传》曰："支，枝同。"《说文》有："枝，木别生条也。从木，支声。""枝"为"支"的分化字，先秦典籍已有"枝"。因有"枝"表其本义，"支"则用以表示分支、分流等引申义。《诗·大雅·文王》："文王孙子，本支百世。"《毛传》："本，本宗也；支，支子也。"此外，早期"支"还引申指人的肢体，如《周易·坤卦》有："君子黄中通理，正位居体，美在其中而畅于四支。""四支"即现在所说的"四肢"。后来人们以"肢"来表示这一引申义。《说文》以"胑"为字头，以"肢"为其异体。

（9）皮。☒九年卫鼎、☒弔皮父簋、☒、☒秦简、☒汉帛、☒皇象。

金文以手剥兽皮会意，上为兽头，下引直线上的曲笔表示剥离的兽皮，手形或在左边或在右边，不影响字义的传达。《说文》："☒，剥取兽革者谓之皮。从又，爲省声。"从文字的渊源上看，字形中没有"爲"，"爲省声"的分析不够准确。徐锴《说文解字系传》："生曰皮，理之曰革，柔之曰韦。"段玉裁曰："析言则去毛曰革，统言则不别也。""革"是加工后的皮，皮革义近，故常连用。段玉裁《说文解字注》："取兽革者谓之皮。……因之所取谓之皮矣，引伸凡物之表皆曰皮，凡去物之表亦皆曰皮。"意即"皮"本为动词，指剥皮，引申指所剥的兽皮，泛化开来，"凡物之表皆曰皮，凡去物之表亦皆曰皮"。《战国策·韩策二》："因自皮面抉眼，自屠出肠，遂以死"，《史记·刺客列传》引用了此句，司马贞《史记索隐》："皮面，谓以刀割其面皮，欲令人不识"，"皮"用作动词。《广雅》："皮，剥也。""皮"的小篆字形将金文中象剥离的兽皮的曲线移至字形顶部，隶书中与兽头部分粘合，渐成今形。字形演变中象手的部件"又"一直保持得比较完整。

（10）反。【图】大保簋、【图】颂鼎。【图】秦简、【图】汉帛、【图】史晨碑、【图】校官碑、【图】曹全碑。反皇象、反王羲之。

杨树达《积微居小学述林全编》："反字从又从厂者，厂为山石崖岩，谓人以手攀崖也……扳实反之后起加旁字。"《玉篇·手部》："扳，攀。"《说文》："【图】，覆也。从又，厂反形。"反覆义当为其引申义。金文及先秦典籍里常用"反"为"返"，如《论语·微子》："使子路反见之。"就是派子路返回去见荷蓧丈人。"返"在战国早期才出现，可能是由"反"增"辵"分化而成。

（11）𠬝。【图】、【图】、【图】䣩鐘。【图】。

"𠬝"以手在人的后背，会制服之意，甲骨文"𠬝"表示征服或被征服的人。《说文》："【图】，治也。从又从卪。卪，事之节也。"从来源上看，"卪"本象屈服跪坐的人形。西周以后"𠬝"基本作构字部件使用，"服"的服从、顺服义当与"𠬝"有密切的关系。商承祚《福氏所藏甲骨文字及考释》认为："𠬝即服之本字。"

（12）叔。【图】。【图】师㝨簋、【图】叔鼎。【图】。【图】秦简、【图】汉帛、【图】礼器碑、【图】郭有道碑、【图】赵宽碑、【图】曹全碑。【图】敬使君碑、【图】欧阳询。

郭沫若《两周金文辞大系图录考释》说："以金文字形而言，实乃从又持弋（杙）以掘芋也。"简帛中表挖掘义的"㪥"可能与之有关。然而《说文》有："朩，豆也。象豆生之形也。"若此，则"叔"之本义为摘、拾。《说文》："【图】，拾也。从又尗声。汝南名收芋为叔。"《诗·豳风·七月》："八月断壶，九月叔苴。"《毛传》："叔，拾也。"《庄子·列御寇》："衣以文绣，食以刍叔。"这个意思后来写作"菽"，而"叔"假借为表叔伯之义。

（13）𠬪。【图】、【图】、【图】。

见本章第五节"二、骨组"（第151页）。

（14）叙。【图】。【图】。叙景君碑、叙史晨碑、叙王羲之、叙颜真卿。

甲骨文从又，小篆改从支。《说文》："【图】，次弟也。从支余声。"隶书恢复为从又。"敏"字情形与之类似，甲骨文、金文从又，小篆改从支，隶书变形从"攵"。《尚书·舜典》："纳于百揆，百揆时叙。"孔颖达疏："于是皆得次序，无废事也。"王引之《经义述闻·尚书上》："时叙者，承叙也；承叙者，承顺也。"《国语·晋语三》："纪言以叙之，述意以导之。"韦昭注："叙，述也。"表序言，早期作"叙"，后多写作"序"。至于字形如何传达次第、叙述义则有待进一步研究。

（15）曼。【图】曼䵼父盨。【图】。【图】秦简。

郭沫若《卜辞通纂》："受盖曼之初文也，象以两手张目。《楚辞·哀郢》：'曼余目以流观兮'，即其义。引申为引，为长，为美。"两手张目以望远，故引申有长远之义。金文字形上边的"冃"，学者多认为是声符。《说文》："【图】，引也。从又冒声。"《说文》所释为其引申义。《列子·汤问》："韩娥因曼声哀哭。"就是拉长声音，伤心地哭。"曼延""曼声而歌"均用其延长义。

（16）隻（只）。🖼、🖼、🖼万隻鼎、🖼𢦏簋、🖼。🖼王羲之、🖼褚遂良。

甲骨文从隹从又，以手持鸟会意，卜辞用义为捕获、擒获，为"獲（获）"之本字。《说文》："隻，鸟一枚也。从又持隹。持一隹曰只，二隹曰双。"《公羊传·僖公三十三年》："匹马只轮无反者。"就是一匹马、一只车轮都没返回，比喻全军覆没。引申有单独的意思，如韩愈《祭十二郎文》："两世一身，形单影只。"汉字简化时，用读音相同的"只"取代了"隻"。"只"本为语气词，如《诗·鄘风·柏舟》："母也天只，不谅人只"。

（17）雙（双）。🖼、🖼汉帛、🖼校官碑、🖼张迁碑、🖼皇象、🖼王羲之、🖼欧阳询。

"雙"始见于战国楚简，当是以"隻"为参照造出来的。《说文》："雙，隹二枚也。从雔，又持之。""雙"指两只鸟，泛指成双的事物，引申有匹配、匹敌等义。唐代敦煌变文已有写作"双"者，"又"为抽象的符号，汉字简化时，多有以之代替繁复部件的情况。

（18）叟。🖼、🖼、🖼、🖼秦简、🖼叶慧明碑。

《说文》："叜，老也。从又从灾。🖼，籀文从寸。🖼，叜或从人。"朱骏声《说文通训定声》："即搜之古文。从又持火，屋下索物也。会意。"朱说与甲骨文字形正相契合。假借作老年男子之称。俞樾《儿笘录》："因叜字借为尊老之称，故又制从手之搜。"《国语·齐语》："合群叟。"韦昭注："叟，老也。"说明"叟"假借指老年男子的用法出现得很早。小篆有增从"人"的写法，是为假借字增意符以表其假借义的做法，不过，因已有"搜"表其本义，"叟"遂为假借义所专。"叟"是隶变的结果，徐灏《说文解字注笺》："叜，今隶变作叟。"

（19）圣。🖼、🖼。

字形大概本是以手把土会意。《说文》："圣，汝颍之间谓致力于地曰圣。从土从又。"段玉裁注："此方俗殊语也。致力必以手，故其字从又土会意。"宋元时期的俗体字中有将"聖"写作"圣"的。因"圣"的本义使用很少，汉字简化时以"圣"为"聖"。

2.聿：聿、肀或筆（笔）、畫（画）、隶、逮、尹、君、秉、兼、㞢、肅、彗、羞

（1）聿。🖼。

《说文》："聿，手之疌巧也。从又持巾。"《说文》有从聿希声的"䎽（肆）"。金文"䎽"作🖼毛公厝鼎，部件"聿"从又从巾。金文有从巾父声的"布"，形体与之颇为相似，字形演变中，部件"父"隶变时成了"又"，楷书中演变为"ナ"。《说文》所说的"手之疌巧"义当为"聿"的引申义，从字形上看，大概本来表示的是手持巾擦拭之义。隶变之后，巾帛形平直为横，遂与"聿"相近。"聿"曾在战国时期独立使用。

（2）肀、筆（笔）。🖼、🖼、🖼、🖼女骨卣、🖼聿奐鼎、🖼者沪钟、🖼、🖼杨叔恭碑、🖼虞世南。

见第六章第二节"二、工具类"（第279页）。

（3）畫（画）。🖼、🖼宅簋、🖼师克盨、🖼录伯簋、🖼师兑簋、🖼、🖼秦简、🖼汉帛、🖼汉帛、🖼王羲之、

畫褚遂良。

见第六章第二节"二、工具组"（第280页）。

（4）隶。[邵钟]。隶。

以手持尾，会逮住之意。《说文》："隶，及也。从又，从尾省。又，持尾者，从后及之也。"段玉裁注："此与辵部逮音义皆同。逮专行而隶废矣。""隶"为"逮"之初文。奴隶之"隶"，战国文字作"隸"，《说文》："隸，坿箸也。从隶柰声。"段玉裁注："隸与仆义同，皆训坿箸。"《周礼·夏官·隶仆》："隶仆掌五寝之扫除、粪洒之事。"《左传·襄公二十三年》："初，斐豹，隶也，著于丹书。"杜预注："盖犯罪没为官奴，以丹书其罪。""隸"后来成为下层隶卒的通称。《文选·上林赋》："地可垦辟，悉为农郊，以赡萌隶。"郭璞注："隶，小臣也。"汉字简化时，简省声符"柰"，遂与"隶"同形。

（5）逮。[隸]秦简、[肆]汉帛、[逮]欧阳通。

《说文》："逮，唐逮，及也。从辵隶声。"章太炎《小学答问》："隶逮亦本一字，古文当只作隶，自孳乳作逮。""逮"始见于春秋末年。《左传·成公十八年》："逮鳏寡，振废滞，匡乏困。"杨伯峻注："施惠及于鳏夫寡妇。"《国语·周语上》："王从之，使于晋者道相逮也。"即道路上的人络绎不绝，是连及、连续的意思。"力有不逮"即力有不及。引申指逮捕。《史记·秦始皇本纪》："以罪过连逮。"即受牵连被拘捕。

（6）尹。[尹]矢方彝、[尹]乙亥鼎、[尹]尹书鼎。[尹]汉帛、[尹]衡方碑、[尹]校官碑。[尹]褚遂良。

王国维、裘锡圭等主张为以手执笔，也有学者认为是以手持杖会意，手中有所执持者代表有一定的职权。甲骨文有尹、多尹等官名，文献中有令尹、京兆尹、府尹等官名；金文用作动词，表治理，《左传·定公四年》："故周公相王室，以尹天下。"用的也是治理的意思。早期汉字这种名动一字的情形十分普遍。《说文》："尹，治也。从又丿，握事者也。""君"是由"尹"孳乳而来的，卜辞、周初金文中，两字多互用，因此有学者主张它们本为一字，"口"为饰笔。金文中两字逐渐明显分化开来。周最高主政者称王，诸侯国的首领称君。中山王䯂壶"适曹（遭）郾（燕）君子噲不顾大宜（义）"里的"君"指国君。占有土地的各级统治者或贵族男子也称君，如孟尝君、信陵君、平原君、春申君等。后世衍申指帝王。《说文》："君，尊也。从尹；发号，故从口。"

（7）君。[君]。[君]豆闭簋、[君]君夫簋、[君]史颂簋、[君]樊君夔盆、[君]小子省卣。[君]秦简、[君]汉帛、[君]汉帛、[君]鲜于璜碑、[君]肥致碑、[君]衡方碑、[君]校官碑、[君]白石君碑、[君]曹全碑。[君]钟繇、[君]王羲之、[君]石婉墓志、[君]元倪墓志、[君]李璧碑、[君]高贞碑、[君]欧阳询。

甲骨文、周初金文中"尹""君"互用，为同源字，"尹"以手执笔，会治事之意，后来金文中以增"口"的字形表君主义。类似的如西周金文中的"命"是"令"增"口"分化而来。"君"的小篆继承了金文的写法。隶书中象手臂的部分写成了横。《说文》："君，尊也。从尹，发号，故从口。[君]，古文象君坐形。"段玉裁注："此羊祥也、门闻也、户护也、发拔也之例。……尹，治也。"《诗·大雅·假乐》："穆穆皇皇，宜君宜王。"孔颖达疏："君则诸侯也。"朱熹《诗集传》："君，诸侯也。"《仪礼·丧服》："君，至尊也。"郑玄注："天子、诸侯及卿大夫有地者皆曰君。"战国时期有孟尝君、平原君、信陵君、春申君等，均为封号。《史记·商君列传》："卫鞅既破魏还，秦封之於、商十五邑，号为商君。"泛化之后，"君"成为对人的尊称。

（8）秉。 ％、％、％秉中鼎、％井人妄鐘、％、％秦简、％校官碑、％曹全碑、％索靖、％颜真卿。

甲骨文、金文从又从禾，以手持禾，会执持之意。《说文》："％，禾束也。从又持禾。"《诗·小雅·大田》："彼有遗秉，此有滞穗。"《毛传》："秉，把也。"孔颖达疏："彼处有遗馀之秉把，此处有滞漏之禾穗。""秉"与"穗"相对而言，指禾束。"秉"的常用义为执持、把持。《诗·商颂·长发》："武王载旆，有虔秉钺。""秉钺"指握持着斧钺。"秉持""秉烛夜游""秉笔直书"等词中均用握持义。

（9）兼。％邾王子旗鐘、％、％秦简、％汉帛、％衡方碑、％张表碑、％王羲之、％李璧碑、％柳公权、％柳公权。

金文字形以两手持禾会一并之意。《说文》："％，并也。从又持秝。兼持二禾，秉持一禾。"《孟子·告子上》："鱼，我所欲也；熊掌，亦我所欲也；二者不可得兼，舍鱼而取熊掌者也。"即用其本义。"品学兼优""内外兼备""名利兼收""公私兼济"等，均就两个方面而言。"兼并""兼容""兼顾""兼备""兼程""兼任"等，均与其本义相去不远。

（10）肁。％犀尊、％膝虎簋、％。

《说文》："％，始开也。从户从聿。"由门始开，引申指事物的开始。段玉裁注："凡经传言肇始者，皆肁之假借。肇行而肁废矣。"《玉篇》："肇，俗肁字。"《广韵》有肇无肁。肇为肁之讹，汉代以来以"肇"为"肁"。也就是说，"肇始"之"肇"实为"肁"。

（11）肃。％王孙鐘、％、％汉帛、％衡方碑、％袁博碑、％虞世南。

金文字形由"聿"与"鼎"两个部件组成，何琳仪等先生主张"聿"为声符，也有学者主张字形以执笔与临渊会意。《说文》："％，持事振敬也。从聿在鼎上，战战兢兢也。％，古文肃，从心从卪。"《广韵》："恭也，敬也，戒也。"《左传·文公十八年》："忠肃共懿，宣慈惠和。"孔颖达疏："忠者，与人无隐，尽心奉上也。肃者，敬也，应机敏达，临事恪勤也。""肃然起敬""肃穆""严肃"等均有恭敬、庄重义。

（12）彗。％、％、％彗辨。

以手持扫帚会意。《礼记·曲礼上》："国中以策彗恤勿驱，尘不出轨。"郑玄注："彗，竹帚。"孔颖达疏："取竹帚带叶者为杖，形如扫帚，故云策彗。"《史记·孟子荀卿列传》："如燕，昭王拥彗先驱，请列弟子之座而受业。"司马贞《史记索隐》："彗，帚也，谓为之扫地，以衣袂拥帚而却行，恐尘埃之及长者，所以为敬也。"《说文》："％，扫竹也。从又持甡。％，彗或从竹。"可见，"彗"的本义为扫帚。《左传·昭公十七年》："彗，所以除旧布新也。""彗"即彗星，俗称扫把星，因其有长长的彗尾，形似扫把而得名。《说文》："雪，凝雨，说物者。从雨彗声。""雪"的甲骨文作％、％，

金文作 [字形]伯盨父簋，小篆承袭了金文的写法。陆佃《埤雅》："雪从彗，盖雨雪之可埽者也，亦能净坋秽若彗。"可备一说。

（13）羞。[字形]、[字形]、[字形]不嬰簋、[字形]伯匕鼎、[字形]。[字形]秦简、[字形]隶辨。[字形]索靖。

以手持羊会意，为"馐"之本字。卜辞有："祀其羞，王受又（祐）。"《左传·隐公三年》："筐筥锜釜之器，潢污行潦之水，可荐于鬼神，可羞于王公。"均用进献义。《说文》："[字形]，进献也。从羊，羊，所进也；从丑，丑亦声。"假借作羞耻之"羞"，睡虎地秦简有"不羞辱"。《礼记·缁人》："惟口启羞。"是说因说话不谨慎而招致羞辱。后来为相区别，增加意符"食"作"饈（馐）"以记其本义。

3.寸：寸、寺、尋（寻）、封、尃、專（专）、射、尉、尌、對（对）、得

（1）寸。[字形]、[字形]秦简、[字形]汉帛、[字形]衡方碑、[字形]王献之、[字形]欧阳询。

最早见于战国秦简，指事字，"又"象手形，短横指示手腕处。《说文》："[字形]，十分也。人手却一寸，动脉，谓之寸口。从又从一。"手下一寸之处正是动脉所在，中医谓之寸口。"寸"很早就作长度单位使用，《孔子家语》《大戴礼记》均有"布指知寸，布手知尺，舒肘知寻"，即以第一节手指的长度为一寸，以张开的拇指与中指的距离为一尺，以两条胳膊平直伸展的长度为一寻。人类最早的测量方法往往是借助于自己的身体器官进行的。段玉裁《说文解字注》曰："寸、尺、咫、寻、常、仞诸度量，皆以人体为法。"

（2）寺。[字形]冰伯寺簋、[字形]驫羌钟、[字形]。[字形]秦简、[字形]汉帛、[字形]史晨碑、[字形]衡方碑、[字形]曹全碑。[字形]王羲之、[字形]褚遂良。

本从又出声，为"持"之本字。郘公铿钟："分器是寺（持）。"即用其本义。本从"又"的汉字在发展演变中多有变成从"寸"的情况，本组所讨论的字多是这种情况。"寺"所从之"又"在战国早期增饰笔而成"寸"。《说文》："[字形]，廷也。有法度者也。从寸出声。"汉代"寺"多用作官署名，如鸿胪寺等。东汉时期佛教传入中国，新设的机构白马寺成为中国第一座佛寺，以白马为名是因为据说当时的佛经是用白马驮来的，"寺"则为官署通名。《汉书·元帝纪》颜师古注："凡府廷所在，皆谓之寺。"释玄应等《一切经音义》："寺，治也，官舍也。"隋唐以后，"寺"逐渐成为佛教建筑的专字。

（3）尋（寻）。[字形]、[字形]。[字形]衡方碑、[字形]郭有道碑、[字形]王羲之、[字形]元珍墓志。

本为长度单位，两臂舒展的长度为一寻。《诗·鲁颂·閟宫》："是寻是尺。"《毛传》："八尺曰寻。"《周礼·地官·媒氏注》："八尺曰寻，倍寻曰常。"因"寻""常"均为常用长度单位，唐代凝结成词，表平常义。小篆字形增"口""工""彡"三个部件。隶书省部件"彡"。汉字简化时又省部件"工""口"，保留了最核心的两只手形。《说文》："[字形]，绎理也。从工从口从又从寸。工、口，乱也。又、寸，分理之。彡声。度人之两臂为寻，八尺也。"《说文》注释了"寻"的两个意思，一为八尺，一为寻绎。朱骏声《说文通训定声》："寻所以度物，故揣度以求物谓之寻。"主张寻绎、探究是

由度量长度引申出来的意思。

（4）封。🌱、🌱、🌱康侯丰鼎、🌱召伯簋、🌱中山王𩵣壶。封、對秦简、對秦简、封汉帛、封史晨碑、封王基碑、封王羲之、封元珍墓志。

甲骨文象树木植于土中，郭沫若曰："古之畿封实以树为之也。此习于今犹存。"李孝定曰："字象植树土上，以明经界。"古人常于地界处植树以为标志，贵族封地是有疆界的，故有封赏、封闭等引申义。金文增"又"，表示以手植树。《左传·昭公二年》："宿敢不封殖此树？"柳宗元《寄许京兆孟容书》："城西南有数顷田，树果数百株，多先人手自封植。"即用种植义。小篆讹草木之形为"屮"，"又"变为"寸"。《说文》："封，爵诸侯之土也。从屮从土从寸，守其制度也。公侯，百里；伯，七十里；子男，五十里。"隶变时部件"屮"写成了"土"。

（5）尃。🌱、🌱、🌱、🌱、🌱克鼎、🌱番生簋、🌱。

《说文》："尃，布也。从寸甫声。"甲骨文、金文本从手，与手部动作有关。多用作颁布、散布义。毛公鼎："庶出入事于外，尃命尃政。""尃命尃政"就是发布、散布政令的意思。《史记·司马相如列传》："旁魄四塞，云尃雾散。""尃"与"散"相对，义为散布。

（6）專（专）。🌱、🌱、🌱。專汉帛、專杨统碑、專敬使君碑、專虞世南。

甲骨文从又从叀，"又"象手形，"叀"为缠有丝线的纺砖，"專"为手持纺轮形。《诗·小雅·斯干》："载弄之瓦。"《毛传》："瓦，纺塼也。"《说文》："專，六寸簿也。从寸叀声。一曰專，纺專。"段玉裁注："今專之俗字作甎、塼。以專为嫥壹之嫥。""甎""塼"现作"砖"。简化字形为草书楷化的结果，清代已有之。

（7）射。🌱、🌱。🌱静簋、🌱长由盉。🌱、射秦简、射汉帛、射武威简、射袁博碑、射皇象、射王羲之、射欧阳询。

甲骨文以箭在弓上会意，本义为射箭，卜辞有"射鹿，隻"。金文增象手的"又"，战国秦简弓矢的组合讹变为"身"，"又"变为"寸"。《说文》："射，弓弩发于身而中于远也。从矢从身。躲，篆文躲从寸。寸，法度也。亦手也。"从矢之"躲"为后起异体，不及"射"理据保留完备。

（8）尉。🌱。尉秦简、尉秦简、尉汉帛、尉史晨碑、尉衡方碑、尉校官碑、尉白石君碑、尉曹全碑、尉樊敏碑、尉钟繇。

《说文》："尉，从上按下也。从𡱂，又持火，所以申缯也。"以手持火，熨平缯布。邵瑛《群经正字》："今俗又加火作熨。""尉"为"熨"之本字，借用为官名，增"火"以记其本义。

（9）尌。🌱、🌱、🌱尌仲簋、🌱。

甲骨文字形由"豆""又"跟"木"或"屮"组成。"豆"为声符，可能兼有表竖立义的作用，从臤豆声的"竪"也包含部件"豆"。睡虎地秦简有"尌木"，即"樹木"。《说文》："尌，立也。从壴从寸，持之也。"《说文》又有："樹，木生植之总名。从木尌声。𣘽，籀文。"段玉裁注："今字通用樹为之，樹行而尌废矣。"从字源上看，尌對一字，"樹"是由"尌"增"木"而成，当是有意进行的字形分化，但实际上典籍里"樹"多兼表种植、树木、树立义。《诗·小雅·巧言》："荏染柔木，君子树之。"是栽种的意思。《左传·昭公二年》："宴于季氏，有嘉树焉，宣子誉之。"是树木的意思。《诗·周颂·有瞽》："设业设虡，崇牙树羽。"是树立的意思。汉字简化时，符号"又"代替了部件"尌"，遂成"树"。

（10）對（对）。 ◯ ◯ ◯克鼎、◯此簋、◯虢弔钟、◯大作大仲簋、◯ ◯汉帛、◯汉帛、◯汉帛、◯张表碑、◯西狭颂、◯王羲之、◯褚遂良、◯褚遂良。

甲骨文由"丵""土""又"三个部件组成，构意不明。卜辞用为地名或祭名。金文多表报答义，大盂鼎："用對王休。"吕方鼎："對扬王休。""王休"指帝王的美德，这里的"對"有报答、称颂义。先秦典籍里应答义也比较常见，如《诗·大雅·桑柔》："听言则對，诵言如醉。"郑玄笺："见道听之言，则应答之。"《论语·述而》："叶公问孔子于子路，子路不對。"大意是子路没有回答叶公的问题。《说文》："對，譍无方也。从丵从口从寸。對，對或从土。汉文帝以为责對而为言，多非诚對，故去其口以从士也。"《说文》所载"對"之或体"對"中的"士"为"土"之讹。汉代改"土"为"口"，反映这一时期"對"的常用义为应答。至于所谓字形为汉文帝所改，可能有附会之嫌。应答义现代仍十分常用，如"无言以对""对证""对答如流""对话"等均用应答义。汉字简化时，用符号"又"代替部件"丵"，遂成"对"。

（11）得。 ◯ ◯ ◯ ◯父乙觚、◯昌鼎、◯得鼎、◯亚父癸卣、◯克鼎、◯、◯秦简、◯汉帛、◯汉帛、◯孔宙碑、◯史晨碑、◯郭有道碑、◯白石君碑、◯王羲之、◯欧阳询。

以手持贝会"得"之意，贝曾在上古充当货币使用，许慎云："古者货贝而宝龟，周而有泉，至秦废贝行钱"。甲骨文或增从"彳"，以示在路上拾得贝币。西周中期、晚期金文有改"又"为"手"的写法，战国金文多将部件"贝"省作"目"。《说文》："得，行有所得也。从彳㝵声。㝵，古文省彳。"小篆讹"贝"为"见"，手形变作了"寸"。战国秦简或将"贝"下笔画写得近于横，或省为"目"，隶变时就成了类似于"旦"的写法。"得"的本义为获得，至今仍为其常用义。

4.殳：殳、投、毆（殴）、殺（杀）、磬、癶、茇、段、毅、役、般

（1）殳。 ◯ ◯汉帛。

以手持殳，为"杸"之本字，是古代的一种兵器。《说文》："殳，以杸殊人也。《礼》：'殳以积竹，八觚，长丈二尺，建于兵车，车旅贲以先驱。'从又几声。"《释名·释兵》："殳，殊也。长丈二而无刃。有所撞挃于车上，使殊离也。"《诗·卫风·伯兮》："伯也执殳，为王前驱。"《左传·昭公二十三年》："执殳而立于道左。"均用其本义。

（2）投。 ◯ ◯秦简、◯汉帛、◯曹全碑、◯皇象、◯索靖、◯房山佛经。

《说文》："投，擿也。从手从殳。"段玉裁注："从手，殳声。"桂馥《说文解字义证》："当云'殳声'。"以手拿殳，会投掷之意，"殳"兼表音。《诗·小雅·巷伯》：

"取彼谮人，投畀豺虎。"《左传·昭公五年》："受其书而投之。"均用其本义。"投笔从戎""投石问路""投篮""投票"等，尚去其本义不远。

（3）毆（殴）。▦师襄簋、▦多友鼎、▦、▦秦简、▦汉帛、▦隶辨、▦颜真卿。

金文从攴區声，以"攴"表击打义。秦简部件"攴"变作了"殳"，小篆承之。《说文》："▦，捶毄物也。从殳區声。"汉字简化时以符号"乂"替换了"區"中的"品"。类似的"趙"中的"肖"也是被符号"乂"替换。"殴"的本义为殴打，睡虎地秦简"妻悍，夫毆（殴）治之"，即用其本义。

（4）殺（杀）。▦、▦蔡大师鼎、▦叔尸镈、▦庚壶、▦、▦秦简、▦汉帛、▦樊敏碑、▦欧阳询、▦颜真卿。

古"蔡""殺"形音相近相通，金文出现从披散头发的人形、从戈或攴或殳的写法，以用武器杀人会意。小篆在散发人形上加了表示割刈的"乂"。《说文》："▦，戮也。从殳杀声。"隶变之后，"乂"与散发人形组成了"杀"。汉字简化时，取了字形的一半而成"杀"。其本义为杀戮，《左传·桓公二年》："二年春，宋督攻孔氏，杀孔父而取其妻"，即用其本义。

（5）磬。▦、▦、▦、▦钟繇。

甲骨文从声从殳，"声"为用丝绳悬挂着的磬石，"殳"为手持槌子，初形本作"殸"。小篆复增"石"。《说文》："▦，乐石也。从石殸。象县（悬）虡之形。殳，击之也。▦，籀文省。""磬"本指一种石制打击乐器，典籍多见，如《诗·小雅·鼓钟》："鼓瑟鼓琴，笙磬同音。"《诗·商颂·那》："既和且平，依我磬声。"《国语·鲁语上》有："室如悬磬，野无青草，何恃而不恐。""室如悬磬"是说屋子就像悬挂着的磬一样空空荡荡，形容一无所有、家徒四壁。

（6）癹。▦、▦、▦。

甲骨文从址从攴，"址"以朝不同方向的脚，表踩踏义，"攴"为手持木棍，表示的是除草的方式。《说文》："▦，以足蹋夷艸。从癶从殳。""芟"，《说文》"▦，刈艸也。从艸从殳"，《左传·隐公六年》"芟夷蕴崇之"，本为"癹"，因形义相近，后世改作了"芟"。

（7）芟。▦。▦校官碑、▦曹全碑、▦敬使君碑。

《说文》："▦，刈艸也。从艸从殳。"本义为除草。《诗·周颂·载芟》："载芟载柞，其耕泽泽。"《毛传》："除草曰芟，除木曰柞。"后世以"芟柞"代指耕种。

（8）段。▦段簋、▦、▦秦简、▦汉帛、▦隶辨、▦皇象、▦欧阳询。

以手持椎，于崖下捶取矿石。象石块的点，小篆变作了短横。《说文》："▦，椎物也。从殳，端省声。"段玉裁注："《考工记》：'段氏为镈器。'徐丁乱反，刘徒乱反，徐音是也。镈欲其段之坚，故官曰段氏。《函人》职曰：'凡甲锻不挚则不坚。'锻亦当作段。金部曰：'锻，小冶也。'小冶，小铸之灶也。后人以锻为段字，以段为分段字。读徒乱切。分段字自应作断。盖古今字之不同如此。《大雅》：'取厉取碫。'毛曰：'碫，段石也。'郑曰：'段石所以为段质也。'古本当如是。石部：'碫，段石也。从石段.'《春秋传》郑公孙段，字子石。古本当如是。"段氏来源于其职业为锻工，《周礼·考工记·筑氏》："攻金之工，筑氏执下齐，冶氏执上齐，凫氏为声，栗氏为量，段氏为镈器，桃氏为刃。"大致分工是筑氏制削器，冶氏专制矢镞，凫氏制乐钟，栗氏制量器，段氏制农具，桃氏制刀剑。徐灏《说文解字注笺》："段、锻，古今字。引申之，则为分段。""段"分化为"锻""碫"，冶金锻造曰"锻"，锻打用的砧石曰"碫"。

（9）毅。 ![]伯吉父簋、 ![]伯吉父鼎、 ![]、 ![]赵宽碑。

《说文》："毅，妄怒也。一曰有决也。从殳豙声。"《说文》另有："豙，豕怒毛竖也。一曰残艾也。从豕辛。"段玉裁注："毅，妄怒也，从此，会意兼形声。"段玉裁主张"毅"为会意兼形声字。从"毅""豙"的释义来看，两字当有密切关系。《左传·庄公八年》："射之，豕人立而啼。"豕在受到威胁时，会拼命抵抗。"毅"中的"辛""殳"大概表示的是豕所受到的威胁。盛怒为其本义，刚毅为其引申义，《论语·泰伯》："毅，强而能断也"。

（10）役。![]、![]、![]。![]汉帛、![]衡方碑、![]曹全碑。![]褚遂良、![]颜真卿。

甲骨文从人从殳，"殳"在"人"后，以手持兵器役使人会意。小篆变作从彳从殳，从来源上看，"彳"由"亻"变来，可能因这一时期其常用义与行役有关，故而字形有所调整。《说文》："役，戍边也。从殳从彳。![]，古文役从人。"《说文》尚载有从人的古文字形。"戍边"当为其引申义。役使、服役义一直沿用至今。

（11）般。![]、![]、![]襄盘、![]兮甲盘、![]吴盘、![]、![]汉帛、![]王羲之、![]欧阳询、![]颜真卿。

甲骨文多由"凡""攴"两个部件组成，"凡"象盘形，可能为承盘之本字，后增"皿"或"木"或"金"，作"盘""槃""鎜"以记之，"皿"为其器类，"木""金"为其材质。甲骨文中有![]，从舟从攴，可能为盘旋字。大概因为盘形、舟形相近，二字混同。金文多从舟，有将部件"攴"写作"殳"者。《说文》："般，辟也。象舟之旋，从舟。从殳，殳，所以旋也。"许慎主张盘旋义是通过用撑篙使舟旋转来传达的。徐中舒先生认为："制槃时须旋转陶坯成形，故般有槃旋之义。"可备一说。

5. 攴：政、教、牧、畋、救、赦、攻、败、彻（徹）、敞、收、敛、散、放、牧、敬、效、攸、敖、枚、改、变、更、寇、鼓、鼔

（1）政。![]、![]班簋、![]墙盘、![]南疆鉦、![]、![]秦简、![]汉帛、![]衡方碑、![]孔彪碑、![]曹全碑、![]元倪墓志、![]虞世南。

甲骨文、金文均从正从攴，"攴"为手持器械，"正"是朝既定目标行进，"政"表示通过强制力来管理、治理。《说文》："政，正也。从攴从正，正亦声。"隶书中，部件"攴"渐成"攵"。

（2）教。![]、![]、![]散盘、![]郏侯簋、![]、![]秦简、![]汉帛、![]礼器碑、![]郭有道碑、![]王羲之、![]欧阳询。

甲骨文、金文完整的写法从爻从子从攴，"爻"为算筹一类的小木棍，也可用于占卜，"子"为受教育的孩子，"攴"为手执教鞭，后来私塾先生仍常用戒尺，提醒学

生集中注意力、少犯错误。《说文》:"㪨,上所施下所效也。从攴从孝。㪘,古文教。㪙,亦古文教。"隶变之后,部件"孝"渐成"孝"。"孝"金文作㪚㪛㪜,以幼子扶老者,会孝顺之意,与"教"的左半来源不同,小篆字形尚区别明显,隶变之后才相混同。也就是说,按表孝顺的"孝"来分析"教"是不符合造字本意的。

（3）牧。㪝、㪞、㪟、㪠、㪡、㪢牧师父簋、㪣同簋、㪤、牧秦简、牪衡方碑、牧西狭颂、牧曹全碑。牧敬使君碑。

甲骨文从牛从攴,有增"彳"或"辵"作者,亦有从羊从攴者,以手持牧鞭放牛或羊会意。金文与甲骨文大体相同。甲骨文、金文中常用以指掌畜牧的职官,即《周礼·地官·牧人》中的"牧人":"牧人掌牧六牲而阜蕃其物,以共祭祀之牲牷"。《说文》:"㪥,养牛人也。从攴从牛。"隶书中"攴"变作"攵"。其放牧义一直沿用至今。由放牧引申为州官之名,有管理之义。《礼记·曲礼下》:"九州之长,入天子之国曰牧。"郑玄注:"每一州之中,天子选诸侯之贤者以为之牧也。"

（4）畋。㪦、㪧、㪨。

甲骨文从攴从田,"攴"为手持猎具,"田"为狩猎场所,本指畋猎。古人常在畋猎之后,将清空的场地开垦为田地,所以"畋"往往又指耕作田地。《尚书·五子之歌》:"乃盘游无度,畋于有洛之表,十旬弗反。"用的是畋猎义。《广韵》:"畋,取禽兽也。"《说文》:"㪩,平田也。从攴、田。"《尚书·多方》:"今尔尚尔宅,畋尔田。"孔颖达疏:"治田谓之畋,犹捕鱼谓之渔,今人以营田求食谓之畋食,即此畋。"

（5）救。㪪周宅匜、㪫秦王钟、㪬、㪭秦简、㪮汉帛、㪯皇象、㪰王羲之、救颜真卿。

金文从攴求声,本指终止,如《论语·八佾》:"女弗能救与？"《管子·立政》:"山泽救于火,草木殖成,国之富也。"周代有官职名司救,郑玄注曰:"救,犹禁也,以礼防禁人之过者也。"《说文》:"㪱,止也。从攴求声。""抱薪救火""救死扶伤"等均用其本义。引申指拯救、救助。

（6）赦。㪲儳匜、㪳、赦秦简、㪴汉帛、㪵皇象、赦颜真卿。

金文从攴亦声,训匜有"今我赦女","赦"为赦免、宽恕义。《周易·解卦》:"君子以赦过宥罪。"赦与宥并提,为近义字,孔颖达疏:"赦,谓放免。"《说文》:"㪶,置也。从攴赤声。㪷,赦或从亦。"《说文》所收的或体与金文字形相同,"赦"系改声符"亦"为"赤"而来。赦免义现在仍为其常用义,如"罪不可赦""十恶不赦"等。

（7）攻。㪸鄂君启舟节、㪹攻敔戟孙钟、攻、攻秦简、攻汉帛、攻衡方碑、攻曹全碑、攻皇象、攻褚遂良。

金文从攴工声,本义为击打、攻击,《左传·僖公四年》:"以此攻城,何城不克？"即为攻打义。《说文》:"㪺,击也。从攴工声。"引申指致力于、从事某项工作,《诗·大雅·灵台》有:"庶民攻之,不日成之。"根据从事的工作,"攻"可译为建造。韩愈《师说》:"闻道有先后,术业有专攻","专攻"指专门研究。"攻读""攻习"即用这一义项。隶书中的部件"攴"逐渐变形为"攵"。

（8）败。㪻、㪼、㪽南疆钲、㪾鄂君启舟节、㪿秦简、败汉帛、败礼器碑。败褚遂良。

甲骨文从鼎从攴，少数字形从贝从攴，部件"贝"当是"鼎"的简省讹变，"贞""员""则"等字中的"贝"均是由"鼎"简省讹变而来。夏商周时期，鼎常用来祭祀，是国之重器，"败"以损坏鼎，会毁坏、破坏之意。《左传·僖公十五年》有："涉河，侯车败。"即用其本义。我们今天还有败坏一词。《说文》："󰀀，毁也。从攴贝。"据已变化之形体，误以为从贝。隶书中部件"攴"逐渐变形为"攵"。"失败""破败""衰败""腐败"等为其引申义。

（9）彻（徹）。󰀀、󰀀、󰀀何尊、󰀀墙盘。󰀀。󰀀秦简、󰀀汉帛、󰀀王羲之、󰀀欧阳询、󰀀颜真卿。

甲骨文从鬲从又，本义为撤除。《左传·宣公十二年》有："且虽诸侯相见，军卫不彻，警也。"即用其本义。金文多变部件"又"为"攴"。《说文》："󰀀，通也。从彳从攴从育。󰀀，古文彻。"小篆部件"鬲"讹变成了"育"。疑"撤""彻"为同源分化，增"扌"，强调其与手部动作有关，表其本义。增"彳"表贯通义，"贯彻""透彻""彻底"等均用这一意义。汉字简化时，"彻"中的"攴"被换成了"切"。

（10）敝。󰀀、󰀀、󰀀。󰀀秦简、󰀀汉帛、󰀀史晨碑。󰀀敬使君碑。

甲骨文从巾从攴，"巾"的四周常加一些表示灰尘的点。《说文》："󰀀，帗也。一曰败衣。从攴从㡀，㡀亦声。"《说文》又有："㡀，败衣也。从巾，象衣败之形。"因"㡀"只作构字部件使用，疑"㡀""敝"一字。"敝"本指衣服破败，泛指破旧、衰败。《诗·郑风·缁衣》有："缁衣之宜兮，敝，予又改为兮。"指衣服破了。《孟子·尽心上》："舜视弃天下，犹弃敝蹝也。"指鞋子破烂。"敝帚自珍"里的"敝"保留着破旧义。谦辞"敝处""敝校""敝姓"等为其进一步引申产生的用法。

（11）收。󰀀。󰀀秦简、󰀀汉帛、󰀀曹全碑、󰀀颜真卿。

《说文》："󰀀，捕也。从攴丩声。"《诗·大雅·瞻卬》："此宜无罪，女反收之。"《毛传》："拘收也。"引申指收取。《墨子·七患》有："一谷不收谓之馑。"是说收谷物。《史记·廉颇蔺相如列传》："收租税而平原君家不肯出租。"是征收田租。

（12）敛。󰀀中山王䜦壶。󰀀。󰀀秦简、󰀀汉帛、󰀀史晨碑、󰀀王基碑、󰀀王羲之、󰀀褚遂良、󰀀颜真卿。

金文从攴金声。《说文》："󰀀，收也。从攴金声。"本义为收聚。《诗·小雅·大田》："彼有不获稚，此有不敛穧。"即为收取义。引申有收束、节制义。

（13）散。󰀀。󰀀散伯卣、󰀀散盘、󰀀散车父壶。󰀀、󰀀秦简、󰀀汉帛、󰀀辟雍碑、󰀀王羲之、󰀀王献之、󰀀颜真卿。

甲骨文从林从攴，本义可能指芟除草木。金文"林"省作"艹"或"竹"，增声符"月"。《方言》："散，杀也。"尚与其本义相关。《说文》："󰀀，杂肉也。从肉㪔声。"从来源上看，肉形当为月形之讹，《说文》的形义分析均有问题。芟除草木，则见分散、散乱之状，"散"进而又引申有散漫、闲散义。

（14）放。󰀀中山王䜦壶。󰀀多友鼎。󰀀汉帛、󰀀曹全碑、󰀀王羲之、󰀀敬使君碑、󰀀褚遂良。

金文从攴方声，本指驱逐、放逐。《尚书·舜典》："放驩兜于崇山。"《左传·宣公元年》："晋放其大夫胥甲父于卫。"均用放逐义。《说文》："󰀀，逐也。从攴方声。""释放""放纵""放弃""放置"等用其引申义。

（15）孜。䍃毛公䯧鼎、䍃。

《说文》："䍃，强也。从攴矛声。"《说文》："务，趣也。从力孜声。"段玉裁注："趣者，疾走也。务者，言其促疾于事也。"疑"務"为"孜"之繁化，部件"力"为累增意符。中山王䁀壶有"夫古之圣王，孜才得孥"，"孜"即"務"，说的是圣王致力于招纳贤才。汉字简化时，"務"只保留了字形的右半部分。"务"的本义为致力于从事某事，现在仍有"务工""务农""当务之急"等说法，引申有名词的用法，指从事的工作、事务，现在有"任务""公务""商务""特务""不识时务"等说法。

（16）敬。䉼师酉簋、䉼师𠭰簋、䉼秦公鎛、䉼、敬秦简、敬秦简、敬汉帛、敬景君碑、敬礼器碑、敬桐柏庙碑、敬史晨碑、敬曹全碑、敬王羲之、敬高贞碑。

西周金文"敬"多为肃敬义。《诗·周颂·闵予小子》："维予小子，夙夜敬止。"郑玄笺："敬，慎也。"《左传·僖公二十八年》："戒尔车乘，敬尔君事。"《礼记·表记》："事君慎始而敬终。"与"戒""慎"义近，即用其本义。《说文》："䉼，肃也。从攴苟。"徐灏曰："敬有戒谨义，苟训急敕，敕者，戒也。其义相近，声也相转，疑古敬字，从苟加攴，攴，治也，治事肃恭之意。"部件"苟"的上边本不是"艹"，隶书中为书写之便，逐渐变形成了"艹"。《释名·释言语》："敬，警也，恒自肃警也。"《说文》："警，戒也。从言从敬，敬亦声。""敬""警"为同源字，增"言"，谓以言语警告也。

（17）效。䉼、䉼、䉼效卣、䉼毛公䯧鼎、䉼。效秦简、效汉帛、效郭有道碑、效曹全碑、效皇象、效王羲之、效欧阳询。

金文从攴交声，或有将"交"写作"矢"者，当为形近而混。《说文》："䉼，象也。从攴交声。""教""学""效"古音相近，疑义亦相通，"效"的本义可能是效法、摹仿。《诗·小雅·鹿鸣》："君子是则是效。"《周易·系辞上》："天地变化，圣人效之。"《左传·庄公二十一年》："郑伯效尤，其亦将有咎。""东施效颦""上行下效"等都是用的这个意思。这个义项或增意符"亻"，写作"傚"。引申指报效、效力，如《史记·淮阴侯列传》："顾恐臣计未必足用，愿效愚忠。"这个义项或改部件"攴"为"力"作"劾"。又用作名词表示效果、成效，如《战国策·秦策一》："愿大王少留意，臣请奏其效"。

（18）攸。䉼、䉼、䉼伊簋、䉼师酉簋、䉼王古尊、䉼、攸汉帛、攸汉帛、攸景君碑、攸衡方碑、攸曹全碑、攸欧阳询、攸虞世南。

甲骨文从人从攴，用作地名，本义不详。金文表示长远，有于"人"与"攴"间增二三点或一竖者。《说文》："䉼，行水也。从攴从人，水省。"系据变形之后的字形释义。一些含"攸"的字似有长、远、久的意味，如"條""脩""悠"，虽均以"攸"为声符，但均有与长远有关的用法。《尚书·禹贡》："厥草惟繇，厥木惟條。"孔颖达疏："繇是茂之貌，條是长之体。"《诗·小雅·六月》："四牡脩广，其大有顒。""脩"是长的意思。《离骚》："路曼曼其脩远兮。""脩"是远的意思。《诗·小雅·渐渐之石》："山川悠远，维其劳矣。""悠"是远的意思。

（19）敖。𣊫並伯簋、𣊫屖敖簋、𣊫。𣊫秦简、𣊫秦简、𣊫汉帛、𣊫居延简。𣊫赵孟頫。

金文从中从人从攴，用作人名，本义不详。《说文》："𣊫，出游也。从出从放。"小篆字形变化较大，《说文》的释义为"敖"在古文献中的常用义，如《诗·邶风·柏舟》："微我无酒，以敖以游"。这个意义，后世增意符"辶"，写作"遨"。朱骏声《说文通训定声》："敖，俗字作遨。"

（20）枚。𣏾並、𣏾、𣏾父丙卣、𣏾父乙鼎、枚、枚汉帛、枚汉帛、枚衡方碑、枚曹全碑、枚王羲之、枚褚遂良。

甲骨文从木从攴。《说文》："枚，干也，可为杖。从木从攴。"段玉裁曰："引伸为衔枚之枚，为枚数之枚。……杖可以击人者也，故取木攴会意。"《诗·周南·汝坟》："遵彼汝坟，伐其条枚。"《毛传》："枝曰条，干曰枚。"

（21）改。𢻻、𢻻、𢻻汉帛、𢻻王羲之、𢻻张猛龙、𢻻欧阳询。

甲骨文从攴巳声，表示改变的意思。小篆"巳"变作"己"。《说文》："𢻻，更也。从攴己。"李阳冰曰："己有过，攴之即改。"系据小篆形体立说。先秦时期多用更改、改变义，如《诗·豳风·七月》："曰为改岁，入此室处"，《论语·雍也》："人不堪其忧，回也不改其乐"。

（22）变。𥸤曾侯乙钟、𥸤、𥸤秦简、𥸤汉帛、𥸤华山神庙碑、𥸤皇象、𥸤索靖、𥸤欧阳询。

金文似由"音""弁"组成，金文中"音""言"通用。小篆重新构形，《说文》："𥸤，更也。从攴䜌声。"《周易·乾卦》："乾道變化，各正性命。"《尚书·毕命》："既历三纪，世變风移。"均用变化义。现行简化字由草书楷化而成。

（23）更。𠬛班簋、𠬛师㝨簋、𠬛、𠬛秦简、𠬛汉帛、𠬛礼器碑、𠬛皇象、𠬛王羲之、𠬛欧阳询。

甲骨文从攴丙声，于省吾先生认为是"鞭"的初文。西周金文多增一"丙"。战国文字复为一"丙"。《说文》："𠬛，改也。从攴丙声。"早期典籍多用更改义，如《韩非子·解老》："凡法令更则利害易"。引申有替换义，如《吕氏春秋·仲春》："祀不用牺牲，用圭璧，更皮币。"段玉裁曰："更训改，亦训继。不改为继，改之亦为继。"《周礼·春官·巾车》："岁时更续，共其币车。""赓续"或与之有一定的关系。

（24）寇。𡨥吕鼎、𡨥虞司寇壶、𡨥、𡨥秦简、𡨥汉帛、𡨥王羲之、𡨥颜真卿。

金文从宀从元从攴，以手持杖入室击打人的头会意，本义为用暴力手段劫掠。《说文》："𡨥，暴也。从攴从完。"析形不是十分准确。《尚书·费誓》："无敢寇攘，逾垣墙，窃马牛，诱臣妾，汝有常刑。"孔安国传："军人无敢暴劫人。"

（25）鼓。𣉢洹子孟姜壶、𣉢、𣉢汉帛。

"壴"象竖鼓形，"屮"为饰物，"口"为鼓面，"ㅛ"为底座。"攴"系为明确其动词义而累增的意符。《说文》："𣉢，击鼓也。从攴从壴，壴亦声。"

（26）鼓。𣉢、𣉢、𣉢、𣉢癲钟、𣉢师㝨簋、𣉢、𣉢秦简、𣉢张景碑、𣉢虞世南。

甲骨文于"壴"旁画一鼓槌形，本义当为击鼓。《说文》："𣉢，郭也。春分之音，万物郭皮甲而出，故谓之鼓。从壴，支象其手击之也。""万物郭皮甲而出"是由鼓的形状引申出来的涨大、凸起义。"支"与"攴"表示的意思应该是相同的，也就是说

"鼓""鼓"是异体字，实际使用中以"鼓"常见，汉字整理时确定"鼓"为正体。汉隶有改"支"为"皮"者，殆因鼓蒙皮方可击打发声。

五、爪组：爪、采、爲（为）、冓、舀

（1）爪。〜、刁 师克𣪘。爪。爪 贺若谊碑。

甲骨文画的是手爪之形。《说文》："爪，丮也。覆手曰爪。象形。""丮"甲骨文作 𩰲，象人两手前伸，有所握持之形。"爪"作构字部件表示的则多为抓取之义。"抓"为其累增意符"扌"而成。

（2）采。来、𣏟、𣏟 趙卣。采。采 秦简、采 汉帛、采 衡方碑、采 白石君碑、采 钟繇、𢺟 索靖。

甲骨文从爪从木，或有于树枝上加画小圆圈，一般认为是果实之形，"采"的本义为采摘，后也有复增"扌"作"採"者。《说文》："采，捋取也。从木从爪。《诗·周南·关雎》："参差荇菜，左右采之。"即用其本义。

（3）爲（为）。𢦏、𢦏、𢦏 弘尊、𢦏 曾伯陭壶、爲、象 秦简、𢦏 汉帛、爲 乙瑛碑、爲 史晨碑、爲 张表碑、爲 曹全碑、爲 张迁碑、𢦏 索靖、𢦏 王羲之、𢦏 王羲之、爲 虞世南。

甲骨文以手牵大象，会劳作之意。卜辞中有"获象"的记载，《吕氏春秋》有"商人服象"的内容，豫州的"豫"也反映了古代河南有大象。《说文》："爲，母猴也。其为禽好爪。爪，母猴象也。下腹为母猴形。"据变形之后的小篆析解，不足为信。

（4）冓。𩰲、𩰲 再尊、𩰲 𩰲簋、𩰲。

甲骨文由"爪"与"冓"之一半组成，表示拿起的意思。"冓"的甲骨文作 𩰲，为两物相遇之形，学者多以为"遘"之本字。《说文》："冓，并举也。从爪，冓省。"段玉裁曰："凡手举字当作冓，凡称扬当作偁，凡铨衡当作稱。今字通用稱。"《尚书·牧誓》有："稱尔戈，比尔干，立尔矛，予其誓。""稱"为举的意思。

（5）舀。𩰲 郭店楚简。舀。舀 颜真卿。

甲骨文以用手于臼中舀取东西会意。《说文》："舀，抒臼也。从爪臼。"段玉裁注："既舂之，乃于臼中挹出之。今人凡酌彼注此皆曰舀，其引伸之语也。"

六、双手组

1.受：受、受、授、爰、孚

（1）受。𢖽。

《说文》："𢖽，物落；上下相付也。从爪从又。"段玉裁注："以覆手与之，以手受之，象上下相付。"

（2）受。𢖽、𢖽、𢖽 孟鼎、𢖽 毛公鼎鼎。𢖽、𢖽 秦简、𢖽 秦简、𢖽 汉帛、受 衡方碑、受 郭有道碑、受 夏承碑、受 曹全碑、受 皇象、受 王羲之、受 王羲之、受 苏孝慈墓志。

甲骨文以一手持物交付另一手会意。卜辞中既表示授予，也用来表示接受，如《甲

骨文合集》9649"今岁受年"是祈求神灵授予丰收，《甲骨文合集》6223"我受又"是我方受到保佑。《说文》："🔲，相付也。从受，舟省声。"从甲骨文、金文字形看，两手之间似为实物，古人造字时优先选取的当是生活中的常见场景，这样才能更好地借字形传达意义，从这个层面上看，两手交接之物可能是盘。舟、盘、鞋履等形在甲骨文中的写法十分相似。大概是因为汉字在发展中很多都形声化了，《说文》遂以为"受"由"舟"得声。

（3）授。🔲、🔲汉帛、🔲衡方碑、🔲孔彪碑。🔲欧阳询、🔲颜真卿。

"授"为"受"的后起增旁分化字。《说文》："🔲，予也。从手从受，受亦声。"《孟子·离娄上》："男女授受不亲，礼与？"朱熹《孟子集注》："授，与也。受，取也。"

（4）爰。🔲、🔲辛伯鼎、🔲鄂君启舟节。🔲秦简、🔲郭有道碑。🔲王羲之、🔲太妃侯造像、🔲欧阳询、🔲褚遂良。

甲骨文以两手各执物之一端，会牵引之意，为"援"之初文。罗振玉以为牵引之物象玉瑗，高鸿缙认为象绳子。《说文》："🔲，引也。从受从于。"牵引之物变形成了"于"。先秦典籍中"爰"常假借作发语词、连词等，后来人们复增表义部件"手"作"援"以记其本义。《说文》："援，引也。从手爰声。"释义与"爰"相同。

（5）孚。🔲毛公鼎、🔲趠簋、🔲戜簋、🔲。

金文在上下两手间画了一个圆点，表示拿取的意思。为方便书写，点亦有写作短横者。《说文》："🔲，五指持也。从受一声，读若律。"段玉裁注："凡今俗用五指持物引取之曰孚。"《诗·周南·芣苢》："采采芣苢，薄言捋之。"《毛传》："捋，取也。""捋"殆为"孚"累增意符"手"而成。

2.🔲：奴、共、兵、異（异）、弄、𡗗、僕（仆）

（1）🔲。🔲。🔲奴鼎。🔲谏簋、🔲。

甲骨文为两手相对拱形。《说文》："🔲，竦手也。从ナ从又。"段玉裁注："此字谓竦其两手以有所奉也。"卜辞有"奴牛""奴羊"，意为供给牛羊。多作部件使用，有捧持之义，如"奉""𢍏""弄""弈""兵""具""戒"等字均本从之，后来演变成不同的形体。

（2）共。🔲。🔲亚且乙父己卣、🔲师晨鼎、🔲禹鼎、🔲舍志鼎。🔲。🔲秦简、🔲汉帛、🔲曹全碑。🔲钟繇、🔲苏孝慈墓志。

甲骨文象双手有所捧持形，捧持之物作口或丨，后期金文于竖线上加点，后来点又连成一横。《尚书·盘庚》："惟喜康共。"蔡沈《书集传》："惟喜与汝同安尔。"《说文》："🔲，同也。从廿廾。"段玉裁注："《周礼》《尚书》供给、供奉字皆借共字为之。"裘锡圭先生认为"共"可能是"供"之初文。

（3）兵。🔲。🔲。🔲庚壶、🔲舍志盘。🔲。🔲秦简、🔲秦简、🔲汉帛、🔲孔宙碑、🔲衡方碑、🔲虞世南。

甲骨文以双手捧持斤会意，本指兵器，也指持兵器的人。《说文》："🔲，械也。从廾持斤，并力之貌。🔣，籀文。"《左传·哀公二十五年》："皆执利兵，无者执斤。""斤"象曲柄斧，段玉裁曰："斫木之斧，则谓之斤。""析""匠""斧""斯""斫""斩""断""新""所""斯"等从斤的字均本与斧头有关。

(4) 異（异）。🔣、🔣、🔣召卣、🔣单異簋、🔣、🔣秦简、🔣秦简、🔣汉帛、🔣石门颂、🔣西狭颂、🔣钟繇、🔣王羲之、🔣元珍墓志、🔣颜真卿。

甲骨文以双手捧头部会意，"鬼"甲骨文作🔣，头部写法与之相同，田殆为祭祀时所戴的象征鬼神的面具，犹傩戏面具一类的。"戴"的字形中有"異"，疑与此有关。《说文》："異，分也。从廾从畀。畀，予也。"许慎据已变形的小篆析解，不足为据。《公羊传·隐公三年》："己巳，日有食之。何以书？记異也。"表示异事、灾异的意思。"志异""灵異"等尚可见其本义。后以从廾目声的"异"代替了"異"。《说文》："异，举也。从廾目声。""異""异"本为两字，简化导致了偶合，因训举之"异"早已不用，故不致混淆。

(5) 弄。🔣朱氏壶、🔣智君子鉴、🔣、🔣秦简、🔣汉帛、🔣颜真卿。

金文从廾从玉，为把玩玉器之象。《诗·小雅·斯干》："乃生男子，载寝之床，载衣之裳，载弄之璋。"就是把玉璋给小男孩玩。《说文》："弄，玩也。从廾持玉。"又"玩，弄也。从玉元声。""弄""玩"本均与玉有关。"古玩""珍玩"等尚与"玩"之本义有关。

(6) 菐。🔣。

《说文》："菐，渎菐也。从丵从廾，廾亦声。"罗振玉曰："菐僕一字。""僕"系由"菐"增"亻"而成。

(7) 僕（仆）。🔣、🔣史仆壶、🔣、🔣秦简、🔣汉帛、🔣王羲之、🔣褚遂良、🔣颜真卿。

甲骨文以仆人捧持盛有垃圾的箕会意。《说文》："僕，给事者。从人从菐，菐亦声。🔣，古文从臣。"《诗·小雅·正月》："民之无辜，并其臣仆。"即用其本义。《礼记·礼运》曰："仕于公曰臣，仕于家曰僕。"后以从人卜声的"仆"代替了"僕"。《说文》："仆，顿也。从人卜声。"段玉裁注："引伸为前覆之辞。"这个意思现在写成了"扑"。"僕""仆"本为两字，简化导致了偶合，因前覆义已用"扑"表示，故不致混淆。

3.臼：臼、舂、舀、舁、擧（举）、舆、與（与）、興（兴）、爨、晨（晨）、臾、要、革

(1) 臼。🔣。

《说文》："臼，叉手也。从𠂇、彐。"《玉篇》："两手捧物曰臼。"叉手、捧掬时，双手的状态相似，故字形相同。"臼"作构字部件使用时，在不同的字形中表意有一定的差异。

(2) 舂。🔣、🔣伯舂盉、🔣、🔣秦简、🔣秦简、🔣汉帛。

甲骨文以双手持杵于臼中舂捣会意。《诗·大雅·生民》："或舂或揄，或簸或蹂。"

舂米于臼曰"舂"，自臼取出曰"舀"。《说文》："舂，捣粟也。从廾持杵临臼上。午，杵省也。"后为方便书写，双手与杵糅合成了"夫"。

（3）臿。畣。畬汉帛。

《说文》："畣，舂去麦皮也。从臼，干所以臿之。""臼"疑为"凵"。段玉裁注："凡谷皆得云臿也，引伸为凡刺入之称。""臿"为"锸""插"之本字。《管子·度地》："笼、臿、板、筑，各什六。"即后世之"锸"。《史记·司马相如传》："赤瑕驳荦，杂臿其间。"即后世之"插"。

（4）舁。𦥑。

《说文》："𦥑，共举也。从臼从廾。"段玉裁注："谓有叉手者、有竦手者，皆共举之人也。共举则或休息更番，故有叉手者。"段注殆有未当，非有叉手休息者，字形以四手并抬会意。典籍中多将抬轿的人称为舁人，《三国志·魏书·钟繇传》有："时华歆亦以高年疾病，朝见皆使载舆车，虎贲舁上殿就坐。"用其本义。从舁的"舆""與""興"等字均有扛抬义。

（5）擧（举）。中山王譽壶。秦简、汉帛、衡方碑、曹全碑、王羲之、褚遂良。

金文由"犬"与"舁"组成，中山王譽壶有"举贤使能"，为举荐义。《说文》："擧，对举也。从手與声。"从手，更能表现托举义。《孟子·梁惠王上》："吾力足以举百钧，而不足以举一羽。"即用托举义。隶变中下边的手写成了"六""十"。汉字简化时，字形上边草书楷化为"⺌"。

（6）舆。秦简、汉帛、礼器碑、王羲之、欧阳通。

甲骨文从舁从车，本指车舆。颜师古曰："著轮曰车，无轮曰舆。""舆"本指车箱、车床，词义扩大以后泛指车。《周礼·考工记·舆人》有"舆人为车"，古代造车的人被称为舆人。《说文》："舆，车舆也。从车舁声。"从字形渊源上看，"舁"本有表义作用。

（7）與（与）。乔君钲、𩱇䥽、秦简、秦简、汉帛、曹全碑、钟繇、虞世南。

金文由"舁"与"牙"组成，表示的大概是交付、给予之义。《史记·项羽本纪》："與斗卮酒。"意为施予。小篆形声化，"牙"变形为"与"。《说文》："與，党與也。从舁从与。𢌳，古文與。"段玉裁注："今俗以与代与，与行而与废矣。"《说文》另有："与，赐予也。一勺为与，此与与同。"汉字简化后，以"与"代"與"。

（8）興（兴）。父辛爵、鬲叔盨、秦简、汉帛、衡方碑、曹全碑、王羲之、虞世南。

甲骨文从舁从同，以四手共举桶或筒一类的东西会意。《诗·卫风·氓》："夙兴夜寐，靡有朝矣。"郑玄笺："早起夜卧。""兴"是起的意思。《说文》："興，起也。从舁从同。同力也。"隶书下边的双手渐成"六"。汉字简化时，采用草书楷化的办法，字形上边就成了"⺌"。

（9）爨。爨秦简、爨汉帛。

《说文》："爨，齐谓之炊爨。臼象持甑，冂为灶口，廾推林内火。"段玉裁注："林，柴也。内同纳。"对字形的分析十分准确。《左传·宣公十五年》："易子而食，析骸以爨。"晋杜预注："爨，炊也。"徐锴《说文解字系传》云："取其进火谓之爨，取其气上谓之炊。"为方便书写，推木柴的双手渐成"大"。

（10）晨（晨）。 伯晨鼎、 师晨鼎、 。

甲骨文从双手从辰，以双手持除草工具会意。古人日出而作，故以此会早晨之意。"蓐""耨"中均有"辰"，"辰"本象用来清除杂草和小灌木之类的农具。《说文》："晨，早昧爽也。从臼从辰。辰，时也。辰亦声。丮夕为夙，臼辰为晨，皆同意。"《说文》另有："曟，房星；为民田时者。从晶辰声。晨，曟或省。"因均与耕作时间有关，后归并为形体简单的"晨"。

（11）曳。 师曳钟、 津曳鼎、 、 秦简、 汉帛、 王羲之、 苏轼。

从金文看，似为双手抓住人，作拖拽之形。《说文》："曳，束缚捽抴为曳。从申从乙。"段玉裁注："束缚而牵引之谓之曳抴。凡史称瘐死狱中皆当作此字。曳抴者，曳之本义。"但文献鲜有用其本义者，多假借作表须臾之"臾"，如《荀子·劝学》："吾尝终日而思矣，不如须臾之所学也。"

（12）要。 是要篆。 、 秦简、 秦简、 汉帛、 曹全碑、 王羲之、 虞世南。

"要"为"腰"之初文，以人双手叉腰会意。《说文》："要，身中也。象人要自臼之形。从臼，交省声。 ，古文要。"段玉裁注："上象人首，下象人足，中象人腰，而自臼持之，故从臼。""臼"意在提示腰部之所在。屈原《楚辞·离骚》："户服艾以盈要兮，谓幽兰其不可佩。"即用其本义。"要领"即腰领，腰、颈均为人体重要部位，刑戮之处，故古书常并称，引申指重点、要点。

（13）革。 鄂君启车节。 革、 秦简、 汉帛。

"皮"金文作 ，为剥取兽皮之形，"革"的金文与之相比，最大的不同在于多了一只手形。《说文》："革，兽皮治去其毛，革更之。 ，古文革。"徐锴曰："皮去其毛，染而莹之曰革。"兽皮去毛加工就成了革。《诗·召南·羔羊》："羔羊之革，素丝五緎。"孔颖达《毛诗注疏》："兽皮治去其毛曰革。对文言之异，散文则皮革通。"

4. 癶：癶（攀）、樊

（1）癶（攀）。 、 。 汉帛。 郁鉴、 褚遂良。

《说文》："癶，引也。从反廾。 ，或从手从樊。"段玉裁注："今作攀。""攀"为 癶 之或体 ，变左右结构为上下结构而成。

（2）樊。 樊君鼎、 龙赢盘、 。 孙秋生造像。

《说文》："樊，鸷不行也。从癶从棥，棥亦声。""癶"为攀缘的双手，"棥"象樊篱。《说文》："棥，藩也。从爻从林。"《诗·小雅·青蝇》："营营青蝇，止于棥。"后改作："营营青蝇，止于樊。"毛亨曰："樊，藩也。""棥""樊"典籍通用，后统作"樊"。

第三节　足部相关

一、止组

1.止：止、正、迬（征）、辵、追、逆、是、走、疋、疏、旋、足、武、此、踵（踵）、歲（岁）、歷（历）、前

（1）止。〜、〜、〜、〜、〜召伯簋。〜。〜秦简、〜汉帛、〜曹全碑、〜张猛龙碑、〜高贞碑、〜褚遂良。

甲骨文象脚掌之形，为"趾"之初文。卜辞有"疾止"，用其本义，意谓脚有疾。《说文》："止，下基也。象艸木出有址，故以止为足。"小篆颇难见脚掌之形，许慎误以为草木之象。

（2）正。〜、〜、〜、〜。〜孟鼎、〜陳侯鼎、〜鐘伯鼎。〜。〜秦简、〜汉帛、〜郭有道碑、〜孔彪碑、〜皇象、〜王羲之、〜欧阳询。

甲骨文从止从口，"口"象城邑，以脚向城邑行进会意，为"征"之初文。卜辞有"今者王正土方"，即征伐土方的意思。《说文》："正，是也。从止，一以止。正，古文正从二。二，古上字。正，古文正从一足。足者亦止也。"古文字首笔为横者，常于其上复加一横。不偏斜、正当、正直为其引申义。

（3）迬（征）。〜、〜。〜景伯盨、〜利簋、〜史兔匜、〜麤羌鐘。〜。〜曹全碑。〜王羲之、〜狄知县残碑。

"征"当系为明确其行进义而由"正"增意符"彳"而成，金文有复增"止"者，即《说文》之"迬"。《说文》："迬，正行也。从辵正声。征，迬或从彳。"汉以后多用"征"表征伐义。

（4）辵。〜、〜。〜。

甲骨文从行从止，以脚在路上走，会行走意。《说文》："辵，乍行乍止也。从彳从止。""辵"多作构字部件使用，即现行汉字中的"辶"，从辵的字均与走路有关。

（5）追。〜、〜。〜追簋、〜郜公鼎。〜。〜秦简、〜景君碑。〜王羲之、〜高贞碑、〜虞世南。

甲骨文从𠂤从止，金文增从彳，"𠂤"在甲骨文、金文中多用为军旅之"師"，杨树达先生以为"追"表示的是追赶军队，甲骨文、金文中"追"多用于与军事有关的内容。《说文》："追，逐也。从辵𠂤声。""逐"的甲骨文从止从豕，或从兔，或从鹿。从初形上看"追""逐"的差别主要在于对象不同，卜辞中"追"的对象为人，"逐"的对象为兽。金文里"逐"亦可用于追人。

（6）逆。〜、〜、〜、〜。〜猷鐘、〜曶鼎、〜仲再簋。〜。〜秦简、〜汉帛、〜曹全碑、〜北海王造像、〜欧阳询。

甲骨文从彳从止从倒人，或省"止"，或省"彳"，不影响字义的表达。《说文》："逆，迎也。从辵屰声。关东曰逆，关西曰迎。""迎，逢也。从辵卬声。"段玉裁注：

"逆迎双声，二字通用。""逆"的本义指迎接。《尚书·顾命》："虎贲百人，逆子钊于南门之外。"即用其本义。顺逆之"逆"本作"屰"，《说文》："屰，不顺也。"段玉裁注："后人多用逆，逆行而屰废矣。"

（7）是。㝵虢季子白盘、㝵陳公子甗、㝵哀成弔鼎。㝵。㝵秦简、㝵秦简、㝵汉帛、㝵汉帛、㝵乙瑛碑、㝵孔宙碑、㝵鲜于璜碑、㝵衡方碑、㝵郭有道碑、㝵西狭颂、㝵白石君碑、㝵曹全碑、㝵索靖、㝵王羲之、㝵元珍墓志、㝵欧阳询。

金文由"早"与"止"组成，构意不详。金文多用作指示代词，如虢季子白盘："王赐乘马，是用左王。""是用左王"即"用是佐王"。系词用法首见于《孟子·告子上》："钧是人也，或为大人，或为小人，何也？"《说文》："㝵，直也。从日正。㝵，籀文是从古文正。"段玉裁注："十目烛隐则曰直，以日为正则曰是。从日正会意。天下之物莫正于日也。"其实许慎可能是据汉代"是"的一些用法析解字形的，小篆已非初形，抑或小篆据常用义对字形有所改造。

（8）走。㝵。㝵休盘、㝵效卣。㝵。㝵秦简、㝵汉帛、㝵汉帛、㝵桐柏庙碑。㝵皇象、㝵颜真卿。

甲骨文象摆动双臂奔跑的人形。金文增"止"或"彳"，以强调其行动义。金文里有从三止之㝵孟鼎、㝵或簋，为"奔"字，古以三为多，如"星"的金文作㝵麓伯星父簋，"集"的金文作㝵小集母乙卣，"奔"从三"止"，意在表现步履急骤，行进的速度较"走"更快。小篆中摆动双臂的人形写作了"夭"。《说文》："㝵，趋也。从夭止。夭者，屈也。""奔，走也。从夭，贲省声。与走同意，俱从夭。""奔"下本为三止，非"贲省声"。"奔""走"意思相近。"奔走相告""走马观花"尚可见其本义。

（9）疋。㝵。

与"足"本为一字，战国时期与"足"分为两字。《说文》："㝵，足也。上象腓肠，下从止。《弟子职》曰：'问疋何止。'古文以为《诗·大雅》字，亦以为足字，或曰胥字。"段玉裁注："此谓古文假借疋为雅字。……'或曰胥字'，此亦谓同音假借。……后代改疋为疏耳，疋疏古今字。"可能是因为"疋"常假借用作其他意思，遂在字形上与"足"分化开来。"疋"作构字部件使用时，仍可见其本义，如"疏""旋"。

（10）疏。㝵。㝵秦简、㝵汉帛、㝵桐柏庙碑、㝵曹全碑、㝵虞世南。

《说文》："㝵，通也。从㐬从疋，疋亦声。"《孟子·滕文公上》"禹疏九河"就是疏通河道的意思。"通"字从辵，本义是到达，《说文》："通，达也，从辵甬声"，"疏""通"义近连用，凝结成词。

（11）旋。㝵。㝵。㝵召卣。㝵。㝵欧阳询。

甲骨文从㫃从止或疋，以脚随旌旗周旋会意。《说文》："㝵，周旋，旌旗之指麾也。从㫃从疋。疋，足也。"徐锴《说文解字系传》："人足随旌旗以周旋也。""回旋""盘旋""旋即"等均用其引申义。《诗·小雅·黄鸟》："言旋言归，复我邦族。"朱熹注："旋，回；复，反也。"

（12）足。㝵、㝵、㝵、㝵免簋。㝵。㝵秦简、㝵秦简、㝵汉帛、㝵汉帛、㝵曹全碑、㝵王羲之、㝵欧阳询。

甲骨文画的是股胫脚之形，为人体下肢的总称。《说文》："㝵，人之足也。在体下。

从止口。"徐锴曰:"口象股胫之形。"引申指支撑器物的脚,《周易·鼎卦》有"鼎折足,覆公𫗧",意思是鼎腿折断了,倾覆了王公的糁。"足球"尚可见其本义。

(13)武。🖹、🖹、🖹作册大鼎、🖹秦公簋、🖹、🖹秦简、🖹汉帛、🖹衡方碑、🖹郭有道碑、🖹曹全碑。🖹索靖、🖹王羲之、🖹张猛龙碑、🖹高贞碑。

甲骨文从戈从止,表示扛着武器行进。《说文》:"🖹,楚庄王曰:'夫武,定功戢兵。故止戈为武。'"使用武力的目的是消弭战争、保境安民,这是古人对武的认识。《左传·宣公十二年》:"夫武,禁暴、戢兵、保大、定功、安民、和众、丰财者也。"隶书中,"戈"逐渐被写成了"弋"。

(14)此。🖹、🖹、🖹此鼎、🖹南疆钲、🖹、🖹秦简、🖹汉帛、🖹汉帛、🖹衡方碑、🖹钟繇、🖹王羲之、🖹张猛龙碑、🖹房山佛经。

甲骨文由"止"与"人"组成,何琳仪先生以为"趾"之初文,文献中多用为近指代词,中山王𰀁鼎:"此易言而难行。"《说文》:"🖹,止也。从止从匕。匕,相比次也。"段玉裁注:"《释诂》曰:'已,此也。'正互相发明。于物为止之处,于文为止之词。"

(15)歱(踵)。🖹毛公𪔵鼎、🖹、🖹汉帛、🖹衡方碑、🖹虞世南。

"歱",《说文》:"跟也。从止重声。"又"踵,追也。从足重声。"立为两字。但《释名·释形体》:"足后曰跟,或曰踵。"《玉篇》说:"歱,古文踵字。"《集韵》:"踵本作歱。"《字汇·足部》:"踵,足跟。"典籍中"踵",名动用法均有,如《荀子·荣辱》:"小人莫不延颈举踵而愿曰:'知虑材性,固有以贤人矣!'"指脚后跟。《左传·昭公二十四年》:"吴踵楚,而疆场无备,邑能无亡乎?"是跟随的意思。"摩肩接踵""接踵而至"均用其本义。

(16)歲(岁)。🖹、🖹、🖹利簋、🖹曶鼎、🖹毛公𪔵鼎、🖹、🖹秦简、🖹汉帛、🖹曹全碑、🖹王羲之、🖹王献之。

甲骨文假"戉"为"歲",或增意符"步"以表岁月推移之义。小篆声符改为"戌","戉""戌"古音相近。《说文》:"🖹,木星也。越历二十八宿,宣遍阴阳,十二月一次。从步戌声。"先民根据天象变化制定了历法,东周至汉代用岁星纪年。敬事天王钟"百歲之外",即指年。

(17)歷(历)。🖹、🖹、🖹毛公𪔵鼎、🖹禹鼎、🖹、🖹衡方碑、🖹曹全碑、🖹索靖、🖹王献之、🖹王献之。

甲骨文从止从秝或林,以走过秝旁或林旁会意。《尚书·毕命》:"既歷三纪,世变风移。"即用经过义。金文增"厂",常简写作"厤"。《说文》:"🖹,过也。从止厤声。"段玉裁注:"引伸为治曆明时之曆。"日曆之"曆"系"歷"改"止"为"日"而成,汉字简化后"歷""曆"均作"历"。

(18)前。🖹、🖹、🖹兮仲钟、🖹、🖹衡方碑、🖹夏承碑、🖹王羲之、🖹欧阳询。

甲骨文从止从舟,或增从行,以强调其动作性,本义指向前行进。《庄子·寓言》:"脱屦户外,膝行而前。"即用其本义。《说文》:"歬,不行而进谓之歬。从止在舟上。"

"舟"疑象鞋子形，《说文》"履"条有"舟象履形"，舟、盘、鞋外形相似，用象形的办法表现时不易区分。段玉裁注："后人以齐斷之劗为㞢后字，又以羽生之䎹为劗齐字。"《说文》："劗，齐斷也。从刀前声。""劗"为"剪"之本字，被借作"㞢"，后又复增"刀"作"剪"以表其本义。"㞢"上边的"止"隶变中被简省成了"䒑"。

2.之：之、往、出

（1）之。 ✍ 善夫克鼎、✍ 智君子鑑、✍ 、✍ 秦简、✍ 汉帛、✍ 礼器碑、✍ 孔宙碑、✍ 衡方碑、✍ 钟繇、✍ 索靖、✍ 卜壶、✍ 王羲之、✍ 元倪墓志。

甲骨文从止从一，"一"代表出发地，字形表现的是离开原地，前往他处的意思。《诗·卫风·伯兮》："自伯之东，首如飞蓬。"即用其本义。甲骨文里已作代词，如"之日""之夕"即这天、这晚。金文中部件"止"变形较大，小篆承之，以致许慎误以为象初生的草木。《说文》："✍，出也。象艸过中，枝茎益大，有所之。一者，地也。"

（2）往。✍。✍ 吴王光鑑、✍ 、✍ 秦简、✍ 汉帛、✍ 衡方碑、✍ 曹全碑、✍ 虞世南。

甲骨文从止王声，本义为去、到。金文增意符"彳"。《说文》："✍，之也。从彳㞷声。✍，古文从辵。"小篆里本由"止"与"王"组合成的"㞷"变形成了声符。隶书进一步省变，"㞷"又变成了"主"。《诗·小雅·采薇》："昔我往矣，杨柳依依。今我来思，雨雪霏霏。""往"与"来"相对，意思相反，上古"往"不带宾语。

（3）出。✍、✍ 颂鼎、✍ 兮甲盘、✍ 、✍ 秦简、✍ 汉帛、✍ 乙瑛碑、✍ 曹全碑、✍ 王羲之。

甲骨文从止从凵，"凵"象坎穴，上古穴居野处，"出"以从坎穴里外出会意。《诗·郑风·出其东门》："出其东门，有女如云。"即用外出义。脚形在金文、小篆里逐渐变形，许慎误以为象草木形。《说文》："✍，进也。象艸木益滋，上出达也。"

3.夂与夊：夂、麥（麦）、來（来）、後（后）、夏（复）、復（复）、履、各、夔、致、憂（忧）、憝（忧）、愛（爱）、夒、夊、降、処（处）

（1）夂。✍。✍。

甲骨文为倒止形，以倒写的脚掌表示步履迟缓。《说文》："✍，行迟曳夂夂，象人两胫有所躧也。"释义正确，但字形分析有问题。《诗·齐风·南山》："南山崔崔，雄狐绥绥。"即用其本义。

（2）麥（麦）。✍、✍、✍ 麦盂、✍、✍ 秦简、✍ 汉帛、✍ 西狭颂、✍ 虞世南。

甲骨文由"來"与"夂"组成。"來"象整株的麦子，卜辞中多假借作动词用，遂以"夂"之有无来区别"麥""來"二字。部件"夂"，李孝定《金文诂林读后记》认为象根，张舜徽《说文解字约注》认为因为"麦种得自外来"。《说文》："✍，芒谷，秋穜厚薶，故谓之麥。麥，金也。金王而生，火王而死。从來，有穗者；从夂。"隶书中上半之"來"变形为"耒"。

（3）來（来）。✍、✍、✍ 舀鼎、✍、✍ 秦简、✍ 汉帛、✍ 汉帛、✍ 乙瑛碑、✍ 衡方碑、✍ 校官碑、来_{张迁碑}、来_{皇象}、来_{王羲之}、来_{欧阳询}。

"來"象整株的麦子，卜辞中有用其本义者，但多假借作动词用。《说文》："來，周所受瑞麥來麰。一來二缝，象芒朿之形。天所來也，故为行來之來。《诗》曰：'诒我來麰。'"隶书已见今之简体字形的写法。

（4）後（后）。（字形）、後、後_{帥鼎}、後_{儯儿鐘}、後、後_{秦简}、後_{汉帛}、後_{汉帛}、後_{衡方碑}、後_{曹全碑}、後_{张迁碑}、後_{王羲之}、後_{欧阳询}、後_{虞世南}。

甲骨文从幺从夊，"夊"以倒止形表迟缓义，"幺"大概表队伍的延续，甲骨文"孫（孙）"亦从"幺"，"幺"表血脉的延续；或增"彳"以强调其动词性，本义指行动落后。金文有累增"止"者，强调其与脚部动作有关。综合来看，"後"表现的是行走中因动作迟缓，落在了队伍的后边。《论语·微子》："子路从而后。"即用其本义。《说文》："後，迟也。从彳幺夊者，後也。𢔏，古文後从辵。"本与皇后之"后"为两字，汉字简化时，因音同，归并为"后"。

（5）夏（复）。（字形）、夏。

甲骨文中有（字形），当为"夏"之本字，字形上边象古人居所，即后世所称之"窖"，《说文》有："窖，地室也。从穴復声。"甲骨文字形下边以倒止表示进出之义。《说文》："夏，行故道也。从夊，富省声。"段玉裁注："彳部又有復。復行而复废矣。疑彳部之復乃後增也。"段说是也，"彳"系为明晰其动作性而增。"窖"则是为表地室又增意符"穴"而成。

（6）復（复）。（字形）、復_{小臣簋}、復_{散氏盤}、復、復_{秦简}、復_{秦简}、復_{汉帛}、復_{汉帛}。

"復"系"夏"增"彳"而成，金文已多见，散氏盘复增"止"，所增之"彳""辵"均为强调其与脚部动作有关。《周易·泰卦》："无往不復。"孔颖达疏："初始往者必将有反復也。"《说文》："復，往来也。从彳复声。"

（7）履。履_{五祀衞鼎}、履、履_{秦简}、履_{汉帛}、履_{衡方碑}、履_{夏承碑}、履_{王羲之}、履_{颜真卿}。

金文上边为人形，人形画了眉、首、脚等细节，下边为鞋子形。小篆人形写成了"尸"，鞋形写成了"舟"，足形写成了倒止形，增加了表示道路的"彳"。《说文》："履，足所依也。从尸从彳从夊，舟象履形。𡲿，古文履从頁从足。"段玉裁注："从尸，服履者也。彳夊皆行也。从舟，象履形。合四字会意。""履"的本义指踩踏，《诗·小雅·小旻》："战战兢兢，如临深渊，如履薄冰。"即用本义。朱骏声《说文通训定声》："古曰舄，曰屦，汉以后曰履，今曰鞵。此字本训践，转注为所践之具也。"《庄子·山木》："衣弊履穿，贫也，非惫也。"即指鞋子。

（8）各。（字形）、（字形）、（字形）、各_{師酉簋}、各_{沈子它簋}、各、各_{秦简}、各_{汉帛}、各_{乙瑛碑}、各_{曹全碑}、各_{王羲之}、各_{颜真卿}。

甲骨文以脚朝向坎穴，会到来之意。甲骨文、金文中或有增"彳"以强调其动作义者，《方言》："徦，至也。来也。"这一意义，古书多借"格"来表示，如《尚书·虞书·尧典》："光被四表，格于上下。"孔颖达疏："圣德美名，充满被溢于四方之外，又至于上天下地。"《说文》："格，木长貌。从木各声。""格"本指树木高长。"客"

《说文》以为从广各声，疑部件"各"亦有表义的作用。《说文》："夸，异辞也。从口夂。夂者，有行而止之，不相听也。"各自为其假借用法，《尚书·汤诰》："各守尔典，以承天休。"即用各个、各自义。

（9）夔。🔲、🔲、🔲三体石经、🔲隶辨。

"夔"相传为古代的神兽，《山海经·大荒东经》里讲："东海中有流波山，入海七千里。其上有兽，状如牛，苍身而无角，一足，出入水则必风雨，其光如日月，其声如雷，其名曰夔。"甲骨文的形象似与《山海经》的描述相近，但似是人扮演的。《说文》："夔，神魖也。如龙，一足，从夂；象有角、手、人面之形。"商周时期的青铜器上常见夔龙纹。《山海经》里讲黄帝用夔皮做成鼓，威震天下。后又有人传夔为尧、舜时的乐官。《韩非子》里记载孔子说："夔非一足也，一而足也。"所谓夔"一足"可能是误解，很多含有"止"的字均非因其表一足之义，如"企""武""正""歷""走""前"等。

（10）致。🔲召鼎、🔲伯致簋、🔲、🔲秦简、🔲汉帛、🔲华山碑、🔲曹全碑、🔲王羲之、🔲欧阳询、🔲虞世南、🔲颜真卿。

甲骨文从至从丮，本义为送达。《荀子·解蔽》："远方莫不致其珍。"即用其本义。金文从至从人，或于"人"形下增"止"。小篆由"至"与"夂"组成。《说文》："致，送诣也。从夂从至。"隶书尚有人形，隶变中"人"与"夂"糅合成了"夂"。

（11）憂（忧）。🔲无憂卣、🔲伯憂觯、🔲、🔲秦简、🔲汉帛、🔲汉帛、🔲衡方碑、🔲曹全碑、🔲王羲之、🔲欧阳询。

金文以手掩面，会忧伤之意。《诗·大雅·瞻卬》："人之云亡，心之忧矣。"即用忧虑义。"憂"，《说文》："憂，和之行也。从夂惪声。"《说文》又有"惪"："惪，愁也。从心从頁。"朱骏声《说文通训定声》："经传皆以憂为之，而惪字废矣。"疑"惪"实为"憂"之简写。

（12）惪（忧）。🔲齹壶、🔲、🔲秦简。

《说文》："惪，愁也。从心从頁。"徐锴《说文解字系传》："惪形于颜面，故从頁。"典籍多以"憂"为之，后增意符"心"而成"慢"。屈原《楚辞·九章·抽思》："伤余心之慢慢兮。"朱熹《楚辞集注》："慢，愁也。"汉字简化时改部件"憂"为声符"尤"，遂成"忧"。

（13）愛（爱）。🔲、🔲秦简、🔲汉帛、🔲钟繇、🔲索靖、🔲欧阳询、🔲褚遂良。

仁爱之"爱"本作"㤅"，《说文》："㤅，惠也。从心旡声。"《说文》："愛，行貌。从夂㤅声。"该义于典籍无征。疑"夂"为人形下累增的部件，无特别意涵。段玉裁注："今字假愛为㤅而㤅废矣。"简化字"爱"下边的"友"是书写中"心"与"夂"融合而成的。《诗·小雅·隰桑》："心乎愛矣，遐不谓矣。"义为喜爱、爱恋。

（14）畟。🔲。

《说文》："畟，治稼畟畟进也。从田人，从夂。《诗》曰：'畟畟良耜。'"疑"稷""禝"均由"畟"增意符而成。《说文》："稷，齋也，五谷之长。从禾，畟声。"稷为古代主要的粮食作物之一，古人推为原隰之神，因造"稷"字，犹五土之总神为"社"矣。

（15）夂。夂。

《说文》："夂，从后至也。象人两胫后有致之者。""夂"象脚形，作构字部件使用。

（16）降。阱、舁、阼㹞鐘、開、降桐柏庙碑、降欧阳询。

甲骨文从阜从两个倒着的"止"，以从山上往下走会意。书写中为协调美观，向下的左右脚逐渐变得差异很大，以致许慎认为它们是声符。《说文》："開，下也。从阜夅声。"《诗·大雅·公刘》："陟则在巘，复降在原。"郑玄笺："陟，升；降，下也。"

（17）处（处）。丮、丮。𠃍墙盘、𠃍瘐鐘、𡰥井人妾鐘、𠃌鄂君啟車節、𠃍秦简、处汉帛、处礼器碑、处桐柏庙碑、处衡方碑、处曹全碑、处钟繇、处王羲之、处牛橛造像、处褚遂良、處颜真卿。

金文从人从几虍声，人形之下画有脚。《说文》："丮，止也。得几而止。从几从夂。处，处或从虍声。"段玉裁注："人遇几而止，引申之为凡尻处之字。"《说文》或体与金文相近，后来的典籍里多用之。另《说文》："尻，處（处）也。从尸得几而止。"段玉裁注："凡尸得几谓之尻，尸即人也。引申之为凡尻处之字。既又以蹲居之字代尻，别制踞为蹲居字，乃致居行而尻废矣。""尻"为表居处的"处"的本字，字形里边也有"几"。"几"为古人闲处时常用来倚靠的家具。汉字简化时取"处"形，然构件"几"误作"卜"。

二、双止组

1. 癶、登、發（发）

（1）癶。㞢。

《说文》："㞢，足剌癶也。从止少。"《字汇》："从二止相背。"

（2）登。𤼷、𤼹、𤼺復公子簋、登孔宙碑、登白石君碑、登曹全碑、登华山神庙碑、登欧阳询。

甲骨文为双手扶着凳子供人登踏之形。疑"凳"系于"登"的基础上增意符"几"而成，"几"象低矮的供人倚靠的家具，《孟子·公孙丑下》"隐几而卧"即为此物，"凭"亦从之。《说文》："登，上车也。从癶豆。象登车形。𤼷，籀文登从収。"徐锴《说文解字系传》："两手捧登车之物也。登车之物，王谓之'乘石'。"五谷丰登之"登"本作"𤼺""𤼹"。"𤼺"为双手捧着盛有肉等祭品的豆。"登"为"𤼺"之简省，双手省去了一只并上移至"夕（肉）"旁，成手持肉形"𤼹"，与"祭"的上半相同。食器豆与凳子用象形的办法表现时十分接近，笔画化后遂混成一形。许慎《说文解字》有："𤼺，礼器也。""登""𤼺"初本不相混淆，因形近，手写中误合为一，宋代已然，郑樵《六书略》："𤼺，豆也。借为升登之登。合登、𤼺为一，误。"

（3）發（发）。𢏐、𢏐工獻大子劍、發、發秦简、𣫞秦简、𠭯汉帛、𢏐汉帛、發衡方碑、發校官碑、發苏孝慈墓志、發褚遂良。

早期字形以拨拉弓弦，会发射之意。金文增意符"址"，古代有用脚蹬着上弦的劲弩,《史记·苏秦列传》有:"韩卒超足而射,百发不暇止。""以韩卒之勇,被坚甲,跖劲弩,带利剑,一人当百,不足言也。"司马贞《史记索隐》:"超足谓超腾用势,盖起足蹋之而射也。""跖劲弩"说的就是韩国装备有用足或膝之力张弓的弩。小篆承袭了金文字形。《说文》:"發,躲發也。从弓癹声。"许慎以"址""殳"组合成的"癹"为声符。"发"是"髪"的草书楷化,"髪"本指毛髪,与"發"无关,汉字简化时因音同将"發"也归并进了"发"。

2.步:步、𣥂(涉)、陟

(1)步。 子且辛尊、父癸爵、步爵、秦简、秦简、汉帛、衡方碑。步皇象、王羲之、欧阳询、颜真卿。

甲骨文本来表现的是左右脚交替前行之状,但书写中并不那么严格,有同为左脚者,也有同为右脚者。《说文》:"步,行也。从止少相背。"小篆采用的是左右脚上下相承的写法。"步"的本义是行走。如《尚书·武成》:"越翼日,癸巳,王朝步自周,于征伐商。"孔安国传:"步,行也。武王以正月三日行自周,往征伐商。"引申作量词用,如《孟子·梁惠王上》:"或百步而后止,或五十步而后止。"要注意的是,古代的一步跟今天的一步有区别,《小尔雅·广度》:"跬,一举足也。倍跬谓之步"。

(2)𣥂(涉)。 格伯簋、散盘、汉帛、熹平石经。涉皇象、涉王羲之、涉褚遂良、涉颜真卿。

甲骨文于水之两侧各画一只脚,会过河之意。金文有复增一"水"的写法。《说文》:"𣥂,徒行濿水也。从沝从步。 篆文从水。"小篆将涉水的两只脚写在了一起,组合成"步"。《诗·鄘风·载驰》:"大夫跋涉。"《毛传》:"草行曰跋,水行曰涉。"

(3)陟。 㪅簋、散盘、王羲之、高贞碑。

甲骨文从𠂤从两个上行的止,以从山下往上走会意。《说文》:"陟,登也。从𠂤从步。"《诗·周南·卷耳》"陟彼高冈",即登上山脊。引申指晋升,《尚书·周官》:"王乃时巡考制度于四岳,诸侯各朝于方岳,大明黜陟",孔安国传:"觐四方诸侯,各朝于方岳之下,大明考绩黜陟之法"。

3.舛:舛、舞、桀、韋(韦)、乘(乗)、舜

(1)舛。 苏轼。

"舛"为两只朝向相反的脚。《说文》:"舛,对卧也。从夊牛相背。"《汉书·贾谊传》"本末舛逆",即本末颠倒。"舜"字从之,《说文》:"舜,草也。楚谓之葍,秦谓之藑。蔓地连华。象形。从舛,舛亦声。"段玉裁注:"从舛,亦状蔓连相向背之貌。"

(2)舞。 匽侯舞易器、儳兒鐘、华山神庙碑、虞世南。

甲骨文为人持牛尾而舞之状,《吕氏春秋·古乐》里关于原始歌舞的记载似可为印证:"昔葛天氏之乐,三人操牛尾,投足以歌八阕。"金文增象两脚的"舛",手舞足蹈之状更为直观。春秋晚期的金文有写作 的,增"彳"和"止",其实也是为强调跳舞时脚是要动的，从"夅"的字都与脚部动作有关。金文里借不加"舛"的形体为有无之"无"，小篆增"亡"，但实际用的不多，仍以"無"表示没有。"舞"的小篆则继承了增"舛"的写法，《说文》："🈳，乐也。用足相背，从舛無声。🈳，古文舞，从羽亡。"《礼记·乐记》："比音而乐之，及干戚羽旄，谓之乐。"干戚、羽旄分别为武舞、文舞的舞具。郑玄《礼记注》："羽，翟羽；旄，旄牛尾。文舞所执。""舞"的本形里持的是牛尾，《说文》所载古文持的是雉羽，"亡"为声符。

（3）桀。🈳。🈳秦简、🈳汉帛。🈳褚遂良。

字形为双脚踩在树木上，《诗·王风·君子于役》有"鸡栖于桀"，就是鸡在木桩上休息。《说文》："🈳，磔也。从舛在木上也。"疑"傑"为其后起分化字，《说文》："傑，傲也。从人桀声。"《诗·卫风·伯兮》："伯兮朅兮，邦之桀兮。"《荀子·宥坐》："此小人之桀雄也，不可不诛也。"《吕氏春秋·功名》："人主贤则豪桀归之。"《礼记·月令》："选士厉兵，简练桀俊。"均直接用"桀"表杰出义。

（4）韋（韦）。🈳、🈳围爵、🈳子围爵、🈳庚壶、🈳。🈳睡虎地秦简、🈳睡虎地秦简、🈳虞世南、🈳米芾。

甲骨文以众脚围城，会包围之意，是"圍"之本字。《说文》："韋，相背也。从舛口声。兽皮之韋，可以束枉戾相韋背，故借以为皮韋。"又"圍，守也。从口韋声。"金文里已借用"韋"表皮革义。典籍中也多用皮革义，如《左传·僖公三十三年》："以乘韋先，牛十二犒师"，《史记·孔子世家》："读《易》，韋编三绝"，《正字通》："韋，柔皮。熟曰韋，生曰革。"现代简化字形为草书楷化而成。

（5）乘（乗）。🈳、🈳。🈳格伯簋、🈳虔公匜、🈳。🈳景北海碑、🈳虞世南、🈳褚遂良。

甲骨文以人登乘于木上会意。金文多于人形下增双足，麦尊"王乘于舟"，用乘坐义。小篆人形被写成了"入"。《说文》："🈳，覆也。从入桀。"朱骏声《说文通训定声》："自上而加曰乘。"双脚在隶书中写成了两个"十"，楷书中与"木"之上横组合变作"北"。

（6）燊。🈳尹姞鼎、🈳。

《说文》："燊，兵死及牛马之血为燊。燊，鬼火也。从炎、舛。"段玉裁注："舛者，人足也。按《诗》言'宵行'，谓其能相背而行。"后写作"燐"，今作"磷"。

第四节　面部相关

一、百组

1.百：百、面、首、県、縣（县、悬）

（1）百。🈳、🈳、🈳。

为"首"省写头发而来。《说文》："🈳，头也。象形。"段玉裁注："象人头之侧面也，左象前，右象后。"徐灏《说文解字注笺》："首乃最初之古文，百其省体耳。"

（2）面。▢、▢。▢。▢秦简、▢秦简、▢汉帛、▢曹全碑、▢王羲之、▢褚遂良。

甲骨文在"目"的外围画了一圈来表示脸的轮廓。李孝定《甲骨文字集释》："契文从目，外象面部匡廓之形，盖面部五官中最是引人注意者莫过于目，故面字从之也。"小篆字形圈里的"目"变成了"百"。《说文》："▢，颜前也。从百，象人面形。"段玉裁注："颜者，两眉之中间也。颜前者，谓自此而前，则为目、为鼻、为目下、为颊之间。"隶书将"百"之上半写在了方框的外边。面粉之"面"本作"麪"，《说文》："麪，麦末也。从麥丏声。"汉字简化时因音同，"麪"被归并进了"面"。

（3）首。▢、▢。▢农卣、▢师西簋、▢。▢秦简、▢秦简、▢汉帛、▢史晨碑、▢曹全碑、▢张猛龙碑。

甲骨文画的是侧面的头部。卜辞有"王疾首"，意思是王头部有疾。金文、小篆里的头发形十分清晰。《说文》："▢，古文百也。巛象髮，谓之鬓，鬓即巛也。"隶书里的头发省写变形成了"丷"。

（4）県。県。

为"首"之倒写。《说文》："県，到首也。贾侍中说：'此断首到县県字。'"段玉裁注："到者今之倒字。"文献少见，此义多用"枭"。《六书正讹》："俗用枭，非。"《说文》："枭，不孝鸟也。日至，捕枭磔之。从鸟头在木上。"

（5）縣（县、悬）。▢縣妃簋。▢、▢秦简、▢秦简、▢汉帛、▢校官碑、▢曹全碑。▢王羲之、▢元珍墓志、▢欧阳询。

金文从木从系从県，本义为悬挂，邵钟"大鐘既縣"即用本义。金文已有用来表行政区划的，如叔夷钟："其縣二百"。小篆省去了部件"木"。《说文》："縣，系也。从系持県。"徐铉曰："此本是縣挂之縣，借为州縣之縣。今俗加心，别作懸。"段玉裁注："周制，天子地方千里，分为百縣，则系于国，秦汉縣系于郡。……自专以縣为州縣字，乃别制从心之懸挂，别其音縣去懸平。古无二形二音也。""懸"为"縣"的后起分化字。隶书部件"県"省作"目"，目下增"木"。楷书为方便书写，"目""木"融合成"县"。汉字简化时，"縣"简作了"县"，"懸"类推简化为"悬"。

2. 页：頁（页）、頭（头）、頌（颂）、顛（颠）、題（题）、項（项）、領（领）、顏（颜）、頓（顿）、顧（顾）、囂（嚣）、頌（颂）、碩（硕）、顆（颗）、頗（颇）、煩（烦）、順（顺）、須（须）

（1）頁（页）。▢、▢。▢卯簋。▢。▢曹全碑。

甲骨文着力表现的是人形上的头部，或有头发，或省写头发。李孝定《甲骨文字集释》："古文頁百首当为一字，頁象头及身，百但象头，首象头及其上发，小异耳。"小篆里跪坐的人形写作了"儿"。《说文》："▢，头也。从百从儿。"徐灏《说文解字注笺》："页与首、百本一字，因各有所属，分而为三。"隶书下边的"儿"写作"八"。简化字形是草书楷化的结果。书页之"页"本作"葉"，因音同，俗借"页"为之。

（2）頭（头）。▢蔡侯鼎。▢、▢秦简、▢汉帛、▢乙瑛碑。▢王羲之、▢魏灵藏造像。

金文从頁豆声。《说文》："▢，首也。从頁豆声。"《说文》"首""頭"互相训释。

王力先生说"頭"是"首"的音转。"頭"为后起形声字。简化字形"头"为草书楷化而成。

（3）颁（頒）。[颁]。[頒]颜真卿。

《说文》："頒，大头也。从頁分声。"《诗·小雅·鱼藻》："鱼在在藻，有颁其首。"《毛传》："颁，大首貌。"于省吾主张"颁"为"斑"，表示鱼首有文。《孟子·梁惠王上》："颁白者不负戴于道路矣。"赵岐注："头半白曰颁，斑斑然者也。"须发半白曰"颁"，引申而有颁发、颁布等义。

（4）颠（顛）。[颠]鱼颠匕。[顚]。[顛]景君碑。[顛]王羲之、[顛]颜真卿。

金文从頁眞声。《说文》："顛，顶也。从頁眞声。"《诗·秦风·车邻》："有车邻邻，有马白颠。"陈奂《诗毛氏传疏》："额有白毛，今之戴星马也。"段玉裁注："山顶亦曰颠也。颠为最上，倒之则为最下。故《大雅》'颠沛之揭'，传曰：'颠，仆也。'《论语》'颠沛'，马注曰：'僵仆也。'《离骚注》曰：'自上下曰颠。'""顶端""颠倒"为其引申义。山巅之"巅"系由"颠"增意符"山"而成。

（5）题（題）。[題]。[題]汉帛、[題]欧阳通。

《说文》："題，额也。从頁是声。"徐铉曰"額"："今俗作额（額）。"段玉裁注："引伸为凡居前之称。"《楚辞·招魂》"雕题黑齿"，"雕题"指额头上雕刻有花纹。"题目""篇名"犹额头、眼睛处于人体最上部。

（6）项（項）。[項]。[項]秦简、[項]皇象、[項]南安公碑。

《说文》："項，头后也。从頁工声。"《玉篇》："项，颈后也。"《史记·魏其武安侯传》："籍福起为谢，案灌夫项，令谢。""案灌夫项"意为按下灌夫的脖颈。典籍里还有"强项"，指不轻易低头。"望其项背"犹见其本义。

（7）领（領）。[領]。[領]秦简、[領]汉帛、[領]乙瑛碑、[領]王羲之、[領]苏孝慈墓志。

《说文》："領，项也。从頁令声。"段玉裁注："领字以全颈言之。"《诗·卫风·硕人》："领如蝤蛴，齿如瓠犀。"《毛传》："领，颈也。"领带、红领巾即系于颈上。

（8）颜（顏）。[颜]九年衛鼎、[顏]、[顏]秦简、[顏]史晨碑、[顏]衡方碑、[顏]石婉墓志、[顏]萧思亮墓志。

金文从面产声。《说文》："顏，眉目之间也。从頁彥声。[籀]，籀文。"段玉裁注："眉之间也。各本作眉目之间，浅人妄增字耳。……凡羞愧喜忧必形于颜，谓之颜色，故色下曰颜气也。"《诗·鄘风·君子偕老》："子之清扬，扬且之颜也。"《毛传》："颜，额角丰满也。"《诗·郑风·有女同车》："有女同车，颜如舜华。"指脸色、面容。"容颜""笑逐颜开"等即用其本义。

（9）顿（頓）。[頓]。[頓]华山神庙碑、[頓]钟繇、[頓]石经左传。

《说文》："頓，下首也。从頁屯声。"《周礼·春官·大祝》："一曰稽首，二曰顿首。"郑玄注："稽首，拜头至地也。顿首，拜头叩地也。"

（10）顾（顧）。[顧]中山王響壺、[顧]、[顧]秦简、[顧]汉帛、[顧]王羲之、[顧]高湛墓志。

《说文》："顧，还视也。从頁雇声。"段玉裁注："析言之为凡视之称。"《左传·宣公十二年》："逢大夫与其二子乘，谓其二子无顾。顾曰：'赵傁在后。'"里边的两个

"顾"都是回头看。《庄子·养生主》"为之四顾，为之踌躇满志"，指看。"左顾右盼""顾名思义"等即用此义。

（11）嚣（嚣）。 ![]嚣伯盘、 ![]、 ![]颜真卿。

金文以在"頁"的周围画四个口，表喧哗之意。《说文》："嚣，声也。气出头上。从𠱠从頁。頁，首也。嚻，嚣或省。"《玉篇》："嚣，喧哗也。"《左传·成公十六年》："在陈而嚣，合而加嚣。"杜预注："嚣，喧哗也。"

（12）颂（颂）。 ![]颂壶、 ![]史颂簋、 ![]、 ![]汉帛、 ![]桐柏庙碑、 ![]衡方碑、 ![]孔彪碑、 ![]王羲之、 ![]敬使君碑。

金文从頁公声。《说文》："颂，貌也。从頁公声。䫉，籀文。"段玉裁注："古作颂貌，今作容貌，古今字之异也。"徐锴《说文解字系传》："此容仪字。歌诵者，美盛德之形容，故通作颂。后人因而乱之，以此为歌颂字。"《释名·释言语》："颂，容也，述说其成功之形容也。"邵瑛《说文解字群经正字》："此即容貌之本字，今作容，盖从籀文省而后遂定作容。"《说文》另有："容，盛也。从宀、谷。㝐，古文容从公。"古"容"与"颂"本为两字，读音相同。"颂""容"只是声符不同，"容"简省作"容"以记其本义，"颂"则记其引申义。汉沛相杨统碑："庶考斯之颂仪。""颂仪"即容仪，指容貌仪表。《左传·宣公十五年》："什一行而颂声作矣。"何休注："颂声者，太平歌颂之声。""颂"指颂扬。

（13）硕（硕）。 ![]善夫山鼎、 ![]郘史硕父鼎、 ![]、 ![]桐柏庙碑、 ![]衡方碑、 ![]颜真卿。

金文从頁石声。《说文》："硕，头大也。从頁石声。"段玉裁注："引伸为凡大之称。"《诗·魏风·硕鼠》："硕鼠硕鼠，无食我黍！"郑笺："硕，大也。""硕士"即有大学问的人。

（14）颗（颗）。 ![]、 ![]颜真卿。

《说文》："颗，小头也。从頁果声。"段玉裁注："引伸为凡小物一枚之称。珠子曰颗、米粒曰颗是也。"张舜徽《说文解字约注》："颗之声义，实受于果，木实形小谓之果，因之小头谓之颗耳。今俗惟称物之小而圆者为颗，乃自小头一义引申而出也。"文献未见用其本义者。李绅《悯农二首·其一》："春种一粒粟，秋收万颗子。"用为量词。

（15）颇（颇）。 ![]、 ![]王羲之、 ![]颜真卿。

《说文》："颇，头偏也。从頁皮声。"段玉裁注："人部曰：'偏者，颇也。'以颇引伸之义释偏也。俗语曰颇多、颇久、颇有，犹言偏多、偏久、偏有也。"《左传·昭公十二年》："婼将与季氏讼，书辞无颇。"杜预注："颇，偏也。"

（16）烦（烦）。 ![]、 ![]秦简、 ![]汉帛、 ![]皇象、 ![]王羲之。

《说文》："烦，热头痛也。从頁从火。"张舜徽《说文解字约注》："烦之言燔也，谓身热如燔烧也。今俗称身热为发烧，亦即此意。身热则头亦热，医家验病，按其头，辄知身热与否，故烦字从頁，但举頁而全身可概也。身热者多头痛，故许君以热头痛解之。身热头痛，则心意闷乱，因引申为凡闷乱之称。"《玉篇》："烦，愤闷烦乱也。"典籍未见用其本义者。《韩非子·外储说右上》："夫痤疽之痛也，非刺骨髓，则烦心不可支也。"指烦闷。

（17）顺（顺）。 何尊。 秦简、 汉帛、 桐柏庙碑、 衡方碑、 王羲之、 敬使君碑。

金文由"川"与"见"组成，用义与"逆"相对，中山王𰯄壶有："则堂（上）逆于天，下不顺于人施（也）。"《说文》："顺，理也。从頁从巛。"朱骏声《说文通训定声》："本训谓人面文理之顺也。"段玉裁注："人自顶以至于踵，顺之至也。川之流，顺之至也。故字从頁川会意，而取川声。小徐作川声，则举形声包会意。训、驯字皆曰川声也。""训""驯"也有顺义，它们为同源字。《诗·大雅·抑》："有觉德行，四国顺之。"郑玄笺："有大德行，则天下顺从其政。"

（18）须（须）。 、 周颂盨、 諌季盨。 须。 秦简。 须 汉帛。 须 皇象、 须 欧阳询。

甲骨文、金文画的是人面部长有胡须。《说文》："须，面毛也。从頁从彡。"段玉裁注："颐下毛也。……须在颐下，䫇在口上，頯在颊，其名分别有定。……俗假须为需，别制鬚鬓字。""鬚"为增意符"髟"而成，简化后与"须"并作"须"。《左传·昭公二十六年》："有君子白皙，鬒须眉，甚口。"即用本义。《汉书·冯奉世传》："愿得其众，不须复烦大将。"用必须义。

3.毛髮：而、冄（冉）、䫇（髯）、㐱、彡、髮（发）

（1）而。 、 、 子禾子釜、 中山王𰯄鼎、 。 而 秦简、 而 汉帛、 而 衡方碑、 而 张表碑、 而 郭有道碑、 而 西狭颂、 而 曹全碑、 而 王羲之、 而 高庆碑。

《说文》："而，颊毛也。象毛之形。"徐铉曰："今俗别作髯，非是。""髯"是后来增义符"髟"而成。《周礼·考工记·梓人》："深其爪，出其目，作其鳞之而。"戴震："颊侧上出者曰之，下垂者曰而，须鬣属也。"王引之《经义述闻》："而，颊毛也。之犹与也。作其鳞之而，谓起其鳞与颊毛也。"对"而"的意见一致。典籍多借作连词，如《左传·桓公元年》："美而艳"，《庄子·养生主》："臣以神遇而不以目视，官知止而神欲行"。

（2）冄（冉）。 、 、 南疆钲。 冉 隶辨。 冉 苏孝慈墓志。

《说文》："冄，毛冄冄也。象形。"段玉裁注："冄冄者，柔弱下垂之貌。"象毛发下垂之状，䫇、襄等字里本有"冄"。今作"冉"。曹植《美女篇》："柔条纷冉冉，叶落何翩翩。"描写的是柔嫩的枝条下垂的样子。

（3）䫇（髯）。 。

《说文》："䫇，颊须也。从须从冄，冄亦声。"段玉裁注："颊，面旁也。"徐铉曰："今俗别作髯，非是。""髯"是将"䫇"之意符"须"改作"髟"而成。《汉书·高帝纪》"美须髯"，颜师古注："在颐曰须，在颊曰髯。"

（4）㐱。 。

《说文》："㐱，稠发（发）也。从彡从人。《诗》曰：'㐱发如云。'鬒，㐱或从髟眞声。"段玉裁注："禾稠曰积，发稠曰㐱，其意一也。从彡，谓发。……今诗作鬒，盖以或字改古字。"

(5) 髟。髟。

《说文》:"髟,長髮猋猋也。从長从彡。""猋猋"状长发飘扬之貌,《玉篇》作"髟髟"。潘岳《秋兴赋》:"斑鬓髟以承弁兮,素髮飒以垂领。"李善《文选注》:"白黑髮杂而髟。"

(6) 髪(发)。髪。

《说文》:"根也。从髟犮声。"本为形声字,意符"髟"即提示为长长的毛发。"毫发无伤""结发夫妻""怒发冲冠"即用其义。

4.貌:兒(貌)、兜、臣(颐)

(1) 兒(貌)。兒。貌颜真卿。

《说文》:"兒,颂仪也。从人,白象人面形。貌,兒或从頁,豹省声。貌,籀文兒从豹省。"段玉裁注:"颂者今之容字。必言仪者,谓颂之仪度可兒象也。凡容言其内,兒言其外。引伸之,凡得其状曰兒。析言则容兒各有当。""貌"为后起形声字。屈原《楚辞·九章·惜诵》:"言与行其可迹兮,情与貌其不变。"王逸《楚辞章句》:"志愿为情,颜色为貌。""貌"指外在的容貌、神情。"貌合神离""花容月貌"等尚见其本义。

(2) 兜。兜。兜颜真卿。

《说文》:"兜,兜鍪,首铠也。从兆,从兒省。兒象人头也。"段玉裁注:"铠者,甲也。鍑属曰鍪,首铠曰兜鍪,谓其形似鍪也。冃部曰:'冑,兜鍪也。'古谓之冑,汉谓之兜鍪。"《东观汉记·马武传》有:"身被兜鍪铠甲,持戟奔击。"

(3) 臣(颐)。臣鑄子臣、臣曩伯臣、臣。颐校官碑、颐皇象、颐欧阳通。

《说文》:"臣,顄也。象形。噢,篆文。䫉,籀文从首。""页""首"为意符,在此构形时表义相同。《周易·彖卦》:"颐中有物曰噬嗑。"指腮颊部分。

二、目组

1.目:目、相、直、德、省、睘、蜀、眴、瞿、懼(惧)、臣、監(监)、臨(临)、臥(卧)、朢(望)、見(见)、现

(1) 目。𥃦、𥃝。𥃞节目父癸爵、𥃟目且壬爵、𥃠目爵、目。目秦简、目汉帛、目王羲之、目高贞碑。

象眼睛之形,周代金文偶有竖着写的,战国文字均竖着写了。《说文》:"目,人眼。象形。目,古文目。"卜辞有"王其疒目",用其本义。

(2) 相。相、相、相、相折尊、相四年相邦戟、相。相秦简、相秦简、相汉帛、相乙瑛碑、相张景碑、相史晨碑。相钟繇、相王羲之、相高贞碑。

甲骨文用眼睛观察树木,会察看之意。《诗·大雅·公刘》:"相其阴阳,观其流泉。"用其本义。"相亲"即察看对方是否合意。《说文》:"相,省视也。从目从木。《易》曰:'地可观者,莫可观于木。'"段玉裁注:"目接物曰相,故凡彼此交接皆曰相。其交接而扶助者,则为相瞽之相。古无平去之别也。"互相为其引申义。

（3）直。山、山、山恒簋、亶、直秦简、直汉帛、直校官碑、直曹全碑、直王羲之、直元倪墓志、直褚遂良。

甲骨文以在眼睛上加一直竖，会不弯曲之意。金文于直竖上加点，增"𠃊"。小篆点变成横，眼睛竖了起来。《说文》："直，正见也。从𠃊从十从目。"正直为其引申义。《庄子·山木》："直木先伐，甘井先竭。"用其本义。《论语·季氏》："友直，友谅，友多闻，益矣。"指正直。

（4）德。彳、𢛳、悳、徝叔德簋、徝大盂鼎、徝辛鼎、徝师望鼎、德蔡姞簋、德毛公鼎、德秦公簋、德。德孔宙碑、德鲜于璜碑、德史晨碑、德衡方碑、德孔彪碑、德曹全碑、德孙秋生造像、德高贞碑、德张玄墓志、德欧阳询、德柳公权。

甲骨文从彳从直，以行走时目光直视会意。金文多增意符"心"，以强化其道德品性之义；表直视之目光的竖线上增饰笔点，进而写作横。小篆承之。隶书笔画形状略有调整，将"目"横写。《说文》："德，升也。从彳悳声。"徐锴《说文解字系传》："内得于心曰德，升闻曰德。"早期常用义为道德，引申指恩德、恩惠，进而又有感激之义。《周易·乾卦》："君子进德修业。"指道德品行。《论语·宪问》："何以报德？以直报怨，以德报德。"指恩德。《左传·成公三年》："然则德我乎？"孔颖达："德加于彼，彼荷其恩，故谓荷恩为德。"指感恩。

（5）省。䢦、吉、西成甫鼎、吉臣卿鼎、吉旨鼎、眚嚣攸比鼎、眉、眚秦简、省汉帛、省华山碑、省皇象、省王羲之。

甲骨文从屮从目，本义指察看。金文于"屮"之中竖上增点，为便于书写，点又写作短横。小篆短横延伸为斜曲线。《说文》："省，视也。从眉省，从屮。"段玉裁注："汉禁中谓之省中，师古曰：'言入此中者皆当察视，不可妄也。'……从屮者，察之于微也。凡省必于微，故引伸为减省字。"《诗·大雅·皇矣》："帝省其山，柞棫斯拔，松柏斯兑。"指省视。

（6）瞏。瞏𣪕卣、瞏簋、伯瞏卣、瞏、瞏秦简、瞏汉帛。

金文由"目"与"袁"组成，番生簋有"玉瞏玉琮"，指玉環（环）。《说文》："瞏，目惊视也。从目袁声。"俗省作"𥌭"。《黄帝内经·素问·诊要经终论》："少阳终者耳聋，百节皆纵，目瞏绝系。"王冰注："瞏音琼。目惊貌。手足少阳之脉，皆至目锐眦，终则牵引于目，故目惊而邪视也。"

（7）蜀。𜎞、𜎟、蜀班簋、蜀、蜀汉帛、蜀乙瑛碑、蜀曹全碑、蜀欧阳询。

甲骨文上象眼睛，下象屈曲的身形。金文增意符"虫"。《说文》："蜀，葵中蚕也。从虫，上目象蜀头形，中象其身蜎蜎。"《诗·豳风·东山》："蜎蜎者蜀，烝在桑野。"《毛传》："蜀，桑虫也。"段玉裁注："传言虫，许言蚕者，蜀似蚕也。《淮南子》曰：'蚕与蜀相类，而爱憎异也。'桑中蠹即蝤蛴。"其本义后又增"虫"作"蠋"，"蜀"则用为国名、地名。

（8）䀠。䀠、䀠父丁簋、䀠。

甲骨文表现的是人左顾右看的情状。《说文》："䀠，左右视也。从二目。"段玉裁

注：“凡《诗》'齐风''唐风'，《礼记·檀弓》《曾子问》《杂记》《玉藻》，或言瞿，或言瞿瞿，盖皆䀠之假借。瞿行而䀠废矣。”

（9）瞿。𥄎汉帛、𥄎汉帛、瞿隶辨。

《说文》：“𥄎，鹰隼之视也。从隹从䀠，䀠亦声。”本指惊视的样子，如《礼记·檀弓上》："曾子闻之，瞿然曰：'呼！'"。王念孙《读书杂志·逸周书第三·瞿然以静》："经传中凡言'瞿然'者，皆是惊貌。"引申指惊惧，如《礼记·杂记下》："免丧之外，行于道路，见似目瞿，闻名心瞿"，这个意思增意符"心"，作"懼（惧）"。

（10）懼（惧）。𢢞中山王䰜鼎、懼、懼秦简、𢡔汉帛、𢡔汉帛、懼王羲之。

金文由"瞿"与"心"组成，本义为恐惧。意符"心"提示字的意思与人的情绪有关。人惊惧时眼睛往往瞪得大大的，故从瞿。中山王䰜鼎"寡人懼其忽然不可得"，用其本义。《说文》："懼，恐也。从心瞿声。𢡔，古文。"汉字简化时改为声符为"具"的形声字，作"惧"。

（11）臣。𦣝、𦣝、𦣝辰卣、𦣝令簋、𦣝臣辰父乙鼎、臣。臣秦简、臣汉帛、臣汉帛、臣乙瑛碑、臣史晨碑、臣衡方碑、臣张表碑、臣曹全碑。臣王羲之、臣欧阳询。

象竖目之形，表示人低头时的眼睛。"臣"最初的身份为奴隶，《尚书·费誓》："臣妾逋逃。"孔安国传："役人贱者，男曰臣，女曰妾。"后引申指臣僚，当为奴隶主选用了信任的奴隶来帮助管理之故，犹"宰"本为在家里劳作的奴隶，后成为管理贵族家务的职官。《论语·八佾》："君使臣以礼，臣事君以忠。"指官吏。《说文》："𦣝，牵也。事君也。象屈服之形。""俯首称臣"正是表达人低头顺从之状。

（12）監（监）。𥁴、𥁴、𥁴史㸰簋、𥁴麃監甗、𥁴頌鼎、𥁴邓孟壶。盟。監秦简、監汉帛、監华山神庙碑。監米芾、監欧阳询、監颜真卿。

《说文》："監，临下也。从卧，䘓省声。""䘓省声"误，"監"为会意字，字形表现的是人坐在器皿前，低头察看水中的影子。郭沫若《两周金文辞大系图录考释》："临水正容为監，盛水正容之器亦为監。"即初时名动为一字，既指察看，也为这种器物的名称。由察看引申有监察之义，器物名后增意符"金"，写作"鑑""鑒"。古时以水为監，冶炼铸造技术发达后，以铜为監，遂造"鑑"以记器名，又有将左右结构写作上下结构的"鑒"。后世因语音演变，为更准确记音，改"監"为"竟"，"鑑"遂成"镜"，变成了纯形声字。而"鑒"则借其引申出的鉴戒、鉴别、审查等义得以流传下来。俯首、抬头时"目"形均作"臣"，如"卧""臨""𦥑"中的"臣"，甲骨文、金文均可清晰见其本为目形。书写时，監中的"人"与"水"合写作"仌"，进而为"𠆢"；部件"臣"则草书楷化为"业"，"監"遂成"监"。《诗·大雅·皇矣》："监观四方，求民之莫。"郑玄笺："监，视也。"《左传·庄公三十二年》："明神降之，监其德也。"指监察、监督。《诗·邶风·柏舟》："我心匪监，不可以茹。"陆德明《经典释文》："监，本又作鉴。"作名词，指镜子。

（13）臨（临）。𦣝、𦣝孟鼎、𦣝毛公厝鼎、𦣝弔臨父簋。𦣝。臨秦简、臨秦简、臨汉帛、臨景君碑、臨衡方碑。臨王羲之、臨王献之、臨虞世南。

象人低头俯视物品之形。《说文》:"𦣠,监临也。从卧品声。"非从"卧",为人俯视之状,"臣"为俯视之目形,𦣠与盥中的"卧"均象人低头俯看形,与表伏卧之"卧"只是人的形态相似而已,故字形上混同为一。"人"形秦隶作"𠆢",汉隶作"亠""𠆢""𠂉",行书、草书处理为"𠂇""𠂊",楷化后就成了"亻";"品"非声,为抽象符号,代所视之物。汉字简化时,"臨"简作"临",部件"臣"简作"丨"是草书楷化的结果,如_{王献之};部件"品"之上"口",草书中常被写作点或短横,如_{王羲之}、_{虞世南}、_{苏轼};下并排之两口,行书常连作一体,如临_{唐寅}。《诗·大雅·大明》:"上帝临女,无贰尔心。"郑玄笺:"临,视也。"今"居高临下"即用其本义。

(14) 卧(臥)。𡉈_{秦简}、臥_{秦简}、臥_{秦简}、臥_{汉帛}、臥_{汉帛}、臥_{衡方碑}、臥_{褚遂良}、臥_{颜真卿}。

甲骨文、金文未见。《说文》:"臥,伏也。从人臣,取其伏也。"汉隶尚见人形,但为增强字的整体性,左撇被写作竖,这为字形演变埋下了伏笔,后来右捺变作斜点,部件"人"遂成"卜"。段玉裁注:"'伏'大徐作'休',误。卧与寝异。寝于床,《论语》'寝不尸'是也。卧于几,《孟子》'隐几而卧'是也。卧于几,故曰伏。'尸'篆下曰'象卧之形'是也。此析言之耳,统言之则不别。""卧"取人趴伏着休息之状,"臣"表示人低头时的眼睛。《说文》所谓"从人臣,取其伏也",对字形分析十分正确。《说文》谓"臣""象屈服之形","臣"为目之象,象俯首称臣者低头时眼睛的状态。

(15) 朢(望)。𦣠、𦣠、𦣠、𦣠_{保卣}、𦣠_{庚嬴卣}、𦣠_{槜伯簋}、𦣠_{望簋}、𦣠_{無叀鼎}、𦣠_{秦简}、𦣠_{汉帛}、𦣠_{曹全碑}、𦣠_{皇象}、𦣠_{欧阳询}、望_{褚遂良}。

以人立于土堆上远望会意。金文多有增"月"者,以登高望月会意。金文里有改"臣"为声符"亡"者。《说文》:"𦣠,月满也,与日相朢,以朝君。从月从臣从壬。壬,朝廷也。𦣠,古文朢省。""壬"非朝廷,为人立于土上。另《说文》:"𦣠,出亡在外,望其还也。从亡,朢省声。""亡"其实为声符。《说文》以"朢"为朔朢之朢,以"望"为远望之望。两字其实为一字之异体。邵瑛《群经正字》:"今经典统作望。"隶书仍隐约可见人立于土上之形,楷书部件"壬"形讹为"王"。《诗·卫风·氓》:"乘彼垝垣,以望复关。"明显为登高望远之义。

(16) 見(见)。𦣠、𦣠、𦣠、𦣠、𦣠_{见尊}、𦣠_{史见卣}。𦣠、𦣠_{秦简}、𦣠_{秦简}、𦣠_{汉帛}、𦣠_{礼器碑}、𦣠_{史晨碑}、𦣠_{孔彪碑}、𦣠_{王羲之}、𦣠_{王羲之}、見_{欧阳询}。

甲骨文、金文以人形上特意突出眼睛表意,取人平视形,故目横写,人形或站立或跪坐,不影响字义的传达。小篆眼睛写作了"目",人形稳定为"儿"。现行简化字为草书楷化而成。《说文》:"見,视也。从儿从目。"段玉裁注:"析言之,有视而不见者、听而不闻者。浑言之,则视与见、闻与听一也。"《诗·王风·采葛》:"一日不见,如三秋兮。"指见到、看到。

(17) 现。现_{曹全碑}、现_{王羲之}、现_{孙秋生造像记}。

《说文》无。《集韵·霰韵》:"现,玉光。同见,俗。"典籍未见用其本义者,而是用来记"见"的引申义显现、出现。如《抱朴子·至理》:"或形现往来,或但闻其声音言语。"

2.民：民、氓

（1）民。〔字形〕孟鼎、〔字形〕克鼎、〔字形〕曾子斿鼎、〔字形〕、〔字形〕秦简、〔字形〕秦简、〔字形〕汉帛、〔字形〕衡方碑、〔字形〕郭有道碑、〔字形〕曹全碑、〔字形〕王羲之、〔字形〕元倪墓志、〔字形〕欧阳询、〔字形〕褚遂良。

甲骨文以利器刺眼会意，卜辞里表示奴隶。金文"目"中多不画眼珠，已泛指庶民。小篆字形的眼睛进一步变形。《说文》："民，众萌也。亓，古文民。"《诗•大雅•生民》："厥初生民，时维姜嫄。"朱熹《诗集传》："民，人也。"《诗•小雅•节南山》："弗躬弗亲，庶民弗信。"庶民指百姓。

（2）氓。〔字形〕、〔字形〕隶辨。

《说文》："氓，民也。从民亡声。"段玉裁注："氓与民小别。盖自他归往之民则谓之氓，故字从民亡。"《孟子•滕文公上》："远方之人，闻君行仁政，愿受一廛而为氓。"指外来之民。流氓者，游民也，后指不务正业、行为不端之人。

3.眉：眉、媚

（1）眉。〔字形〕、〔字形〕、〔字形〕、〔字形〕小臣遽簋、〔字形〕周窒鼎、〔字形〕散盘、〔字形〕、〔字形〕王羲之、〔字形〕昭仁寺碑。

甲骨文在眼睛上画毛表示眉毛，画眼睛是为提供更多的信息以帮助识别，或增人形。金文多于毛下以平行于眼睛的曲线表示眉形。小篆表示眉形的曲线变形，眉毛写作"〔字形〕"。《说文》："眉，目上毛也。从目，象眉之形，上象额理也。"《诗•卫风•硕人》："螓首蛾眉，巧笑倩兮，美目盼兮。"形容美女的眉毛像蚕蛾的触须一样细长弯曲。《诗•豳风•七月》："为此春酒，以介眉寿。"《毛传》："眉寿，豪眉也。"孔颖达疏："人年老者必有豪眉秀出者。"

（2）媚。〔字形〕、〔字形〕、〔字形〕子媚爵、〔字形〕子媚觚、〔字形〕、〔字形〕秦简、〔字形〕王羲之、〔字形〕欧阳询。

甲骨文从眉从女，用作人名。《说文》："媚，说也。从女眉声。"段玉裁注："说，今悦字也。"《诗•大雅•思齐》："思媚周姜，京室之妇。"《毛传》："媚，爱也。"《玉篇•女部》："媚，妩媚。"司马长卿《上林赋》："柔桡嫚嫚，妩媚孅弱。"

三、自组：自、鼻、臭、嗅、息、辠（罪）、臬

（1）自。〔字形〕、〔字形〕、〔字形〕、〔字形〕臣卿簋、〔字形〕沈子它簋、〔字形〕召卣、〔字形〕中子化盘、〔字形〕、〔字形〕秦简、〔字形〕秦简、〔字形〕汉帛、〔字形〕史晨碑、〔字形〕郭有道碑、〔字形〕校官碑、〔字形〕张迁碑、〔字形〕王羲之、〔字形〕欧阳询。

甲骨文象鼻子形。《说文》："自，鼻也。象鼻形。"徐灏《说文解字笺注》："人之自谓或指其鼻，故有自己之称。"卜辞有"疾自"，指鼻子有病。又，"鬼方出，王自征"，指亲自。

（2）鼻。〔字形〕、〔字形〕、〔字形〕秦简、〔字形〕汉帛、〔字形〕王羲之。

甲骨文本作"自"，象鼻子形。因"自"常被借作表自己，遂加声符"畀"以记其本义。《说文》："鼻，引气自畀也。从自畀。"《孟子•离娄下》："西子蒙不洁，则人皆掩鼻而过之。"指鼻子。《方言》："鼻，始也。兽之初生谓之鼻，人之初生谓之首。"

《汉书·扬雄传上》:"有周氏之婵嫣兮,或鼻祖于汾隅。""鼻祖"指祖先。

(3) 臭。𤠙。𤠙秦简。𤠙王羲之、𤠙欧阳询。

甲骨文从自从犬,"自"象鼻子,狗鼻子灵敏,善于辨别气味,故以"自""犬"会意。《说文》:"𤠙,禽走,臭而知其迹者,犬也。从犬从自。"王筠《说文解字句读》:"谓犬臭地而知禽所往之踪迹也。"段玉裁《说文解字注》:"引伸假借为凡气息芳臭之称。"《荀子·荣辱》:"彼臭之而无嗛于鼻,尝之而甘于口,食之而安于体,则莫不弃此而取彼矣。"作动词用,指用鼻子闻。这个意义,后来写作"嗅",见于《玉篇》。《诗·大雅·文王》:"上天之载,无声无臭。"指气味。《后汉书·仲长统传》:"三牲之肉,臭而不可食;清醇之酎,败而不可饮。"指臭味。这个意义汉代有"殠"来表示,《汉书·杨王孙传》:"其穿下不乱泉,上不泄殠。"《说文》:"殠,腐气也。"段玉裁注:"臭者气也,兼芳殠言之。今字专用臭而殠废矣。"《左传》孔颖达疏:"臭是气之总名,原非善恶之称。但既谓善气为香,故专以恶气为臭。"

(4) 嗅。齅。

《说文》:"齅,以鼻就臭也。从鼻从臭,臭亦声。"为精细记录词义,在"臭"的基础上增意符"鼻"而成。《玉篇》:"齅,亦作嗅。"俗体字改"鼻"为"口"而成"嗅"。

(5) 息。𥁕中山王𰀀壶。𥁕、𥁕秦简、𥁕汉帛、息史晨碑。息虞世南。

金文从心从自,本义为气息。《说文》:"𥁕,喘也。从心从自,自亦声。"段玉裁注:"人之气急曰喘,舒曰息,引伸为休息之称,又引伸为生长之称。引伸之义行而鼻息之义废矣。……自者,鼻也。心气必从鼻出,故从心自。如心思上凝于囟,故从心囟。皆会意也。"《论语·乡党》:"屏气似不息者。"是说抑制呼吸。《诗·曹风·蜉蝣》:"心之忧矣,于我归息。"《毛传》:"息,止也。"指休息。《周易·丰卦》:"日中则昃,月盈则食,天地盈虚,与时消息。""消息"即消长。

(6) 辠(罪)。𦊓中山王𰀀鼎。𦊓、𦊓秦简、𦊓汉帛、𦊓乙瑛碑、𦊓樊敏碑、𦊓王羲之、𦊓钟繇。

金文从辛从自,"自"象鼻子,"辛"象施刑的刀具,古代罪人往往会被施以酷刑,割鼻子即劓,为当时常用的刑罚,甲骨文作𦊓,故"辠"以"辛""自"会意。《说文》:"辠,犯法也。从辛从自,言辠人蹙鼻苦辛之忧。秦以辠似皇字,改为罪。"许慎认为从辛自,系因罪人因为辛苦而鼻子发酸悲伤,殆非构意。汉代以后,经典多以"罪"为"辠"。《说文》:"罪,捕鱼竹网。从网非声。秦以罪为辠字。"屈原《楚辞·九章·惜往日》:"何贞臣之无辠兮,被谗谤而见尤。"东汉王逸注:"辠,一作罪。"

(7) 臬。𦣻。臬。

《说文》:"臬,射准的也。从木从自。"段玉裁注:"臬之引伸为凡标准法度之称。"张衡《东京赋》:"桃弧棘矢,所发无臬。"指箭靶、目标。《石阙铭·序》:"陈圭置臬,瞻星揆地。"圭臬为古代测日影的器具,喻指准则、法度。

四、耳组：耳、聽（听）、聖（圣）、聲（声）、取、聞（闻）、聰（聪）、聶（聂）、聾（聋）

（1）耳。𦔮、𦔖、𦕅耳卣、𦕆危耳卣、𦕇、𦕈秦简、𦕉汉帛、耳王羲之、耳张猛龙碑。

甲骨文字形象耳朵之形，卜辞有"疾耳"，谓耳朵有疾。《说文》："𦕇，主听也。象形。"小篆字形犹象耳朵，隶书笔画化后，渐成今形。

（2）聽（听）。𦕝、𦕞、𦕟、𦕠大保簋、𦕡辛巳簋、𦕢洹子孟姜壶、聽、聽秦简、聽秦简、聴汉帛、聽曹全碑、聽王羲之、聽李超墓志、聽欧阳询、聽虞世南。

甲骨文从耳从口，表听闻。《说文》："聽，聆也。从耳、悳，壬声。"小篆增"悳"，"悳"从直从心，即"德"，殆表示要善于倾听。"壬"本为人立于土丘上。许慎《说文解字注》："凡目所及者云视，如视朝、视事是也。凡目不能遍而耳所及者云聽，如聽天下、聽事是也。"《尚书·大禹谟》："无稽之言勿聽。"指聆听。《左传·昭公元年》："朝以聽政，昼以访问。"指处理政务。现代简化为从口斤声的"听"，《说文》："听，笑貌也。从口斤声"，本指笑貌，现其本义已废。

（3）聖（圣）。𦕤、𦕥、𦕦、𦕧师𦕨鼎、𦕩井人妄钟、𦕪曾伯霖匠、𦕫、聖秦简、聖汉帛、聖景君碑、聖桐柏庙碑、聖校官碑、聖曹全碑、聖王羲之、聖孙秋生造像、聖欧阳询。

甲骨文从口从耳从人。金文人形下增土。卜辞、金文多用作聽（听），殆其本义为听，由听力敏锐引申指通达。《说文》："聖，通也。从耳呈声。"段玉裁注："聖从耳者，谓其耳顺。《风俗通》曰：'聖者，声也。言闻声知情。'"通达之人亦谓之"聖"。《诗·邶风·凯风》："母氏聖善。"谓通达事理。朱骏声《说文通训定声》："战国以后所谓圣人，则尊崇之虚名也。"宋元时期出现俗体的"圣"，用符号"又"代替了字形上半的"耶"，与已不再使用的古"圣"字的形体偶合，《说文》："圣，汝颖之间谓致力于地曰圣。从土从又。"

（4）聲（声）。𦕬、𦕭、𦕮秦简、𦕯汉帛、聲礼器碑、聲衡方碑、聲王献之、聲石婉墓志、聲元倪墓志、聲褚遂良、聲颜真卿。

甲骨文从磬从聽，以耳朵听到磬声会意。《说文》："聲，音也。从耳殸声。殸，籀文磬。"汉字简化时仅保留了字形的一部分，从渊源上看，这部分本象悬挂着的磬。《礼记·乐记》："感于物而动，故形于声。"郑玄注："宫商角徵羽，杂比曰音，单出曰声。"孔颖达疏："初发口单者谓之声，众声和合成章谓之音，金石干戚羽旄谓之乐。"《诗·小雅·鹤鸣》："鹤鸣于九皋，声闻于天。"指鹤的鸣叫声。

（5）取。𦕰、𦕱、𦕲、𦕳、𦕴衡盉、𦕵毛公厝鼎、𦕶格伯簋、𦕷、取秦简、取汉帛、取汉帛、取桐柏庙碑、取欧阳询。

甲骨文从又从耳，以手持耳会意。古代战争中割左耳记功。《诗·大雅·皇矣》："执讯连连，攸馘安安。"《毛传》："馘，获也。不服者杀而献其左耳曰馘。"《说文》："取，捕取也。从又从耳。"《周礼》："获者取左耳。"由捕取泛化指取得。《诗·齐风·南山》："取妻如之何？必告父母。"这个用法增意符"女"作"娶"。《论语·宪问》："义然后取，人不厌其取。"指拿取。"最"从取，《说文》："冣，犯而取也。从冂从取。"

(6) 聞（闻）。[字形]孟鼎、[字形]利簋、[字形]。[字形]秦简、[字形]汉帛、[字形]礼器碑、[字形]衡方碑、[字形]郭有道碑。[字形]王羲之、[字形]元珍墓志、[字形]虞世南。

甲骨文字形特别突出人的耳朵，以表示听闻之意。卜辞有"乇己聞""乇己弗聞"，贞问先妣是否听到。金文耳朵与人形脱离。小篆变成了形声结构。《说文》："聞，知聞也。从耳門声。"现行简化字为草书楷化而成，由听见引申指被听到，即闻名，如《史记·廉颇蔺相如列传》："以勇气闻于诸侯。"用作名词，指听到的事、消息，如司马迁《报任安书》："网罗天下放失旧闻。"转指用鼻子嗅，《孔子家语》有"与善人居，如入芝兰之室，久而不闻其香，即与之化矣"。

(7) 聰（聪）。[字形]。[字形]郭有道碑、[字形]袁博碑、[字形]王羲之、[字形]石婉墓志、[字形]褚遂良。

甲骨文里有[字形]，裘锡圭等先生认为其表现的是聪明义。古人认为心有窍才能思考，[字形]，心上以短竖表通彻之意。小篆省掉短竖，"增囱"。《说文》："悤，多遽恖恖也。从心囱，囱亦声。"又："囱，在墙曰牖，在屋曰囱。象形。""囱"为屋子通气的孔窍，构字时传达的意思与短竖相同。《吕氏春秋·下贤》："恖恖乎其心之坚固也。"高诱注："恖恖，明貌。"汉代文献中"悤"用为急促义。《史记·龟策列传》有："天下祸乱，阴阳相错，悤悤疾疾，通而不相择。"段玉裁认为"悤"："从心从囱者，谓孔隙既多而心乱也。"小篆里从耳的"聰"，表示耳朵听力灵敏。《庄子·外物》："目彻为明，耳彻为聰。"引申指辨别、审察能力强。《史记·屈原贾生列传》："屈平疾王听之不聪也，谗谄之蔽明也。"《说文》："聰，察也。从耳悤声。"隶书形声化，将"囱"改作声符"公"，简化字形里构件"悤"被写作"总"，就成了"聪"。另外，从艹的"蒽"（后来形讹为"葱"）特点是叶子是中空的管状，疑与"聰"均由"悤"孳乳而来。

(8) 聶（聂）。[字形]。[字形]秦简、[字形]汉帛、[字形]楚简、[字形]颜真卿。

《说文》："聶，附耳私小语也。从三耳。"又"聑，聶语也。从口从耳。"两字互训。《庄子·大宗师》："瞻明闻之聶许。"成玄英疏："聶，附耳私语也。"汉字简化时以两个符号"又"替换了下边的两"耳"。

(9) 聾（聋）。[字形]。[字形]聋鼎、[字形]。[字形]汉帛、[字形]颜真卿。

甲骨文从耳龍声。《左传·僖公二十四年》："耳不听五声之和为聾。"指耳朵听不到声音。《说文》："聾，无闻也。从耳龍声。"汉字简化时，"龍"简化为"龙"，"聾"类推简化为"聋"。

五、口组

1.口：口、叩、品、䀠、同、喜、合、右、占、古、台、召、告、吾、谷、卻（却）、腳（脚）、名、启、唐、君、听、吠、和、如、加、知、可、号、兮、只、句、咸、哀、咢、杲

(1) 口。[字形]。[字形]切卣、[字形]戊寅鼎。[字形]。[字形]秦简、[字形]汉帛、[字形]皇象、[字形]王羲之、[字形]褚遂良。

甲骨文字形象张着的口。《说文》:"凵,人所以言食也。象形。"《左传·定公四年》:"勺饮不入口者七日。"用本义。

(2) 吅。▨、▨、▨。

以二"口"会喧哗意。《说文》:"吅,惊嘑也。从二口。"段玉裁注:"若《衔枚氏》'嚻呼叹鸣'、《大雅》'式号式呼'、以及诸书云'叫呼'者,其字皆当作'嘑',不当用外息之字。'嘑'或作'謼'。"徐锴《说文解字系传》:"众人并嘑。"朱骏声《说文通训定声》:"字亦作喧、作嚾。"

(3) 品。▨。▨保卣。▨。▨索靖、▨王羲之、▨欧阳询。

甲骨文字形中常以三表示多数,如"森"甲骨文作▨,"晶"甲骨文作▨,"焱"甲骨文作▨,"众"甲骨文作▨,等等。《说文》:"品,众庶也。从三口。"《周易·乾卦》:"云行雨施,品物流形。"《周礼注疏》:"品类之物,流布成形。""品物"即万物、各类事物。

(4) 㗊。▨。▨。

《说文》:"㗊,众口也。从四口。"文献未见用例。"嚻""嗣""囂"从之,均有高声义。

(5) 同。▨。▨永盂。▨。▨秦简、▨汉帛、▨曹全碑。▨皇象、▨钟繇、▨索靖、▨王羲之、▨虞世南。

甲骨文从凡从口,裘锡圭先生认为"凡"可能是筒、桶一类的东西。《说文》:"同,合会也。从冂从口。"段玉裁注:"口皆在所覆之下,是同之意也。"《诗·豳风·七月》:"二之日其同,载缵武功。"马瑞辰《毛诗传笺通释》:"同之言会合也,谓冬田大合众也。"

(6) 喜。▨、▨、▨、▨。▨弔妘簋、▨士父钟、▨史喜鼎、▨兮仲钟、▨郑公牼钟、▨伯喜簋、▨天亡簋。▨。▨秦简、▨汉帛。▨薛稷、▨颜真卿。

甲骨文从壴从口,"壴"即鼓,为古代常用乐器,喜笑则开口,今还有"笑口常开"之说。《说文》:"喜,乐也。从壴从口。歖,古文喜,从欠,与欢同。"《诗·小雅·菁菁者莪》:"既见君子,我心则喜。"指高兴、欢喜。

(7) 合。▨。▨秦公镈。▨。▨秦简、▨汉帛、▨曹全碑。▨索靖、▨王羲之、▨褚遂良。

上为器盖,下为器口,以器盖相合,会会合、对合之意。"會"的甲骨文作▨,与"合"的甲骨文▨相较,多了中间放食物的桶子。《说文》:"合,合口也。从亼从口。"又"會,合也"。段玉裁注:"器之盖曰會,为其上下相合也。""合"之造意殆取于此。引申指聚合、符合。

(8) 右。▨。▨颂鼎、▨善夫克鼎、▨元年师兑簋、▨楚簋。▨。▨秦简、▨秦简、▨汉帛、▨史晨碑、▨衡方碑、▨曹全碑。▨王羲之、▨欧阳询。

甲骨文画的是一只右手的侧视形,金文增"口"。《说文》:"右,助也。从口从又。"徐锴曰:"言不足以左,复手助之。"弄反了先后顺序,字形是先有手,后来才增加的"口"。段玉裁曰:"手不足,以口助之,故曰助也。"考虑到"左"金文中多是于手形下增"工",疑所增之部件各有所指。古人祭祀以咒语与神灵沟通,有语言崇拜,增"口"大概是为了表示有力的佑助，后分化出"佑"。《诗·周颂·我将》："维天其右之。"陆德明《经典释文》："右，本亦作佑。"

（9）占。⊬。⊡。占。占秦简、占汉帛、占虞世南、占李邕。

甲骨文从卜从口，"卜"为甲骨上的裂纹，"口"表示解读之义，卜辞多有"占曰"之句，均用本义。《说文》："占，视兆问也。从卜从口。"《周礼·春官·占人》："凡卜簭，君占体，大夫占色，史占墨，卜人占坼。"郑玄注："体，兆象也；色，兆气也；墨，兆广也；坼，兆璺也。体有吉凶，色有善恶，墨有大小，坼有微明。尊者视兆象而已，卑者以次详其余也。"

（10）古。古。凷。占古伯尊、古墙盘、古盂鼎。古。古秦简、古汉帛、古史晨碑、古衡方碑、古王羲之、古高贞碑、古欧阳询。

裘锡圭先生认为其甲骨文字形上象盾牌，下为区别性符号，表坚固之意。然古文献未见用坚固义者。墙盘："曰古文王，初敽龢于政。"指往昔，与今相对。《说文》："古，故也。从十、口。识前言者也。"

（11）台。㠯毛公厝鼎、㠯郾侯庫簋、㠯申鼎、㠯。㠯秦简、㠯汉帛、台褚遂良。

㠯为"以"，金文中增"口"的㠯用作"以"。《说文》："㠯，说也。从口目声。"段玉裁注："台说者，今之怡悦字。"这一用法始见于《史记·太史公自序》："惠之早霣，诸吕不台。"裴骃《史记集解》："徐广曰：'一曰怡，怪也，不为百姓所说。'""臺""台"本为两个不同的字，因读音相同，元代俗字把"臺"写作"台"。

（12）召。召。召。召師害簋、召大簋。召。召秦简、召汉帛、召衡方碑、召郭有道碑、召王羲之、召崔敬邕墓志、召李璧碑、召颜真卿。

甲骨文从口刀声，义为召唤。如《诗·小雅·出车》："召彼仆夫，谓之载矣。"《说文》："召，評也。从口刀声。"王逸《楚辞章句》："以手曰招，以言曰召。"从口刀声的还有"叨"，最初是作为"饕"的异体字出现的。《说文》："饕，贪也。从食號声。叨，饕或从口刀声。"段玉裁注："今俗与饕分别异用。"部件相同而左右结构与上下结构为两字者，如"怡"与"怠"、"忡"与"忠"、"量"与"暉"、"吟"与"含"、"枊"与"架"、"某"与"柑"、"棘"与"棗"、"摸"与"摹"、"泊"与"泉"、"帕"与"帛"、"晾"与"景"等；前五组为古时读音相同的形声字，仅以部件组合位置不同而记不同的意义。"某"从木从甘，为会意字；"柑"初作"拑"用，指木衔于马口，后来，为记柑橘义而造出从木甘声的形声字，与之偶合。"棘"与"棗"均为会意字，小棗丛生者谓"棘"。"摸"本"摹"之或体，后用作抚摸字。"泊"小篆本从水百声，隶变为"泊"。"帕"为改声符"巴"为"白"的后起字形。"晾"为元代才出现的后起形声字。

（13）告。告。凷。告田告父丁簋。告。告秦简、告汉帛、告汉帛、告张景碑、告曹全碑、告索靖、告王羲之、告元珍墓志、告褚遂良。

卜辞用作祭名，疑为以牛告祭神灵。《说文》："祰，祭名。"《说文》："告，牛触人，角箸横木，所以告人也。从口从牛。"《周易·大畜卦》有"僮牛之告"，有版本写作

"牿",《周易集解》引虞翻:"牿,谓以木楅其角。"朱熹《周易本义》:"牿,施横木于牛角,以防其触,《诗》所谓'楅衡'者也。"《诗·鲁颂·閟宫》:"秋而载尝,夏而楅衡。"郑玄笺:"楅衡其牛角,为其触抵人也。"《尚书·甘誓》:"六事之人,予誓告汝。"指告诉。

(14) 吾。吾_{商尊}、吾_{毛公厝鼎}、吾_{四年相邦戟}。吾。吾_{秦简}、吾_{汉帛}、吾_{张迁碑}。吾_{王羲之}、吾_{欧阳询}。

金文从口五声。《说文》:"吾,我,自称也。从口五声。"《论语·学而》:"吾日三省吾身。"代指自己。

(15) 谷。谷。

李守奎先生认为字形上边是由"大"讹变而成,为"呿"之初文,《玉篇》:"呿,张口貌。"《庄子·秋水》:"公孙龙口呿而不合,舌举而不下,乃逸而走。"《说文》:"谷,口上阿也。从口,上象其理。呧,谷或如此。"段玉裁注:"口上阿,谓口吻以上之肉随口卷曲。""谷"在"却""脚"中充当声符,字形发展中"却""脚"中的"谷"草书楷化为"去"。

(16) *卻(却)。卻。卻_{秦简}、卻_{汉帛}、卻_{衡方碑}、卻_{王羲之}、却_{颜真卿}。

《说文》:"卻,节欲也。从卩谷声。""卻"从卩谷声,隶书中声符变形,作"去"。早期文献多用退却义,如《战国策·秦策一》:"战栗而却"。

(17) *腳(脚)。腳。腳_{秦简}、腳_{虞世南}、脚_{颜真卿}。

《说文》:"腳,胫也。从肉卻声。"《释名》:"卻也,以其坐时卻在后也。"段玉裁注:"腳之言卻也,凡卻步必先胫。""脚"的本义为小腿。《荀子·正论》:"捶笞膑脚。"唐代杨倞注:"膑脚,谓刖其膝骨也。"

(18) 名。名、名。名_{召伯簋}、名_{南宫乎钟}。名_{秦简}、名_{汉帛}、名_{礼器碑}、名_{衡方碑}、名_{曹全碑}。名_{皇象}、名_{王羲之}、名_{高贞碑}、名_{欧阳询}。

甲骨文从夕从口。《说文》:"名,自命也。从口从夕。夕者,冥也。冥不相见,故以口自名。"《周易·系辞下》:"其称名也,杂而不越。"指名称。《礼记·曲礼下》:"国君不名卿老世妇。"指称呼别人的名字。

(19) 启。启、启。启_{颜真卿}。

甲骨文从户从口,本义为开启,或增"又",表示以手开门,战国时期"又"被写作"攴"。《说文》:"启,开也。从户从口。"又"啟,教也。从攴启声。"开导、启发其实是引申义。段玉裁注:"后人用啟字训开,乃废启不行矣。"《诗·小雅·大东》:"东有启明,西有长庚。"《毛传》:"日旦出,谓明星为启明;日既入,谓明星为长庚。庚,续也。"郭璞《尔雅注》:"晨见东方为启明,昏见西方为太白。"

(20) 唐。唐。唐_{唐子且乙爵}、唐_{唐子且乙觯}。唐。唐_{汉帛}、唐_{乙瑛碑}、唐_{王羲之}、唐_{虞世南}。

甲骨文从口庚声。《庄子·天下》:"以谬悠之说,荒唐之言,无端崖之辞,时恣纵而不傥,不以觭见之也。"陆德明《经典释文》:"荒唐,谓广大无域畔者也。"《说文》:"唐,大言也。从口庚声。啺,古文唐从口易。"段玉裁注:"引伸为大也。……又为空也。……凡陂塘字古皆作唐,取虚而多受之意。"《玉篇》:"尧称唐者,荡荡道德至大之貌。"疑"唐皇"亦为近义并用，凝结成词。

（21）君。○、○豆闭簋、○史颂簋、○樊君夔盆。○、○秦简、○汉帛、○鲜于璜碑、○肥致碑、○衡方碑、○校官碑、○白石君碑、○曹全碑、○钟繇、○王羲之、○石婉墓志、○元倪墓志、○欧阳询。

见本章第二节"四、又组"（第101页）。

（22）听。哄。

《说文》："哄，笑貌。从口斤声。"形声字，描述一种笑的样子。司马相如《上林赋》："亡是公听然而笑。"此义早已不用，因此汉字简化时"聽"被简作了"听"，不至于造成混乱。

（23）吠。𠦒、𠦒、吠。吠颜真卿。

从口从犬，表狗叫声，犹"鸣"以"口""鸟"表鸟叫声也。《说文》："吠，犬鸣也。从犬口。"《诗·召南·野有死麕》："无使尨也吠。"用其本义。

（24）和。○盗壶、○史孔盉。咊。和秦简、和汉帛、和礼器碑、和衡方碑、和夏承碑、和孔彪碑、和曹全碑、和皇象、和索靖、和王羲之、和王献之、和牛橛造像、和孙秋生造像、和元倪墓志。

甲骨文从口禾声，本指声音相应和。如《诗·郑风·萚兮》："叔兮伯兮，倡予和女。"《说文》："咊，相譍也。从口禾声。"甲骨文另有从龠禾声的龢，指乐曲和谐。段玉裁曰："此与口部和音同义别。经传多假和为龢。"两字引申之后，在表应和时相混同，战国以后的文献遂多用"和"。

（25）如。○、○、○、○。如秦简、如汉帛、如曹全碑、如皇象、如王羲之、如太妃侯造像、如元珍墓志、如高贞碑、如欧阳询。

甲骨文从女从口，本义为顺从、遵从。《左传·宣公十二年》"有律以如己也"，杜预注："如，从也。"《说文》："如，从随也。从女从口。"徐锴曰："女子从父之教，从夫之命，故从口。会意。"段玉裁注："随从必以口。从女者，女子从人者也。幼从父兄，嫁从夫，夫死从子。故《白虎通》曰：'女者，如也。'引伸之，凡相似曰如，凡有所往曰如，皆从随之引伸也。"

（26）加。○加爵、○虢季子白盘。加。加汉帛、加礼器碑、加史晨碑、加曹侯残碑、加皇象、加王羲之、加欧阳询。

从力从口，"力"象耒耜形，孙常叙先生认为表现的是劳作时加把劲，可备一说。《说文》："加，语相增加也。从力从口。"段玉裁注："譜各本作增，今正。增者，益也，义不与此同。譜下曰：'加也。'诬下曰：'加也。'此云语相譜加也。知譜诬加三字同义矣。诬人曰譜，亦曰加，故加从力。"《论语》："我不欲人之加诸我也，吾亦欲无加诸人。"义为诬枉、虚构夸大，引申指增加、增益，如《论语》："既富矣，又何加焉？"

（27）知。○中山王䇂壶。知。知秦简、知汉帛、知礼器碑、知上尊号碑、知王羲之、知欧阳询、知龙藏寺碑。

从口矢声，表知晓、了解。如《尚书·盘庚》："予弗知乃所讼。"《说文》："知，词也。从口从矢。"徐锴："知理之速，如矢之疾也。"段玉裁注："识敏，故出于口者疾如矢也。"解析的意思其实均为"智"。《说文》："矯，识词也。从白从亏从知。"段玉裁注："此与矢部知音义皆同，故二字多通用。"

(28) 可。可、可。可可侯簋、可蔡大師鼎。可秦简、可秦简、可汉帛、可孔彪碑、可皇象、可王羲之、可张猛龙碑、可欧阳询。

从口从亏，亏为气流之状。卜辞里用作可否之"可"，如《甲骨文合集》18897有："贞：其可？"《说文》："可，肎也。从口亏，亏亦声。"段玉裁注："肎者，骨间肉肎肎箸也。凡中其肎綮曰肎。"

(29) 号。号、号管氏碑。号元珍墓志、号苏孝慈墓志。

从口从亏。《说文》："号，痛声也。从口在亏上。"又："號，呼也。从号从虎。"段玉裁注："'嘑'各本作'呼'，今正。呼，外息也。与'嘑'义别。口部曰：'嘑，号也。'此二字互训之证也。""凡啼號字古作号。……今字则號行而号废矣。……亏者气舒而碍，虽碍而必张口出其声，故口在亏上。号咷之象也。""呼號"之"號"引申后兼及哭号之义，遂统作"號"。汉字简化时，又统作"号"。《诗·魏风·硕鼠》："乐郊乐郊，谁之永號。"《毛传》："號，呼也。"《左传·宣公十二年》："申叔视其井，则茅绖存焉，號而出之。"杜预注："號，哭也。"

(30) *兮。兮、兮、兮、兮。兮孟爵、兮兮仲钟、兮兮吉父簋、兮、兮桐柏庙碑、兮张表碑、兮王羲之。

从八从亏。《说文》："兮，语所稽也。从亏八，象气越亏也。"段玉裁注："兮稽叠韵。稽部曰：'留止也。'语于此少驻也，此与哉言之间也相似。……越亏皆扬也，八象气分而扬也。"《诗·唐风·绸缪》："子兮子兮，如此良人何！"用作语气助词。

(31) 只。只、只王献之、只颜真卿。

从口从八。《说文》："只，语已词也。从口，象气下引之形。"《诗·鄘风·柏舟》："母也天只，不谅人只。"用为语气词。后表仅仅，如《世说新语》刘孝标注："我只见汝送人作郡，何以不见人送汝作郡？"汉字简化时，因读音相同，"隻"也被简成了"只"。

(32) 句。句、句嚣比盨、句句它盤、句、句秦简、句汉帛、句褚遂良。

从丩口声，"丩"象藤蔓纠缠之状，义为勾连、纠缠。《礼记·月令》："句者毕出，萌者尽达。"郑玄注："句，屈生者；芒而直曰萌。"《说文》："句，曲也。从口丩声。"段玉裁注："凡地名有句字者皆谓山川纡曲，如句容、句章、句余、高句骊皆是也。凡章句之句亦取稽留可钩乙之意。古音总如钩。后人句曲音钩，章句音屦，又改句曲字为勾，此浅俗分别，不可与道古也。""勾"实由"句"稍变其形，分化而来。

(33) 咸。咸、咸、咸矢方彝、咸秦公鎛、咸、咸秦简、咸、咸汉帛、咸曹全碑、咸樊敏碑、咸索靖、咸太妃侯造像、咸崔敬邕墓志。

甲骨文、金文由"口"与"戌"组成，先秦文献多用皆、全都义，如《尚书·尧典》："庶绩咸熙。"孔安国传："咸，皆。"《说文》："咸，皆也。悉也。从口从戌。戌，悉也。"表示盐的味道的"鹹"，本从卤咸声，汉字简化时只保留了声符，就与"咸"同形了。

(34) 哀。☐禹鼎、☐哀成弔鼎、☐、☐秦简、☐汉帛、哀王基碑、哀钟繇、☐皇象、☐王羲之、☐元珍墓志、哀欧阳询。

从口衣声，本义为哀伤，哀伤时多有叹息，故从口，战国文字或有改"口"从"心"者。禹鼎"乌虖哀哉"，即"呜呼哀哉"。《说文》："☐，闵也。从口衣声。"段玉裁注："闵，吊者在门也。引伸之凡哀皆曰闵。"

(35) 咢。☐、☐、☐噩侯鼎、☐噩弔簋、☐师噩父鼎、☐。

古"噩""咢"同字。《周礼·春官·占梦》："占六梦之吉凶，一曰正梦，二曰噩梦。"郑玄注："杜子春云：'噩当为惊愕之愕，谓惊愕而梦。'""愕"为"咢"之孳乳。《玉篇》："噩，惊也。""咢，惊咢也。"《说文》："☐，哗讼也。从吅屰声。"段玉裁注："引伸为徒击鼓曰咢。"

(36) 喿。☐弔喿父簋、☐秦简、☐。

为"噪"之初文，本义为喧闹。《说文》："☐，鸟群鸣也。从品在木上。"段玉裁注："此与㙅同意。俗作噪。""同意"谓构意相似，均以三表多。

2. 舌、言、誩、㕯、訥（讷）

(1) 舌。☐、☐、☐、☐、☐秦简、☐汉帛、☐王羲之、舌苏孝慈墓志。

甲骨文画的是伸出口的舌头，分叉的舌头可能取象于蛇的舌头。《说文》云："上古草居患它，故相问'无它乎'。"可见上古时期蛇之常见，蛇的舌头因其形状特殊，给人印象深刻，一见可知，故以为舌之代表。《说文》："☐，在口，所以言也、别味也。从干从口，干亦声。"从初形看，非从"干"，"干"由舌形变化而来。《诗·大雅·抑》："莫扪朕舌，言不可逝矣。"指舌头。

(2) 言。☐、☐、☐鬲比盨、☐中山王礨壶、☐、☐秦简、☐秦简、☐汉帛、☐汉帛、言乙瑛碑、言礼器碑、言鲜于璜碑、言衡方碑、言郭有道碑、言张迁碑、言钟繇、言高贞碑。

"言"的甲骨文、金文为在"舌"之上增一横而成，于省吾先生认为横线为指事符号，表示言语出于舌。战国金文复于首横上增一短横，小篆承之。《说文》："☐，直言曰言，论难曰语。从口辛声。"实际上"辛"是形变之后的结果。中山王礨鼎有："此易言而难行也"，指说话。

(3) 誩。☐。

《说文》："☐，竞言也。从二言。"朱骏声《说文通训定声》："以言曰誩，以手曰争。""誩"以二言，会争论之意。"争（爭）"从爪、又，以两手会争夺之意。

(4) 㕯。☐。

《说文》："☐，言之讷也。从口从内。"段玉裁注："此与言部讷音义皆同。""口""言"在构字中表示的意思相近。《史记·李将军传》："广讷口少言。"《汉书》作"呐"，颜师古注："呐亦讷字。""呐"本"㕯"之异体，后用作呐喊义。《三国演义》："鸣鼓呐喊而进。"

(5) 訥（讷）。☐。

《说文》:"訥,言难也。从言从内。"现行简化字部件"言"草书楷化为"讠"。《道德经》:"大巧若拙,大辩若讷。"《论语·里仁》:"君子欲讷于言而敏于行。"指言语迟钝。

3. 曰、音、竟

(1) 曰。㠯师裛簋、㠯不娶簋、㠯邾公华钟、㠯、㠯秦简、㠯汉帛、㠯衡方碑、㠯西狭颂、㠯曹全碑、㠯张迁碑、㠯索靖、㠯王羲之、㠯欧阳询。

甲骨文"曰"为"口"上画一短横,本义为说话、说。金文有将短横写成曲线者,小篆承之。《说文》:"㠯,词也。从口乙声。亦象口气出也。"段玉裁注:"乙象气,人将发语,口上有气。"《诗·郑风·女曰鸡鸣》:"女曰鸡鸣,士曰昧旦。"即用本义。

(2) 音。㠯秦公镈、㠯、㠯秦简、㠯汉帛、㠯史晨碑、㠯郭有道碑、㠯王羲之、㠯元详造像、㠯元倪墓志。

金文的"音"是在"言"的"口"中加短横而成,作构字部件时,"言""音"时有通作。《说文》:"㠯,声也。生于心,有节于外,谓之音。宫商角徵羽,声;丝竹金石匏土革木,音也。从言含一。"《毛诗序》:"情发于声,声成文,谓之音。"孔颖达《毛诗正义》:"以声变乃成音,音和乃成乐,故别为三名。对文则别,散则可以通。"《尚书·舜典》:"八音克谐。"指乐音。《淮南子·墬形训》:"清水音小,浊水音大。"指声响。

(3) 竟。㠯、㠯汉帛、㠯曹全碑、㠯王羲之、㠯褚遂良、㠯颜真卿。

甲骨文从言从人,古文字"言""音"通作。《说文》:"㠯,乐曲尽为竟。从音从人。"段玉裁注:"曲之所止也,引伸之凡事之所止、土地之所止皆曰竟。"《诗·大雅·瞻卬》:"鞫人忮忒,谮始竟背。"郑玄笺:"竟,犹终也。"《左传·宣公二年》:"亡不越竟,反不讨贼。"指疆界,这个意思后来增加意符"土",写作了"境"。

4. 甘:甘、旨、尝(嘗)、香、猒、甚、酣、甜、某

(1) 甘。㠯、㠯、㠯汉帛、㠯景君碑、㠯皇象、㠯王羲之、㠯欧阳询、㠯颜真卿。

甲骨文"甘"为在口中画一短横,短横指示口里最喜欢的味道,本义为甘美。《说文》:"㠯,美也。从口含一。一,道也。"段玉裁注:"甘为五味之一,而五味之可口皆曰甘。"《诗·邶风·谷风》:"谁谓荼苦?其甘如荠。"与"苦"相对,指甘甜。引申指甘愿,如《诗·卫风·伯兮》:"愿言思伯,甘心首疾。"

(2) 旨。㠯、㠯季良父壶、㠯国差𦉢、㠯、㠯秦简、㠯白石君碑、㠯王羲之、㠯太妃侯造像、㠯龙藏寺碑、㠯颜真卿。

甲骨文从匕从口,以匙入口,表示美味。《诗·小雅·鹿鸣》:"我有旨酒,以燕乐嘉宾之心。"旨酒即美味的酒。金文或将构件"口"写作"甘",不影响字义的传达,小篆承之。隶书中部件"甘"误写成了"日"。《说文》:"㠯,美也。从甘匕声。"段玉裁注:"今字以为意恉字。"《说文》:"恉,意也。从心旨声。"然经传多以"旨""指"为之。

（3）嘗（尝）。🖼姬鼎、🖼十年陳侯午錞。🖼。嘗秦简、嘗汉帛、嘗张表碑、嘗钟繇、嘗王羲之、嘗王献之。

金文从旨尚声，本指品尝滋味。《诗·小雅·甫田》："攘其左右，嘗其旨否。"即用本义。《说文》："嘗，口味之也。从旨尚声。"段玉裁注："引伸凡经过者为嘗，未经过为未嘗。"大约在唐代曾出现过增意符"口"作"嚐"，以记其本义的字形。现行简化字是由草书楷化而成的。

（4）香。🖼。🖼。香史晨碑、香衡方碑、香白石君碑、香王羲之、香龙藏寺碑。

甲骨文从黍从口，表示谷物的香味。《说文》："香，芳也。从黍从甘。"隶书中部件"甘"误写成了"日"。朱骏声《说文通训定声》："谷与酒臭曰香。"《诗·大雅·生民》："卬盛于豆，于豆于登，其香始升。"指祭品的香味。

（5）猒。🖼毛公厝鼎。🖼。猒汉帛。

金文从口从肉从犬，本义为饱足，即后来的"饜"。小篆改构件"口"为"甘"。慧琳《一切经音义》云："如犬甘肉，贪而不足，故从甘、从肉、从犬。"汉字中有"然"，由"肰"与"火"组成，疑"猒""然"两字均与犬肉有关。《说文》："猒，饱也。从甘从肰。"段玉裁注："浅人多改猒为厌，厌专行而猒废矣。猒与厌音同而义异。……饱足则人意倦矣，故引伸为猒倦、猒憎。……猒厌古今字，猒饜正俗字。……肰，犬肉也。""猒""厌"本为两字，但典籍多假"厌"为"猒"。《说文》："厭，笮也。从厂猒声。""厭"后增意符"土"作"壓"，以记其覆压义，该字形后来简化作"压"。"厭"则简化作"厌"。

（6）甚。🖼甚鼎。🖼。甚秦简、甚汉帛、甚曹全碑、甚钟繇、甚王羲之、甚欧阳询。

金文由"甘"与一构意不详的形体组成。《说文》："甚，尤安乐也。从甘，从匹，耦也。"段玉裁注："尤甘也。引伸凡殊尤皆曰甚。"《道德经》第二十九章："是以圣人去甚、去奢，去泰。"河上公注："甚，谓贪淫声色。"《诗·小雅·巷伯》："彼谮人者，亦已大甚！""大甚"即今之"太甚"。《说文》："媅，乐也。从女甚声。""甚"当亦有表义作用。朱骏声《说文通训定声》："经传多以湛、以耽为之。"《诗经》中以"湛"表尤其安乐之义，如《诗·小雅·常棣》："兄弟既翕，和乐且湛。"《诗·小雅·鹿鸣》："鼓瑟鼓琴，和乐且湛。"疑"媅""湛"均为"甚"之孳乳。《说文》："湛，没也。从水甚声。""湛"有深厚、浓重义，如《尚诗·小雅·湛露》："湛湛露斯，匪阳不晞。"《毛传》："湛湛，露茂盛貌。"今"精湛"一词尤可见深厚义。

（7）酣。🖼。酣隶辨、酣颜真卿。

从酉从甘，本义为饮酒尽兴、畅快。《尚书·伊训》："酣歌于室。"孔安国传："乐酒曰酣。"孔颖达疏："言耽酒以自乐也。"《说文》："酣，酒乐也。从酉从甘，甘亦声。"《玉篇》："乐酒也，不醉也。"段玉裁《说文解字注》："引申为凡饱足之称。"

（8）甜。🖼。甜颜真卿。

《说文》："甜，美也。从甘从舌。"从甘从舌，本指甜味。张衡《南都赋》："酸甜滋味，百种千名。"即用本义。

（9）某。🖼禽簋、某谏簋。某。某秦简、某汉帛、某颜真卿。

金文从甘从木，本指梅子。《说文》："某，酸果也。从木从甘。楳，古文某从口。"朱骏声《说文通训定声》："五味之美皆曰甘。"《玉篇》："某，古梅字。"假借为某人之"某"，后遂为借义所专，先秦典籍已多借楠木之"梅"指梅子。《说文》所谓"梅"之或体"楳"，疑为"某"的后起增繁字。

六、牙齿组：牙、穿、䪐（龋）、齒（齿）、齩（啮）、齡（龄）

（1）牙。𠄒屍放簋、𠄒師克盨、𠄒汉帛、牙皇象、牙朱君山墓志、牙龙藏寺碑、牙褚遂良。

金文"牙"象上下交错的臼齿，旋转九十度的字形为小篆所继承。《说文》："牙，牡齒也。象上下相错之形。"《诗·召南·行露》："谁谓鼠无牙？何以穿我墉？"即用本义。臼齿俗称"磨牙"，"咬牙切齿""犬牙交错""虎口拔牙""尖牙利爪""牙剪"等词，尚存本义。

（2）穿。穿、穿秦简、穿汉帛、穿褚遂良、穿颜真卿。

《说文》："穿，通也。从牙在穴中。"从穴从牙，本义为穿破。《诗·召南·行露》："谁谓鼠无牙？何以穿我墉？"即用本义。

（3）䪐（龋）。䪐、齲。

本义为蛀牙、龋齿。《说文》："䪐，齒蠹也。从牙禹声。齲，䪐或从齒。"作构字部件使用时，"牙""齿"通用。《史记·扁鹊仓公列传》："齐中大夫病龋齿。"《释名·释疾病》："龋，齿朽也。虫啮之齿缺朽也。"

（4）齒（齿）。𦥑、𦥑、𦥑、𦥑中山王䗪壶、齒、齒秦简、齒汉帛、齒王羲之、齒高贞碑、齒颜真卿。

甲骨文字形象张口露出的门齿，金文增声符"止"。《说文》："齒，口断骨也。象口齒之形，止声。𦥑，古文齒字。"现行简化字形，"口"中"牙齿"仅保留了一颗。《左传·僖公五年》："谚所谓'辅车相依，唇亡齿寒'者，其虞、虢之谓也。"即用其本义。"唇齿相依""唇红齿白""明眸皓齿""笑不露齿"等，犹可见其本义。《大戴礼记》："男以八月而生齒，八岁而齔，""女七月生齒，七岁而齔。""齔"指乳齿脱落换恒齿。说明古人对牙齿生长、更换规律已有准确认识。所以，年龄之"龄"从齿。《左传·文公元年》："君之齒未也，而又多爱，黜乃乱也。"杜预注："齒，年也。"典籍多以"年齿"指年龄。

（5）齩（啮）。齩、齩秦简。

《说文》："齩，噬也。从齒刃声。"《释名》："鸟曰啄，兽曰齩。"本义为啃咬。如《庄子·天运》："今取猨狙而衣以周公之服，彼必龁齩挽裂，尽去而后慊。""齩"有增意符"口"的异体作"嚙"，后省"刃"而成"啮"。汉字简化时，"齒"简作"齿"，"嚙"亦类推简化成"啮"。

（6）齡（龄）。齡、齡管氏碑、齡元倪墓志、齡欧阳询。

《说文》："齡，年也。从齒令声。"本义为年岁、年龄。《礼记·文王世子》："梦帝与我九龄。"郑玄注："九龄，九十年之祥也。"《论衡·感类》："古者谓年为龄，已得九龄，犹人梦得爵也。"

第五节　内部器官相关

一、肉组

1.肉：肉、肭（残）、腐

（1）肉。🄳。🄸。月秦简、夕汉帛。肉钟繇、肉王羲之、肉颜真卿。

甲骨文象肉形，小篆对肉的纹理表现得更为细腻。《说文》："🄸，胾肉。象形。"段玉裁注："胾，大脔也，谓鸟兽之肉。……人曰肌，鸟兽曰肉。"《左传·隐公元年》："公赐之食，食舍肉。"用其本义。引申之后，蔬果去皮核之后的部分也称为肉，如蔡邕《为陈留太守上孝子状》："舅偃哀其羸劣，嚼枣肉以哺之。"

（2）肭（残）。🄸。

《说文》："🄸，禽兽所食余也。从歺从肉。"段玉裁《说文解字注》："引申为凡物之余。凡残余字当作肭。"朱骏声《说文通训定声》："经传皆以残为之。""殘（残）"本义为残害、伤害。《说文》："殘，贼也。从歺戋声。"段玉裁注："今俗用为肭余字。""殘（残）"行而"肭"废，汉字简化时，"殘"简省作"残"，"肭""残"二字合用一形。

（3）腐。腐。腐汉帛。腐颜真卿。

《说文》："腐，烂也。从肉府声。"本指肉腐烂，引申为凡物之腐烂。《荀子·劝学》："肉腐出虫，鱼枯生蠹。"指肉腐烂。《吕氏春秋·尽数》："流水不腐，户枢不蝼。"则指水变质、臭败。古代称宫刑为腐刑，颜师古《汉书注》："苏林曰：'宫刑，其创腐臭，故曰腐也。'如淳曰：'腐，宫刑也。丈夫割势，不能复生子，如腐木不生实。'如说是。"

2.筋：筋、脱、胡、肖、有、胃、膏、脩（修）、隋

（1）筋。筋。筋秦简、筋汉帛、筋衡方碑、筋颜真卿。

《说文》："筋，肉之力也。从力从肉从竹。竹，物之多筋者。""筋"本指动物肌腱或骨头上的韧带，故从肉从力，之所以从竹，是因为与竹筋相似。《黄帝内经·素问·五藏生成篇》："诸筋者，皆属于节。"即用本义。

（2）脱。脱。脱秦简、脱衡方碑、脱牛橛造像、脱孙保造像、脱褚遂良。

《说文》："脱，消肉臞也。从肉兑声。"段玉裁注："今俗语谓瘦太甚者曰'脱形'，言其形象如解蜕也。"《玉篇》："脱，肉去骨。"

（3）胡。胡。胡汉帛、胡夏承碑、胡颜真卿。

本指牛下巴下垂的肉。《诗·豳风·狼跋》："狼跋其胡。"朱熹："胡，颔下悬肉也。"《说文》:"胡,牛颔垂也。从肉古声。"徐锴:"牛领下垂皮也。"段玉裁注:"牛自颐至颈下垂肥者也。引伸之凡物皆曰胡,如老狼有胡、鹈胡、龙垂胡𩒺是也。"胡须之"胡"后增意符"髟",分化出"鬍",汉字简化时复归并进"胡"。鹈鹕之"鹕"亦当为"胡"之孳乳,其嘴下有一大皮囊。

(4) 肖。_{大梁鼎}、_{秦简}、_{李邕}、_{颜真卿}。

《尚书·说命》:"说筑傅岩之野,惟肖。"孔安国传:"肖,似也。"肖像、惟妙惟肖尚可见此义。《说文》:"肖,骨肉相似也。从肉小声。不似其先,故曰'不肖'也。"用"不肖"称品行不端或才能不够的人为引申义。郑玄曰:"言不如父也。"颜师古曰:"不肖者,言无所象类,谓不材之人也。"

(5) 有。_{兔簋}、_{毛公𩰫鼎}、_{秦简}、_{汉帛}、_{衡方碑}、_{白石君碑}、_{曹全碑}。_{王羲之}、_{牛橛造像}、_{道匠造像}、_{欧阳询}。

甲骨文借"又""𢀳"为"有"。金文从又从肉,以手持肉,会持有、拥有之意,引申为凡有之称。《说文》:"有,不宜有也。从月又声。"许慎据小篆字形,误以为从月。叔夷镈钟:"咸有九州,处禹之堵。"即拥有义。

(6) 胃。_{吉日壬午剑}、_{秦简}、_{汉帛}、_{颜真卿}。

金文从囟从肉,"囟"象装满食物的胃囊。《说文》:"胃,谷府也。象形。"隶书"囟"省简成了"田"。《韩非子·喻老》:"(疾)在肠胃,火齐之所及也。"即用本义。《集韵》:"胃,亦作腪。""腪"累增意符"肉",叠床架屋,后世不传。

(7) 膏。_{汉帛}、_{曹全碑}、_{王羲之}、_{高庆碑}、_{赵芬残碑}、_{颜真卿}。

甲骨文从肉高声,本指肥肉。《国语·晋语七》:"夫膏粱之性难正也。"三国韦昭注:"膏,肉之肥者;粱,食之精者。"《说文》:"膏,肥也。从肉高声。"段玉裁注:"肥当作脂。"《韵会》:"凝者曰脂,泽者曰膏。一曰戴角者脂,无角者膏。"脂膏为其引申义。糊状物也称为膏,如"牙膏""药膏"。《诗·卫风·伯兮》:"自伯之东,首如飞蓬。岂无膏沐,谁适为容?"朱熹《诗集传》:"膏,所以泽发者;沐,涤首去垢也。"这里的膏即后世之"洗发膏""润发膏"。

(8) 脩(修)。_{秦简}、_{汉帛}、_{衡方碑}、_{王羲之}、_{元倪墓志}、_{高贞碑}、_{李超墓志}、_{龙藏寺碑}、_{虞世南}。

形声字,本义是干肉。《周礼·天官·膳夫》:"凡肉脩之颁赐,皆掌之。"即指干肉。《说文》:"脩,脯也。从肉攸声。"段玉裁注:"析言之则薄析曰脯,捶而施姜桂曰段脩。……经传多假脩为修治字。"《说文》:"修,饰也。从彡攸声。"中山王䜔鼎:"越人脩教备信",其中"脩"本当为"修"。汉字简化时,干肉之"脩"归并进了"修"。

(9) 隋。_{秦简}、_{汉帛}、_{衡方碑}、_{颜真卿}。

《说文》:"隋,裂肉也。从肉,从隓省。"段玉裁注:"裂训缯余,引伸之,凡余皆曰裂。裂肉谓尸所祭之余也。"《周礼·春官·守祧》:"既祭,则藏其隋与其服。"郑玄注:"隋,尸所祭肺脊黍稷之属。"

3.夕：多、夗、酱（醬）、將（将）、祭、然、炙、飧（飱）

（1）多。㇁、㠯、㠯。㠯父辛卣、㇁追篡、㇁辛巳篡。㇁。㇁秦简、㇁汉帛、㇁王羲之、㇁褚遂良。

《说文》："㇁，重也。从重夕。夕者，相绎也，故为多。重夕为多，重日为叠。"段玉裁指出："有并与重别者，如棘、棗是也。"这说明，在某些情况下，组合方位也是区别汉字的一种方式。

（2）夗。㇁。㇁。

古字形似从肉从人，后肉形变作"夕"，人形变作"卩"。《说文》："㇁，转卧也。从夕从卩。"部件"卩"隶变后成了"㔾"。段玉裁注："凡夗声、宛声字皆取委曲意。"疑屈曲义取自人体侧卧时的弯曲状态。典籍该义多用"宛"表示，如《周礼·考工记·弓人》："维角䋝之，欲宛而无负弦，引之如环，释之无失体。"徐灏《说文解字注笺》："夗者，屈曲之义。宛从宀，盖谓宫室窈然深曲，引申为凡圆曲之称，又为屈折之称。"

（3）酱（醬）。㇁中山王䇗兆域圖、㇁、㇁秦简、㇁汉帛、㇁颜真卿。

本指用盐醋等腌制的肉酱，汉代以后指用小麦、大豆等发酵制成的调味品。《周礼·天官·膳夫》："凡王之馈，酱用百有二十瓮。"郑玄注："酱，谓醯醢也。"醯指醋，醢指肉酱，孙希旦《礼记集解》："曰'醯醢'者，醢必资醯以成也。"东汉王充《论衡》："作豆酱恶闻雷。"南朝梁陶弘景《名医别录》："酱，多以豆作，纯麦者少。入药当以豆酱，陈久者弥好也。又有鱼酱、肉酱，皆呼为醢，不入药用。"《说文》："㇁，醢也。从肉从酉，酒以龢酱也；爿声。"段玉裁注："醢也。……从肉者，醢无不用肉也。'酒以龢酱也'，此说从酉之故。……今俗作酱。"《正字通·酉部》："㇁，酱本字。……经史通作醬。""醬"为"㇁"之后起俗字。后来部件"肉"省写作"夕"。

（4）將（将）。㇁中山王䇗兆域圖、㇁、㇁秦简、㇁秦简、㇁汉帛、㇁衡方碑、㇁郭泰碑、㇁夏承碑、㇁孔彪碑、㇁杨大眼造像、㇁张猛龙碑、㇁元倪墓志、㇁高贞碑、㇁颜真卿。

金文借"牆"为"將"。战国字形由"肉""寸""爿"组成，以手持肉置于几案，会持拿之义。《荀子·成相》："君教出，行有律，吏谨将之无铍滑。"杨倞注："将，持也。"《诗·小雅·楚茨》："或剥或亨，或肆或将。"郑玄笺："有肆其骨体于俎者，或奉持而进之者。"《说文》："㇁，帅也。从寸，酱省声。"率领当为其引申义，进而又用作名词，指将军。《左传·桓公五年》："虢公林父将右军，蔡人、卫人属焉。"指率领。《史记·魏公子列传》："将在外，主令有所不受，以便国家。"指将领。汉代碑刻中部件"肉"已有省写作"夕"者。

（5）祭。㇁、㇁郑公華鐘、㇁义楚卣、㇁秦简、㇁汉帛、㇁汉帛、㇁校官碑、㇁白石君碑、㇁皇象、㇁王羲之、㇁虞世南、㇁颜真卿。

甲骨文字形以手持肉，会祭祀之意，后增祭台形。金文从肉从又从示。《说文》："㇁，祭祀也。从示，以手持肉。"《公羊传·桓公八年》东汉何休注："无牲而祭曰荐，荐而加牲曰祭。"荐用粮食，祭用牲畜，析言则异，统言不别。《诗·小雅·信南山》："祭以清酒，从以骍牡，享于祖考。"指用酒、牛等祭祀祖先。

(6) 然。🔥中山王䯫鼎。🔥。🔥秦简、🔥汉帛、🔥肥致碑。🔥皇象、🔥索靖、🔥王羲之、🔥石婉墓志、🔥张玄墓志、🔥欧阳询。

"燃"之本字，《孟子·公孙丑上》："若火之始然，泉之始达。"即用本义。《说文》："🔥，烧也。从火肰声。"徐铉注："今俗别作燃，盖后人增加。"因"然"借用作代词、助词、叹词等，累增意符"火"以表其本义。

(7) 炙。🔥。🔥秦简、🔥汉帛、🔥赵孟頫。

《说文》："🔥，炮肉也。从肉在火上。"以火上烤肉会意。《诗·小雅·瓠叶》："有兔斯首，燔之炙之。"《毛传》："炕火曰炙。"孔颖达《五经正义》："炕，举也。谓以物贯之而举于火上以炙之。"康有为《礼运注》："炮，裹烧之也。燔，加于火上也。炙，贯之火上也。"

(8) 飱（飧）。🔥。

亦作"飧"。《说文》："🔥，铺也。从夕、食。"段玉裁注："饔飧皆谓熟食，分别之则谓朝食、夕食。"《六书故》："古者夕则餕朝膳之余。"《礼记·玉藻》有："日中而餕。"郑玄注："餕，食朝之余也。"《国语·晋语》："里克辟奠，不飧而寝。"俞樾《群经平议》："不飧而寝，谓不夕食而寝也。"

二、骨组

1. 冎：冎、剮（别、別）、骨、肯

(1) 冎。🦴。🦴。

《说文》："🦴，剔人肉置其骨也。象形。头隆骨也。"段玉裁注："冎俗作剮（剐）。""冎"象骨架形。《资治通鉴》"既乃冎其肉"，即用今之剐义。

(2) 剮（别、別）。🦴。🦴。🦴秦简。

"别"之本字。由骨头与刀组成，本义为分解、分割。《说文》："🦴，分解也。从冎从刀。"段玉裁注："冎者，分解之貌。刀者，所以分解也。"引申指分别。因就书写之便，字形左边部分渐成"另"。

(3) 骨。🦴。🦴汉帛、🦴汉帛、🦴钟繇、🦴王羲之、🦴褚遂良、🦴颜真卿。

本指骨头。《说文》："🦴，肉之覈也。从冎有肉。"段玉裁注："覈、核古今字。……梅李谓之覈（核）者，亦肉中有骨也。……去肉为冎，在肉中为骨。""冎"象骨架，用为动词，遂增"肉"以表其本义。《孟子·告子下》："故天将降大任于斯人也，必先苦其心志，劳其筋骨，饿其体肤，空乏其身。"即用其本义。

(4) 肯。🦴。🦴秦简、🦴汉帛、🦴柳公权、🦴欧阳询。

《说文》："肎，骨间肉肎肎箸也。从肉，从冎省。"段玉裁注："肎肎，附箸难解之貌。……肎肎相箸，有待于剔，故从冎。"《玉篇》："肎，今作肯。"朱骏声《说文通训定声》："肎，俗字误作肯。"《庄子·养生主》："技经肯綮之未尝，而况大軱乎？"陆德明《经典释文》："肯，著骨肉。"肯綮指筋骨结合的地方，喻指关键之处。得其

窾郤,曰"中肯",引申之,得其所愿亦曰"肯"。《诗·邶风·终风》:"终风且霾,惠然肯来。"郑玄笺:"肯,可也,有顺心然后可以来至我旁。"

2.歺:歺、死、叔、殊、殡、殇(殇)、殡、殖、殃

(1) 歺。𣦵、𣦵、𣦵。

象残骨之形。《说文》:"𣦵,剔骨之残也。从半冎。"徐锴:"冎,剔肉置骨也。歺,残骨也,故从半冎。"多作构字部件使用,变形为"歹"。《广韵·曷韵》:"凡从歺者,今亦作歹。"

(2) 死。𣥎、𣥎、𣥎孟鼎、𣥎哀成弔鼎、𣥎、𣥎秦简、𣥎汉帛、𣥎乙瑛碑、𣥎史晨碑、𣥎曹全碑、𣥎皇象、𣥎王羲之、𣥎张猛龙碑。

以人拜于残骨之旁,会死亡之意。《墨子·节葬》:"楚之南有炎人国者,其亲戚死,朽其肉而弃之,然后埋其骨,乃成为孝子。"疑"死"的构形反映了这一古老的葬俗,古人认为人死后,灵魂还会附着在肉体上,肉体风化之后,灵魂离开,才捡骨掩埋,入土为安。甲骨文、金文多有用其本义的例子。《说文》:"𣥎,澌也,人所离也。从歺从人。"《释名》:"死者,澌也,若冰释澌然尽也。"段玉裁注:"《方言》:'澌,索也,尽也。'是澌为凡尽之称,人尽曰死。死、澌异部叠韵。'人所离也',形体与魂魄相离,故其字从歺人。"段玉裁主张从歺从人是表示人的形神分离。构字部件"歺"与"人"在隶变中渐成"歹"与"匕",字形结构重组成"死"。

(3) 叔。𣦸、𣦸、𣦸。

以手执残骨会意。《说文》:"𣦸,残穿也。从又从歺。"徐灏《说文解字注笺》:"引申之,则凡物之残败皆曰叔。"《说文》有:"叡,沟也。从叔从谷。读若郝。壑,叡或从土。"沟壑之"壑"本作"叡",段玉裁注:"从叔从谷,穿地而通谷也。"《说文》另有:"殘,贼也。从歺戋声。"本义为杀害,引申指残缺、残余,如《列子·汤问》:"以殘年余力。"此外,《说文》:"𣦺,禽兽所食余也。从歺从肉。"引申指残余。因义相近,"叔""𣦺"均并入了"殘"。汉字简化时"殘"草书楷化为"残"。

(4) 殊。𣦻、𣦻汉帛、𣦻曹全碑、𣦻王羲之、𣦻虞世南。

《说文》:"𣦻,死也。从歺朱声。"段玉裁注:"凡汉诏云殊死者,皆谓死罪也。死罪者首身分离,故曰殊死。引申为殊异。"《庄子·在宥》:"今世殊死者相枕也。"殊、死近义连用。隶变中,部件"朱"的上半与"牛"一样,均写成了"𠂉"。

(5) 殡。𣦽。

《说文》:"𣦽,大夫死曰殡。从歺卒声。"《广韵》:"殡,终也。"为其引申义。典籍多写作"卒"。段玉裁注:"字皆作卒,于《说文》为假借。"《说文》:"卒,隶人给事者衣为卒。卒衣,衣有题识者。"

(6) 殇(殇)。𣦿、𣦿秦简、𣦿王羲之、𣦿褚遂良。

《说文》:"𣦿,不成人也。人年十九至十六死,为长殇;十五至十二死,为中殇;十一至八岁死,为下殇。从歺,傷省声。"《仪礼》郑玄注:"殇者,男女未冠笄而死,

可伤者也。"

（7）殡。㱢。殯 王羲之。

《说文》："㱢，死在棺，将迁葬柩，宾遇之。从歺从宾，宾亦声。"《左传·僖公三十二年》："晋文公卒，庚辰，将殡于曲沃。"即用本义。段玉裁注："所谓殡也，在西阶。故《檀弓》曰：'殡于客位。'又曰：'周人殡于西阶之上，宾之也。'《释名》亦曰：'于西壁下涂之曰殡。殡，宾也。宾客遇之，言稍远也。'……尸在棺，故从歺。西阶宾之，故从宾。"《礼记·王制》："天子七日而殡，七月而葬。诸侯五日而殡，五月而葬。大夫、士、庶人，三日而殡，三月而葬。"

（8）殖。䐈。殖 元珍墓志、殖 龙藏寺碑、殖 颜真卿。

本指脂膏久置变质。《说文》："䐈，脂膏久殖也。从歺直声。"段玉裁注："《字林》云：'胆，膏败也。亦作臌。'《广雅》云：'臌，臭也。'《玉篇》《广韵》皆云：'臌，油败也。'其字常职切，亦音职。今俗语谓膏油久不可用，正读职之平声也。脂膏以久而败，财用以多藏而厚亡，故多积者谓之殖货，引伸假借之义也。"典籍多用繁殖、生长义，如《左传·襄公二十九年》："松柏之下，其草不殖"。

（9）殃。 中山王䜵兆域圖、 殃、殃 颜真卿。

金文从心央声，小篆从歺央声，本义为灾祸。《说文》："殃，咎也。从歺央声。"《周易·坤卦》："积善之家，必有余庆；积不善之家，必有余殃。"《左传·庄公二十年》："哀乐失时，殃咎必至。"均用本义。

三、吕组：吕、躳（躬）

（1）吕。 吕鼎、 曾侯乙鐘、 、 汉帛、 景君碑、 衡方碑、 吕 王羲之、 吕 高贞碑。

"膂"的本字，本指脊梁骨。《说文》："吕，脊（脊）骨也。象形。……膂，篆文吕从肉从旅。""膂"为后起形声字。吕梁山又名骨脊山，骨脊之义与吕梁相通，吕梁即脊梁。

（2）躳（躬）。

"躬"的本字，本指身体。《说文》："躳，身也。从身从吕。躬，躳或从弓。"段玉裁注："从吕者，身以吕为柱也。……弓身者，曲之会意也。"《论语·子路》："吾党有直躬者，其父攘羊，而子证之。"直躬谓直身而行，即为人正直。

四、心组：心、悉、恭、耻（耻）、恒

（1）心。 龢鑄、 克鼎、 王孫鐘、 、 秦简、 汉帛、 汉帛、 景君碑、 礼器碑、 曹全碑。 王羲之。

象心脏形。《说文》："心，人心，土藏，在身之中。象形。"《孟子·告子上》："心之官则思，思则得之，不思则不得也。"古人认为心是用来思维的器官，故多用以表

示心思、思想、情绪，如《诗·小雅·巧言》："他人有心，予忖度之"。

（2）悉。悉 秦简、悉 汉帛、悉 曹全碑、悉 曹全碑、悉 索靖、悉 王羲之、悉 颜真卿。

《说文》："悉，详尽也。从心从釆。𠐭，古文悉。"《说文》："釆，辨别也。象兽指爪分别也。""审""释""悉""番"等字从之，反映的是与古人狩猎相关的信息，通过辨别兽迹来判断动物的种类、大小、运动方向等。"悉"的或体从囧，"囧"象镂孔的窗户。从釆从心、从囧从心，均表示对相关信息详尽了解、全部知悉。《尚书·盘庚上》："王命众悉至于庭。"指全部。南朝梁萧统《文选序》："随时变改，难可详悉。"指知悉。

（3）恭。恭、恭 居延简、恭 肥致碑、恭 王羲之。

《说文》："恭，肃也。从心共声。"段玉裁注："肃者，持事振敬也。"《释名》："恭，拱也，自拱持也。亦言供给事人也。""廾（共）"为两手捧物形，有敬奉义，恭从心从共，共亦声。《礼记·少仪》："宾客主恭，祭祀主敬。"郑玄注："恭在貌，敬在心。宾客轻，故主恭，祭祀重，故主敬。""恭"侧重于外在行为表现，"敬"侧重于内心情感，两字义近，故有"恭敬"一词。《论语·颜渊》："君子敬而无失，与人恭而有礼。"即用本义。

（4）耻（恥）。恥、恥 汉帛、耻 谯敏碑、耻 王羲之、耻 智永。

《说文》："恥，辱也。从心耳声。"《尚书·说命下》："其心愧耻，若挞于市。"指羞愧。隶书有将构件"心"写作"止"者，"止"为声符，犹"齿"之声符为"止"。

（5）恒。𠄣、𠄣、恒 恒簋、恒 亘鼎、𢛢 秦简、恒 汉帛、恒 衡方碑、恒 王羲之。

从甲骨文、金文看，疑"恒"本从二从月。《诗·小雅·天保》："如月之恒，如日之升。"月亮总会逐渐圆满。金文或增意符"心"。"月""舟"形近，小篆误以为从舟。《说文》："恒，常也。从心从舟，在二之间上下。心以舟施，恒也。𠄣，古文恒从月。"段玉裁以为𠄣为篆文转写讹舛，王国维然之，主张其本形为"月"在两横之间。《诗·小雅·小明》："嗟尔君子，无恒安处。"指经常，意在勉励同仁不要总是沉溺于安乐而无所作为。

五、囟组：囟、思、虑（慮）、𦞦（脑）

（1）囟。囟。

《说文》："囟，头会，𦞦（脑）盖也。象形。"囟门指婴儿头盖骨未闭合的地方。《礼记·内则》孔颖达疏："囟是首脑之上缝。"

（2）思。思 五年瘭令思戈、思 秦简、思 汉帛、思 礼器碑、思 鲜于璜碑、思 孔彪碑、思 王羲之。

《说文》："思，容也。从心囟声。"段玉裁云"容也"系"睿也"之误。《玉篇》："深谋远虑曰思。""囟"象脑袋，"思"由心和囟组成，字形上反映了古人认为心、脑均是思维的器官。隶书中构件"囟"被写成了"田"。"细"从糸囟声，隶书中部件"囟"也被写成了"田"。《诗·郑风·褰裳》："子惠思我，褰裳涉溱。"指思念。《论语·为政》:"学而不思则罔,思而不学则殆。"指思考。

(3)慮(虑)。 ※上曾大子鼎、※中山王礬鼎。 ※、※秦简、※汉帛、※汉帛、※王羲之、※欧阳询。

上曾大子鼎中该字从心膚声,中山王礬鼎从心呂声。《说文》:"慮,谋思也。从思虍声。"隶书中构件"囟"写作了"田",汉字简化时仅保留特征轮廓,"田"又被简省,遂成"虑"。《诗·小雅·雨无正》:"旻天疾威,弗虑弗图。"郑玄注:"虑、图,皆谋也。"

(4)匘(脑)。 ※。

《说文》:"匘,头髓也。从匕,匕,相匕着也。巛象髮(发),囟象匘形。"《玉篇》:"匘,或作腦。"段玉裁注:"俗作脑。""匕"其实为反人形(见本章第一节囟组,第63页),今形"脑"在古之俗体"腦"的基础上演变而来,与人体相关的字多有从肉作者,如"背""臂""肘""股"等。

第三章 动物类部首及相关联的汉字溯源

第一节 飞禽相关

一、鳥组：鳥（鸟）、鳳（凤）、鳴（鸣）、烏（乌）

（1）鳥（鸟）。🐦、🐦、🐦鳥且癸簋、🐦子亡弄鳥尊、🐦、🐦秦简、🐦汉帛、🐦皇象、🐦王羲之、🐦欧阳询、🐦虞世南。

甲骨文象鸟形。小篆鸟形仍然十分形象。《说文》："鳥，长尾禽总名也。象形。鸟之足似匕，从匕。"段玉裁注："短尾名隹，长尾名鸟。析言则然，浑言则不别也。……鸟足以一该二，能、鹿足以二该四。"隶书中鸟爪形写成了四点。现行简化字是草书楷化而成。卜辞有"隻（获）鸟二百十二"。《诗·小雅·菀柳》："有鸟高飞，亦傅于天。"均用本义。

（2）鳳（凤）。🐦、🐦、🐦、🐦、鳳曹全碑、鳳皇象、鳳孙秋生造像、鳳欧阳询、鳳虞世南。

甲骨文画的是一只羽毛丰满、头上有冠饰的鸟，或有着意表现其尾翎者，或增声符"凡"。冠饰形亦见于"龙"的甲骨文，为王者之象征。小篆将声符"凡"写在了"鳥"上。隶书部件"凡"将"鳥"整个罩了起来。《说文》："鳳，神鸟也。……从鳥凡声。🐦，古文鳳，象形。鳳飞，群鸟从以万数，故以为朋党字。🐦，亦古文鳳。"段玉裁曰："此说假借也。朋本神鸟，以为朋党字。韦本相背，以为皮韦。乌本孝乌也，以为乌呼。子本十一月，阳气动，万物滋也，人以为称。凡此四'以为'皆言六书假借也。"《诗·大雅·卷阿》："鳳皇于飞，翙翙其羽。""鳳"为鸟中之王，故称"鳳皇"，后来受"鳳"字同化，"皇"被写成了"凰"。汉字简化时，用符号代替的办法，将"鳳"里边的部分简成了"又"。

（3）鳴（鸣）。🐦、🐦、🐦、🐦蔡侯钟、🐦王孙寈钟、🐦、🐦秦简、🐦汉帛、🐦景君碑、🐦王羲之、🐦虞世南。

甲骨文多从口从鸡，字形画的是一只公鸡，鸡冠十分清晰，羽毛丰满，呈仰首张喙之状，以公鸡打鸣表示鸣叫之义；或从口从鸟，疑鸟为鸡之省写。金文从鸟，鸟呈仰首状。《说文》："鳴，鸟声也。从鳥从口。"段玉裁注："引伸之凡出声皆曰鸣。"《诗·齐风·鸡鸣》："鸡既鸣矣，朝既盈矣。"指公鸡打鸣。《诗·大雅·卷阿》："凤皇鸣矣，于彼高冈。"指凤凰叫。《诗·小雅·鹿鸣》："呦呦鹿鸣，食野之苹。"指鹿叫。《诗·小雅·车攻》："萧萧马鸣，悠悠旆旌。"指马叫。《诗·豳风·七月》："四月秀葽，五月鸣蜩。"指蝉鸣叫。要注意的是，作构字部件使用时，"隹""鸟"常通用无别，如鸡有"鷄""雞"两形,鹑有"鹑""雜"两形,雕有"雕""鵰"两形,雇有"雇""鳸"两形,雏有"雛""鶵"两形,雁有"雁""鴈"两形,堆有"堆""塢"两形等。但《说文》:"唯,诺也。从口隹声。""唯"是用形声法造出来表语气的字,所以不与"鸣"相通用。

(4)烏(乌)。 ☒ 何尊、☒ 中山王嚳壺、☒ 居延简、☒ 武威简、☒ 安乐王墓志、☒ 欧阳询、☒ 欧阳通、☒ 李邕。

金文为鸟仰首张口形,大部分字形不画眼睛。《小尔雅》:"纯黑而反哺者谓之乌。"古人认为乌鸦反哺,故以张口形来表示,乌鸦身体全黑,远处很难看到它的眼睛,故不画眼睛。《说文》:"☒,孝鸟也。象形。"段玉裁注:"鸟字点睛,乌则不,以纯黑故不见其睛也。……亏,於也,象气之舒。亏呼者,谓此鸟善舒气自叫,故谓之乌。……取其字之声可以助气,故以为乌呼字,此发明假借之法。……古者短言於,长言乌呼,於、乌一字也。……中古以来文籍皆为'乌呼'字。按经、传、《汉书》,'乌呼'无有作'呜呼'者,唐石经误为'呜'者,十之一耳。"何尊有"乌虖"即今之"呜呼",为"乌"之假借义,后来增"口"分化为"呜"。乌本指乌鸦,引申指乌黑。《诗·邶风·北风》:"莫赤匪狐,莫黑匪乌。"指乌鸦。《史记·匈奴列传》:"匈奴骑,其西方尽白马,东方尽青駹马,北方尽乌骊马,南方尽骍马。"指黑色。

二、隹组:隹、隻(只)、雔、讎(雠)、雦、雥(集)、雀、奞、奪(夺)、奮(奋)、雞(鸡)、雅

(1)隹。☒ ☒ ☒ 臣辰盉、☒ 次卣、☒ 縣妃簋、☒ 麓伯簋、☒。

象鸟形,轮廓勾勒得较"鸟"简扼,着重突出翅羽之形。《说文》:"隹,鸟之短尾总名也。象形。"本义未见单用,作构字部件常用。甲骨文已多借用作发语词,后增"口"分化出"唯",专表借义,金文中作语气词时,二形并见。

(2)隻(只)。☒ ☒ ☒ 父癸爵、☒ 亏隻鼎、☒ 元嘉题记、☒ 王羲之、☒ 褚遂良。

甲骨文从隹从又,以手抓鸟,会捕获之意,为"獲(获)"的初文,秦简中已出现从犬蒦声的"獲"。《说文》:"☒,鸟一枚也。从又持隹。持一隹曰隻,二隹曰雙。"作量词为引申义。《公羊传·僖公三十二年》:"晋人与姜戎要之殽而击之,匹马隻轮无反者。"指一个。汉字简化时用读音相同的"只"代替了量词"隻"。"只"详见第二章第四节"五、口组"(第142页)。

(3)雔。☒ 父癸爵、☒ 父辛卿、☒。

以二鸟相对会意。小篆失相对之形。《说文》:"雔,雙(双)鸟也。从二隹。"王筠《说文释例》:"雔,主鸟之俦侣言也。"段玉裁注:"今则讎行而雔废矣。"

(4)讎(雠)。☒ 禹比盨、☒ ☒ 汉帛。

在相对的两只鸟中间增"言",表对答之义。《说文》:"讎,犹䌹也。从言雔声。"《诗·大雅·抑》:"无言不讎,无德不报。"即指应答。引申指匹配、对手。《尚书·微

子》:"小民方兴,相为敌雠。"即指仇敌。《说文》:"仇,雠也。从人九声。"《左传·成公十三年》:"君之仇雠,而我之昏姻也。""仇""雠"同义连用。段玉裁《说文解字注》:"仇为怨匹,亦为嘉偶。如乱之为治,苦之为快也。"《诗·周南·兔罝》:"赳赳武夫,公侯好仇。""好仇"指好同伴。

(5) 雥。🐦。🐦。

古以三为多,甲骨文以三"隹"表示群鸟。卜辞用为祭名。《说文》:"🐦,群鸟也。从三隹。"引申有聚集之义,如隋代《神雀颂》:"莫不景福氤氲,嘉贶雥集"。

(6) 雧(集)。🐦、🐦、🐦小集母乙觚、🐦作父癸卣、🐦毛公鼎。🐦、🐦秦简、🐦肥致碑、🐦袁博碑、🐦王基碑、🐦辟雍碑、🐦王羲之、🐦朱君山墓志、🐦褚遂良。

甲骨文以鸟在树上会意。金文有从三"隹"作者。小篆承之。隶书逐渐稳定为一"隹"。《说文》:"🐦,群鸟在木上也。从雥从木。🐦,雧或省。"《诗经·周南·葛覃》:"黄鸟于飞,集于灌木。"即指群鸟栖止在树上。引申有停止、集合义。《国语·晋语二》:"人皆集于苑,己独集于枯。"韦昭注:"集,止也。"指栖息。《过秦论》:"天下云集响应,赢粮而景从。"指聚集。

(7) 雀。🐦、🐦、🐦、🐦汉帛。🐦孙秋生造像。

甲骨文以小隹会意。《说文》:"🐦,依人小鸟也。从小隹。"段玉裁注:"今俗云麻雀者是也。其色褐,其鸣节节足足。礼器象之曰爵,爵与雀同音。"《诗·召南·行露》:"谁谓雀无角,何以穿我屋?"即用本义。

(8) 奞。🐦鄂季奞父簋。🐦。

《说文》:"🐦,鸟张毛羽自奞(奋)也。从大从隹。"段玉裁注:"张毛羽故从大。"指鸟展翅奋飞。金文用为人名。典籍罕用。《康熙字典》:"奞"通"卂""奮"。

(9) 奪(夺)。🐦、🐦夺作宝簋、🐦夺作父丁壶、🐦、🐦秦简、🐦汉帛、🐦皇象、🐦欧阳询。

金文从衣从小隹从又,疑以抢夺衣中小隹,会夺取之意。金文及早期典籍多表夺取义,如敔簋:"奪孚(俘)人四百。"指夺回被俘虏的四百人。《诗·大雅·瞻卬》:"人有民人,女覆奪之"。指夺取民众。引申指剥夺,如《左传·桓公五年》:"王奪郑伯政,郑伯不朝。"指周王收回了郑伯的权力。小篆构件"衣"存留上半并与"小"融合为"大"。《说文》:"🐦,手持隹失之也。从又从奞。"系据小篆字形进行的析解。段玉裁注:"引伸为凡失去物之称。凡手中遗落物当作此字,今乃用脱为之,而用奪为争敓字,相承久矣。"《说文》:"敓,强取也。从支兑声。"为后起形声字,"争敓"即"争奪",后"奪"行而"敓"废。汉字简化时,保留特征轮廓,省去了中间的"隹"就成了"夺"。

(10) 奮(奋)。🐦令鼎。🐦。🐦秦简、🐦汉帛、🐦汉帛、🐦隶辨、🐦索靖、🐦王羲之、🐦颜真卿。

金文从衣从隹从田,以放在衣内的小鸟奋力挣脱,奋飞于田野会意。小篆部件"衣"变形为"大"。《说文》:"🐦,翬也。从奞在田上。"《说文》:"翬,大飞也。"段玉裁注:"雉、鸡、羊绝有力皆曰奮。'从奞在田上',田犹野也。"由鸟奋力扑打翅膀泛化指奋发、振作。《诗·邶风·柏舟》:"静言思之,不能奮飞。"《毛传》:"不能如鸟奮翼而飞去。"汉字简化时，保留特征轮廓，省去了中间的"隹"就成了"奋"。

（11）雞（鸡）。☒、☒、☒、☒、☒秦简、☒汉帛、☒汉帛、☒王羲之、☒颜真卿。

甲骨文画的是打鸣的公鸡形，或增声符"奚"。《说文》："雞，知时畜也。从隹奚声。䳶，籀文雞从鸟。"雄鸡报晓，故曰"知时畜"。作构字部件使用时，"隹""鸟"不别，故有从鸟的异体"鷄"。汉字简化时用符号"又"代替了"鷄"的声符"奚"，遂成"鸡"。《诗·齐风·鸡鸣》："鸡既鸣矣，朝既盈矣。"即指公鸡。

（12）雅。☒。☒秦简、☒汉帛、☒衡方碑、☒张表碑、☒张迁碑、☒王羲之、☒元珍墓志、☒张猛龙碑、☒虞世南。

《说文》："雅，楚乌也。一名鸒，一名卑居。秦谓之雅。从隹牙声。"段玉裁注："纯黑返哺谓之慈乌。小而腹下白、不返哺者谓之雅乌。"朱骏声《说文通训定声》："雅即乌之转声。"《集韵·麻韵》："雅，或作鸦、鵶。"作构字部件时，"隹""鸟"常通用。"雅"被借作雅正义，引申指优雅，《毛诗序》："雅者，正也。"《楚辞·九章·大招》："容则秀雅，稚朱颜只。"乌鸦的意思则用"鸦"来表示。

三、其他相关字：燕、羽、习（习）、飛（飞）、卂、西、乙、巢

（1）燕。☒、☒、☒、☒汉帛、☒汉帛、☒夏承碑、☒王羲之、☒欧阳询、☒颜真卿。

甲骨文象燕子之形。小篆线条化之后，变形较大，然许慎仍清晰地指出它象燕子形。《说文》："燕，玄鸟也。籥口，布翅，枝尾。象形。"隶变之后，燕翅成了"北"，燕尾成了四点，基本丧失了象形的意味。卜辞："禽（擒）隻（获）燕十、豕一"，《诗·邶风·燕燕》："燕燕于飞，差池其羽。"即用本义。

（2）羽。☒、☒、☒、☒秦简、☒汉帛、☒汉帛、☒曹全碑、☒高贞碑、☒欧阳询。

甲骨文象鸟的两根长羽毛。《说文》："羽，鸟长毛也。象形。"《左传·隐公元年》："皮革、齿牙、骨角、毛羽，不登于器。"孔颖达疏："鸟翼长毛谓之羽。"

（3）習（习）。☒、☒、☒、☒秦简、☒汉帛、☒汉帛、☒王羲之、☒虞世南、☒褚遂良。

甲骨文由"羽"与"日"组成，卜辞用重复义，如"习三卜"表示重复三次占卜。小篆部件"日"变作"白"。《说文》："習，数飞也。从羽从白。"《礼记·月令》："温风始至，蟋蟀居壁，鹰乃学习，腐草为萤。"指鹰练习飞行。《论语·学而》："学而时习之，不亦说乎。"指练习所学的知识。汉字简化时仅保留了字形的一角，就成了"习"。

（4）飛（飞）。☒、☒、☒战国楚简、☒皇象、☒索靖、☒王羲之、☒智永、☒王献之、☒虞世南、☒褚遂良。

《说文》："飛，鸟翥也。象形。"段玉裁注："像舒颈展翅之状。"《说文》："翥，飞举也。从羽者声。"鸟向上飞曰"翥"。《国风·豳风·东山》："仓庚于飞，熠耀其羽。"指鸟飞。汉字简化时仅保留了字形的一角，就成了"飞"。

（5）卂。☒卂伯簋、☒。

由"飛"省减而成。《说文》:"卂,疾飞也。从飞而羽不见。"段玉裁注:"引申为凡疾之称。……飞而羽不见者,疾之甚也。"《玉篇》:"亦作迅。"《说文》:"訊,疾也。从辵卂声。""卂"兼表义,"迅"系"卂"增义符"辵"而成。战国楚简有迅。《论语·乡党》:"迅雷风烈必变。"邢昺疏:"迅,急疾也。"

(6) 西。卤、卣、卣、卣师西簋、卣散盘、卣國差罐、卣、西秦简、西汉帛、西汉帛、西史晨碑、西西狭颂、西曹全碑、西王羲之、西敬使君碑、西欧阳询、西褚遂良。

甲骨文象鸟巢形。金文稍有变形,鸟巢形仍然十分清晰。小篆于鸟巢上增一象征鸟的曲线。隶书象鸟的曲笔变成了字形上边的一横,鸟巢形亦有一定简化。《说文》:"卥,鸟在巢上。象形。日在西方而鸟栖,故因以为东西之西。棲,西或从木妻。卤,古文西。卥,籀文西。"段玉裁注:"假借者,本无其字,依声托事。古本无东西之西,寄托于鸟在巢上之西字为之。……然则'鸡棲于塒''鸡棲于桀',古本必作'鸡西'。""西"为"棲""栖"之本字,假借作方向字。卜辞有"王自往西",《诗·大雅·桑柔》:"自西徂东,靡所定处。"指西方。

(7) 乙。𠃉。

《说文》:"𠃉,玄鸟也,齐鲁谓之乙。象形。鳦,乙或从鸟。"段玉裁注:"燕之鸣如云乙。燕乙双声。……既得其声而像其形,则为乙。燕篆像其呰口、布翄、枝尾、全体之形。乙篆像其于飞之形。……本与甲乙字异,俗人恐与甲乙乱,加鸟旁为鳦。"徐锴《说文解字系传》:"此与甲乙之乙相类,其形举首下曲,与甲乙字少异。"《说文》:"乀,象春草木冤曲而出,阴气尚强,其出乙乙也。"段玉裁注:"乙乙,难出之貌。"借用为天干字。隶书中"乚"与"乙"相混同。《南史·顾欢传》:"昔有鸿飞天首,积远难亮,越人以为凫,楚人以为乙。"即指燕子。典籍多见"鳦",《毛传》解释《诗·邶风·燕燕》说:"燕燕,鳦也。"

(8) 巢。巣。巢。巢郭有道碑、巢索靖、巢王羲之、巢苏孝慈墓志。

甲骨文画的是树木上的鸟巢。小篆在鸟巢上增加了三条曲线,许慎以为象鸟。《说文》:"巢,鸟在木上曰巢,在穴曰窠。从木,象形。"隶书中鸟巢与木融合成了"果"。《诗·召南·鹊巢》:"维鹊有巢,维鸠居之",即指鸟巢。

第二节　走兽相关

一、家畜组

1.牛:牛、牟、牢、牧、半、解、判、物、犇(牦)

(1) 牛。半、半。半吕鼎、半师寰簋。牛。牛秦简、牛秦简、牛汉帛、牛汉帛、牛居延简、牛皇象、牛牛橛造像、牛褚遂良。

甲骨文象牛头。古人十分熟悉牛的样子，故仅画其头部以象之。金文"牛"的双耳渐成一横。小篆承之。《说文》："半，大牲也。牛，件也；件，事理也。象角头三、封尾之形。"段玉裁注："'角头三'者，谓上三岐者象两角与头为三也。……'封'者，肩甲坟起之处。"隶书牛角渐成"⺧"。《诗·大雅·生民》："诞寘之隘巷，牛羊腓字之。"即指牛。

（2）牟。牟 曹全碑、牟 颜真卿。

《说文》："牟，牛鸣也。从牛，象其声气从口出。""厶"象声气。柳宗元《牛赋》："牟然而鸣，黄钟满脰。"即用本义。《玉篇》："取也，夺也。"牟取、牟利为其借义，如《史记·平准书》："富商大贾无所牟大利"。文献中"牟"多用借义，遂增意符"口"作"哞"，以记其本义。

（3）牢。🐂、🐂、🐂、🐂 羊爵、🐂 貉子卣、🐂、🐂 秦简、🐂 汉帛、🐂 皇象、牢 颜真卿。

甲骨文字形画的是关有牲畜的栏圈，多从牛，或从羊，或从马。小篆字形于围栏入口增一长横。《说文》："牢，闲，养牛马圈也。从牛，冬省，取其四周匝也。"许慎误以为增长横之栏圈为"冬"省。隶书中，栏圈逐渐演变为"宀"。《诗·大雅·公刘》："执豕于牢，酌之用匏。"即用本义。

（4）牧。🐂、🐂、🐂、🐂、🐂、🐂 牧师父簋、🐂 同簋、牧 秦简、牧 汉帛、牧 衡方碑、牧 西狭颂、牧 曹全碑、牧 皇象、牧 高湛墓志、牧 敬使君碑。

甲骨文从攴从牛，或从羊，或增从彳、辵。西周金文稳定为从攴从牛。小篆同之。《说文》："牧，养牛人也。从攴从牛。"隶书中的部件"攴"逐渐被写成了"攵"。《周礼·地官·牧人》："牧人掌牧六牲而阜蕃其物，以共祭祀之牲牷。"第二个"牧"即用其本义。《尔雅·释地》"郊外谓之牧"，邢昺疏："言可放牧也。""牧人""牧场"为其引申义。

（5）半。半 秦公簋、半、半 秦简、半 汉帛、半 汉帛、半 王羲之、半 王羲之、半 褚遂良。

金文从八从牛，以把牛剖分会意。小篆、隶书中的部件"八"仍十分清晰。行书、草书为书写便捷，将"八"倒了过来。《说文》："半，物中分也。从八从牛。牛为物大，可以分也。"张舜徽《说文解字约注》："半字从牛，不止于牛而已，特举牛以概万物耳。"《庄子·天下》："一尺之棰，日取其半，万世不竭。""半"指一半。

（6）解。🐂、🐂 解子甗、🐂 中山王䜗壶、解、解 秦简、解 秦简、解 汉帛、解 汉帛、解 汉帛、解 礼器碑、解 王羲之、解 牛橛造像、解 褚遂良。

甲骨文从双手、从角、从牛，以分解牛，表剖分之义。战国金文"双手"换作了"刀"。小篆承之。《说文》："解，判也。从刀判牛角。"《左传·宣公四年》："宰夫将解鼋。"《庄子·养生主》："庖丁为文惠君解牛。"均指解剖、分解。

（7）判。判、判 王基碑、判 米芾、判 欧阳询。

形声兼会意字。《说文》："判，分也。从刀半声。"《诗·周颂·访落》："将予就之，继犹判涣。"《毛传》："判，分；涣，散也。"《周礼·秋官·朝士》："凡有责者，有判书以治则听。"孔颖达疏："判，半分而合者，即质剂传别，分支合同，两家各得其一者也。"由分开引申出分辨、判决义。《庄子·天下》:"判天地之美,析万物之理。""判"与"析"对用,指分辨。《段太尉逸事状》:"太尉判状辞甚異。""判状"即判决书。

(8)物。㸚。牪。物史晨碑、物衡方碑、物樊敏碑、物皇象、物欧阳询。

从牛勿声,本义为杂色牛。《说文》:"物,万物也。牛为大物;天地之数,起于牵牛,故从牛。勿声。"《诗·小雅·无羊》:"三十维物,尔牲则具",《毛传》:"异毛色者三十也。"引申指颜色,如《周礼·春官·保章氏》:"以五云之物,辨吉凶、水旱降丰荒之祲象。"郑玄注:"物,色也,视日旁云气之色。降,下也,知水旱所下之国。"所谓物色者,即以形貌访求之。引申指物类,如《周礼·夏官·校人》:"辨六马之属。种马一物,戎马一物,齐马一物,道马一物,田马一物,驽马一物。"郑玄注:"谓以一类相从也。"泛指万物,如《列子·黄帝》:"凡有貌像声色者,皆物也。"

(9)犛(牦)。犛。

《说文》:"犛,西南夷长髦牛也。从牛𠩺声。"段玉裁注:"以其长髦也,故《史记·西南夷传》谓之髦牛。以其尾名犛也,故《周礼·乐师注》谓之犛牛。以犛可饰旄也,故《礼注》《尔雅注》《北山经》《上林赋注》《汉书·西南夷传》皆谓之旄牛。"《说文》:"旄,幢也。从㫃从毛,毛亦声。""旄"为一种旗帜。疑"牦"为"旄"省变而来,专表牦牛义。

2. 羊:羊、羴(羶)、芈、祥、譱(善)、美、羌、羞

(1)羊。ᛘ、丫、羊、羊羊卤、父庚鼎、羊孟鼎、羊。羊秦简、羊汉帛、羊衡方碑、羊虞世南。

甲骨文象羊头形,弯曲的羊角十分醒目。小篆羊的曲角仍十分清晰。《说文》:"羊,祥也。从丫,象头角足尾之形。孔子曰:'牛羊之字以形举也。'"隶书羊角两边下垂的两笔下移连成一横,就成了"羊"。《诗·王风·君子于役》:"日之夕矣,羊牛下来。"即指羊。战国文献中多有用作"祥"表吉祥者,如中山王䥐壶:"为人臣而叛(反)臣其主,不羊(祥)莫大焉。"

(2)羴(羶)。ᛘᛘ、羊羊、羊羊羊爵、羴。

甲骨文多从三"羊",古以三为多,羊膻味浓,因以多只羊会意。《说文》:"羴,羊臭也。从三羊。羶,羴或从亶。"段玉裁注:"羊多则气羴,故从三羊。"典籍多用或体"羶",今则作"膻"。《说文》:"膻,肉膻也。从肉亶声。"指脱衣见体,此义后来写作"襢""袒"。《吕氏春秋·本味》:"夫三群之虫,水居者腥,肉玃者臊,草食者膻。"即指膻气。

(3)芈。芈。芈。

甲骨文字形在羊角上加象征声气的笔画,表示羊叫声。《说文》:"芈,羊鸣也。从羊,象声气上出。与牟同意。"《玉篇》有训羊鸣之"哶",系由"芈"增意符"口"而来。有了提示鸣叫声的部件"口"之后,本表羊叫声的"芈"又逐渐简写成了"羊",于是有了"哶"。类似的情形如"鸣",甲骨文的公鸡的鸣叫表意,而有提示鸣叫声的

部件"口"的字形中，公鸡形多写成了"鸟"。《史记·楚世家》："芈姓，楚其后也。"

（4）祥。 中山王䯧壶、 汉帛、 衡方碑、 华山神庙碑、 欧阳询、 褚遂良、 欧阳通。

从示从羊，羊亦声。战国金文多借"羊"为"祥"。陈逆簠有 ，增从示。中山王䯧壶以"羕"为"祥"。《说文》：" ，福也。从示羊声。"段玉裁注："凡统言则灾亦谓之祥，析言则善者谓之祥。"《左传·僖公十六年》："是何祥也？吉凶焉在？"指征兆。《左传·僖公三年》："齐方勤我，弃德不祥。"指吉祥。

（5）譱（善）。 吉父臣、 厚氏匜、 、 秦简、 汉帛、 朝侯残碑、 袁博碑、 王羲之、 敬使君碑、 欧阳询。

金文从誩从羊，古文字里"羊"有美善之义，从"誩"疑有竞相称道之义，金文"竞"作 肤钟、 毄簋，亦从"誩"，有争辩之义。"譱"在早期文献里多表示美好，如《尚书·毕命》："彰譱瘅恶。"《说文》："譱，吉也。从誩从羊。此与義美同意。善，篆文从言。"隶书只保留了一个"言"，并与上边的"羊"逐渐融合，渐成今形。《诗·邶风·凯风》："母氏圣善，我无令人。""圣善"指睿智贤良。

（6）美。 、 、 、 美爵、 中山王䯧壶、 、 秦简、 秦简、 汉帛、 汉帛、 西狭颂、 曹全碑、 王献之、 高贞碑、 欧阳询、 欧阳通。

甲骨文以人戴羊角、羽毛之类的饰物，会美丽之意。很多少数民族至今仍有此俗。最早的一批字大多比较直观，所谓"依类象形，故谓之文"。字义既然能够通过记录视觉形象呈现，就完全没有必要复杂化，用间接的方式来会意了。小篆稳定为从羊从大。《说文》："美，甘也。从羊从大。羊在六畜主给膳也。美与善同意。"味美当为引申义，凡好皆可谓之美。《诗·魏风·汾沮洳》："彼其之子，美如玉。"指外貌美。《孟子·尽心下》："脍炙与羊枣孰美？"指味道美。《老子》："信言不美，美言不信。"指言辞美。《荀子·尧问》："其为人宽，好自用以慎。此三者，其美德也。"指品德美。

（7）羌。 、 、 、 、 䯧羌钟、 郑羌伯鬲、 羌尊、 、 汉帛、 樊敏碑、 王羲之、 王献之、 赵孟頫。

甲骨文从羊从人，人取侧立形，或于人颈增象丝绳的"糸"。羌人以牧羊为生，故用人戴羊角来表示；增"糸"是因为羌人常被俘作奴隶。小篆字形稳定为从羊从人，人在字形的下边，为形体平衡，所以写得比较屈曲。隶书中人形写成了"儿"。《说文》："羌，西戎，牧羊人也。从人从羊，羊亦声。南方蛮闽从虫，北方狄从犬，东方貉从豸，西方羌从羊。此六种也。"用动物一类的汉字指称少数民族是古代对少数民族的一种轻蔑。《诗·商颂·殷武》："自彼氐羌，莫敢不来享，莫敢不来王。"即指当时西方的少数民族。

（8）羞。 、 、 、 羞鼎、 不嬰簋、 伯七鼎、 羞鼎、 、 秦简、 隶辨、 索靖、 虞世南、 李邕。

甲骨文从羊从又，以手持羊，会进献之意，进献的食物也称为"羞"，后来假借作羞耻字，遂增意符"食"作"馐"，以记其与本义相关的意义。小篆部件"又"与"羊"的下竖相叠交。隶书中叠交部分渐成"丑"，"羊"则用变竖为撇的形式得以较好地保留了下来。《说文》："羞，进献也。从羊，羊，所进也；从丑，丑亦声。"《左传》："可荐于鬼神，可羞于王公。"即用为动词，指进献。《周礼·天官·膳夫》："膳夫掌王之食饮膳羞，以养王及后世子。"指美味的食物。

3. 犬：犬、㹜、奖（獎）、状、倏、类（類）

（1）犬。𤘈、𢼞、𢼝成擘鼎、𤘈員鼎。犬秦简、犬汉帛、犬汉帛、犬孔彪碑、犬刘怀民墓志、犬王羲之、犬虞世南。

甲骨文、金文象犬之形，着力表现狗细瘦的身躯和上翘的长尾巴；多为竖写，这与当时自上而下的书写行款习惯有关。小篆上翘的尾巴仍较明显。《说文》："犬，狗之有县（悬）蹄者也。象形。孔子曰：'视犬之字如画狗也。'"《礼记·曲礼》："效犬者，左牵之。"孔颖达疏："通而言之，狗、犬通名；若分而言之，则大者为犬，小者为狗。"《说文》以为，狗"从犬句声"，段玉裁注："与马二岁曰驹、熊虎之子曰豿同义，皆谓稚也。"

（2）㹜。𤝶、𤝸。

《说文》："㹜，两犬相啮也。从二犬。""狱"字从之。《说文》："狱，确也。从㹜从言。"段玉裁注："狱字从㹜者，取相争之意。"狱的本义为诉讼，如《诗·召南·行露》："谁谓女无家，何以速我狱？"郑玄《周礼注》亦云："狱，谓相告以罪名者。"

（3）奖（獎）。獎、獎崔敬邕墓志、奖颜真卿。

《说文》："獎，嗾犬厉之也。从犬，将省声。"段玉裁注："口部曰：'嗾，使犬声也。''厉之'，犹勉之也，引申为凡劝勉之称。……俗作奖。"书写中，部件"犬"变作了"大"，《集韵》中已从"大"作"奨"。汉字简化时，"将"中的"爿"草书楷化为"丬"，"奖"亦如之。用驱使狗来表示劝勉之义，反映了狗很早已被驯化。《左传·昭公二十二年》："无亢不衷，以奖乱人。"孔颖达疏："衷，善也。奖，劝也。"

（4）状。狀、㹞秦简、㹞秦简、狀汉帛、狀乙瑛碑、狀皇象、狀王羲之、狀虞世南。

《说文》："狀，犬形也。从犬爿声。"段玉裁注："引伸为形状，如类之引伸为同类也。"典籍未见指犬形的用法，多指形貌，疑本就是选取典型事物作为代表来传达意思的。《韩非子·外储说左上》："望见其状尽成龙蛇禽兽车马，万物之状备具。"指形状。

（5）倏。倏、倏李邕、倏赵孟頫。

《说文》："倏，走也。从犬攸声。"段玉裁注："犬走疾也。……引伸为凡忽然之词。或假儵字为之。"屈原《楚辞·九歌·少司命》："倏而来兮忽而逝。""倏"与"忽"对用，指在极短的时间内来去。

（6）类（類）。類、類秦简、類汉帛、類辟雍碑、類王羲之、類欧阳询、類褚遂良、類褚遂良。

《说文》："類，种类相似，唯犬为甚。从犬頪声。"段玉裁注："类本谓犬相似，引伸假借为凡相似之称。《释诂》《毛传》皆曰：'类，善也。'释类为善，犹释不肖为不善也。"荀子《劝学》："草木畴生，禽兽群焉，物各从其类也。"即指种类。汉字简化时，仅保留了字形的左半，并省去了部件"犬"上的一点。

4. 豕：豕、亥、豚、象、隊（队）、豢、家、逐、毅

（1）豕。ㄎ、ㄎ。李齍簋、豕函皇父鼎、豕颂鼎、豕秦简、豕秦简、豕汉帛、豕董其昌。

甲骨文象猪形，竖写，着力表现猪圆鼓鼓的肚子、短且下垂的尾巴。《说文》："豕，彘也。竭其尾，故谓之豕。象毛足而后有尾。"段玉裁注："豕首画象其头，次象其四足，末象其尾。"《诗经·小雅·渐渐之石》："有豕白蹢，烝涉波矣。"毛亨传："豕，豬也。"《玉篇》："豕，豬豨之总名。"《方言》："豬，北燕朝鲜之间谓之豭，关东西或谓之彘，或谓之豕，南楚谓之豨。"

（2）*亥。ㄎ、ㄎ乙亥鼎、ㄎ陳侯臣、ㄎ子璋鐘、亥、亥秦简、亥秦简、亥汉帛、亥衡方碑、亥曹全碑、亥李璧碑、亥褚遂良、亥颜真卿。

《说文》："亥，荄也。十月，微阳起，接盛阴。从二，二，古文上字。一人男，一人女也。从乙，象褢子咳咳之形。亥，古文亥为豕，与豕同。""亥""豕"古文字形相同。疑"亥"本借"豕"为之，为相区别，用其简形。《论衡·物势》："亥，水也，其禽豕也。"十二地支对应十二生肖，"亥"对应的是"豬"，当非巧合。

（3）豚。ㄎ、ㄎ。豚臣辰卣、豚臣辰盉、豚豚卣、豚、豚秦简、豚汉帛、豚李璧碑。

甲骨文从肉从豕，金文增从"又"，小篆与金文同。隶书省部件"又"。《说文》："豚，小豕也。从彖省，象形。从又持肉，以给祠祀。豚，篆文从肉豕。"《方言》："豬，……其子或谓之豚，或谓之貕，吴扬之间谓之豬子。"《论语·阳货》："阳货欲见孔子，孔子不见，归孔子豚。"邢昺疏："豚，豕之小者。"

（4）彖。彖。

《说文》："彖，豕也。从彑从豕。"《说文》又有："彑，豕之头，象其锐而上见也。""彖"亦从之，《说文》："彖，豕也。后蹄发谓之彖。从彑矢声；从二匕，彖足与鹿足同。"则"彖"系"豕"之变形。《周易》多见"彖"，为概括一卦之辞，当是假借用法。

（5）隊（队）。ㄎ、ㄎ、ㄎ卯簋、隊、隊隶辨、隊皇象、隊颜真卿。

甲骨文从倒人从阜，以人从高处坠落会意。金文从阜豕声。小篆承之。《说文》："隊，从高隊也。从阜豕声。"段玉裁注："'隊''墜'正俗字。古书多作'隊'，今则'墜'行而'隊'废矣。……《左传》曰：'以成一隊。'杜注：'百人为隊。'盖古语'一隊'犹言'一堆'，物堕于地则聚。因之名隊，为行列之称。后人以墜入至韵，以隊入隊韵，而莫测其原委矣。"《尔雅·释诂》："墜，落也。"《左传·庄公八年》："公惧，隊于车。"指坠落。《左传·文公十六年》："楚子乘驲，会师于临品，分为二隊。"指队伍。

（6）豢。豢、豢、豢褚遂良。

甲骨文有从廾从犬的字形，疑为"豢"之初文。小篆增"釆"。《说文》："豢，以

谷圈养豕也。从豕季声。"《礼记·乐记》："夫豢豕为酒，非以为祸也。"郑玄注："以谷食犬豕为豢。"引申指食谷物的动物。《国语·楚语下》："王曰：'刍豢几何？'"韦昭注："草养曰刍，谷养曰豢。"

（7）家。[字形]颂壶、[字形]毛公鼎、[字形]㝬簋、[字形]㝬氏壶、[字形]。[字形]秦简、[字形]汉帛、[字形]汉帛、[字形]史晨碑、[字形]衡方碑、[字形]曹全碑、[字形]王羲之、[字形]欧阳询、[字形]苏孝慈墓志。

甲骨文从宀从豕，或从豭，豭为牡豕，兼表音。豕繁殖能力强，为主要肉食来源，古人常在家居之中豢养豕，今仍有少数民族民居设计为上层住人，下层养猪者。金文"豕"形线条简扼，亦有不少从豭的。小篆从豕。《说文》："[字形]，居也。从宀，豭省声。"段玉裁注："从豕之字多矣，安见其为豭省耶？……窃谓此篆本义乃豕之凥也。引申假借以为人之凥。……豢豕之生子冣多，故人凥聚处借用其字久，而忘其字之本义。"许云"豭省"当有所本。由居住的地方引申指家庭。《诗经·周南·桃夭》："之子于归，宜其室家。"朱熹《诗集传》："室，谓夫妇所居；家，谓一门之内。"

（8）逐。[字形]、[字形]、[字形]、[字形]、[字形]、[字形]。[字形]逐鼎、[字形]、[字形]秦简、[字形]汉帛、[字形]王羲之、[字形]颜真卿。

甲骨文从止从豕，或从鹿、兔、犬，或增从彳，本义为追赶。金文从辵从豕，小篆承之。《说文》："[字形]，追也。从辵，从豚省。"非从豚省。卜辞"逐"的对象为禽兽，"追"的对象为人。然《说文》以追训逐，说明至迟在汉代二字已无严格区别。屈原《楚辞·九歌·河伯》："乘白鼋兮逐文鱼。"追赶的是鱼。《左传·左公十年》："遂逐齐师。"追赶的是军队。

（9）毅。[字形]伯吉父簋、[字形]伯吉父鼎、[字形]。[字形]赵宽碑、[字形]虞世南、[字形]颜真卿。

金文由"殳""辛""豕"组成，疑为以殳击打豕会意。典籍多用坚强、果决义。《说文》："[字形]，妄怒也。一曰有决也。从殳豙声。"《说文》又有："豙，豕怒毛竖也。"段玉裁注："毅，妄怒也，从此，会意兼形声。"《左传·庄公八年》有："引弓射之，豕人立而啼。公惧，坠于车，伤足丧屦。"豕表现出的正是毅。《论语·泰伯》："士不可以不弘毅，任重而道远。"何晏《集解》："毅，强而能断也。"

5. 马：馬（马）、駁（驳）、驚（惊）

（1）馬（马）。[字形]、[字形]、[字形]召卣、[字形]师兑簋、[字形]虢季子白盘。[字形]。[字形]秦简、[字形]秦简、[字形]秦简、[字形]汉帛、[字形]鲜于璜碑、[字形]史晨碑、[字形]孔彪碑、[字形]王羲之、[字形]孙秋生造像、[字形]马振邦造像、[字形]欧阳询。

甲骨文象马形。金文线条比较简扼。小篆进一步线条化。字形演变中，作为主要特征的马鬃、马尾一直表现得比较清晰。《说文》："[字形]，怒也。武也。象马头髦尾四足之形。"隶书中马足与马尾之形演变为四点与一曲笔。行书、草书常将四点写成一横。现行简化字为"马"。《诗·周南·汉广》："之子于归，言秣其马。""秣马"是喂马的意思。

（2）駁（驳）。[字形]、[字形]、[字形]。[字形]颜真卿。

甲骨文从马从爻，"爻"表错杂之义，也提示字音。《说文》："[字形]，马色不纯。从马爻声。"徐铉曰："爻非声，疑象驳文。"段玉裁注："馬异色成片段者皆得曰駁。引伸之为凡色不纯之称。"《诗·豳风·东山》："之子于归，皇驳其马。"《毛传》："黄白曰皇，駂白曰駁。""馬"简化为"马"，"駁"亦简化为"驳"。

(3) 驚（惊）。驚汉帛、驚汉帛、驚景君碑、驚袁博碑、驚皇象、驚王羲之、驚虞世南。

《说文》：""驚，马骇也。从马敬声。""马受惊吓会变得难以控制，故从马。《左传·襄公二十八年》：""庆氏之马善驚，士皆释甲束马而饮酒。""指马受惊。《诗·大雅·常武》：""如雷如霆，徐方震驚。""指徐国震惊。汉字简化时，以从心京声的""惊""代替了""驚""。

6.象：象、為（为）

(1) 象。象、象、象且辛鼎、象師汤父鼎、象、象秦简、象汉帛、象乙瑛碑、象皇象、象王羲之、象欧阳询、象虞世南、象颜真卿。

甲骨文象大象形。小篆仍清晰地保留了大象的主要特征——象鼻。《说文》：""象，长鼻牙，南越大兽，三年一乳，象耳牙四足之形。""《吕氏春秋·古乐》：""商人服象，为虐于东夷。周公以师逐之，至于江南。""说明商代已驯服大象并用于战争。《尚书·禹贡》里有关于九州的记载，其中就有豫州，""豫""今天为河南省的简称。《说文》：""豫，象之大者。""""想象""为""象""的引申义。《韩非子·解老》：""人希见生象也，而得死象之骨，案其图以想其生也，故诸人之所以意想者，皆谓之'象'也。""随着气候变迁，大象的生存地不断南移，中原地带再难见到大象。

(2) 爲（为）。爲、爲、爲弘尊、爲雍伯鼎、爲曾伯陭壶、爲、爲秦简、爲秦简、爲汉帛、爲乙瑛碑、爲史晨碑、爲张表碑、爲曹全碑、爲皇象、爲索靖、爲王羲之、爲虞世南、爲龙藏寺碑、爲褚遂良、爲颜真卿。

甲骨文以手牵大象表示劳作、做的意思，古人役使大象帮助劳作。小篆牵大象的手写成了""爪""，大象之形已难辨识。《说文》：""爲，母猴也。其为禽好爪。爪，母猴象也。下腹为母猴形。""这是许慎据小篆字形所做的想象，不可信。隶书爪形渐成""爫""，一长撇似来自象鼻，下边的四点似与""馬""中四点来源相似，由足与尾演变而成。现代简化字是草书楷化而来。《论语·宪问》：""其言之不怍，则为之也难。""指做。

二、其他相关字

1.㺎（兕）

㺎（兕）。㺎、㺎、㺎、㺎、㺎秦简。

甲骨文象一独角、体型硕大的动物，可能是犀牛。《说文》：""㺎，如野牛而青。象形。与禽、离头同。㺎，古文从儿。""段玉裁注：""今字兕行而㺎不行。""《诗·小雅·何草不黄》：""匪兕匪虎，率彼旷野。""《论语·季氏》：""虎兕出于柙，龟玉毁于椟中。""都记有该动物。《集韵·旨韵》：""兕，一说雌犀也。""

2.廌、灋（法）

(1) 廌。廌、廌、廌隶辨。

廌为传说中的一种能辨别是非对错的神兽。《说文》:"廌,解廌,兽也,似山牛,一角。古者决讼,令触不直。象形,从豸省。""解廌",或作"獬豸"。《论衡》:"獬豸者,一角之羊,性识有罪,皋陶治狱,有罪者令羊触之。"张揖:"獬廌,似鹿而一角。"《后汉书·舆服志》:"法冠,一曰柱后。……执法者服之,侍御史、廷尉正监平也。或谓之獬豸冠。獬豸,神羊,能别曲直,楚王尝获之,故以为冠。"古代执法者常戴獬豸冠。清代,御史和按察使等监察司法官员一律戴獬豸冠,穿绣有獬豸图案的官服。

(2)灋(法)。 师酉簋、 克鼎、 秦简、 汉帛、 汉帛、 衡方碑、 皇象、 王羲之、 魏灵藏造像。

金文由"水""廌""去"组成,"去"为声符。《说文》:" ,刑也。平之如水,从水;廌,所以触不直者;去之,从去。 ,今文省。"段玉裁注:"《易》曰:'利用刑人,以正法也。'引伸为凡模范之称。"《吕氏春秋·察今》:"上胡不法先王之法?"前为效法,后为法令。汉隶仅保留了"水""去"两个部件,为就书写之便,"去"笔画变形融合重组。

3.鹿:鹿、麤(粗)、塵(尘)

(1)鹿。 骆子卣、 命簋、 秦简、 汉帛、 孔宙碑、 袁博碑、 皇象、 王羲之、 褚遂良、 颜真卿。

象鹿形,着力突出鹿最具特征的带有枝桠的角。《说文》:" ,兽也。象头、角、四足之形。鸟、鹿足相似,从匕。"《说文》"鸟"字条下有"鸟之足似匕"。小篆字形,鸟从一匕,鹿从两匕,侧视仅见一半。卜辞有"隻鹿五",指捕获了五只鹿。

(2)麤(粗)。 、 、 、 隶辨、 王羲之。

《说文》:" ,行超远也。从三鹿。"段玉裁注:"鹿善惊跃,故从三鹿。引伸之为卤莽之称。……俗作麁。今人概用粗,粗行而麤废矣。"俗字"麁"上边为复写符号,"刍(芻)"上亦由复写符号楷化而来。处于字形下边的复写符号楷化时往往写作" ",如"枣""挼"。"粗"从米,本指糙米。《说文》:"粗,疏也。从米且声。"粗疏、粗糙为其引申义。典籍多借"麤"为"粗",如《左传·哀公十三年》:"梁则无矣,麤则有之。""麤"与"梁"对言,"梁"为细粮,"麤"当指粗粮。因此,早期"麤""粗"被视作异体。后统一用"粗"。

(3)塵(尘)。 。 孔彪碑。 王羲之、 褚遂良、 颜真卿。

《说文》:" ,鹿行扬土也。从麤从土。"段玉裁注:"群行则扬土甚。引伸为凡扬土之称。"本从三"鹿"从土,古以三为多,以三"鹿"表群鹿之义,群鹿奔跑,尘土飞扬。隶书省从一"鹿"。汉字简化时,以小土会意,重新造了新字形"尘"。《左传·成公十六年》:"甚嚚,且尘上矣。"即指尘土。

4.兔：兔、逸、鬼

（1）兔。_甲、_金、_{秦简}、_{汉帛}、_{汉帛}、_{皇象}、_{龙藏寺碑}、_{欧阳通}。

甲骨文象兔子形，着力表现其上翘的短尾。《说文》："兔，兽名。象踞，后其尾形。兔头与鬼头同。"段玉裁注："其字象兔之蹲，后露其尾之形也。"秦隶中似将短尾写作了点。卜辞有"王其往逐兔"，即指兔子。

（2）逸。_{秦子矛}、_{齊陳曼匠}、_{衡方碑}、_{索靖}、_{王羲之}、_{欧阳询}、_{颜真卿}。

金文从辵从兔或从犬。《说文》："逸，失也。从辵兔。"段玉裁注："亡逸者，本义也。引伸之为逸游、为暇逸。……兔善逃，故从兔辵。犹隹善飞，故奪从手持隹而失之。皆亡逸之意。"《左传·桓公八年》："随师败绩，随侯逸。"杜预注："逸，逃也。"

（3）鬼。_篆。

从小篆字形看，较"兔"多画一足形。《说文》："鬼，兽也。似兔，青色而大。象形。头与兔同，足与鹿同。"《说文》有："毚，狡兔也，兔之骏者。从鬼兔。"段玉裁注："兔之大者，则为鬼之类。"

5.虎：虎、彪、虍

（1）虎。_甲、_甲、_甲、_{大師虘簋}、_{師酉簋}、_{虎簋}、_篆、_{秦简}、_{汉帛}、_{汉帛}、_{衡方碑}、_{王基碑}、_{元珍墓志}、_{敬使君碑}、_{颜真卿}。

甲骨文象虎形，突出虎口尖牙、条状虎纹、锋利虎爪、长而上翘的虎尾等典型特征。《说文》："虎，山兽之君。从虍，虎足象人足。象形。"段玉裁注："孔子曰：'在人下，故诘屈'。谓人之股脚也。虎之股脚似人，故其字上虍下儿。虍谓其文，儿谓其足也。"虎头形写成了"虍"，下半部分实非"儿"，系由虎足与虎尾变形而来。隶书"虎"之下半均作"巾"，疑为摹写变形而致。唐代以"虎"为正体，承袭小篆而成。

（2）彪。_{毛弔盤}、_{鄦伯彪戈}、_篆、_{颜真卿}。

金文从虎从彡，本指虎纹，引申指文彩鲜明。《说文》："彪，虎文也。从虎，彡象其文也。"《说文》又有："彡，毛饰画文也。象形。"《汉书·礼乐志·郊祀歌》："景星显见，信星彪列。""彪"与"显"相对，义相近。

（3）虍。_甲、_甲、_篆。

甲骨文象虎头，突出虎口尖牙。《说文》："虍，虎文也。象形。"此为许慎据小篆字形所做的想象，误。卜辞用作地名。

6.能：能、熊

（1）能。_{能匋尊}、_{毛公厝鼎}、_{哀成弔鼎}、_{盦壺}、_篆、_{秦简}、_{汉帛}、_{朝侯残碑}、_{史晨碑}、_{衡方碑}、_{钟繇}、_{王羲之}、_{欧阳询}、_{颜真卿}。

为"熊"之初文，象熊形，突出熊的头及口、足。《说文》："能，熊属。足似鹿。

从肉目声。能兽坚中，故称贤能；而强壮，称能杰也。"徐铉注："目非声，疑皆象形。"段玉裁注："凡《左传》《国语》'能'作'熊'者，皆浅人所改也。"小篆字形的熊头变成了"目"，熊口变成了"肉"，熊足则写成了上下排列的两个"匕"。字形演变中，熊口的变化与"龍"的口部相同，都成了"月"；熊足的变化与鹿足相似，熊能站立起来，这可能是两个象脚的部件"匕"竖排的一个原因。"能"被借用表能力、才能义，后为借义所专，转而借熊熊火焰之"熊"来表本义。《左传·昭公七年》："今梦黄能入寝门。"用本义。《尚书·大禹谟》："汝惟不矜，天下莫与汝争能。"指能力。

（2）熊。熊。熊白石君碑。熊王羲之、熊颜真卿。

从火能声，本指火势旺盛。《说文》："熊，兽似豕。山居，冬蛰。从能，炎省声。"所释当为借义。《山海经·西山经》："南望昆仑，其光熊熊，其气魂魂。"郭璞注："皆光气炎盛相焜耀之貌。"《诗·小雅·斯干》："吉梦维何？维熊维罴。"熊、罴均为猛兽。

7. 豸：豸、豹

（1）豸。豸、豸。豸秦简。廌隶辨。

《说文》："豸，兽长脊，行豸豸然，欲有所司杀形。"徐锴曰："豸豸，背隆长貌。"段玉裁注："凡无足之虫体多长，如蛇蚓之类，正长脊义之引伸也。""因凡虫无足者，其行但见长脊豸豸然，故得假借豸名。"《尔雅·释虫》："有足谓之虫，无足谓之豸。"从豸的动物多为身材修长的兽类，如豺、貂、貍等。王逸《楚辞·九思·怨上》："虫豸兮夹余，惆怅兮自悲。"虫豸并提，指小虫。

（2）豹。豹。豹。豹秦简、豹熹平石经、豹隶辨。豹皇象、豹王羲之、豹元珍墓志、豹朱君山墓志、豹颜真卿。

甲骨文象豹子形，突出身上点状的斑纹。小篆变成形声字。《说文》："豹，似虎，圜文。从豸勺声。"《山海经·南山经》有："南山兽多猛豹。"

8. 鼠：鼠、竄（窜）

（1）鼠。鼠。鼠秦简、鼠秦简、鼠汉帛、鼠隶辨。鼠王羲之、鼠颜真卿。

甲骨文象老鼠形，鼠头周围画了一些点表示碎屑，突出其喜欢啃啮的习性。小篆鼠头、鼠爪、鼠尾完备。《说文》："鼠，穴虫之总名也。象形。"段玉裁注："上象首，下象足尾。"《诗·召南·行露》："谁谓鼠无牙，何以穿我墉？"即指老鼠。

（2）竄（窜）。竄。竄汉帛。竄颜真卿。

《说文》："竄，匿也。从鼠在穴中。"从鼠从穴，本指藏匿，如《左传·定公四年》："天诱其衷，致罚于楚，而君又竄之"，杜预注："竄，匿也"。引申指逃窜，如《周易·讼卦》："不克讼，归逋竄也"，陆德明释文："竄，逃也"。现代汉字简化时，改"鼠"为声符"串"而成"窜"。

第三节　鳞虫相关

一、蛇虫组

1.虫：虫、䖝、蟲（虫）、蠱（蛊）

（1）虫。🜚、🜚、🜚。🜚虫囝鼎、🜚魚顛匕。🜚。🜚秦简、🜚秦简、🜚汉帛、🜚皇象、🜚褚遂良。

甲骨文象蛇形，突出三角形的蛇头、上曲的蛇尾，线条比较简扼。小篆蛇头变形较大。隶书笔画变形重组，蛇头渐成方框形。楷书将蛇尾上钩处写作点。《说文》："🜚，一名蝮，博三寸，首大如擘指。象其卧形。物之微细，或行，或毛，或蠃，或介，或鳞，以虫为象。"《玉篇》："虫，此古文虺字。"虫的本义指毒蛇。作偏旁使用时，多指昆虫等小动物。汉字简化时，"虫"被当作"蟲"的简体。《山海经·南山经》："羽山，其下多水，其上多雨，无草木，多蝮虫。"指毒蛇。

（2）䖝。🜚、🜚、🜚。🜚魚顛匕。🜚。🜚秦简。

《说文》："🜚，虫之总名也。从二虫。"《集韵》："亦作蚰。"段玉裁注："凡经传言昆虫，即䖝虫也。"《汉书·成帝纪》："君道得，则草木昆虫咸得其所。"颜师古注："昆，众也。昆虫，言众虫也。"从䖝的字多有从虫的或体，如蠶与蛾、蟊与蚤、蠱与蕫、蠠与蝦、蠢与蜱、䗪与蜂、蠡与蠔、蟲与蛰、蠹与蠊；少数没有，如蠢。

（3）蟲（虫）。🜚。🜚秦简、🜚汉帛、🜚褚遂良。

《说文》："🜚，有足谓之蟲，无足谓之豸。从三虫。"段玉裁注："蟲者，蠕动之总名。……因凡蟲无足者，其行但见长脊豸豸然，故得假借豸名。今人俗语云蟲豸。""蟲"可作一切动物的通称。《大戴礼记·曾子天圆》有："毛蟲之精者曰麟，羽蟲之精者曰凤，介蟲之精者曰龟，鳞蟲之精者曰龙，倮蟲之精者曰圣人。"宋元俗字以"虫"为"蟲"，被现代简化字所采用。

（4）蠱（蛊）。🜚、🜚、🜚。🜚汉帛、🜚隶辨。

甲骨文多从皿从䖝，或从虫。小篆从蟲。《说文》："🜚，腹中蟲也。从蟲从皿。皿，物之用也。"隶书中已有省从一"虫"者。汉字简化时仅存一"虫"，作"蛊"，汉字发展中多有类似省简，如"靁"省简作"雷"，"麤"省简作"尘"，"雧"省简作"集"，"曐"省简作"星"，"晨"省作"晨"，等等。《周礼·秋官·庶氏》："庶氏掌除毒蛊。"郑玄注："毒蛊，虫物而病害人者。"顾野王《舆地志》："江南数郡，有畜蛊者，主人行之以杀人，行食饮中，人不觉也。"郑樵《通志·六书略》："造蛊之法，以百虫置皿中，俾相咬食，其存者为蛊。"

2.它（蛇）

它（蛇）。🜚。🜚吊男父匜、🜚取唐匜、🜚郑伯匜。🜚。🜚秦简、🜚秦简、🜚汉帛、🜚颜真卿。

甲骨文画的是一条蛇，突出蛇头、蛇纹、曲尾等特征，蛇身较粗。金文于蛇身上加一线条表示蛇纹,后期象蛇纹的线条被简省。小篆承之。《说文》:"㸐,虫也。从虫而长,象冤曲垂尾形。上古草居患它,故相问'无它乎'。凡它之属皆从它。㠯,它或从虫。"楷书中蛇头部分变形成了"宀",蛇身及蛇尾则写成了"匕"。因"它"常被借用作第三人称代词,遂以加了意符"虫"的"蛇"来表其本义。卜辞和战国简帛书有用其本义者,许慎所谓"上古草居患它"亦用其本义。"无它乎"成为问候语,与后来的"无恙""吃了没"等相同,都是用当时人们最关切的问题传达问候之意。《诗·小雅·鹤鸣》:"它山之石,可以攻玉。"陆德明《经典释文》:"它,古他字。""他",不见于《说文》,《玉篇·人部》有:"他,谁也"。

3.龜(龟)

龜(龟)。㪅、㪅、㪅。㪅父丙鼎、㪅父丁爵。㪅、㪅桐柏庙碑、㪅郭有道碑、㪅校官碑、㪅王羲之、㪅敬使君碑、㪅欧阳询、㪅虞世南、㪅褚遂良。

甲骨文象乌龟之形,或为侧视,或为俯视。小篆为侧视形。《说文》:"㪅,舊(旧)也。外骨内肉者也。从它,龜头与它头同。天地之性,广肩无雄;龜鳖之类,以它为雄。象足、甲、尾之形。㪅,古文龜。"段玉裁注:"舊本鸱舊字,假借为故舊(旧),即久字也。刘向曰:'……以其长久,故能辨吉凶。'……从它者,象它头而已。左象足,右象背甲,曳者象尾。"现代简化字形"龟"里乌龟的头、甲、尾仍依稀可见。《诗·大雅·绵》:"爰始爰谋,爰契我龟。"讲的是用龟甲占卜。

4.黽(黾)

黽(黾)。㪅、㪅、㪅。㪅父辛黽卣、㪅黽父丁鼎、㪅黽父丁鼎、㪅师同鼎、㪅鄂君启车节、㪅、㪅隶辨。

象蛙类动物,字形与"龟"相近,但无尾。金文多突出其较长的后腿。《说文》:"㪅,鼃黽也。从它,象形。黽头与它头同。㪅,籀文黽。"陶弘景《本草经集注》:"大而青脊者,俗名土鸭。其鸣甚壮,即此黽也。"《尔雅》邢昺疏:"一名蟾诸,似虾蟆,居陆地,其居水者名黽。"陆佃《埤雅》:"黽善怒,故音猛。"综合来看,"黽"外形似青蛙、蛤蟆,腹大,叫声响亮,生活在水中。典籍多假借作"黽勉"。《诗经·小雅·十月之交》:"黽勉从事,不敢告劳。"指勤勉。现代简化字写作"黾"。

5.魚(鱼)、澑(渔)

(1)魚(鱼)。㪅、㪅、㪅。㪅鱼爵、㪅伯鱼簋、㪅鱼父乙鼎、㪅犀伯鼎、㪅伯鱼父壶、㪅、㪅秦简、㪅秦简、㪅汉帛、㪅汉帛、㪅曹全碑、㪅张迁碑、㪅王羲之、㪅鱼献之、㪅颜真卿。

甲骨文字形象鱼形,鱼头、鱼鳞、鱼鳍、鱼尾等细节完备。小篆字形的鱼头、鱼尾变形较大。《说文》:"㪅,水虫也。象形。鱼尾与燕尾相似。"段玉裁注:"其尾皆枝,故象枝形,非从火也。"鱼尾在隶书中渐成"灬",行书、草书常连作一横,汉字简化时采用了草书楷化的办法。《诗·小雅·采薇》:"四牡翼翼,象弭鱼服",孔颖达疏:"以鱼皮为矢服,故云鱼服。"也用作动词,指捕鱼,如《左传·隐公五年》:"公将如棠观鱼者"，《经典释文》："鱼者，本亦作渔者"。

(2) 灋（渔）。🐟、🐟、🐟、🐟、🐟 子渔尊、🐟 弔篇、🐟 井鼎、🐟 邁篇、🐟、渔 秦简、渔 汉帛、渔 曹全碑、渔 颜真卿。

甲骨文以从水从鱼的字形，表捕鱼之义，或有以手张网网鱼、以手持竿钓鱼者。金文中还出现了双手捕鱼的写法。小篆由"水"与"鱼"组成。《说文》："灋，捕鱼也。从鱻从水。渔，篆文灋从鱼。"隶书、楷书承袭了简省的或体，鱼尾变形成"灬"。现行简化字采用了草书常用的处理方式，鱼尾"灬"连成一横。《周易·系辞下》："作结绳而为罔罟，以佃以渔。"即指捕鱼。

6. 龍（龙）

龍（龙）。🐉、🐉、🐉 龍母尊、🐉 昶仲無龍鬲、🐉 邵鐘、🐉、龍 秦简、龍 汉帛、龍 礼器碑、龍 李孟初碑、龍 肥致碑、龍 郭有道碑、龍 白石君碑、龍 皇象、龍 索靖、龍 王羲之、龍 崔敬邕墓志、龍 高貞碑、龍 欧阳询。

甲骨文象传说中的龙形，头上为象征王者的冠饰，"凤"的甲骨文中亦有之；朝下张大的口形，"能（熊）"的甲骨文中亦有之；曲线则为飞动的龙身。小篆字形的龙口变成了"肉"，龙身多了一些装饰性的笔画。《说文》："龖，鳞虫之长。能幽能明，能细能巨，能短能长；春分而登天，秋分而潜渊。从肉，飞之形，童省声。"宋元俗字记其特征轮廓，有写作"龙"者，与已有的表多毛狗的字形偶合，汉字简化时三撇省作一撇，从字形上区分开来。《淮南子·墬形训》："土龙致雨。"高诱注："汤遭旱，作土龙以像龙，云从龙，故致雨也。"

7. 貝（贝）

见第六章第二节"二、工具组"（第 284 页）。

二、其他相关字

1. 禸、萬（万）

（1）禸。禸。

《说文》："禸，兽足蹂地也。象形，九声。蹂，篆文从足柔声。"典籍有"蹂"，但未见"禸"字，"禸"是许慎从"萬""禹""禺""离"等字中离析出来的。《说文》以为，"萬""禹"皆训"虫也。象形"，"禺"训"母猴属"，"离"训"山神兽"，未具体分析共同部件"禸"，殆因在"禸"字头下析之甚详。

（2）萬（万）。🦂、🦂、🦂、🦂 仲簋、🦂 師酉簋、🦂 頌簋、🦂 畢鮮簋、🦂、萬 秦简、萬 汉帛、萬 曹全碑、萬 张迁碑、萬 王羲之、萬 王羲之、萬 孙秋生造像记、万 张猛龙碑、萬 元倪墓志、萬 欧阳询、萬 虞世南。

甲骨文象蝎子形，假借为数字，卜辞有"萬人歸"，表数目。后来小篆复增意符"虫"作"蠆"以记其本义。金文于蝎尾上增一横，源于"一萬"之合文，后复于横上加一曲线。小篆字形中的蝎尾及所增加的线条组合成了"禸"。《说文》："萬，虫也。

从厹，象形。"隶书字形中的蝎钳变形成了"艹"。简写的"万"出现得很早，段玉裁说："唐人十千作'万'。"实际上甲骨文、金文中已有"万"，本义待考，春秋战国时期古印上已多借用为数目字。《玉篇》："万，俗萬字。十千也。"

2. 釆：采、番、悉

（1）采。※、※、※采盂作父乙卣、※采卣、※。

甲骨文象兽掌在泥地或雪地上留下的印迹，后增意符"田"作"番"，"蹯"则为其更晚之形。《说文》："釆，辨别也。象兽指爪分别也。"王筠《说文释例》："釆字当以兽爪为正义，辨别为引申义，以其象形知之。"金文里用为人名。典籍罕见，多作构字部件使用，審（审）、释、悉、番等字从之，多有详尽了解、细致知晓的意味。

（2）番。※番匊生壶、※番生簋、※番君鬲、※番君召鼎、※。※汉帛、※汉帛、※礼器碑、※白石碑。※皇象、※欧阳询。

金文由"釆"与"田"组成。《说文》："番，兽足谓之番。从釆；田，象其掌。※，番或从足从烦。※，古文番。"段玉裁注："许意先有'釆'字，乃后从釆而象其形，则非独体之象形，而为合体之象形也。"《说文》或体之"※"为从足烦声的形声字，当与从足从番的"蹯"为异体关系。而所谓古文"※"则实为后来从手番声的"播"，与"番"当非一字。"番"金文用为姓氏，典籍多用轮番义，遂增意符"足"作"蹯"以表其本义。《左传·宣公二年》："宰夫胹熊蹯不熟"，"熊蹯"即熊掌。

（3）悉。※。※睡虎地秦简、※帝尧碑、※曹全碑、※王羲之、※龙藏寺碑、※颜真卿。

《说文》："悉，详尽也。从心从釆。※，古文悉。"从心从釆，心中明辨之即为"悉"，引申有详尽、全部等义。隶书多有将部件"釆"省写成"米"的，但不合造字理据，正体仍从"釆"。《尚书·盘庚》："王命众，悉至于庭。"指全部。《文选》："随时变改，难可详悉。"指详细知悉。

3. 角、衡

（1）角。※、※、※鄂侯鼎、※㝬生簋、※㝬生簋、※、※秦简、※秦简、※汉帛、※汉帛、※曹全碑。※虞世南、※龙藏寺碑、※颜真卿。

甲骨文象动物的角，描画了角尖与角上的纹理等细节。金文字形于角尖处引出，并加了装饰性的一撇。小篆在此基础上进一步变形。《说文》："角，兽角也。象形，角与刀、鱼相似。"隶书加了饰笔的角尖，渐成"⺈"，角纹逐渐变成平直相交的线条。《周易·大壮卦》："羝羊触藩，羸其角。不能退，不能遂。"指羊角。

（2）衡。※毛公鼎、※番生簋、※。※秦简、※秦简、※汉帛、※衡方碑、※郭有道碑、※袁博碑。※王羲之、※王献之、※虞世南、※颜真卿。

金文从角从大，行声。《说文》："衡，牛触，横大木其角。从角从大，行声。"隶书部件"角"渐与"鱼"之上半同。本指绑在牛角上的长横木。《诗·鲁颂·閟宫》：

"秋而载尝,夏而楅衡。"《毛传》:"楅衡,设牛角以楅之也。"朱熹《诗集传》:"尝,秋祭名。楅衡,施于牛角,所以止触也。"也指车辕前部的横木。如《释名·释车》:"衡,横也,横马颈上也。"陆德明《经典释文》:"衡,辕前横木,缚轭者也。"

第四章　植物类部首及相关联的汉字溯源

第一节　草木类相关

一、草木组

1.屮：屮、屯、艸（草）、芔（卉）、舜、莽、莫、𦴆（朝）、蓐（薅）

（1）屮。ᚵ、ᚶ、ᚸ中盂。ᚹ。

甲骨文象初生的草木形。《说文》："屮，艸木初生也。象丨出形，有枝茎也。古文或以为艸字。读若彻。"段玉裁注："上言'以为'，且言'或'，则本非艸字。……'读若彻'，彻，通也。义存乎音。……俗误谓此即艸字。……言假借必依声托事，屮艸音类远隔。"从读音来看，"屮""艸"当为两字，但早期典籍中有用"屮"为"艸"的，当系省写而致。《荀子·富国》："刺屮殖谷，多粪肥田，是农夫众庶之事也。"杨倞注："屮，古草字。"

（2）屯。ᚺ、ᚻ、ᚼ善夫克鼎、ᚽ颂簋、ᚾ师望鼎。ᚿ。ᛀ汉帛。ᛁ元珍墓志、ᛂ虞世南、ᛃ李邕、屯颜真卿。

甲骨文似为草芽从地下冒出之形。金文将草芽写作弯曲形，表现其冒出地面之艰难。《说文》："屯，难也。象艸木之初生，屯然而难。从屮贯一，一，地也。尾曲。"《周易·屯卦》："屯如邅如，乘马班如。"孔颖达疏："屯是屯难，邅是邅回，如是语辞也。""屯邅"为难行不进貌，故"屯"引申有聚集之义。屈原《楚辞·离骚》："屯余车其千乘兮，齐玉轪而并驰。"指聚集。《说文》："邨，地名。从邑屯声。"段玉裁注："屯，聚之意也。……又变字为村。"北方方言中犹称村庄为屯子。"屯粮""屯积"等亦用积聚义。

（3）艸（草）。ᛄ。

《说文》："艸，百芔也。从二屮。"段玉裁注："二屮三屮一也。"典籍多借"草"为"艸"。《玉篇》："草，同艸。"《说文》："草，草斗，栎实也。一曰：象斗子。从艸，早声。""草"本指栎树的果实，其黑汁常用来染布，引申指黑色。徐铉曰："今俗以此为艸木之艸。别作皁字，为黑色之皁。""草"被借用为"艸"，另造"皁"来表"草"之本义，"皁"今写作"皂"，"青红皂白"的"皂"本指黑色。《仪礼·士相见礼》："在野则曰艸茅之臣。"《论语·阳货》："多识于鸟兽草木之名。""艸""草"即指茅草、野草。古人倾向于用"草"为"艸"，当与形声字逐渐处于优势，人们喜欢在字形里有表音的部分的心理有关。

（4）芔（卉）。芔。卉 王羲之、卉 褚遂良。

古以三为多，以三"屮"会百草之意。《说文》："芔，艸之总名也。从艸屮。"《诗·小雅·出车》："春日迟迟，卉木萋萋。"即用本义。"花卉"尚见其本义。

（5）茻。茻。

以四"屮"着力表现草之多。《说文》："茻，众艸也。从四屮。"段玉裁注："经传艸莽字当用此。"朱骏声《说文通训定声》："经传草茻字皆以'莽'为之。"龚自珍《乙丙之际著议第七》："何茻然其不一姓也？""茻然"意为众多的样子。

（6）莽。莽 寺工师初壶、莽、莽 秦简、莽 欧阳询、莽 颜真卿。

甲骨文、金文从犬从茻，本指草丛。《说文》："莽，南昌谓犬善逐兔艸中为莽。从犬从茻，茻亦声。"《左传·哀公元年》："吴日敝于兵，暴骨如莽。"杜预注："草之生于广野，莽莽然，故曰草莽。"

（7）莫。莫、莫、莫、莫、莫、莫 秦简、莫 秦简、莫 汉帛、莫 汉帛、莫 肥致碑、莫 衡方碑、莫 王羲之、莫 高贞碑、莫 欧阳询、莫 虞世南。

从茻从日，以日落于草丛之中会意。或从四木，作构字部件使用时，"屮""木"常有通用。小篆从四"屮"。《说文》："莫，日且冥也。从日在茻中。"隶书中下边的两个"屮"逐渐变形成了"大"。卜辞有："其莫不毒雨。"指傍晚。假借作不定代词，《诗·邶风·北风》："终窭且贫，莫知我艰。"指没有谁、没有人。

（8）䑃（朝）。䑃、䑃、朝 克盨、朝 先獸鼎、朝 矢方彝、朝、朝 秦简、朝 秦简、朝 汉帛、朝 汉帛、朝 衡方碑、朝 西狭颂、朝 曹全碑、朝 张迁碑、朝 欧阳询。

甲骨文从四"屮"从日从月，以太阳刚刚从草丛里升起，而月亮尚未落下去，会早晨之意。金文则借"潮"的本字"淖"来表示。小篆中的水流形变成了"舟"。《说文》："䑃，旦也。从倝舟声。"《说文》又有："潮，水朝宗于海。从水，朝省。"原从"水"的字形表潮水，水变形为"舟"的字形表早晨。之所以发生这种趋同的演变，可能跟水朝宗于海相似于诸侯朝见天子有一定的关系。隶书在小篆的基础上，字形右半逐渐变成了"月"，这样就重新跟甲骨文关联了起来。《诗·小雅·何草不黄》："哀我征夫，朝夕不暇。"指早晨。《左传·宣公二年》："盛服将朝，尚早，坐而假寐。"指上朝见君主。

（9）蓐（薅）。蓐、蓐、蓐、蓐 汉帛。

《说文》："蓐，陈艸复生也。从艸辱声。"徐锴《说文解字系传》："陈根更生繁缛也。""蓐"为陈艸（草）复生，引申指草席，坐卧的垫具亦谓之"褥"。《说文》又有："薅，拔去田艸也。从蓐，好省声。"疑"蓐"本为"辱"之繁体，"薅"又为"蓐"之分化。陈草复生则薅之。"辱"的甲骨文从辰从又，"辰"象上古用来清除草木的农具，"又"则为持"辰"的手。"辱"被借作耻辱字，后增意符"耒"作"耨"，以记其本义。《释名》："耨，以锄耨禾也。"《广韵》："耨，同鎒。"《说文》："耨，薅器也。从木辱声。鎒，或从金。"段玉裁注："从木者主柄，从金者主刃。"初"耨"名动兼记，"耨"则主记名词义，"薅"主记动词义。

2.木：木、林、本、末、朱、未、條（条）、柔、梁、析、梟（枭）、桑、困、片、版、牀（床）、東（东）、束。

（1）木。🌳、🌳、🌳、🌳父丁爵、🌳曶鼎、🌳。🌳秦简、🌳汉帛、🌳桐柏庙碑、🌳西狭颂、🌳皇象、🌳王羲之、🌳张猛龙碑、🌳欧阳询。

甲骨文字形上半部分象分杈的树枝，下半部分象树根，本指树木。小篆向上的树枝变作了弧线，许慎遂误以为从屮。《说文》："🌳，冒也。冒地而生。东方之行。从屮，下象其根。"隶书中，树枝逐渐平直，变为横，树根写作了撇捺。楷书常将象树杆的中竖写成竖钩，但并未流传下来。《诗·周南·汉广》："南有乔木，不可休思。"即用本义。

（2）林。🌳🌳、🌳🌳、🌳🌳林卣、🌳🌳卓林父簠、🌳🌳秦简、🌳🌳汉帛、🌳🌳张迁碑、🌳🌳皇象、🌳🌳王羲之、🌳🌳魏灵藏造像、🌳🌳褚遂良。

甲骨文字形以两棵并排的树木，会树林之意。组成部件"木"的形变情况与独体"木"相同。《说文》："🌳🌳，平土有丛木曰林。从二木。"《诗·小雅·白华》："有鹙在梁，有鹤在林。"即用本义。

（3）本。🌳本鼎、🌳秦简、🌳汉帛、🌳史晨碑、🌳衡方碑、🌳曹全碑、🌳王羲之、🌳王羲之、🌳元珍墓志、🌳张猛龙碑、🌳欧阳询。

于"木"之根部加点以表示树根之义。小篆中的点写成了横。《说文》："🌳，木下曰本。从木，一在其下。"《国语·晋语》："伐木不自其本，必复生。"即用本义。

（4）末。🌳蔡侯钟、🌳。🌳秦简、🌳汉帛、🌳衡方碑、🌳白石君碑、🌳王羲之、🌳虞世南。

于"木"之树梢加点以表示末梢、末端之义。小篆中的点写成了长横。《说文》："🌳，木上曰末。从木，一在其上。"《左传·昭公十一年》："末大必折，尾大不掉。"即用本义。"本末倒置""舍本逐末"犹可见其本义。

（5）朱。🌳、🌳颂壶、🌳吴方彝、🌳王臣簋。🌳。🌳秦简、🌳汉帛、🌳衡方碑、🌳曹全碑、🌳皇象、🌳王羲之、🌳孙秋生造像、🌳朱君山墓志、🌳褚遂良。

甲骨文、金文字形于"木"之中部加点，与"本""末"的构形原理相同，本指树干或树桩，即"株"之本字。《说文》："🌳，赤心木，松柏属。从木，一在其中。""株，木根也。"徐锴《说文解字系传》："入土曰根，在土上者曰株。"段玉裁注："株，今俗语云桩。"《韩非子·五蠹》："田中有株，兔走触株，折颈而死。"即指树桩。

（6）未。🌳、🌳、🌳。🌳利簋、🌳史兽鼎。🌳。🌳张表碑、🌳郭有道碑、🌳汉帛、🌳钟繇、🌳皇象、🌳王羲之、🌳王献之、🌳欧阳询、🌳虞世南。

甲骨文于"木"上复增枝条，象树木枝条繁茂形。《说文》："未，味也。六月滋味也。五行，木老于未，象木重枝叶也。"段玉裁注："老则枝叶重迭，故其字象之。"隶书中的枝条平直，为接近等长的两横。行书、楷书的上横明显偏短。假借为地支和否定副词，典籍尚未见用其本义者。《诗·召南·草虫》："未见君子，忧心忡忡。"用在动词前，表否定，指没有。

(7) 條（条）。條。條王羲之、條欧阳询。

从木攸声，本指枝条。《说文》："條，小枝也。从木攸声。"徐锴："自枝而出也。"《诗·周南·汝坟》："遵彼汝坟，伐其条枚。"《毛传》："枝曰条，干曰枚。"段玉裁注："'枝曰条'，浑言之也。条为枝之小者，析言之也。"汉字简化时，采用了元代俗字字形，仅留存了最右边的部分。

(8) 柔。柔。柔秦简、柔汉帛。柔皇象、柔欧阳询、柔褚遂良。

从木矛声，本指柔软。《说文》："柔，木曲直也。从木矛声。"段玉裁注："凡木曲者可直，直者可曲曰柔。"《诗·小雅·巧言》："荏染柔木，君子树之。"指柔嫩。

(9) 梁。梁梁伯戈、梁大梁鼎、梁、梁桐柏庙碑、梁肥致碑、梁校官碑、梁王羲之、梁高贞碑、梁敬使君碑、梁褚遂良。

西周金文从水刅声。战国文字或增"木"，用为地名时省"水"增"邑"。本指平行于水面的木桥。小篆增意符"木"。《说文》："梁，水桥也。从木从水，刅声。梁，古文。"架在两堤上平直的木为桥梁，引申之，架在两墙上平直的木则为屋梁。段玉裁注："梁之字，用木跨水，则今之桥也。"浑言不别，析言之，"大而为陂陀者曰桥"（段注），即高而曲的为桥，也就是常说的拱桥。古人书写时常将部件"刅"中的两点以一长斜点代替，是为便捷所致，规范的字形仍为"刅"。《诗·大雅·大明》："造舟为梁，不显其光。"朱熹《诗集传》："作船于水，比之而加版于其上通行者，即今之浮桥也。"

(10) 析。析、析。析格伯簋、析鄂侯簋、析秦简、析汉帛、析西狭颂。析虞世南、析褚遂良。

甲骨文从木从斤，表示用斧斤劈木头。《说文》："析，破木也。一曰折也。从木从斤。""折"为以斤断草。段玉裁注："以斤破木，以斤断艸（草），其义一也。"《诗·齐风·南山》："析薪如之何？匪斧不克。"即用本义。

(11) 枭（枭）。枭。枭皇象、枭敬使君碑。

"枭"为鸟名。《说文》："枭，不孝鸟也。日至，捕枭磔之。从鸟头在木上。"汉字简化时，"鸟"简作成了"鸟"，"枭"也类推简化成了"枭"。《正字通》："土枭，鹰身猫面，穴土而居。"《诗·大雅·瞻卬》："懿厥哲妇，为枭为鸱。"郑玄笺："枭鸱，恶声之鸟。"

(12) 桑。桑、桑。桑秦简、桑汉帛、桑乙瑛碑、桑礼器碑、桑张猛龙碑、桑虞世南、桑褚遂良。

甲骨文象桑树形，着力突出枝叶。小篆将桑叶写作了"叒"。《说文》："桑，蚕所食叶木。从叒木。"段玉裁注："榑桑者，桑之长也，故字从叒。"认为从"叒"，取自于传说中的神木——扶桑。隶书、楷书多将部件"叒"省写成"卉"，规范字形里仍作"叒"。《诗·小雅·小弁》："维桑与梓，必恭敬止。"朱熹《诗集传》："桑、梓二木，古者五亩之宅，树之墙下，以遗子孙给蚕食、具器用者也。……桑、梓，父母所植。"后以"桑梓"指故乡。

(13) 困。困。困。困秦简、困汉帛、困西狭颂。困钟繇、困王羲之、困颜真卿。

甲骨文从口从木，本指门橛。《说文》："㘽，故庐也。从木在口中。"徐灏《说文解字注笺》："故庐之训，未详其恉。困，疑即古'梱'字。"俞樾《儿笘录》："困者，梱之古文也。"《说文》："梱，门橛也。从木，困声。"徐锴曰："谓门两旁挟门短限也，今人亦谓门限。"段玉裁注："门梱、门橛、阃，一物三名矣。谓当门中设木也。"《礼记·曲礼上》："外言不入于梱，内言不出于梱。"郑玄注："梱，门限也。"典籍中，"困"多用引申义困窘，故复增意符"木"作"梱"，以记其本义。《左传·僖公三十年》："行李之往来，共（供）其乏困。"指食品、物质上的不足。

（14）片。片欧阳通、片颜真卿。

取木之一半，"析"战国文字中有异体作"斨"，亦从木之一半。小篆半木之形十分清晰。《说文》："片，判木也。从半木。"段玉裁注："木字之半也。"汉字发展演变中，为书写方便，断离为笔画，遂难见其与"木"之关联。典籍多用其引申义，表示一半、片面。《论语·颜渊》："片言可以折狱者，其由也与？"孔安国曰："片，犹偏也。听讼必须两辞，以定是非。"

（15）版。版、版、版、版秦简、版褚遂良。

本指筑墙的夹板。《说文》："版，判也。从片反声。"段玉裁注："凡施于宫室器用者，皆曰版。今字作板。"《孟子·告子下》："傅说举于版筑之间。"即用本义。

（16）爿（床）。爿、爿、牀、牀秦简、床欧阳询、牀李邕、床颜真卿、床柳公权。

"爿"象床形，甲骨文里"疒"作爿、爿，为人卧病在床，床形与此同。本指供人坐卧的器具。《诗·豳风·七月》："九月在户，十月蟋蟀入我牀下。"即用本义。小篆增"木"。《说文》："牀，安身之坐者。从木爿声。"《玉篇》云"床"为"牀"之俗字。

（17）*東（东）。東、東、東、東保卣、東東尊、東、東秦简、東汉帛、東史晨碑、東肥致碑、東衡方碑、東孔彪碑、東辟雍碑、东索靖、东王羲之、東元珍墓志、東张猛龙碑、東欧阳询。

甲骨文象袋子，两端用绳子扎束着，为"橐"之初文，假借为表东方之"東"。小篆捆扎的绳头，美化成弧线。《说文》："東，动也。从木。"因太阳从东方升起，许慎据小篆字形，遂以为从日在木中。现行简化字为草书楷化而成。《诗经·小雅·大东》："东有启明，西有长庚。"指东方。

（18）*束。束、束、束、束、束蒿簋、束大簋、束守宫盘、束召伯簋、束、束秦简、束汉帛、束肥致碑、束孔彪碑、束褚遂良。

以袋子两头扎束着表示束缚之义，与"東"为一字之分化。《说文》："束，缚也。从口木。"许慎误以绳头为木。《诗·鄘风·墙有茨》："墙有茨，不可束也。"指捆束。

3.柒（漆）

柒（漆）。柒、柒秦简、柒汉帛、漆皇象、漆褚遂良、漆颜真卿。

以木和水滴会意，本指木漆。《说文》："柒，木汁。可以鬃物。象形。柒如水滴而下。"徐锴曰："六点皆象水而非水也。"段玉裁注："木汁名柒，因名其木曰柒。

今字作漆而桼废矣。漆，水名也，非木汁也。"※"中"木"的左右两边各三点，均象桼木流出的汁液。《说文》："※，水。出右扶风杜陵岐山，东入渭。一曰入洛。从水桼声。"字形发展中，"木"中间的汁液与"木"的中竖相接，中竖下半则与汁液重组成"水"。《汉书·贾山传》："冶铜锢其内，桼涂其外。"即指木漆。

二、草木萌芽组

1.才：才、在、存、㦲

（1）才。ͳ兔卣、ͳ君夫簋、ͳ曾姬无卹壶、ͳ中山王䜓鼎、ͳ秦简、ͳ秦简、ͳ汉帛、ͳ张迁碑、ͳ皇象、ͳ索靖、ͳ王羲之、ͳ孙秋生造像、ͳ石婉墓志、ͳ褚遂良。

以草木钻出地面之形，表方始之义。小篆横下省作一撇。《说文》："ͳ，艸木之初也。从丨上贯一，将生枝叶。一，地也。"段玉裁注："引伸为凡始之称。"典籍多用才能义，如贾谊《过秦论》："才能不及中人。"

（2）在。ͳ孟鼎、ͳ作册䰧卣、ͳ㝬氏壶、ͳ秦简、ͳ汉帛、ͳ礼器碑、ͳ史晨碑、ͳ校官碑、ͳ曹全碑、ͳ张迁碑、ͳ索靖、ͳ王羲之、ͳ王羲之、ͳ牛橛造像、ͳ孙秋生造像、ͳ欧阳询、ͳ虞世南。

甲骨文、金文多用"才"为"在"，后增"土"，分化出"在"。《说文》："ͳ，存也。从土才声。"隶书部件"才"下半部分写得偏右，以空出位置填入"土"。《周易·乾卦》："见龙在田。"即用本义。

（3）*存。ͳ秦简、ͳ汉帛、ͳ郭有道碑、ͳ校官碑、ͳ曹全碑、ͳ索靖、ͳ王羲之、ͳ牛橛造像、ͳ虞世南。

《说文》："ͳ，恤问也。从子才声。"指慰问。《周礼·秋官·大行人》："王之所以抚邦国诸侯者，岁，遍存；三岁，遍䘏；五岁，遍省。"郑玄注："存、䘏、省者，王使臣于诸侯之礼，所谓间问也。"与"在"同音，也指存在，如《公羊传·桓公元年》："有天子存，则诸侯不得专地也"。

（4）*㦲。ͳ、ͳ、ͳ、ͳ㝬钟、ͳ鬲比盨、ͳ何尊、ͳ㦲弔鼎、ͳ。

甲骨文从戈才声，本指兵灾，泛指灾害。《说文》："ͳ，伤也。从戈才声。"徐锴曰："哉、栽、裁、载、栽之类字从此。"这些字均以"㦲"为声符。卜辞"王其田，亡㦲"是贞问有没有灾害。甲骨文另有"ͳ""ͳ"分别表示水灾、火灾。典籍多以"灾"指各种灾害。《说文》："栽，天火曰栽。从火，㦲声。灾，或从宀、火。ͳ，古文从才。災，籀文从巛。""栽""ͳ"为形声字，"灾""災"为会意字，今统作"灾"。

2.耑：耑、端

（1）耑。ͳ、ͳ、ͳ羲楚耑、ͳ邹王耑、ͳ、ͳ汉帛。

甲骨文象草木萌发之形，上象芽头，下象根须，本指开端。《说文》："ͳ，物初生之题也。上象生形，下象其根也。"段玉裁注："古发端字作此，今则'端'行而'耑'废，乃多用'耑'为'专'矣。"《周礼·冬官·磬氏》："已上则摩其旁，已下则摩其耑。"指末端。

(2) *端。蝡、䊷秦简、䌫汉帛、端褚遂良。

从立耑声，本指正、直。《说文》："蝡，直也。从立耑声。"段玉裁注："用为发耑、耑绪字者，假借也。"朱骏声《说文通训定声》："立容直也。"泛指正、直。《孟子·离娄下》："夫尹公之他，端人也，其取友必端矣。"指为人正直。

3.生：生、青、產（产）

(1) 生。㞢。㞢蔡姞簋、㞢王生女觥、㞢大篹、㞢颂簋、㞢秦简、生秦简、生汉帛、𤯓汉帛、生桐柏庙碑、生郭有道碑、生校官碑、生曹全碑、生王羲之、生孙秋生造像、生北海王造像、生虞世南。

甲骨文以草从地面长出会意。金文于"中"之中竖下半处加饰笔点，为书写之便，点又写作横。《说文》："㞢，进也。象艸木生出土上。"隶书字形中的草叶部分写成了"𠂉"。《诗·唐风·有杕之杜》："有杕之杜，生于道左。"指生长。

(2) 青。𡴀吴方彝、𡴀牆盘、青秦简、𡴀秦简、𡴀汉帛、青孔彪碑、青石婉墓志、青张猛龙碑、青高贞碑。

从生从丹，本指青色。《说文》："𡴀，东方色也。木生火，从生丹。"《释名》："青，生也。象物之生时色也。"丹为红色矿石，此处作为颜色之典型代表，提示颜色。隶变中，字形上半的"生"线条平直化，下半的"丹"写成了"月"。《诗·齐风·著》："充耳以青乎而。"即指青色。

(3) 產（产）。𤱿哀成叔鼎、𤱸、產秦简、產汉帛、產曹全碑、產苏孝慈墓志、產欧阳询、產颜真卿。

从生产声，"产"从文厂声（"产"与"彦"义近）。《说文》："𤱸，生也。从生，彦省声。"隶书部件"产"变形成了"产"。《搜神记》："其妻重身当产。"指生育。"产房""产卵"等均用生育义。

三、花组

1.花胚：不、丕、肧（胚）、桮（杯）、帝、蒂（蒂）

(1) 不。不、不、不、不、不颂鼎、不元年师兑簋、不中山王䥏壶、不洹子孟姜壶、不秦简、不秦简、不汉帛、不汉帛、不汉帛、不汉帛、不景君碑、不礼器碑、不史晨碑、不衡方碑、不曹全碑、不钟繇、不王羲之。

甲骨文象花萼之柎形，假借作否定副词。《说文》："不，鸟飞上翔，不下来也。从一，一犹天也。象形。"析解有误。《诗·小雅·常棣》："常棣之华（花），鄂不韡韡。"郑玄笺："承华（花）者曰鄂。不当作柎。柎，鄂足也。古声不、柎同。"《玉篇》："柎，花萼足也。"郑樵曰："不象萼蒂形。""不"常用作否定词，其本义遂由"柎"记之。卜辞有："今至丁丑，其雨不？"即贞问会不会下雨。

(2) 丕。不颂鼎、丕隶辨、丕、丕高正臣、丕欧阳询。

与"不"本为一字，于"不"之下增一横以分化之。《说文》："丕，大也。从一不声。"《尚书·大禹谟》："予懋乃德，嘉乃丕绩。""丕绩"即大功绩。

(3) 肧（胚）。肧。肧颜真卿。

指初期发育的生物体。《说文》:"🔣,妇孕一月也。从肉不声。"今写作"胚",古时"不""丕"音同。《文子·九守》:"三月而胚,四月而胎。"即用本义。

（4）桮（杯）。🔣。🔣秦简、🔣汉帛、🔣汉帛、🔣曹全碑、🔣欧阳通。

本指盛液体的一种器皿。《说文》:"🔣,𩟀也。从木否声。🔣,籀文桮。"又"𩟀,小桮也。"段玉裁注:"桮其通语也。古以桮盛羹。……俗作杯。"今写作"杯",古时"不""否"音同。最初借用"不"作否定词,西周晚期金文增意符"口"作"否",读音一也。朱骏声《说文通训定声》:"古盛羹若注酒之器,通名曰杯也。"《庄子·逍遥游》:"覆杯水于坳堂之上,则芥为之舟。"即指水杯。

（5）帝。🔣、🔣、🔣、🔣、🔣井侯簋、🔣散狄钟、🔣秦公簋、🔣、🔣汉帛、🔣汉帛、🔣桐柏庙碑、🔣史晨碑、🔣孔彪碑、🔣王羲之、🔣元珍墓志、🔣虞世南。

从字形看,疑象烧柴祭天,《礼记·祭法》:"燔柴于泰坛,祭天也。"孔颖达疏:"谓积薪于坛上,而取玉及牲,置柴上燔之,使气达于天也。"《尔雅·释天》:"祭天曰燔柴。"古文字首笔为横者,常于其上复增一短横作饰笔。《说文》:"🔣,谛也。王天下之号也。从丄朿声。🔣,古文帝。古文诸丄字皆从一,篆文皆从二。二,古文上字。辛、示、辰、龍、童、音、章,皆从古文丄。"许慎误将所增短横与首横分析成了"上"。隶书中字形的下半部分写成了"巾"。行书、楷书中最上之短横写作了点。先秦文献里多指天帝、帝王,如《诗·大雅·文王》:"文王陟降,在帝左右"。

（6）蔕（蒂）。🔣。🔣颜真卿。

本指花、瓜果与枝茎相连的部分。《说文》:"🔣,瓜当也。从艸帶声。"徐锴《说文解字系传》:"華(花)叶之根曰蔕,树之根曰柢,音同也。"魏晋时期,"柢""蔕"逐渐不分,唐陆德明云:"柢,亦作蔕。"朱骏声《说文通训定声》:"俗字作蒂。""蒂"乃后起,改声符"帶"为"帝"。

2.𠂹:𠂹、埀(垂)、琴、華或琴(花)

（1）𠂹。🔣。🔣。🔣。

《说文》:"🔣,艸木华叶𠂹。象形。"段玉裁注:"引伸为凡下𠂹之称。今字垂行而𠂹废矣。"而"垂"本指边陲。

（2）埀(垂)。🔣。🔣汉帛、🔣校官碑、🔣王羲之、🔣龙藏寺碑、🔣虞世南。

本指边疆,为今"陲"之本字。《说文》:"埀,远边也。从土𠂹声。"段玉裁注:"埀本谓远边。引申之,凡边皆曰埀。俗书边埀字作'陲',乃由用'垂'为'𠂹',不得不用'陲'为'垂'矣。"《说文》:"陲,危也。从𨸏垂声。"段玉裁注:"许义埀训远边,陲训危,以埀从土、陲从𨸏之故。今义训埀为悬,则训陲为边,边陲行而边埀废矣。"隶变中部件"𠂹"的下垂状的花叶变平直,为横竖相交的笔画。唐代楷书将字形下边的"土"写作"山",疑有自高垂下的意思。《说文》:"崖,高边也。"段玉裁注:"垂为远边,崖为高边。边之义谓行于此二者,此二者因名边矣。"《尚书·顾命》:"一人冕,执戣,立于东垂。一人冕,执瞿,立于西垂。"指立于堂之远边。《诗·小雅·都人士》："彼都人士，垂带而厉。"指衣带下垂。后边垂义用"陲"，垂挂等义则用"垂"。

（3）琴。㻏命篇、㻏華母壶、㻏克鼎、琴。

金文上象盛开的花朵，下象茎叶。"琴"为"琴"之初文，"琴"隶书变作"華"，"花"为"華"在北朝时出现的俗体。小篆茎叶部分写成了"亏"。《说文》："琴，艸木華也。从苁亏声。琴，琴或从艸从夸。"段玉裁注："此与下文琴音义皆同。……今字花行而琴废矣。"

（4）華、琴（花）。琴。華秦简、華礼器碑、華桐柏庙碑、華张表碑、華郭有道碑、華白石君碑。華王羲之、華欧阳询、華虞世南。

"華"与"琴"本一字，于"琴"上增"艸"而成。《说文》："琴，荣也。从艸从琴。"《尔雅·释草》："木谓之華，艸谓之荣。荣而实者谓之秀，荣而不实者谓之英。"此析言之。浑言则荣与華（华）、秀与英相近。《集韵·麻韵》："華，古作琴。"隶书中"琴"变形成"華"。现行简化字取的是北朝时的俗字"花"，从艸化声，主要用来记"華"的本义。《诗·周南·桃夭》："桃之夭夭，灼灼其華。"指花朵。引申指美丽有光彩、华丽、精华等义。"华"则为"華"草书楷化而成，主要用来记其引申义，但"春华秋实"中用本义，指花朵，"芳华""含英咀华""华而不实"等则用其比喻义。

四、果组

1.瓜：瓜、瓠、瓢、瓣

（1）瓜。瓜命瓜君壶、瓜汉帛、瓜颜真卿。

金文画的是藤蔓上结着瓜。小篆字形的象形意味仍十分明显。《说文》："瓜，蓏也。象形。"徐锴："厶，瓜实也，外蔓也。"《说文》："蓏，在木曰果，在地曰蓏。"段玉裁注："瓜者，縢生布于地者也。"瓞者，本不胜末，微弱也。谓凡草结实如瓜瓞下垂者，统谓之蓏。"隶变后象瓜的部分写成了勾点。《诗·大雅·绵》："绵绵瓜瓞。"孔颖达："瓜之族类本有二种，大者曰瓜，小者曰瓞。"

（2）瓠。瓠。瓠汉帛。

多指长得长瘦、可食用的一种葫芦，即瓠子。长得圆大，老了劈开可作舀水之瓢的葫芦是匏。《说文》："瓠，匏也。从瓜夸声"，《说文》又有："匏，瓠也。从夸包声。取其可包藏物也"。段玉裁注："《邶风》传曰：'匏谓之瓠。'谓异名同实也。"陆佃《埤雅·释草》："长而瘦上曰瓠，短颈大腹曰匏。盖匏苦瓠甘，定非一物。"《国语·鲁语下》："夫苦匏不材于人，共济而已。"韦昭注："材，读若裁。'不裁于人'，言不可食也。'共济而已'，佩匏可以渡水也。""匏"主要用作器物。《诗·小雅·南有嘉鱼》："南有樛木，甘瓠累之。"朱熹《诗集传》："瓠有甘有苦，甘瓠则可食也。"即"瓠"也用为总名，"匏"为"瓠"之一种。

（3）瓢。瓢。瓢_{颜真卿}。

从瓜票声，由葫芦剖分而成的器具。《说文》："瓢，蠡也。从瓠省，票声。"段玉裁注："以一瓠劙为二曰瓢。"隶变之后"票"下之"火"成了"示"，"尉"下之"示"也是由"火"变来。《论语·雍也》："一箪食，一瓢饮。"即指水瓢。

（4）瓣。瓣。瓣_{颜真卿}。

《说文》："瓣，瓜中实。从瓜辡声。"指瓜的子实，引申指瓜果等可依其隔膜、纹理分开的小块。傅玄《瓜赋》："细肌密理，多瓤少瓣。"指瓜籽。《齐民要术·种蒜》："置独瓣蒜于瓦上，以土覆之。"指蒜瓣。

2.果、某

（1）果。果。果_{果簋}。果。果_{汉帛}、果_{赵宽碑}、果_{王羲之}、果_{柳公权}。

甲骨文、金文象树上结果实形。小篆省去了果实上的点。《说文》："果，木实也。从木，象果形在木之上。"手写隶书、楷书时，常将下半之"木"写作"水"。果下之"木"，楷书规范的写法仍为"木"，而"新""条"下之"木"则保留了早期手写体中的"水"形。徐灏《说文解字注笺》："木实谓之果，故谓事之实然者曰果然，因之，果敢、果断之义生焉。"因其引申义均较常用，遂增意符"艹"作"菓"，以记其本义。《广韵·果韵》："果，俗作菓。"汉字简化时，"菓"又归并进了"果"。《周易·说卦》："艮为山……为果蓏。"孔颖达疏："木实曰果，草实曰蓏。"

（2）某。

见第二章第四节"五、口组"（第145页）。

第二节　禾类相关

1.禾：禾、私、移、委、秒、稍、季（年）、秋、租、税、秦、秝、麻、歷（历）、秉、兼、黍、穀（谷）、香

（1）禾。禾、禾_{亳鼎}、禾_{郑公钟}。禾。禾_{秦简}、禾_{汉帛}、禾_{西狭颂}。禾_{王羲之}、禾_{颜真卿}。

甲骨文象禾谷形。小篆基本保留了甲骨文、金文的轮廓。《说文》："禾，嘉谷也。从木，从巫省。巫象其穗。"段玉裁注："上笔巫者象其穗。"字形中下垂部分并不是由"巫"简省而来。隶书为书写方便，谷穗逐渐变作一撇。《诗·魏风·伐檀》："不稼不穑，胡取禾三百囷兮？"即指禾谷。

（2）私。私。私_{秦简}、私_{秦简}、私_{汉帛}、私_{校官碑}。私_{皇象}、私_{王羲之}、私_{褚遂良}。

《说文》："私，禾也。从禾厶声。"段玉裁注："盖禾有名私者也，今则假私为公厶。"《诗·小雅·大田》："雨我公田，遂及我私。"《毛传》："私，民田也。"由私田引申指私人、个人。《诗·小雅·大东》："私人之子，百僚是试。""私"与"公"

相对。

（3）移。㮨秦简、移汉帛、移辟雍碑、移索靖、移张猛龙碑、移敬使君碑。

本指禾随风摇曳的姿态，引申指摇动，借用表迁移。《说文》："移，禾相倚移也。从禾多声。"段玉裁注："倚移，连绵字，叠韵，读若阿那。……《说文》于禾曰倚移，于旗曰旖施，于木曰橢施，皆谓阿那也。《毛传》曰：'猗傩，柔顺也。'猗傩即阿那。……今人但读为迁移，据《说文》，则自此之彼字当作迻。"《韵会》："今迁徙之迻借作移。"《礼记·玉藻》："疾趋则欲发，而手足毋移。"郑玄注："移之言靡迤也，毋移欲其直且正。"孔颖达疏："移，谓靡迤动摇也。"《国语·齐语》："相地而衰征，则民不移。"韦昭注："移，徙也。"

（4）委。㮨、㮨、㮨。委秦简、委汉帛、委景君碑、委孔宙碑、委郭有道碑、委索靖、委王羲之、委石婉墓志、委元倪墓志、委欧阳询。

甲骨文从禾从女，均有屈曲之态，本义为弯曲，委曲殆用其本义。小篆写作上下结构。《说文》："委，委随也。从女从禾。"徐铉曰："委，曲也。取其禾谷垂穗。委，曲之貌。故从禾。"顺随为其引申义。《说苑·正谏》："螳螂委身曲附欲取蝉，而不知黄雀在其傍也。"指弯曲。《汉书·儒林传》："凡通经术，固当修行先王之道，何可委曲从俗，苟求富贵乎！"指顺随、顺从。

（5）秒。秒。秒衡方碑。秒褚遂良。

本指禾谷的芒刺。《说文》："秒，禾芒也。从禾少声。"段玉裁注："禾芒曰秒，犹木末曰杪。"引申指细微。《汉书·叙传下》："元元本本，数始于一，产气黄钟，造计秒忽。"指细微、微小。《说文》"称"字下云："律数：十二秒而当一分，十分而寸。"《隋书·律历志》引《孙子算术》："蚕所生吐丝为忽，十忽为秒，十秒为毫。"用作长度单位。

（6）稍。稍。稍秦简、稍汉帛、稍索靖、稍王羲之、稍元倪墓志。

本指禾末。《说文》："稍，出物有渐也。从禾肖声。"段玉裁注："渐依许当作趣，渐行而趣废矣。稍之言小也、少也。凡古言稍稍者，皆渐进之谓。"俞樾《诸子平议》："稍之为禾末，犹杪之为木末，从肖与从小同。"引申指逐渐、略微。《左传·昭公十年》："子尾多受邑而稍致诸君，君以为忠而甚宠之。"指逐渐。一般认为稍微、略微义是唐宋以后才分化出来的。《史记·梁孝王世家》："上怒稍解，因上书请朝。"已有略微义。

（7）季（年）。秊、秊。秊召伯簋、秊齐侯匜、秊戎弔鼎、秊郑公釛钟、秊齐侯盘、秊。秊秦简、秊汉帛、秊汉帛、秊礼器碑、秊史晨碑、秊衡方碑、秊校官碑、秊曹全碑、秊王羲之、秊王羲之、秊石婉墓志、秊元珍墓志、秊元倪墓志、秊敬使君碑、秊欧阳询、秊褚遂良、秊颜真卿。

甲骨文以人负禾，会谷熟之意。古时谷物一年一熟，因以有年岁之义。金文于人上加一点，为方便书写，点又写作短横。小篆承之。《说文》："秊，谷熟也。从禾千声。"隶书笔画变形重组，渐失"禾""千"之形。魏晋时期已规整，与今形颇近。卜辞常见"受年"，即授予好收成。今犹有"年成"的说法。《甲骨文合集》24610有

"贞自今十年出（又）五"，指年岁。《尔雅·释天》："夏曰岁，商曰祀，周曰年，唐虞曰载。"郭璞注："岁，取星行一次；祀，取四时一终；年，取禾一熟；载，取物终更始。"

（8）秋。🦗、🦗、🦗甲秋舟爵。🔥秋秦简、秋汉帛、秋乙瑛碑、秋孔宙碑、秋衡方碑、秋王羲之、秋孙秋生造像、秋元珍墓志、秋张猛龙碑、秋虞世南。

甲骨文借蟋蟀来表示"秋"，蟋蟀为秋虫，鸣声啾啾；或有增"火"者，因蟋蟀多在夜晚鸣叫。《诗·豳风·七月》："七月在野，八月在宇，九月在户，十月蟋蟀入我床下。"《吕氏春秋·季夏纪》："凉风始至，蟋蟀居宇。"秋天蟋蟀会躲进房子里来，而夜里人们会点灯照明，故而造字时有所体现。秋天禾谷皆熟，故又增"禾"，殆即《说文》所谓之籀文🦗。战国文字已多有省蟋蟀形作"秋"者。《说文》："秋，禾谷孰（熟）也。从禾，𤒫省声。🦗，籀文不省。"段玉裁注："其时万物皆老而莫贵于禾谷，故从禾。"《诗·卫风·氓》"秋以为期"，即指秋季。

（9）租。租秦简、租衡方碑、租曹全碑、租褚遂良。

从禾且声，本指田税。《说文》："租，田赋也。从禾且声。"颜师古《急就篇注》："敛财曰赋，敛谷曰税，田税曰租。"引申泛指赋税。《史记·孝景本纪》："五月，除田半租。"指田租。《管子·治国》："关市之租，府库之征，粟什一。"指在关市征收的税。

（10）税。税汉帛、税褚遂良、税欧阳通、税颜真卿。

本指向国家缴纳的粮食。《说文》："税，租也。从禾兑声。"《穀梁传·庄公二十八年》："古者税什一。"《汉书·刑法志》："有税有赋，税以足食，赋以足兵。"颜师古注："税，田租也。"引申泛指一切赋税。《汉书·食货志》："税谓公田什一，及工商衡虞之入也。"

（11）秦。秦、秦史秦鬲、秦𠫑羌钟、秦秦公鎛、秦大庶镐、秦、秦秦简、秦汉帛、秦汉帛、秦曹全碑、秦皇象、秦张猛龙碑、秦褚遂良。

甲骨文、金文以双手持杵春捣禾谷会意。小篆省从一"禾"。《说文》："秦，伯益之后所封国。地宜禾。从禾，春省。一曰秦，禾名。秦，籀文秦从秝。"段玉裁注："此字不以春禾会意为本义，以地名为本义者，通人所传如是也。"隶书字形中双手与杵融合重组，渐成"𡗗"。甲骨文用为地名、人名。金文用为国名，指秦国。春秋时期的青铜器有秦公钟、秦公鎛、秦公簋。

（12）秝。秝、秝。

甲骨文从二"禾"，以禾稻排列稀疏得宜会意，为"歷歷可数"之"歷"的初文。宋玉《登徒子好色赋》有："其妻蓬头挛耳，齞唇歷齿。""歷齿"指牙齿稀疏。《说文》："秝，稀疏适也。从二禾。"徐锴曰："适者，宜也。禾，人手种之，故其稀疏等也。"段玉裁注："《玉篇》曰：'稀疏秝秝然。'盖凡言歷歷可数、歷录束文皆当作秝。歷行而秝废矣。……'从二禾'，禾之疏密有章也。"

（13）歷。歷毛公厝鼎、歷。

金文用为"歷"之假借字。《说文》："𠪣，治也。从厂秝声。"《玉篇》："理也。亦作秝。"《说文》有："䊪，和也。从甘麻。麻，调也。"段玉裁注："稀疏适者，调龢之意。"然典籍中"麻"多作"歷""曆"之借字，罕用治理义。《周易·革卦》："君子以治麻明时。"指历法，即后世之"曆（历）"。

（14）歷（历）。̇、̇、̇禹鼎、̇、̇衡方碑、̇曹全碑、̇皇象、̇索靖、̇王献之、̇王献之、̇欧阳询、̇褚遂良。

甲骨文由"秝"与"止"组成，本指经过。《尚书·毕命》："既歷三纪，世变风移。"指经过。《说文》："̇，过也。从止麻声。"段玉裁注："引伸为治曆明时之曆。"《说文·新附》："曆，麻象也，从日麻声。《史记》通用歷。"汉字简化时，改"厂"下部分为声符"力"而成"历"。

（15）秉。̇、̇、̇秉中父乙簋、̇井人妄鐘、̇秦简、̇汉帛、̇校官碑、̇曹全碑、̇索靖、̇高贞碑、̇颜真卿。

甲骨文从又从禾，指执持，也指禾束。《说文》："̇，禾束也。从又持禾。"隶书象手形的"又"渐成"彐"。《诗·郑风·溱洧》："士与女，方秉蕳兮。"指执持。《诗·小雅·大田》："彼有遗秉，此有滞穗。"指禾束。

（16）兼。̇邾王子旃鐘、̇秦简、̇汉帛、̇衡方碑、̇张表碑、̇王羲之、̇李璧碑、̇欧阳询、̇苏孝慈墓志、̇颜真卿、̇颜真卿。

金文以手持二"禾"，会同时并有之意。《说文》："̇，并也。从又持秝。兼持二禾，秉持一禾。"隶书字形中的双"禾"相邻部分简省融合。早期行书、楷书多有将二"禾"之下半写作"灬"者，但明显不符合造字理据，故而未取为正体。《孟子·告子上》："二者不可得兼，舍鱼而取熊掌者也。"即用本义。故"品学兼优""形神兼备""日夜兼程"中的"兼"多就两者而言。

（17）黍。̇、̇、̇、̇仲叔父盘、̇秦简、̇汉帛、̇白石君碑、̇王羲之、̇褚遂良、̇颜真卿。

一种煮熟后有黏性的谷物，甲骨文象黍形，字形上半下垂者为其散穗，或增"水"，大概是因为黍适合酿酒。增"水"的形体流传了下来，金文的黍形简省为"禾"，"水""禾"左右排布。小篆将"水"写于"禾"下。《说文》："̇，禾属而黏者也。以大暑而穜，故谓之黍。从禾，雨省声。孔子曰：'黍可为酒，禾入水也。'"从字形渊源上讲，非为"雨省声"。字形下边的"水"在历史上有多种变化，现行汉字取从"水"的为正体。《诗·王风·黍离》："彼黍离离，彼稷之苗。"即用本义。

（18）穀（谷）。̇秦简、̇汉帛。

形声字，粮食的总称。《说文》："̇，续也。百穀之总名。从禾㱿声。"段玉裁注："㱿者，今之殻字，穀必有稃甲，此以形声包会意也。"汉字简化时合并进读音相同的山谷之"谷"，"穀"与"谷"本为含义完全无关的两个字。《诗·豳风·七月》："亟其乘屋，其始播百穀。"即用本义。

（19）香。̇。̇。̇史晨碑、̇衡方碑、̇白石君碑、̇龙藏寺碑、̇颜真卿。

本指谷物的香味。《说文》："̇，芳也。从黍从甘。"《说文》："芳，草香也。"

芳香本各有所指，泛言则同。《诗·大雅·生民》："卬盛于豆，于豆于登。其香始升，上帝居歆。"指食物的馨香。隶书中部件"甘"误写为"日"，遂成今形。

2.來：來（来）、麥（麦）、嗇（啬）

（1）來（来）。★、★、禾、宋、朱殷甗、束猷鐘、徙遽觯、宋、來秦简、朱秦简、來汉帛、來乙瑛碑、來衡方碑、來校官碑、來张迁碑、來皇象、來王羲之、來王羲之、來高贞碑、來欧阳询。

甲骨文象麦子，借用为表来往之"來"，或于字形上竖上加一折笔，以强化麦穗低垂之义，为书写方便，折笔常写成斜横或横，加横线的字形流传了下来。金文为强调行动义，曾有增"辵"的繁体。小篆沿袭简形。《说文》："來，周所受瑞麥來麰。一來二縫，象芒束之形。天所來也，故为行來之來。"段玉裁注："今定为'二麥一夆'，'夆'即'鏠'字之省。许书无'峯'，则山耑字可作'夆'，凡物之标末皆可称夆。夆者，束也。二麥一夆为瑞麥。……自天而降之麥，谓之來麰，亦单谓之來，因而凡物之至者皆谓之來。许意如是。"隶书笔画重组变形，渐成"来"。卜辞中，"來"有用其本义者，但多用往来义。《诗·周颂·思文》："贻我來牟（麰），帝命率育。"朱熹："來，小麥；牟，大麥也。"《诗·卫风·氓》："匪來貿丝，來即我谋。"指到来。

（2）麥（麦）。麦、麦、麦、麦麦盉、來麦鼎、麥、麥秦简、麦秦简、麦汉帛、麦西狭颂、麦虞世南。

甲骨文上象麦形，下从夂。金文将"夂"写得象根须之形。小篆仍从"夂"。《说文》："麥，芒谷，秋穜厚薶，故谓之麥。麥，金也。金王而生，火王而死。从來，有穗者；从夂。"段玉裁注："从夂者，象其行來之状。""麥"可能本来是分化出来记录表来往之"來"的。但人们已习惯用"來"表来往义，遂以"麥"记麦子义。《诗·豳风·七月》："黍稷重穋，禾麻菽麥（麦）。"指麦子。

（3）嗇（啬）。嗇、嗇、嗇沈子它簋、嗇墙盘、嗇、嗇秦简、嗇汉帛、嗇皇象。

甲骨文从來从㐭，"來"象麦子，为"麥"之初文；"㐭"象谷仓，为"廩"之初文；"嗇"本指储存谷物的仓廪。金文或有将部件"來"写作"朿"者，未流传下来。《说文》："嗇，爱瀒也。从來从㐭。來者，㐭而藏之。故田夫谓之嗇夫。穡，古文嗇从田。"段玉裁注："古嗇穡互相假借，如稼穡多作稼嗇。""嗇"为"穡"之本字，因"嗇"被借作吝嗇字，遂增"禾"以记其本义。《说文》："穡，谷可收曰穡。"《诗·魏风·伐檀》："不稼不穡，故取禾三百廛兮。"《毛传》："种之曰稼，敛之曰穡。"《礼记·郊特牲》："蜡之祭也，主先嗇而祭司嗇也。"郑玄注："先嗇，若神农者。""司嗇，后稷是也。"孔颖达疏："种曰稼，敛曰嗇。"简化字形上半笔画省写而成"啬"，与"来"的简化字保持一致。

3.米：米、毂、暴、穰（糠）、粱、精、粹、粗、糜、粥、料

（1）米。米、米、米、米秦简、米汉帛、米乙瑛碑、米曹全碑、米樊敏碑、米王羲之、米欧阳询。

甲骨文象米粒形。《说文》："米，粟实也。象禾黍之形。"段玉裁注："其去秠存人曰米，因以为凡谷人之名。是故禾黍曰米，稻稷麦苽亦曰米。"今所谓花生米即

花生仁，黄豆米、豌豆米等指的都是豆荚里边的豆粒。《周礼·地官·舍人》："掌米粟之出入，辨其物。"孙诒让《周礼正义》："已舂者为米，未舂者为粟。"

(2) 毇。毇。

表舂米使精之义。《说文》："毇，米一斛舂为八斗也。从臼从殳。"段玉裁注："从臼米者，谓舂也。从殳者，殳犹杵也。"徐锴《说文解字系传》："毇，糙米。……此会意也，毇字从毇。"《说文》："粲，稻重一柘，为粟二十斗。为米十斗曰毇，为米六斗大半斗曰粲。"段玉裁注："稻粟二十斗为米十斗，今目验犹然，其米甚粗，不得曰毇明矣。……毇即粺，禾黍言粺，稻言毇。稻米九斗而舂为八斗则亦曰鑿，八斗而舂为六斗大半斗则曰粲。……禾黍米至于侍御，稻米至于粲，皆精之至矣。"古代稻米按加工等级，可分为粝、毇（鑿）、粲。"粲"是精白米，"毇（鑿）"是低一级的精米，"粝"则为糙米。《左传·桓公二年》："大羹不致，粢食不鑿（凿），昭其俭也。"孔颖达疏："粢食不鑿（凿），谓以黍、稷为饭，不使细也。"陆德明《经典释文》："鑿，精米也。"《淮南子·主术训》："大羹不和，粢食不毇。"高诱注："毇，细也。"两句意思差不多，一用"鑿"，一用"毇"。《说文》："鑿，穿木也，从金，鑿省声。"

(3) 暴。暴、暴秦简、暴秦简、暴汉帛、暴汉帛、暴校官碑、暴曹全碑、暴袁博碑、暴王羲之、暴颜真卿。

曝晒之"曝"的本字。《说文》："暴，晞也。从日从出，从廾从米。"裘锡圭先生据战国字形认为，字形为双手持草木一类的东西在日下曝晒，即小篆中的部件"出"是由草木形讹变而来，部件"米"则为后加。段玉裁以为："日出而竦手举米晒之，合四字会意。"《说文》另有从本之"暴"："暴，疾有所趣也。从日出本廾之。"段玉裁注："此与暴二篆形义皆殊，而今隶不别。此篆主谓疾，故为本之属。暴主谓日晞，故为日之属。""暴""暴"本为两字，各有所指，暴露等义系由"暴"引申而来，暴虐、暴躁等义则由"暴"引申而来。书写中变形后，"暴"混入"暴"，遂增"日"作"曝"表曝晒义，但暴露义仍用"暴"。《广韵》："暴，日干也。曝，俗。"《孟子·告子上》："一日暴之，十日寒之，未有能生者也。"指曝晒。《诗·邶风·终风》："终风且暴，顾我则笑。"《毛传》："暴，疾也。"指急遽、猛烈。

(4) 穅（糠）。穅、穅、穅康鼎、穅克鐘、穅秦简、穅皇象、穅褚遂良、穅颜真卿。

甲骨文、金文从米庚声，字形可对应今之"康"，指黍、稷、稻、粱、麦脱下的壳。小篆以增意符"禾"的字形为正体，《说文》："穅，谷皮也。从禾从米，庚声。穅，穅或省。"或体穅正为其古形。段玉裁注："穅之言空也，空其中以含米也。凡康宁、康乐皆本义空中之引申。今字分别，乃以本义从禾，引申义不从禾。"隶书中部件"庚"与"米"重组为"康"。《集韵》："或作粇，亦作糠。"现行汉字以从米的"糠"为正体。《墨子·非乐上》："昔者齐康公，兴乐万，万人不可衣短褐，不可食糠糟。"即用本义。《逸周书·谥法》："凶年无谷曰糠。"

(5) 梁。梁陈公子甗、梁史兔匡、梁曾伯橐匠、梁弔朕匠、梁、梁秦简、梁汉帛、梁柳公权。

金文从米刃声，或增"水"，或简省作"氵"，本指高粱，引申指精美的米、饭食。《说文》:"糪,米名也。从米,梁省声。""梁"从木从水刅声,"梁"非梁省声,它们均以"刅"为声符。"粱"之所以从水,或与"黍"从水的原因相同,均因它们为古代酿酒的常用原料。段玉裁注:"粟中人曰米,米可食曰粱。"《诗·小雅·黄鸟》:"黄鸟黄鸟,无集于桑,无啄我粱。"指高粱。《左传·哀公十三年》:"粱则无矣,麤(粗)则有之。"孔颖达正义:"食以稻粱为贵,故以粱表精。"

(6) 精。精。精_{秦简}、精_{秦简}、精_{汉帛}、精_{汉帛}、精_{朝侯残碑}、精_{史晨碑}、精_{孔彪碑}、精_{王羲之}、精_{元珍墓志}、精_{欧阳询}。

指经过挑选的优质米,从米青声,"青"兼表意,如"菁"指韭菜花、"倩"指人美、"清"指水清澈、"峥"指山高峻等,均有优秀、美好义。《说文》:"精,择也。从米青声。"引申指精细、精美。《庄子·人间世》:"鼓筴播精,足以食十人。"成玄英疏:"筴,小箕也。精,米也。"《论语·乡党》:"食不厌精,脍不厌细。"指精细。

(7) 粹。粹。粹_{欧阳通}、粹_{柳公权}。

本指纯净没有杂质的米,引申指纯粹。《说文》:"粹,不杂也。从米卒声。"段玉裁注:"粹本是精米之称,引伸为凡纯美之称。"《吕氏春秋·用众》:"天下无粹白之狐,而有粹白之裘,取之众白也。"高诱注:"粹,纯也。"《天工开物·粹精》:"播精而择粹,其道宁终秘也。""精""粹"并提,均用本义。

(8) 粗。粗。粗_{汉帛}、粗_{王羲之}、粗_{王献之}、粗_{褚遂良}。

本指粗米,引申指粗糙。《说文》:"粗,疏也。从米且声。"段玉裁注:"引伸假借之,凡物不精者皆谓之粗。"《庄子·人间世》:"吾食也执粗而不臧,爨无欲清之人。"指粗食。典籍里"麤"多借用作"粗",后来归并入"粗"。《说文》:"麤,行超远也。从三鹿。"段玉裁注:"引伸之,为卤莽之称。……今人概用粗,粗行而麤废矣。"《左传·哀公十三年》:"粱则无矣,麤则有之。""麤"与"粱"对言,"粱"为细粮,"麤"为粗粮。

(9) 糜。糜。糜_{颜真卿}。

《说文》:"糜,糁也。从米麻声。"徐锴《说文解字系传》:"糜即粥也。"段玉裁注:"《释名》曰:'糜,煮米使糜烂也。'……引伸为糜烂字。"《礼记·问丧》:"水浆不入口,三日不举火,故邻里为之糜粥以饮食之。"孔颖达疏:"糜厚而粥薄。"

(10) 匊。匊_{番匊生壶}、匊。

"掬"之本字。《说文》:"匊,在手曰匊。从勹米。"从勹,取包覆之意。段玉裁注:"米至散,两手兜之而聚。……俗作掬。"《诗经·小雅·采绿》:"终朝采绿,不盈一匊。"《毛传》:"两手曰匊。"即用两手捧。

(11) 料。料_{司料盆盖}、料_{秦简}、料_{颜真卿}。

《说文》:"料,量也。从斗,米在其中。"段玉裁注:"称其轻重曰量,称其多少曰料,其义一也。知其多少,斯知其轻重矣,如稻重一秅为粟二十斗是也。引申之,凡所量度豫备之物曰料。"字形发展中,"斗"形变化较大。《史记·孔子世家》:"尝为季氏吏,料量平。"以"料量"指计量、核计收支。

第三节　竹麻及其他

1.竹：竹、筆（笔）、笨、等、箕

（1）竹。_{盎壶}。艸_{秦简}、竹_{衡方碑}、竹_{校官碑}、竹_{皇象}、竹_{王羲之}、竹_{虞世南}。

象竹子形。《说文》："艸，冬生艸也。象形。下垂者，箁箬也。"徐锴曰："冬生者，冬不死。"《诗·卫风·淇奥》："瞻彼淇奥，绿竹青青。"写的即是竹子。古代竹子用途很多，简册用之，故"简""篇""籍""篆""符""笺"等从之；乐器用之，故"箫""笛""筝""笙""簧""竽"等从之；还有"笄""算筹""笏"等也是竹制的。

（2）筆（笔）。筆_{秦简}。筆。筆_{刘宽碑}、筆_{西陲简}。筆_{王羲之}、筆_{欧阳询}、筆_{颜真卿}。

"聿"为"筆"之本字，"聿"甲骨文作，为手执笔形，"筆"增意符"竹"，战国秦简中见之。《说文》："筆，秦谓之筆。从聿从竹。"汉隶中有将部件"竹"写作"卝"者，但非规范字形。《庄子·田子方》："宋元君将画图，众史皆至，受揖而立，舐筆和墨，在外者半。"指书写工具。汉字简化时，将部件"聿"换成了"毛"，一定程度上保留了我国曾长期使用毛笔的历史信息。

（3）笨。笨_{衡方碑}。笨_{颜真卿}。

本指竹子里边的白色薄膜。《说文》："笨，竹里也。从竹本声。"《广雅·释草》："竹，其表曰筼，其里曰笨。谓中之白质者也，其白如纸，可手揭者谓之竹孚俞。"常表愚钝，疑为假借义。如《抱朴子·行品》："杖浅短而多谬，暗趋舍之臧否者，笨人也。"

（4）等。等。等_{秦简}、等_{汉帛}、等_{史晨碑}、等_{曹全碑}。等_{钟繇}、等_{王羲之}、等_{孙秋生造像}、等_{虞世南}。

本指整齐简册，引申指等同。《说文》："等，齐简也。从竹从寺。寺，官曹之等平也。"段玉裁注："齐简者，叠简册齐之，如今人整齐书籍也。引伸为凡齐之称。凡物齐之，则高下历历可见，故曰等级。"隶书中多有将部件"竹"讹写作"卝"者，但非规范字形。《墨子·杂守》："为板箱，长与辕等。"指等长。《左传·文公十五年》："伐鼓于朝，以昭事神，训民事君，示有等威，古之道也。"杜预注："等威，威仪之等差。"指等级。"等""待"中古音相近，"等"为端母蒸部，"待"为端母之部，借用为"待"，遂有等待义。路德延《小儿诗》："等鹊前篱畔，听蛩伏砌边。"指等待。

（5）箕。箕、箕、箕、箕_{母辛卣}、箕_{沈子它簋}、箕_{弔上匜}、箕_{王孙钟}、箕_{虢季氏簋}、箕_{黄韦俞父盘}、箕。箕_{秦简}、箕_{秦简}、箕_{汉帛}、箕_{颜真卿}。

甲骨文象畚箕、簸箕形，或于其下增双手形。金文双手形改作基座形。因"其"被借作副词和代词，战国时期增意符"竹"以记其本义。《说文》："箕，簸也。从竹，𠀠象形，下其丌也。𠀠，古文箕省。𠔼，亦古文箕。𥬔，籀文箕。𠥓，籀文箕。"斜向交叉的竹条，在隶书中写成了横竖相交，楷书中变作单纯的横。《诗·小雅·大东》："维南有箕，不可以簸扬。"指的是形似簸箕的星座。

2.麻：朩、枾、麻、檾、榮（荣）

（1）朩。

《说文》："朩，分枲茎皮也。从屮。八象枲皮。"徐锴曰："剥麻之剥也。"段玉裁注："'从屮'，象枲茎。……两旁者，其皮分离之象也。"作部件用时易写成"木"。"枲"本从之，《说文》："枲，麻也。从朩台声。"《仪礼·丧服》："牡麻者，枲麻也。"《玉篇》："麻有子曰苴，无子曰枲。"

（2）枾。

"枾"由两个"朩"组成。《说文》："枾，葩之总名也。枾之为言微也，微纤为功。象形。"《广韵》："麻纻也。"段玉裁注："今俗语缉麻析其丝曰劈，即枾也。……枾麻，古盖同字。……朩谓析其皮于茎，枾谓取其皮而细析之也。"从"枾"的字有"㪻"，即表分散之"散"的本字。《说文》："㪻，分离也。从攴枾，枾，分枾之意也。"从"枾"，正取麻分散之意。后以表示杂肉的"散"表分散义，"散"书写中省变为"散"。小篆另有从木之"枾"，《说文》："枾，削木札朴也。从木朩声。""朩"其实兼作意符，指削出的木片。

（3）麻。麻师麻匡、麻、麻秦简、麻汉帛、麻颜真卿。

《说文》："麻，与枾同。人所治，在屋下。从广从枾。"徐锴曰："在田野曰葩，实曰枲，加功曰麻。广，庌屋也，与宀异。宀，交覆深屋也。此广盖庌敞之形，于其下治麻。"段玉裁注："未治谓之枲，治之谓之麻。以已治之称加诸未治，则统谓之麻。"隶书渐将部件"枾"讹写成了"林"。《诗·陈风·东门之枌》："不绩其麻，市也婆娑。"即用麻的纤维纺织。

（4）檾。

麻类植物，本从"枾"，讹写成了"林"。《说文》："檾，枲属。从枾，熒省。"段玉裁注："类枲而非枲。……檾者，草名也。……蒉即檾字之异者，蒉纻出于泽，与葛出于山不同。……今之'檾麻'《本草》作'苘麻'，其皮不及枲麻之坚韧，今俗为粗绳索多用之。"《诗·卫风·硕人》："硕人其颀，衣锦檾衣。"今本作"褧"，褧衣者，以檾所绩为之。

（5）*榮（荣）。 井侯簋、 卯簋、 榮子鼎、 秦简、 汉帛、 孔宙碑、 衡方碑、 张迁碑。 皇象、 索靖、 王羲之、 虞世南。

金文借"熒（燊）"为"榮"。小篆分别增"火"与"木"分成两字。《说文》："榮，桐木也。从木熒省声。"《说文》又有："桐，榮也。"元代俗字中，部件"熒"多被写作"艹"，"勞""營""螢""熒""瑩""瑩""榮""縈""熒"等均如此，汉字简化时采用了这一写法。"荣"本指梧桐，但常用义为草本植物的花，引申为凡华美之称，因之又有光耀、光荣之义。《尔雅·释草》："木谓之華，草谓之荣。不荣而实者谓之秀，荣而不实者谓之英。"《荀子·王制》："草木荣华滋硕之时，则斧斤不入山林。"即分别用的荣华（華）之本义。

3. 尗豆：朩（菽）、叔、弔（吊）

（1）朩（菽）。朩。寂曹全碑。

《说文》："朩，豆也。象朩豆生之形也。"段玉裁注："朩豆古今语，亦古今字，此以汉时语释古语也。""朩"见于"叔"之部件，依金文字形，疑象掘地挖芋之形，为"叔"之简写。因音同，借用表菽豆义，后为相区分，以增意符"艹"的"菽"记此义。《诗·豳风·七月》："六月食郁及薁，七月亨葵及菽。"朱熹《诗集传》："菽，豆也。"《后汉书·光武帝纪上》："野谷旅生，麻朩尤盛。""麻朩"即"麻菽"。

（2）叔。 尗師嫠簋、 扗叔卣、 村秦简、 村汉帛、 村礼器碑、 村郭有道碑、 叔赵宽碑、 叔曹全碑、 赤孙秋生造像、 卄敬使君碑、 叔颜真卿。

金文字形为手持"杙"（木桩）掘地挖芋，假借作叔伯、菽豆字。小篆"杙"之手柄部分写得形似"上"。《说文》："村，拾也。从又尗声。汝南名收芋为叔。村，叔或从寸。""寸"亦手也，作部件时常与"又"通用。隶书"杙"的下半部分与芋头渐成"小"。《诗·豳风·七月》："八月断壶，九月叔苴。"《毛传》："叔，拾也。"《左传·昭公二十六年》："亦唯伯仲叔季图之。"指兄弟排行。《庄子·列御寇》："衣以文绣，食以刍叔。""叔"即"菽"，指大豆。

（3）*弔（吊）。 𢎥、 車、 申。 弔弔尊、 弔公贸鼎、 弔毛弔盘、 弔弔父丁簋。 弔。 弔衡方碑、 弔菅洛碑、 吊褚遂良、 吊颜真卿。

由人与系着丝绳的箭组成。《说文》："弔，问终也。古之葬者，厚衣之以薪。从人持弓，会驱禽。"徐锴："弔丧有助，故从人持弓也。"段玉裁注："孝子驱禽，故人持弓助之。"赵晔《吴越春秋》亦有："死则裹以白茅投于中野。孝子不忍见父母为禽兽所食，故作弹以守之，绝鸟兽之害。"《周礼·夏官·司弓矢》："大丧，共明弓矢。"这反映了古代弓矢与丧葬的关联，许说或有所本。《玉篇·人部》："弔，弔生曰唁，弔死曰弔。"《左传·昭公三年》："君薨，大夫弔，卿共葬事；夫人，士弔，大夫送葬。"指祭奠死者。因音近，金文中多借用作"叔伯"之"叔"。

4. 韭

韭。 韭秦简。 韭颜真卿。

象韭菜长在地上之形。《说文》："韭，菜名。一穜（种）而久者，故谓之韭。象形，在一之上。一，地也。"徐锴："韭，刈之复生也，异于常草。""韭"见母幽部，"久"见母之部，音近，"韭"有可长久取用之义。隶变之后向上的韭菜叶写成了短横，遂与"非"形体相混。《诗·豳风·七月》："四之日其蚤，献羔祭韭。"即指韭菜。

第五章　天文地理类部首及相关联的汉字溯源

第一节　天文相关

1.日：日、旦、晶、曑（星）、春、冥、昧、昭、晏、景、顯（显）、時（时）、暈（晕）

（1）日。⊙、⊡、⊖、○日癸簋、⊙師虎簋、⊖仲辛父簋、日。日秦简、日汉帛、日衡方碑、日索靖、日王羲之、日钟繇、日太妃侯造像、日褚遂良。

象太阳形，甲骨刻圆不易，故多为方形；中空处加饰笔点，为便于书写，点渐作横。《说文》："日，实也。太阳之精不亏。从囗一。象形。日，古文。象形。"隶变之后，字形稳定为竖方形。《诗·卫风·伯兮》："其雨其雨，杲杲出日。"即指太阳。"阳"本作"陽"，从𨸏昜声，日为阳之极致，故称"太阳"，汉字简化时遂改部件"昜"为"日"。

（2）旦。旦、旦、旦、旦克鼎、旦谏簋、旦休盘、旦。旦秦简、旦秦简、旦汉帛、旦校官碑、旦石婉墓志、旦欧阳询、旦虞世南。

于省吾先生以为从日丁声。甲骨文多有将下半形体写得近似于上半者，颇象倒影，考虑到古人沿水而居，疑记录的正是此熟悉之景象。金文多将倒影填实，并与"日"相接，正象太阳刚升出水平面之形，或有将倒影简写成短横者，小篆承之。《说文》："旦，明也。从日见一上。一，地也。"《诗·郑风·女曰鸡鸣》："女曰鸡鸣，士曰昧旦。""昧旦"即是说太阳还没出来，天还没亮。

（3）晶。晶、晶、晶、晶。晶景君碑、晶颜真卿。

古文字以三代表多数，甲骨文画了三颗星星，会群星灿烂之意。小篆中星星写成了"日"。《说文》："晶，精光也。从三日。"段玉裁注："凡言物之盛，皆三其文。"卜辞有"㞢（有）新大晶（星）并火"，指星星。唐代李适《七月十五日题章敬寺》："金风扇微凉，远烟凝翠晶。"指光辉。

（4）曑（星）。曐、曐、曐麓伯星父簋。星、星秦简、星汉帛、星华山神庙碑、星欧阳询、星颜真卿。

甲骨文从晶生声。《说文》："曐，万物之精，上为列星。从晶生声。星，古文星。星，曐或省。"段玉裁注："星之言散也，引伸为碎散之称。"隶书省从一"日"。《诗·召南·小星》："嘒彼小星，三五在东。"指星星。

(5) 春。茻、𣎵、𣎵、𣎵、𣎵蔡侯残钟、𣎵乐书缶、𦯧、春秦简、春汉帛、春乙瑛碑、春桐柏庙碑、春孔宙碑、春史晨碑、春张表碑、春王羲之。

甲骨文从木或屮，从日，屯声。春秋金文逐渐定形为从艸从日屯声。小篆承之。《说文》："𦯧，推也。从艸从日，艸春时生也；屯声。"段玉裁注："日艸屯者，得时艸生也。屯字象艸木之初生。"隶变中的部件"艸"与"屯"逐渐融合成了"𡗗"。商代只分春、秋二季。《公羊传·隐公元年》："春者何？岁之始也。"《荀子·王制》："春耕，夏耘，秋收，冬藏。"指春季。

(6) 冥。冥、冥汉帛、冥辟雍碑、冥虞世南、冥欧阳通。

本指幽暗。《说文》："冥，幽也。从日从六，冖声。"徐锴："当言冖亦声，传写脱误。"段玉裁注："冖者，覆也，覆其上则窈冥。""日"在"冖"下，昏暗之义已明，部件"六"颇难解，疑本形非"六"。《诗·小雅·无将大车》："无将大车，维尘冥冥。"朱熹《诗集传》："冥冥，昏晦也。"

(7) 昧。昧免簋。昧汉帛。昧李璧碑、昧褚遂良。

金文从日未声，"日"在"未"下，指早上天未全明之时。小篆写作左右结构。《说文》："昧，爽，旦明也。从日未声。"段玉裁注："昧者，未明也。爽者，明也。合为将旦之称。"《尚书·牧誓》："时甲子昧爽，王朝至于商郊牧野，乃誓。""昧爽"即黎明。《离骚》："惟夫党人之偷乐兮，路幽昧以险隘。"指昏暗。

(8) 昭。昭䣈羌钟。昭。昭秦简、昭汉帛、昭桐柏庙碑、昭衡方碑、昭石婉墓志、昭褚遂良、昭欧阳通。

战国早期的䣈羌钟有"令（命）于晋公，卲（昭）于天子"，于"召"中加"日"表彰明、显扬之义。《说文》："昭，日明也。从日召声。"段玉裁注："引伸为凡明之称。"《诗·大雅·云汉》："倬彼云汉，昭回于天。"指星辰的亮光在天空回转。多用作形容词，如《诗·小雅·鹿鸣》："我有嘉宾，德音孔昭"。郑玄笺："孔，甚；昭，明也。""孔昭"指十分显著、彰明。《说文》又有："照，明也。从火昭声。"段玉裁注："与昭音义同。""昭""照"同源。《诗·陈风·月出》："月出照兮，佼人燎兮。"指月光明亮。多用作动词，指照射，如《周易·恒卦》："日月得天而能久照"。

(9) 晏。晏、晏秦简、晏景君碑、晏肥致碑、晏衡方碑、晏褚遂良。

《说文》："晏，天清也。从日安声。"扬雄《羽猎赋》："于是天清日晏，逢蒙列眦，羿氏控弦。"李善《文选注》："晏，无云之处也。"古"晏""安"通用。《诗·卫风·氓》："总角之宴，言笑晏晏。"《毛传》："晏晏，和柔也。"通"旰"，如《离骚》："及年岁之未晏兮，时亦犹其未央"，指迟、晚。

(10) 景。景。景汉帛、景白石君碑、景曹全碑、景王羲之、景孙秋生造像、景太妃侯造像、景张猛龙碑、景虞世南。

《说文》："景，光也。从日京声。"南朝梁江淹《别赋》："日出天而耀景，露下地而腾文。"指日光。段玉裁注："光所在处，物皆有阴。"故而引申指阴影，《墨子·经说下》："足蔽下光，故成景于止；首蔽上光，故成景于下。"即指阴影。"影"为"景"之后起加旁分化字。《颜氏家训·书证》："凡阴景者，因光而生，故即谓为景。……

至晋世葛洪《字苑》，傍始加彡，音于景反。"隶书、楷书中多有将部件"京"写作"京"者，非规范字形。

（11）顯（显）。 㬎毁鐘、 㬎克鼎、 顯秦简、 顯汉帛、 顯孔宙碑、 顯衡方碑、 顯孔彪碑、 顯白石君碑。 顯皇象、 顯杨大眼造像、 顯崔敬邕墓志、 顯欧阳询。

《说文》："顯，头明饰也。从頁㬎声。"战国文字或省写作"㬎"。《说文》："㬎，众微杪也。从日中视絲。古文以为顯字。""头明饰也"，颇令人费解，"从日中视絲"或得之，则部件"頁"代表视丝之人，故"顯"从頁从㬎。段玉裁注："头明饰者，冕、弁、充耳之类。引申为凡明之称。……'㬎'谓众明，'顯'本主谓头明饰。乃'顯'专行而'㬎'废矣。"早期文献多用显明义。《诗·大雅·抑》："无曰不顯，莫予云覯。"郑玄笺："顯，明也。"元代俗体字中已有写作"显"者。

（12）時（时）。 㫶中山王䂂壶、 時、 時秦简、 時汉帛、 時景君碑、 時衡方碑、 時曹全碑、 時张迁碑。 时皇象、 時王羲之、 時中岳灵庙碑、 時张猛龙碑、 時张玄墓志、 時欧阳询。

甲骨文从日㞢（之）声。姚孝遂先生认为是"㞢（之）日"的合文。小篆"㞢（之）"下增"又"成"寺"，"寺"本"㞢（之）"声，只是声符繁化了。《说文》："時，四时也。从日寺声。㫶，古文時从㞢（之）日。"段玉裁注："本春秋冬夏之称，引伸之为凡岁月日刻之用。"汉字简化时，声符"寺"简写成了"寸"。《左传·桓公六年》："谓其三时不害，而民和年丰也。"杜预注："三时，春、夏、秋。"《论语·学而》："学而时习之，不亦说乎？"指按时。我国传统的计时方法是把一天分成十二个时辰，宋以后把每个时辰平均分成初、正两个部分，这样就有了大时、小时之分。

（13）暈（晕）。 ⊙、⊙、⊙、⊙、暈、暈颜真卿。

甲骨文在"日"的周围以点表示光圈。《说文·新附》："暈，日月气也。从日軍声。"《说文》有："暉，光也。从日軍声。"段玉裁注："篆体日在上，或移之在旁。此篆遂改为暉，改其训曰光，与火部之煇不别。盖浅者为之，乃致铉以暈为新附篆矣。……軍者，圜围也。此以形声包会意。"早期文献中，"暈""暉"用法似有细微区别。《韩非子·备内》："故日月暈围于外，其贼在内。"指日月周围的光圈。《周易·未济卦》："君子之光，其暉吉也。"指光辉。"暉""煇"为分别字，"暉"指日光，"煇"指火光，统而言之，均为光辉。字义发展中，"暈"引申指光影模糊的部分，又引申出眩晕之义。汉字简化时，"車"草书楷化为"车"，"暈"遂类推简化成了"晕"。

2.月：月、朙（明）、囧、夕、夜、朔、朗、期、閒（间、闲）

（1）月。 ）、）、）、）禺攸比鼎、 ）颂鼎、 ）邾公钲、 ）、 ）秦简、 月秦简、 月汉帛、 月史晨碑、 月衡方碑、 月郭有道碑、 月夏承碑、 月王羲之、 月牛橛造像、 月石婉墓志、 月元珍墓志、 月欧阳询。

甲骨文象弯月形，不满之形为月亮的常态，故取象之，中空处常加饰笔点。《说文》："月，阙也。大阴之精。象形。"《诗·邶风·日月》："日居月诸，照临下土。"即指月亮。"阴"本作"陰"，从𨸏会声，月为阴之极致，故称"太阴"，汉字简化时遂改部件"侌"为"月"。

（2）朙（明）。⿰、⿰、⿰、⿰、⿰矢方彝、⿰明公簋、⿰秦公簋、⿰明我鼎、⿰、⿰汉简、⿰汉帛、朙乙瑛碑、明衡方碑、明郭有道碑、明白石君碑、明曹全碑、⿰皇象、明索靖、明王羲之、⿰太妃侯造像、明石婉墓志、明惠感造像、朙欧阳询。

甲骨文从月从日或囧或田。日、月分别为白天、夜晚最光亮之物，因以会意。或从囧或田，"囧""田"均象窗户，漆黑的房间里，透着月光的窗户十分明亮。小篆以从月从囧的字形为正体。《说文》："朙，照也。从月从囧。⿰，古文朙从日。"段玉裁注："从月者，月以日之光为光也。从囧，取窗牖丽廔闿明之义也。囧亦声。"隶书三形均有。后来，因为从月从日之"明"形体最简且表义清晰，逐渐取得优势地位。《周易·系辞上》："县（悬）象著明，莫大乎日月。"孔颖达疏："日月中时，遍照天下，无幽不烛，故云'著明莫大乎日月'也。"

（3）囧。⿰、⿰、⿰、⿰戈父辛鼎、⿰。

甲骨文象镂孔的窗户。《说文》："囧，窗牖丽廔闿明。象形。"段玉裁注："'丽廔'双声，读如'离娄'，谓交疏玲珑也。'闿明'谓开明也。'象形'，谓象窗牖玲珑形。"讹写为"冏"，引申指明亮，增意符"火"而成"炯"。江淹《杂体诗·效张绰〈杂述〉》："囧囧秋月明，凭轩咏尧老。"用"囧囧"形容月亮明亮。今用"目光炯炯"形容两眼明亮有神。

（4）夕。⿰、⿰、⿰、⿰孟鼎、⿰克盨、⿰曆鼎、⿰、⿰夕秦简、⿰夕汉帛、⿰夕王羲之、⿰夕元珍墓志、⿰夕张猛龙碑。

甲骨文"月""夕"本同形，金文渐多以不加点的字形表"夕"。小篆分为两字。《说文》："⿰，莫也。从月半见。"段玉裁注："莫者，日且冥也。日且冥而月且生矣，故字从月半见。""夕"本指日落月出之时。《诗·王风·君子于役》："日之夕矣，牛羊下来。"即指傍晚。"潮汐"之"汐"，因其为晚潮，故从"夕"。邵雍《皇极经世书》："随月消长，早曰潮，晚曰汐。"

（5）夜。夜伯中父簋、夜蠡平簋、夜師西簋、夜、夜秦简、夜汉帛、夜衡方碑、夜钟繇、夜王羲之。

金文从夕，亦声，本义为晚上。《说文》："夜，从夕，亦省声。"段玉裁注："夜与夕浑言不别，析言则殊。"《左传·庄公七年》："辛卯夜，恒星不见。"孔颖达疏："夜者，自昏至旦之总名。"隶书中"夕"与"亦"尚相对独立，楷书笔画断离重组，"夕"与"亦"相交融合。

（6）朔。⿰公朱左自鼎、⿰。朔秦简、朔汉帛、朔乙瑛碑、朔郭有道碑、朔孙秋生造像、朔元倪墓志、朔张玄墓志、朔褚遂良、朔颜真卿。

金文从月屰声。《说文》："朔，月一日始苏也。从月屰声。"段玉裁注："《乐记》注曰：'更息曰苏。'息，止也，生也。止而生矣，引伸为凡始之称。"《左传·桓公十七年》："冬十月朔，日有食之。"指农历每月初一。《礼记·礼运》："治其麻丝，以为布帛，以养生送死，以事鬼神上帝，皆从其朔。"郑玄注："朔，亦初也。"

（7）朗。⿰。朗衡方碑、朗张表碑、朗白石君碑、朗王羲之、朗褚遂良。

《说文》："⿰，明也。从月良声。"本指明亮。徐锴曰："月之明为朗，故古乐府有《朗月行》。"隶书逐渐定形为左声右形。《诗·大雅·既醉》:"昭明有融,高朗令终。"《毛传》:"朗,明也。"

(8) 期。㋐齐良壶、㋑齐侯敦、㋒吴王光鉴、㋓秦简、㋔汉帛、㋕史晨碑、㋖张表碑、㋗王羲之、㋘北海王造像、㋙欧阳询。

春秋金文多从日其声,春秋晚期出现改意符为"月"的字形。《说文》:"㋐,会也。从月其声。㋑,古文期从日丌。"当为"丌声"。段玉裁注:"期者,要约之意,所以为会合也。……要约必言其时。"《诗·鄘风·桑中》:"期我乎桑中,要我乎上宫。"指约会。成语"不期而遇",也用约定义。《诗·卫风·氓》:"匪我愆期,子无良媒。"指时间。成语"后会有期",也用时日义。

(9) 閒(间、闲)。㋐秩钟、㋑中山王䜌兆域图、㋒秦简、㋓汉帛、㋔礼器碑、㋕衡方碑、㋖曹全碑、㋗张猛龙碑、㋘朱君山墓志、㋙欧阳询。

金文从门从月,以月光从门缝里照进来,会间隙之意。《说文》:"閒,隙也。从门从月。"徐锴曰:"夫门夜闭,闭而见月光,是有閒隙也。"段玉裁注:"语之小止曰言之閒。閒者,稍暇也,故曰閒暇。今人分别其音为户閑切,或以閑代之。閒者,隙之可寻者也,故曰閒厕、曰閒迭、曰閒隔、曰閒谍。今人分别其音为古苋切。……门有缝而月光可入。""閒"本指空间上的间隙,引申指时间上的间隙,遂在字形、字音上均有区分,以"閒"表缝隙,借栅栏之"閑"表空闲,但表时间、空间的间隙却仍同用"閒"。"閒"有异体作"間"。汉字简化时,"門"草书楷化为"门","間""閑"类推简化作"间""闲"。《史记·管晏列传》:"晏子为齐相,出,其御之妻从门閒(间而)窥其夫。"指门缝。《庄子·养生主》:"彼节者有閒(间),而刀刃者无厚。"指间隙。《史记·李斯列传》:"二世怒曰:'吾常多閒日,丞相不来。'"指闲暇,即后世之"闲"。

3.雨:雨、雲(云)、䨮(雪)、霜、零、霾

(1) 雨。㋐㋑㋒㋓㋔㋕子雨己鼎、㋖亚止雨鼎、㋗、㋘秦简、㋙汉帛、㋚白石君碑、㋛曹全碑、㋜王羲之、㋝欧阳询、㋞虞世南。

甲骨文象雨从天上滴落形,有雨滴与上横相连者,或复于其上再增一横。金文基本定形,横下有雨滴相连成长竖,其间均匀分布点状雨滴。小篆取复增一横的形体,中竖上接于首横。《说文》:"雨,水从云下也。一象天,冂象云,水霝其间也。㋐,古文。"《诗·小雅·黍苗》:"芃芃黍苗,阴雨膏之。"即指雨水。

(2) 雲(云)。㋐㋑㋒姑发剑、㋓雲、㋔秦简、㋕秦简、㋖汉帛、㋗曹全碑、㋘皇象、㋙王羲之、㋚杨大眼造像、㋛张猛龙碑、㋜欧阳询、㋝虞世南。

甲骨文象天空的云朵。"云"多假借表言说义,如《论语·学而》:"《诗》云:'如切如磋,如琢如磨。'"小篆增意符"雨"以记其本义。《说文》:"雲,山川气也。从雨,云,象回转之形。㋐,古文省雨。㋑,亦古文雲。"段玉裁注:"古多假云为曰,如'《诗》云'即'《诗》曰'是也。……自小篆别为'雲',而二形迥判矣。"汉字简

化时，简省了上边的"雨"，复与甲骨文相近。《诗·小雅·白华》："英英白云，露彼菅茅。"即指云朵。常喻指像云一样盛多，如《诗·郑风·出其东门》："出其东门，有女如云。"

（3）雪（雪）。䨮、雨、䨮伯湄父簋、雪、雪汉帛、雪王羲之、雪褚遂良。

甲骨文从雨彗声。"彗"象扫帚，"彗星"俗称"扫帚星"是也。雪为冰粒，可以用扫帚打扫，疑"彗"兼表义。林澐先生认为字形下部象羽毛，喻雪轻如羽毛。《说文》："䨮，凝雨，说物者。从雨彗声。"段玉裁注："说今之悦字，物无不喜雪者。"隶书中逐渐省去中间的扫帚形，仅存持扫帚之"手"，遂成"雪"。《诗·小雅·采薇》："今我来思，雨雪霏霏。"即用本义。

（4）霜。霜、霜、霜汉帛、霜衡方碑、霜杨统碑、霜张表碑、霜索靖、霜王羲之、霜张猛龙碑、霜欧阳询。

《说文》："霜，丧也。成物者。从雨相声。"《释名》："其气惨毒，物皆丧也。"《诗·秦风·蒹葭》："蒹葭苍苍，白露为霜。"《毛传》："白露凝戾为霜，然后岁事成。"孔颖达《毛诗正义》："此云白露为霜，然后岁事成者，以其霜降草乃成，举霜为言耳。"

（5）零。零、零李璧碑、零张俊允碑。

《说文》："零，余雨也。从雨令声。"本指雨飘落，引申指如雨一般飘零。《诗·豳风·东山》："我来自东，零雨其濛。"指下雨。《诗·小雅·小明》："念彼共人，涕零如雨。"指泪如雨下。《离骚》："惟草木之零落兮，恐美人之迟暮。"指草木凋零。

（6）霾。霾、霾、霾。

指风中夹杂着沙土。《说文》："霾，风雨土也。从雨貍声。"徐锴曰："若雨沙也。"《尔雅·释天》："风而雨土为霾。"《诗·邶风·终风》："终风且霾，惠然肯来。"《毛传》："霾，雨土也。"

4.电：申、電（电）、神、靁（雷）、奄、㚔、曳

（1）申。𢑚、𢑛、𢑜、𢑝、𢑞丙申角、𢑟弔弓鼎、𢑠毛㝬簋、申、甲秦简、申汉帛、申礼器碑、申张景碑、申衡方碑、申郭有道碑、申白石君碑、申北海王造像、申元珍墓志、申欧阳询。

甲骨文象闪电形，为"电"之本字。引申指伸展，也指约束，假借为地支字。小篆闪电分叉的部分断离，变形成了"臼"。《说文》："申，神也。七月，阴气成，体自申束。从臼，自持也。吏臣餔时听事，申旦政也。𢑚，古文申，𢑛，籀文申。"分析的多为"电"的引申义和假借义。因其常用义非本义，故加义符"雨"作"電"，以记其本义。古人认为闪电为天神所施发，故加"示"而成"神"。隶书为就书写之便，"臼"连接到了一起，就成了今天的字形。《荀子·解蔽》："口可劫而使墨云，形可劫而使诎申。"指伸展。《淮南子·道应训》："墨者有田鸠者，欲见秦惠王。约车申辕，留于秦，周年不得见。"指约束。

（2）電（电）。電番生簋、電、電褚遂良、電颜真卿。

因"申"多借作地支字，金文加义符"雨"而成"電"，以记其本义。《说文》："電，阴阳激耀也。从雨从申。䨩，古文電。"隶书为求字形视觉上的稳固，"申"的

中竖下端向右弯折。汉字简化时，省简了字形上边的"雨"，留下了"电"。《周易·丰卦》："雷电皆至，丰。"孔颖达疏："雷者，天之威动；电者，天之光耀。雷电皆至，威明备足，以为丰也。"

（3）神。祇 趞曶鐘、师 㝬鐘、㿟 克鼎、禔。神 秦简、神 汉帛、神 乙瑛碑、神 史晨碑、神 衡方碑、神 孔彪碑、神 曹全碑、神 王羲之、神 张猛龙碑、神 张玄墓志、神 欧阳询、神 虞世南。

由"申"孳乳而来，金文多从示从申，申亦声。古人以为闪电为天神施发，因此祭祀之，奉为神。小篆分叉的闪电断离，变形成了"臼"。《说文》："禔，天神，引出万物者也。从示申。"徐锴曰："申，即引也，疑多声字，天主降气以感万物，故言引出万物也。"隶书为方便书写，弯曲的闪电写成了竖，分居竖线两边的"臼"连接了起来。《诗·大雅·卷阿》："岂弟君子，俾尔弥尔性，百神尔主矣。"指神灵。

（4）靁（雷）。 、 、 、 、 对罍、 洹子孟姜壶、 沇儿钟、 盠驹尊、 。 靁 秦简、 汉帛、 雷 皇象、 雷 欧阳通。

甲骨文在闪电周围加"点"或"口"或"田"，表示伴随着闪电的雷声。金文多为在闪电周围加四个"田"，西周中期出现增意符"雨"的写法。青铜器上多有雷纹或云雷纹，反映了古人对雷的崇拜。小篆省闪电形，仅留存了三个"田"，古以三为多，表示下雨时轰隆隆的雷声。隶书逐渐简省为一个"田"。《说文》："靁，阴阳薄动靁雨，生物者也。从雨，晶象回转形。 ，古文靁。 ，古文靁。 ，籀文。靁间有回；回，靁声也。"段玉裁注："凡积三则为众，众则盛，盛则必回转。二月阳盛，靁发声，故以晶象其回转之形，非三田也。""田"表示的是雷声。《诗·召南·殷其靁》："殷其靁，在南山之阳。"陈奂《诗毛氏传疏》："靁，古雷字。""殷其靁（雷）"即雷声隆隆。

（5）奄。 應公鼎、 奄。 秦简、 樊敏碑、 奄 王羲之、 奄 石婉墓志、 奄 欧阳询、 奄 虞世南。

金文从申从大，"申""大"均有伸展义，会合起来表示覆盖、涵盖之义。小篆构件组合位置调整为"大"在"申"上。隶书部件"申"的中竖下半朝右弯折。《说文》："奄，覆也。大有余也。又，欠也。从大从申。申，展也。"段玉裁注："许云'覆也''大有余也'，二义实相因也。覆乎上者，往往大乎下，故字从大。"刘熙《释名》曰："草圆屋曰蒲，又谓之庵。庵，奄也，所以自奄覆也。"《诗·周颂·执竞》："自彼成康，奄有四方。"孔颖达《毛诗正义》："郑于《閟宫》《玄鸟》笺皆以奄为覆。覆盖四方，同为己有。"

（6）曳。 师兑钟、 聿曳鼎、 。 秦简、 汉帛、 王羲之、 苏轼。

金文为双手抓住一个人拖拉之形，本指拖拽。小篆人形略有变形，许慎误拆成两部分。《说文》："曳，束缚捽抴为曳。从申从乙。"段玉裁注："束缚而牵引之谓之曳曳。凡史称瘐死狱中皆当作此字。"王筠《说文句读》："束缚其人，捽持其发而拖之也。"假借为"须臾"之"臾"，表示片刻、一会儿，如《荀子·劝学》："吾尝终日而思矣，不如须臾之所学也"。

（7）曳。 曳。 曳 王羲之。

《说文》:"曳,臾曳也。从申丿声。"段玉裁注:"臾曳双声,犹牵引也。引之则长,故衣长曰曳地。……丿见十二篇,余制切,抴也,象抴引之形。此形声包会意也。"非从申,而是双手引物形。后双手融合相连接,形体虽变,用义仍保留着清晰的线索。《左传·僖公二十八年》:"栾枝使舆曳柴而伪遁,楚师驰之。"杜预注:"曳柴起尘,诈为众走。"

5. 气:气、氛、虹、風(风)

(1) 气。三、三、三天亡簋、𠂤洹子孟姜壶、气、气秦简。

甲骨文以三横象云气,中横偏短。为与"三"相别,春秋金文将上横与下横写成弯曲状。小篆承之。《说文》:"气,云气也。象形。"段玉裁注:"'气''氣'古今字。自以'氣'为云气字,乃又作'餼'为廩氣字矣。'气'本云气,引伸为凡气之称。""气""氣"本为两个不同的汉字。《说文》:"氣,馈客刍米也。从米气声。……餼,氣或从食。""氣"本指赠送粮食,古籍里常被借用来表云气,遂增义符"食"而成"餼",以表赠送粮食义。汉字简化时,用"气"代替了"氣","餼"类推简化成了"饩"。甲骨文里借用为副词,表终究、最终,即《说文·新附》之"迄",《说文·新附》:"迄,至也。"金文里借用来表乞求,即《广韵》之"乞",《广韵·未韵》:"气,与人物也。今作乞。""乞"为省"气"之中横而成。《左传·僖公十五年》:"是岁,晋又饥,秦伯又氣之粟。"即"饩"之本字,指赠送粮食。《列子·天瑞》:"虹蜺也,云雾也,风雨也,四时也,此积氣之成乎天者也。"即指气体。

(2) 氛。氛、氛华山神庙碑、氛元珍墓志、氛颜真卿。

《说文》:"氛,祥气也。从气分声。雰,氛或从雨。"段玉裁注:"谓吉凶先见之气。……统言则祥、氛二字皆兼吉凶,析言则祥吉氛凶耳。""氛"本指预示吉凶的云气,多指凶气,泛指云气、雾气。《左传·襄公二十七年》:"楚氛甚恶,惧难。"杜预注:"氛,气也。言楚有袭晋之气。"《礼记·月令》:"氛雾冥冥,雷乃发声。"指雾气。

(3) 虹。虹、虹、虹、虹汉帛、虹欧阳询。

甲骨文象彩虹形,卜辞有:"虫(有)出虹自北,饮于河。"《山海经·海外东经》有:"蚩蚩在其北,各有两首。""蚩"即"虹",一为上下结构,一为左右结构。可见,古人认为虹是一种长长的、两头各长着一个脑袋的生物。《说文》:"虹,螮蝀也。状似虫。从虫工声。䗖,籀文虹从申。申,电也。"段玉裁注:"虫者,它也。虹似它,故字从虫。"《诗·鄘风·蝃蝀》:"蝃蝀在东,莫之敢指。"《毛传》:"蝃蝀,虹也。""蝃蝀"即"螮蝀"。《尔雅注疏》郭璞注:"虹双出,色鲜盛者为雄,雄曰虹。暗者为雌,雌曰蜺。"《文选》中宋玉的《高唐赋》:"仰视山颠,肃何千千,炫燿虹蜺。"李善注:"言山高,如虹蜺炫燿其上。""虹蜺"即"虹霓"。

(4) 風(风)。風、風、風、風南宫中鼎、風、風秦简、風汉帛、風衡方碑、風西狭颂、風校官碑、風曹全碑。風王羲之。風张玄墓志。風敬使君碑。風欧阳询。風虞世南。

甲骨文借"鳳"为"風","鳳"象传说中的凤凰形。后来,加声符"凡"以分化之。金文有于"凡"下加尾翎的繁复写法。《说文》所谓古文鳳或为鳳省变后仅留一尾翎而成。疑小篆鳳下之"虫"为一尾翎形变而来,当然,这其中也不能排除生活中直观印象的影响,即《说文》所谓"風动蟲生",风吹草动,草丛里的小虫纷纷弹跳飞逃。《说文》:"鳳,八风也。东方曰明庶風,东南曰清明風,南方曰景風,西南曰凉風,西方曰阊阖風,西北曰不周風,北方曰广莫風,东北曰融風。風动蟲生,故蟲八日而化。从虫凡声。鳳,古文風。"汉字书写中,"凡"里的点与"虫"组合得更为紧密,以致很难辨识。汉字简化时,把里边的部分整个用符号"乂"代替了。类似的如"鳳",从鸟凡声,简化时,里边的部分整个用符号"乂"代替了。"风"为流动的空气,《诗·郑风·萚兮》:"萚兮萚兮,风其吹女。"即为风吹枯叶。"风""气"都有流动的特点,人们常用"风气"喻指流行的习气、习俗。

第二节　地理相关

一、水组

1.水:水、益、淖(潮)、减(減)、く、巜、邻、俞、川、邕、巛、巡、州

(1)水。沈子它簋、同簋。秦简、秦简、汉帛、西狭颂、白石君碑、曹全碑、王羲之、元珍墓志、欧阳询。

甲骨文象流水形,中间的曲线象水流,两旁的点表示水。金文、小篆形体变化不大。隶书中间的曲线渐成直竖,两旁的点分别连接成对称的折笔。《说文》:"氵,准也。北方之行。象众水并流,中有微阳之气也。"《说文》又有"准","鵻,平也。从水隼声。"段玉裁注:"天下莫平于水,水平谓之准,因之制平物之器亦谓之准。"《说文》以水的特性来解释水。《左传·桓公元年》:"秋,大水。凡平原出水为大水。"即用本义。

(2)益。益公鐘、班簋、秦简、汉帛、钟繇、王羲之、高贞碑、欧阳询。

为"溢"之本字。甲骨文从水从皿,以水从器皿中溢出会意。小篆将"水"横写。隶书中横写的"水"笔画平直化,器皿外翻的口沿与底座相连接成了"皿"。楷书中横写的"水"成了"䒑"。《说文》:"益,饶也。从水皿。皿,益之意也。"《吕氏春秋·察今》:"澭水暴益,荆人弗知。"指水涨。引申泛指增长、增多,如"延年益寿"。进而又引申指利益、益处,《尚书·大禹谟》:"满招损,谦受益。"由增多义虚化为副词,指更加,如"精益求精"。引申义丰富且常用,遂增"水"成"溢",以记其本义。《说文》:"溢,器满也。从水,益声。"段玉裁注:"以形声包会意也。"

(3)淖(潮)。廊伯取簋、十年陳侯午錞、曹全碑。

为"潮"之古字,本指潮水。金文从水从卓,卓亦声。《说文》:"淖,水朝宗于

海。从水，朝省。"徐锴《说文解字系传》："今俗作潮。"徐铉曰："隶书不省。"枚乘《七发》："江水逆流，海水上潮。"即指潮水。徐坚《初学记·卷六·水》："水朝夕而至曰潮。"邵雍《皇极经世书》："海潮者，地之喘息也。随月消长，早曰潮，晚曰汐。"

（4）减（减）。 ![]者减鐘。 ![]。 ![]秦简、![]汉帛。![]皇象、![]钟繇、![]王羲之、![]颜真卿。

为"减"之古字。《说文》："![]，损也。从水咸声。"隶书尚从"水"。《集韵》："俗作减，非。"可能受字义影响，很早就有书写者将部件"氵"省写成"冫"的，以表减少义。现代汉字取用了这一字形，非与"冰"有关。宋玉《登徒子好色赋》："东家之子，增之一分则太长，减之一分则太短。"指减损、减少。

（5）〈。〉。

"畎"之本字，典籍多指田间小沟。小篆字形象细小的水流。《说文》："〉，水小流也。《周礼》：'匠人为沟洫，耜广五寸，二耜为耦。一耦之伐，广尺深尺谓之〈。'倍〈谓之遂，倍遂曰沟，倍沟曰洫，倍洫曰巜。![]，古文〈，从田川。畎，篆文〈，从田，犬声。六畎为一亩。"《汉书·食货志》："后稷始甽田，以二耜为耦，广尺深尺曰甽"，与《周礼·考工记》可相印证。韦昭《国语注》："下曰畎，高曰亩。亩，垄也。"段玉裁《说文解字注》："深者为甽，高者为田，皆广尺。……畎与田来岁互易，即代田之制也。""〈"为象形字，"甽"为会意字，"畎"为形声字。"畎"行而"〈""甽"废。"畎亩"常并用，指农田，泛指民间，如《孟子·告子下》："舜发于畎亩之中"。

（6）巜。![]。

小篆字形象水流。今以"浍"代之，典籍多指田间沟渠。《周礼·地官·稻人》："以潴畜水，以防止水，以沟荡水，以遂均水，以列舍水，以浍写水。"郑玄注："浍，田尾去水大沟。"《荀子·解蔽》："醉者越百步之沟，以为蹞步之浍也；俯而出城门，以为小之闺也：酒乱其神也。"杨倞注："浍，小沟也。"《说文》："巜，水流浍浍也。方百里为巜，广二寻，深二仞。"徐锴《说文解字系传》："《释名》：'水注沟曰巜。'巜，会也，小水之所聚会也。今人作浍。"《尔雅·释水》："水注川曰谿，……，注沟曰浍。"《说文》："浍，水。"段玉裁注："水流涓涓然曰〈，活活然则曰巜。"《说文》："活，水流声。"段玉裁注："《卫风》：'北流活活。'《毛传》曰：'活活，流也。按：传当作'流貌'。其音户括切。引伸为凡不死之称。……许书当亦本作'流貌'，浅人妄改窜之耳。""浍"本为水名，与"活"形近，遂混为一。汉字简化时，"會"草书楷化为"会"，"澮"遂类推简化作"浍"。郭璞《江赋》："纲络群流，商搉涓浍。"李善注："涓浍，小流也。"

（7）粼。![]。![]秦简。

《说文》："![]，水生崖石间粼粼也。从巜㷊声。"意符"巜"象水流形。《诗·唐风·扬之水》："扬之水，白石粼粼。"《毛传》："粼粼，清澈貌。"今仍用波光粼粼形容水清澈、闪亮。

(8) 俞。𠍳。𦨶不嬰簋、𦨶魯伯俞父盤、𦨶黃韋俞父盤。俞。俞漢帛。

甲骨文用作叹词。小篆形体变化颇大。《说文》："俞，空中木为舟也。从亼从舟从巜。巜，水也。"段玉裁注："《淮南·氾论训》：'古者为窬木方版以为舟航。'高曰：'窬，空也。方，并也。舟相连为航也。'按：窬同俞。空中木者，舟之始；并板者，航之始，如椎轮为大路之始。其始见本空之木用为舟，其后因刳木以为舟。凡穿窬、厕牏皆取义于俞。"桂馥《说文义证》："《汉书音义》孟康曰：东南人谓凿木空中如槽谓之廥。"然而刳木造舟的用义，文献未见。《尚书·尧典》："帝曰：'俞！予闻，如何？'"为表示答应的叹词。后常用"俞允"表示允诺。

(9) 川。巜、巛、巛。巛矢簋、巛五祀卫鼎。巛汉帛、川衡方碑、川郭有道碑。川皇象、川王羲之、川虞世南。

甲骨文象河流。小篆变形不大。《说文》："巛，贯穿通流水也。《虞书》曰：'浚く巜，距川。'言深く巜之水会为川也。"隶书中象水流的曲线有两条变成了直竖。《诗·小雅·十月之交》："百川沸腾，山冢崒崩。"《千字文》："川流不息，渊澄取映。"均用本义。

(10) 邕。𨛜邕子甗。𨛜李邕、𨛜欧阳询。

金文从邑从川，指被水环绕的都邑。《说文》："𨛜，四方有水，自邕城池者。从川从邑。𨛜，籀文邕。"段玉裁注："'自邕'当作'自擁'，转写之误。擁者，抱也。池沼多由人工所为，惟邑之四旁，有水来自擁（拥）抱，旋绕成池者，是为邕。以擁（拥）释邕，以叠韵为训也。……引申之，凡四面有水皆曰邕。"《诗·大雅·灵台》："于论鼓钟，于乐辟雝。"《毛传》："水旋丘如璧，曰辟雝。"《水经》："四方有水曰雍。"其中的"雝""雍"，实"邕"字。《正字通》："邕、雍、雝、壅，古俱通用。"

(11) 巛。𡿧、巛、𡿨。

甲骨文以水横流表水灾，有的字形为在"川"中加声符"才"。《说文》："巛，害也。从一雝川。"段玉裁注："雝、壅，古今字。"其实，甲骨文中有三种不同的灾："巛（巛）"，从川才声，为水灾；"𤆾""𤆎"（灾），从火才声，或从宀从火，为火灾；"𢦔"（㢦），从戈才声，为兵灾。卜辞里常以"𢦔"或"巛"泛指灾（灾）害。《说文》："烖，天火曰烖。从火𢦏声。灾，或从宀、火。灾，古文从才。災，籀文从巛。"又"𢦏，伤也。从戈，才声"。"烖"融合了火灾和兵灾，"災"融合了水灾和火灾。这说明，灾难概念的融合影响了字形的调整。古文献多以"災"表示灾害。《左传·宣公十六年》："凡火，人火曰火，天火曰災。"指火灾。《荀子·臣道》："禽兽则乱，狎虎则危，災及其身矣。"指灾祸。汉字简化时，确立"灾"为正体。

(12) 巡。巡。𢻱汉帛、巡礼器碑、巡白石君碑。巡王羲之、巡褚遂良、巡昭仁寺碑。

《说文》："𢻱，延行貌。从辵川声。"从辵提示字义与行走有关。徐锴《说文解字系传》作"视行貌"。段玉裁注："视行者，有所省视之行也。天子适诸侯曰巡狩，巡所守也。"《尚书·舜典》："岁二月，东巡守，至于岱宗。"指周行视察。"巡视""巡逻"等均用本义。引申有周遍义，如"酒过三巡"即指酒喝了三轮。

（13）州。〳〵、〵〵〵井侯簋、〳〵〵、州州汉帛、州州衡方碑、州州郭有道碑、州州赵宽碑、州州张君碑、州王羲之、州元珍墓志、州张猛龙碑、州欧阳询。

甲骨文在水中画有一块陆地。小篆将原来字形中间部分复写为三。《说文》："州，水中可居曰州，周绕其旁，从重川。州，古文州。"徐锴《说文解字系传》："古九州字与洲渚字同也，会意。"段玉裁注："州本州渚字，引申之乃为九州，俗乃别制洲字。"《诗·周南·关雎》："关关雎鸠，在河之洲。"《毛传》："水中可居者曰洲。""洲"当作"州"。《尔雅·释水》："水中可居曰洲，小洲曰陼，小陼曰沚，小沚曰坻。"因"州"引申指行政区域，遂增"水"以记其本义。"鹦鹉洲""橘子洲""白沙洲"等即为水中陆地。增"水"之"洲"后又引申指大陆，《明史·外国传·意大里亚》："万历时，其国人利玛窦至京师，为万国全图，言天下有五大洲。"

2.泉：泉、厵（源）、永、昶、羕、辰、派、𦢇（脈、脉）、𦈐

（1）泉。𠂢、𠂢、𠂢、𠂢。泉秦简、泉汉帛、泉曹全碑、泉王羲之、泉元珍墓志、泉张猛龙碑、泉欧阳询。

甲骨文以水从石缝中流出会意。《说文》："泉，水原也。象水流出成川形。"隶书渐成"白""水"的组合。《周易·蒙卦》："山下出泉，蒙。"即指泉水。

（2）厵（源）。𠭰雍伯原鼎、𠭰克鼎、厵、厵秦简、源汉帛、源桐柏庙碑、源范式碑、源王羲之、源元珍墓志、源苏孝慈墓志、源颜真卿。

"原"为"源"之初文。金文从厂从泉，"厂"象崖岩，以泉水自崖岩下的石缝中流出，会源泉之意。小篆有两形，繁复的字形"厂"下写有三个"泉"。隶书在"厂"下一"泉"的字形基础上有所简省，部件"泉"成了"𫊪"。《说文》："厵，水泉本也。从灥出厂下。原，篆文从泉。"徐铉曰："今别作源，非是。"段玉裁注："后人以原代高平曰邍之邍，而别制源字为本原之原，积非成是久矣。"《左传·昭公九年》："犹衣服之有冠冕，木水之有本原。"指水源。引申指起源、根本，如《史记·货殖列传序》："此四者，民所衣食之原也。原大则饶，原小则鲜"。表原来之"原"本作"元"，明初因避讳而改作意义相近的"原"。表高原之"原"本作"邍"，《说文》："邍，高平之野。"从辵从夂从田，象声。经传多以"原"代之，以致"原"行而"邍"废。"原"的引申义、假借义常用，遂增意符"水"以记其本义。

（3）永。𣱵、𣱵、𣱵。𣱵史颂簋、𣱵陳侯午錞、𣱵柏敦蓋、𣱵、永衡方碑、永张表碑、永王羲之、永太妃侯造像、永元珍墓志、永张猛龙碑、永欧阳询。

甲骨文以有支流的河流表示水流源远流长。《说文》："永，长也。象水巠理之长。"段玉裁注："引申之，凡长皆曰永。……巠者，水脉。理者，水文。"隶书笔画化，渐成"永"。《诗·周南·汉广》："江之永矣，不可方思。"《毛传》："永，长。"用本义。《诗·卫风·木瓜》："匪报也，永以为好也。"指时间长久。阮籍《咏怀》："出门临永路，不见行车马。"指路途遥远。《说文》："泳，潜行水中也。从水永声。"戴侗《六书故》："永，潜行水中谓之永。……别作'泳'。"主张"泳"是"永"的后起分化字。

(4) 昶。🖼昶盤、🖼昶仲鬲、🖼。

金文从日从永。本义指白天时间长。《说文·新附》："🖼，日长也。从日永。会意。"典籍通假作"畅"。嵇康《琴赋》："雅昶唐尧，终咏微子。"李善注："达则兼善天下，无不通畅，故谓之畅。昶与畅同。"

(5) 羕。🖼羕史尊、🖼陈逆簠、🖼。

金文从永羊声。本指水流悠长。《说文》："🖼，水长也。从永羊声。"段玉裁注："引申之为凡长之称。……《诗》曰：'江之羕矣。'《汉广》文，《毛诗》作'永'，《韩诗》作'羕'，古音同也。……'漾'乃'羕'之讹字。"春秋晚期金文、战国竹简多有用作"永"者，表永远、长久之义，如子季嬴青簠"子子孙孙羕（永）保用之"。《说文》中"漾"为河流名，"羕"增意符"水"之后，形体与之偶合。王粲《登楼赋》："路逶迤而修迴兮，川既漾而济深。"指水流长。谢惠连《泛南湖至石帆》："涟漪繁波漾，参差层峰峙。"指水波动荡的样子。

(6) 𠂢。🖼吴方彝、🖼。

今作"派"，与"永"本为一字。小篆定形为与"永"相反的写法，各司其义，"永"指长久，"𠂢"指支流。《说文》："🖼，水之衺流别也。从反永。"徐锴《说文解字系传》："永，长流；反则分派也。"《广韵》《集韵》："派本字。"段玉裁注："流别则其势必衺行，故曰'衺流别'。'𠂢'与水部'派'音义皆同，'派'盖后出耳。"

(7) 派。🖼。🖼李邕、🖼颜真卿。

"𠂢"的后起字形，由"𠂢"增意符"水"而成。《说文》："🖼，别水也。从水从𠂢，𠂢亦声。"本指水的支流。左思《吴都赋》："百川派别，归海而汇。"即用本义。"派别"后引申指分支、门派。"流派"的成词即与"流""派"二字意义相近有关。支流是由干流分出来的，因而引申有分派义。

(8) 衇（脈、脉）。🖼。🖼汉帛、🖼衡方碑、🖼颜真卿。

今作"脉"，本指分布于身体的血管。《说文》："🖼，血理分衺行体者。从𠂢从血。🖼，衇或从肉。🖼，籀文。"其或体为"脈"，"𠂢""永"本一字，俗写作"脉"。《韵会》："今从永者，误也。"可见至迟在元代，"脉"已十分常见。《正字通》："脉，俗脈字。"徐锴《说文解字系传》："五藏（臟）六府（腑）之气血，分流四肢也。会意。"《左传·僖公十五年》："乱气狡愤，阴血周作，张脉偾兴，外强中干。"杜预注："气狡愤于外，则血脉必周身而作，随气张动。"即今所谓"血脉偾张"。

(9) 𥾜。🖼。

《说文》："🖼，散丝也。从糸𠂢声。"《广韵》："未缉麻也。"段玉裁注："别水曰派，血理之分曰衇，散丝曰𥾜。"它们的分散义均由"𠂢"而来。

3.冰：仌、冰、寒、冬、冷、凍（冻）、凋、冶

(1) 仌。🖼。🖼仌卣。🖼。

"冰"之本字，今作偏旁使用，写作"冫"。《说文》："仌，冻也。象水凝之形。"

段玉裁注:"谓象水初凝之文理也。"

(2) 冰。❄陈逆簋。❄❄汉帛。❄太妃侯造像、❄欧阳询、❄李文墓志。

金文于"仌"的基础上增"水"而成,并逐渐取代了"仌"。《说文》:"❄,水坚也。从仌从水。凝,俗冰,从疑。"段玉裁注:"以冰代仌,乃别制凝字。经典凡凝字皆冰之变也。"水凝固的过程称为"冰",凝结成的固体也称为"冰",后以"冰"的俗体"凝"指凝固,作动词,而以"冰"指冰块,作名词。《诗·小雅·小旻》:"战战兢兢,如临深渊,如履薄冰。"指冰块。《礼记·月令》:"水始冰,地始冻。"指冻结。

(3) 寒。❄大克鼎、❄❄秦简、❄汉帛、❄皇象、寒钟繇、寒王羲之、寒褚遂良。

金文从宀从茻从人从仌,本指寒冷。小篆形体变化不是很大。《说文》:"❄,冻也。从人在宀下,以茻荐覆之,下有仌。"隶书最大的变化是"茻"与"人"融合成了"共","仌"写成了"冫"。《论语·子罕》:"岁寒,然后知松柏之后凋也。"指寒冷。

(4) 冬。❄、❄陈章壶、❄❄秦简、❄汉帛、❄王羲之、❄安乐王墓志、❄苏孝慈墓志。

甲骨文、金文用作"终",表终结义。徐中舒先生认为象丝绳两端打结之形。战国秦简文字增意符"糸"以记其本义。《说文》:"终,絿丝也。从糸冬声。"段玉裁注:"絿字恐误,疑下文纑字之讹。……《广韵》云:'终,极也,穷也,竟也。'其义皆当作冬。冬者,四时尽也。故其引申之义如此。俗分别冬为四时尽,终为极也、穷也、竟也,乃使冬失其引申之义,终失其本义矣。"战国金文加"日",表示冬天,即《说文》所谓古文。小篆于字形下加"仌"以示冬之寒冷。《说文》:"❄,四时尽也。从仌从夂。夂,古文终字。❄,古文冬从日。""夂,古文终字","冬"实由"夂(终)"增意符"仌"分化而来。隶书中,"仌"写成了"冫"。《诗·陈风·宛丘》:"无冬无夏,值其鹭羽。"指冬天。

(5) 冷。❄、冷衡方碑、冷颜真卿。

《说文》:"❄,寒也。从仌令声。"《庄子·则阳》:"夫冻者假衣于春,暍者反冬乎冷风。"指寒冷。《南史·乐预传》:"人笑褚公,至今齿冷。""齿冷"本来是说嘲笑不止,开口时间长了,以至牙齿都感到冷,现常用来表耻笑。以"寒"训"冷",二字意义相近,故而成词。但古文献中,"寒"是冷于"冷"的,与"暑"相对,如"寒来暑往";"冷"则大概相当于现代的"凉",与"暖"相对,如"人情冷暖"。"唇亡齿寒",用"寒"强调利害关系。温度降低了叫"冷却"。

(6) 凍(冻)。凍、凍衡方碑、凍颜真卿。

本指冻结。《说文》:"凍,仌也。从仌東声。"段玉裁注:"初凝曰仌,仌壮曰凍。又于水曰冰,于他物曰凍。"《韩非子·解老》:"冬日之闭凍也不固,则春夏之长草木也不茂。"指冻结。汉字简化时,"東"草书楷化为"东","凍"类推简化成"冻"。

(7) 凋。凋。

本指凋零。《说文》:"凋,半伤也。从仌周声。"段玉裁注:"仌霜者伤物之具,故从欠。"焦赣《易林》："早凋被霜，花叶不长。"指草木枯落。

（8）*冶。𡴂冶疡戈、𤏻、冶汉帛、冶褚遂良。

本指熔炼金属，两点本象金属块。小篆误将金属块写作"仌"。《说文》："𤏻，销也。从仌台声。"段玉裁注："销者，铄金也。仌之融如铄金然，故炉铸亦曰冶。"《庄子·大宗师》："今之大冶铸金，金踊跃曰：'我且必为镆铘。'"指冶铸工匠。

二、山陵组

1.山：山、𠂤、官、追、𠂤、障、陵、陽（阳）、阿、際（际）

（1）山。⛰、⛰、⛰山簋、⛰且庚觚、⛰善夫山鼎、⛰、⛰秦简、⛰秦简、⛰汉帛、⛰皇象、⛰王羲之、⛰元珍墓志、⛰张猛龙碑、⛰高贞碑、⛰敬使君碑。

古以三为多，甲骨文象连绵的山峰形。西周晚期的金文，两侧的山峰逐渐简写成单根线条。小篆承之。《说文》："⛰，宣也。宣气散，生万物，有石而高。象形。"《说文解字系传》："山出云雨，所以宣地气。"隶书中间的山峰也逐渐简写作单根线条。《诗·小雅·车舝》："高山仰止，景行行止。"用"高山"喻指道德崇高。

（2）𠂤。𠂤、𠂤、𠂤竞卣、𠂤善夫克鼎、𠂤。

构形不详。甲骨文或指殿堂，或指师旅。金文多指师旅。殿堂往往筑高台基，军队多驻扎在高地，疑"𠂤"有高出之义。《说文》："𠂤，小𨸏也。象形。"徐铉："今俗作堆。"段玉裁注："其字俗作堆，堆行而𠂤废矣。……'𠂤'语之转为'敦'，如《尔雅》之'敦丘'，俗作'墩'。"《正字通》："坢，堆本字。"即历史上曾出现在"𠂤"的基础上增"土"表土堆的字形，疑"堆"由"坢"改"𠂤"为声符"隹"而成。

（3）官。𡧀、𡧀、𡧀传卣、𡧀师酉簋、𡧀、𡧀秦简、𡧀秦简、𡧀汉帛、𡧀史晨碑、𡧀曹全碑、𡧀皇象、𡧀王羲之、𡧀孙秋生造像、𡧀欧阳询。

从宀从𠂤，本指朝廷办事处，引申指官吏。《说文》："𡧀，史，事君也。从宀从𠂤。𠂤犹众也，此与师同意。"徐锴《说文解字系传》："师从𠂤，亦取义于众也。"段玉裁注："以宀覆之，则治众之意也。"《礼记·玉藻》："在官不俟屦，在外不俟车。"郑玄注："官，谓朝廷治事之处也。"《尚书·武成》："建官惟贤，位事惟能。"指官吏。

（4）追。𠂤、𠂤、𠂤、𠂤追簋、𠂤兮仲钟、𠂤、𠂤秦简、𠂤秦简、𠂤景君碑、𠂤王羲之、𠂤王献之、𠂤高贞碑、𠂤虞世南。

甲骨文从止从𠂤，以追赶师旅会意。金文增意符"彳"，多用于军事。《说文》："𠂤，逐也。从辵𠂤声。"隶书部件"辵"渐成"辶"。《左传·僖公二十五年》："楚令尹子玉追秦师，弗及。"即为追赶军队。引申指追捕、追随。"逐"甲骨文已有，所追的对象为豕、兔、鹿等动物，卜辞多用于逐兽。引申指驱逐、角逐。但在追赶义上二字相近。

（5）𠂤。𠂤、𠂤、𠂤、𠂤、𠂤。阜敬使君碑、阜欧阳询。

今作"阜"。甲骨文象阶梯形。《说文》："𠂤，大陆，山无石者。象形。"《释名·释山》："土山曰阜，言高厚也。"段玉裁《说文解字注》："陆土地独高大名曰阜，阜最大名为陵。引申之为凡厚、凡大、凡多之称。"《诗·小雅·天保》："如山如阜，如冈如陵。"《毛传》："高平曰陆，大陆曰阜。"《诗·郑风·大叔于田》："叔在薮，火烈具阜。"《毛传》："阜，盛也。"成语"物阜年丰"的"物阜"即指物产丰富。

（6）障。障曹全碑、障颜真卿。

《说文》："障，隔也。从阜章声。"隶书中的部件"阜"写成了"阝"。《墨子·亲士》："谄谀在侧，善议障塞，则国危矣。"指阻塞。张舜徽《说文解字约注》："障字从阜，亦谓为山阜所阻隔而成天然障蔽耳。引申为凡蔽阻之称。""嶂""幛""瘴"等字均有阻隔、遮蔽、屏障义，为"障"之分化字。左思《魏都赋》："宅土燠暑，封疆障厉。"李善注："吴蜀皆暑湿，其南皆有瘴气。""障厉"即"瘴疠"。"瘴"为后起字。《世说新语·汰侈》："君夫作紫丝布步障碧绫里四十里，石崇作锦步障五十里以敌之。"指帷幛，后作"幛"。

（7）陵。陵散盘、陵弔鼎、陵陈猷釜、陵、陵秦简、陵汉帛、陵礼器碑、陵桐柏庙碑、陵衡方碑、陵王羲之、陵牛橛造像、陵元珍墓志、陵欧阳询、陵褚遂良、陵颜真卿、陵柳公权。

甲骨文由"阜""人"组成，或增"止"，指大土山。《说文》："陵，大阜也。从阜夌声。"段玉裁注："引申之为乘也，上也，躐也，侵陵也，陵夷也。"《说文》又有："夌，越也。"《玉篇》："夌，越也。今作陵。"段玉裁注："凡夌越字当作此。今字或作凌，或作凌，而夌废矣。……《广韵》'陵'下云：'犯也，侮也，侵也。'皆夌义之引伸。今字概作陵矣。"疑"夌"是"陵"之省写，"止"或"夂"可表动作义。《左传·僖公三十二年》："殽有二陵焉。"指大土山。坟墓垒土而成，所以也叫陵墓，如"明十三陵"。《左传·成公二年》："齐侯亲鼓，士陵城。"指登上。《左传·隐公三年》："且夫贱妨贵，少陵长，远间亲，新间旧，小加大，淫破义，所谓'六逆'也。"指陵辱，今作"凌"。"凌"本指冰凌，借用作凌越、欺凌字。

（8）阳（陽）。阳、陽虢季子白盘、陽弔姬鼎、陽农卣、陽、陽秦简、陽秦简、陽汉帛、陽礼器碑、陽衡方碑、陽白石君碑、陽曹全碑、陽皇象、陽王羲之、陽张猛龙碑、陽元倪墓志、陽敬使君碑、陽欧阳询。

甲骨文由"阜"与"昜"组成。《说文》有："暘，日出也。从日，昜声。""昜"在"陽""暘"中当兼表义。"昜"为太阳高升之状，故《说文》云："昜，开也。""陽"增意符"阜"，以太阳照在山坡上表义。《说文》："陽，高、明也。从阜昜声。"《玉篇》："陽，山南水北也。"段玉裁注："山南曰陽，故从阜。"汉字简化时，保留部件"昜"上的"日"，就成了"阳"。《诗·小雅·湛露》："湛湛露斯，匪阳不晞。"《毛传》："阳，日也。"《诗·召南·殷其雷》："殷其雷，在南山之阳。"指在山的阳坡，即南坡。衡阳，即在衡山之南，洛阳即在洛水之北。

（9）阿。阿武戈、阿、阿汉帛、阿衡方碑、阿曹全碑、阿钟繇。

金文从阜可声。《说文》："阿，大陵也。一曰曲阜也。从阜可声。"《尔雅·释地》："下湿曰隰，大野曰平，广平曰原，高平曰陆，大陆曰阜，大阜曰陵，大陵曰阿。"段玉裁注："《毛诗》：'菁菁者莪，在彼中阿。'传云：'大陵曰阿。''考盘在阿'，传曰：'曲陵曰阿。'各随其宜解之也。《大雅》'有卷者阿'，传曰：'卷，曲也。'然则此阿谓曲自也。引申之，凡曲处皆得称阿。……曲则易为美，故《隰桑》传曰：'阿然，美貌。'凡以阿言私曲、言昵近者，皆引申假借也。"屈原《楚辞·九歌·山鬼》："若有人兮山之阿，被薜荔兮带女萝。"王逸注："阿，曲隅也。"《韩非子·有度》："法不阿贵，绳不挠曲。"指曲从、迎合，今犹有"阿谀奉承"。《诗·小雅·隰桑》："隰桑有阿，其叶有难。"郑玄笺："隰中之桑，枝条阿阿然长美。""阿难"即今之"婀娜"。《诗·桧风·隰有苌楚》："隰有苌楚，猗傩其枝。"《毛传》："猗傩，柔顺也。""猗傩"亦"婀娜"。今云身材婀娜即指曲线柔美。

(10) 隙（际）。隙 隙曹全碑、隙苏孝慈墓志、际褚遂良。

本指两墙相接之处。《说文》："隙，壁会也。从𨸏祭声。"段玉裁注："两墙相合之缝也。引申之，凡两合皆曰际。际取壁之两合，犹间取门之两合也。"汉字简化时保留部件"祭"下之"示"而成"际"。相交的时间、地方均谓"际"，春夏之际即春夏之交，人际、国际即人与人之间、国与国之间。相交接的地方即为边际。屈原《天问》："九天之际，安放安属？"洪兴祖《楚辞补注》："际，边也。"

2.丘：丘、虗（虚）、岳、谷、容、豀（溪）、豁

(1) 丘。丘、丘商丘弔匠、丘丘戈、丘秦简、丘秦简、丘汉帛、丘衡方碑、丘皇象、丘索靖、丘王羲之、丘欧阳询、丘虞世南。

甲骨文象两座相连小山。金文将两个山丘讹写成两个相背而立的人。小篆承之。《说文》："丘，土之高也，非人所为也。从北从一。一，地也，人居在丘南，故从北。一曰四方高，中央下为丘。象形。丘，古文从土。"许慎据小篆认为字形"从北从一"是有问题的。隶书笔画粘连重组，构形理据更难追溯。《广雅·释丘》："小陵曰丘。"《诗·王风·丘中有麻》："丘中有麻，彼留子嗟。"指土丘上种着麻。《史记·孔子世家》说孔子"生而首上圩顶，故因名曰丘云"，认为孔子名丘是因为他头顶象丘一样，中间是凹的。

(2) 虗（虚）。虗、虗秦简、虗秦简、虗汉帛、虗孔彪碑、虗皇象、虗王羲之、虗虞世南、虗褚遂良、虗欧阳通。

"墟"之本字。从丘虍声，本指大丘。因"丘"处于字形下半部分，隶变中就书写之便，渐成"业"。《说文》："虗，大丘也。昆仑丘谓之昆仑虚。古者九夫为井，四井为邑，四邑为丘。丘谓之虚。从丘虍声。"《玉篇·土部》："墟，大丘也。"段玉裁《说文解字注》："虚者，今之墟字，犹昆仑今之崑崙字也。虚本谓大丘，大则空旷，故引伸之为空虚。……又引伸之为凡不实之称。……自学者罕能会通，乃分用墟虚字。"《诗·鄘风·定之方中》："升彼虚矣，以望楚矣。"指大丘。《论语·泰伯》："有若无，实若虚，犯而不校。"指空虚。《周易·咸卦》："君子以虚受人。"指谦虚。屈原《楚辞·九章·抽思》："善不由外来兮，名不可以虚作。"指虚假。《庄子·人间世》："昔者尧攻丛枝、胥敖，禹攻有扈，国为虚厉，身为刑戮。"陆德明《经典释文》："居宅无人曰虚，死而无后为厉。"引申指废墟。

(3) 岳。嶽、戀曹全碑、岳受禅表碑、岳王羲之、岳张玄墓志、岳苏孝慈墓志、嶽虞世南、嶽褚遂良。

从山狱声，本指高山。《说文》："嶽，东，岱；南，霍；西，华；北，恒；中，泰室。王者之所以巡狩所至。从山狱声。岳，古文象高形。"段玉裁注："今字作岳，古文之变。"《玉篇·山部》："岳，同嶽。"东汉鲁峻碑、三国魏受禅表碑已见上丘下山的字形。《诗·大雅·崧山》："崧高维岳，骏极于天。"《毛传》："岳，四岳也。东岳，岱；南岳，衡；西岳，华；北岳，恒。"

(4) 谷。㕣、㕣㪤卣、㕣何尊、㕣、谷秦简、谷汉帛、谷曹全碑、谷谷朗碑、谷王羲之、谷女乐工墓志、谷李超墓志、谷褚遂良。

甲骨文上象两山分开之处，下象谷口，指两山之间的低狭地带，即山谷。《说文》："谷，泉出通川为谷。从水半见，出于口。"《尔雅·释水》："水注溪曰谷。"邢昺疏："谓山谷中水注入涧溪也。"《诗·大雅·桑柔》："人亦有言，进退维谷。"孔颖达疏："谷谓山谷，坠谷是穷困之义，故谓谷穷。""稻谷"之"谷"本作"穀"，从禾殼声，汉字简化时，因音同，归并入"谷"。

(5) 容。㕣公朱左自鼎、容秦简、容汉帛、容辟雍碑、容皇象、容王羲之、容高贞碑、容虞世南。

从宀从谷，表示容纳的意思，引申指宽容、容许，假借为容貌。《说文》："容，盛也。从宀、谷。容，古文容从公。"徐铉曰："屋与谷皆所以盛受也。"徐锴《说文解字系传》："此但为容受字，容貌字古作颂也。""颂"借作歌颂字，遂借"容"为容貌字。《诗·卫风·河广》："谁谓河广？曾不容刀。"是说河窄得连一条小船都容不下。《尚书·君陈》："有忍，其乃有济；有容，德乃大。"指包容、宽容。《左传·昭公元年》："五降之后，不容弹矣。"指容许。《诗·周颂·振鹭》："我客戾止，亦有斯容。"指容貌。

(6) 谿（溪）。谿、谿汉帛、溪曹全碑、溪苏孝慈墓志、谿欧阳通、溪颜真卿。

"溪"之本字，本指山间沟渠。《说文》："谿，山渎无所通者。从谷奚声。"徐锴曰："俗作溪。"《左传·隐公三年》："涧谿沼沚之毛。"杜预注："谿亦涧也。"《吕氏春秋·察微》："使治乱存亡，若高山之与深谿，若白垩之与黑漆，则无所用智，虽愚犹可矣。"高诱注："有水曰涧，无水曰谿。"《广雅》："谿，谷也。"山间沟渠或有水或无水，初均叫"谿"，唐以后"谿"多指有水的山谷。《尔雅》邢昺疏引宋均云："有水曰谿，无水曰谷。"

(7) 豁。豁、豁。

从谷害声，本指敞开的山谷，引申指豁达、开阔，豁口。《说文》："豁，通谷也。从谷害声。"《玉篇》："大度量也。"《史记·高祖本纪》："仁而爱人，喜施，意豁如也。"颜师古注："豁如，开大之貌。"陶渊明《桃花源记》："复行数十步，豁然开朗。"指开阔。贾思勰《齐民要术·种谷》："稀豁之处，锄而补之。"指空隙大。

3. 土：土、社、里、坚（堅）、均、坪、墙、壤、堂、型、堯（尧）

(1) 土。堆、堆、坐、土大保簋、土毫鼎、土土匀錍、土、土秦简、土汉帛、土史晨碑、土衡方碑、土曹全碑、土皇象、土索靖、土王羲之、土王羲、土欧阳询、土虞世南、土褚遂良、土颜真卿。

甲骨文象土堆形。金文简写成竖线上加一点，为就书写之便，点后来又写成短横。小篆短横延长，字形基本稳定下来。因易与"士"混，早期曾有于两横间加点的写法，但并不是规范的字形，没有流传下来。《说文》："土，地之吐生万物者也。二象地之上、地之中，丨，物出形也。"据已经变形的小篆分析字形，不合造字理据。《尚书·禹贡》："厥贡惟土五色。"指泥土。孔颖达疏："贡土之意，王者封五色土以为社，若封建诸侯，则各割其方色土与之，使归国立社。"《诗·小雅·北山》："溥天之下，莫非王土。"指领土、国土。

（2）社。社中山王䂞鼎、社秦简、社汉帛、社史晨碑、社张寿碑、社张迁碑、社王羲之、社元珍墓志、社欧阳询、社颜真卿。

金文从示从木从土，指土地神。《说文》："社，地主也。从示土。……《周礼》：'二十五家为社，各树其土所宜之木。'社，古文社。"稷为谷神，古人以社稷代指国家。《白虎通·社稷》："人非土不立，非谷不食，土地广博，不可遍敬也。五谷众多，不可一一而祭也。故封土立社，示有土尊。稷，五谷之长，故封稷而祭之也。"《诗·大雅·云汉》："祈年孔夙，方社不莫。"朱熹《诗集传》："方，祭四方也。社，祭土神也。"古代以二十五家为一社，作为基层行政单位。社的周围多植树木，辛弃疾的《西江月》有："旧时茅店社林边，路转溪头忽见。"也指集体的祭祀活动，鲁迅先生的《社戏》里所说的"社戏"实际上就是由我国民间广泛流行的祭社活动演化而来的。"社"由基层组织引申泛指各种集体组织或机构，如"社团""合作社""报社"等。

（3）里。里矢方彝、里右里啟釜、里史颂簋、里、里秦简、里汉帛、里礼器碑、里曹全碑、里皇象、里王羲之、里欧阳询。

金文从田从土，本指聚居的地方。先民恃田而食，恃土而居，故以田、土会意。《说文》："里，居也。从田从土。"《诗·郑风·将仲子》："将仲子兮，无逾我里。"《毛传》："里，居也。""故里""邻里""里弄"等犹可见其本义。天津、北京等地很多小区名叫"某某里"，古义犹存。"表里"之"里"本作"裏"，从衣里声，汉字简化时，归并进了"里"。

（4）坚（堅）。堅。堅秦简、堅汉帛、堅礼器碑、堅王羲之、堅张玄墓志、堅颜真卿。

本指坚硬。《说文》："堅，刚也。从臤从土。"段玉裁注："引伸为凡物之刚。"早期为别于形近的"士"，有于"土"两横间增点的写法，并不是规范字形，后世不传。《说文》："臤，坚也。从又臣声。"段玉裁注："谓握之固也。""紧（緊）"字从之，亦有固义。汉字简化时部件"臣"草书楷化为"Ⅱ"，"堅"就成了"坚"。《周易·坤卦》："履霜坚冰至。"即用本义。引申指结实、坚固、坚定等。《诗·大雅·生民》："实发实秀，实坚实好。"孔颖达疏："其粒实皆坚成，实又齐好。""坚"指谷粒饱满结实。"攻坚"本指攻打坚固的堡垒、要塞，喻指努力解决难题。《后汉书·马援传》："丈夫为志，穷当益坚，老当益壮。"指意志坚定。

（5）均。均蔡侯䚡钟、均、均秦简、均汉帛、均皇象、均王羲之、均褚遂良、均颜真卿。

《说文》："均，平遍也。从土从匀，匀亦声。"段玉裁注："平者，语平舒也，引申为凡平舒之称。遍者，帀也。平遍者，平而帀也，言无所不平也。……匀者，帀也，故以会意。"本指均匀。如《论语·季氏》："不患寡而患不均，不患贫而患不安。"引申指均等、普遍、全都，如"势均力敌"，指力量相等；"均已办妥"，指全部办完。

（6）坪。坅、坪衡方碑、坪曹全碑。

《说文》："坅，地平也。从土从平，平亦声。"本指平地。称作"坪"的地方多平坦宽阔，如"停机坪""草坪"等。温庭筠《观棋》："闲对楸枰倾一壶，黄华坪上几成卢。""黄华坪"为地名。

（7）塙。塙。

《说文》："塙，坚不可拔也。从土高声。"本为坚硬。引申指确实，今以"确"来表示。而《说文》本有"确"："确，磐石也。从石角声。礐，确或从㱿。"义为如石般坚硬。两字音同义近。徐铉曰"确""今俗作碻，非是"。《玉篇·石部》有："碻，坚固也。""碻"为晚出字形，疑"确"与"塙"相混用后，改"确"之声符"角"为"雀"而成"碻"。早期典籍中"塙""确""碻"均有使用，互为异体。《周易·乾卦》："乐则行之，忧则违之，确乎其不可拔，潜龙也。"郑玄注："坚高之貌。"

（8）壤。壤、壤秦简、壤汉帛、壤王羲之、壤欧阳询、壤欧阳通。

本指松软的泥土。《说文》："壤，柔土也。从土襄声。"孔安国曰："无块曰壤。"《周礼·地官·大司徒》："辨十有二壤之物，而知其种，以教稼穑树藝。"孙诒让《周礼·正义》："盖地率为坚土，既经人所耕种，则解散和缓，故谓之壤。"泛指土地，如"天壤之别"。引申指疆域，如"穷乡僻壤"。

（9）堂。堂中山王譽兆域图、堂、堂秦简、堂汉帛、堂礼器碑、堂王羲之、堂欧阳询。

金文从土尚声。本指土台、台基，《玉篇》："堂，土为屋基也。""堂"的高低有等级之分。《礼记·礼器》有："天子之堂九尺，诸侯七尺，大夫五尺，士三尺。"引申指高大宽敞的场所，如"殿堂""礼堂""厅堂"等。《说文》："堂，殿也。从土尚声。坣，古文堂。堂，籀文堂从高省。"段玉裁注："堂之所以称殿者，正谓前有陛、四缘皆高起。……许以殿释堂者，以今释古也。古曰堂，汉以后曰殿。古上下皆称堂，汉上下皆称殿。"堂前有台阶，建在高处，所以说"登堂入室"，室在堂后。《尚书·顾命》："立于西堂。"郑玄注："序内半以前曰堂。"《礼记·檀弓》："吾见封之若堂者矣。"孔颖达疏："封谓坟之也，若如堂基四方而高。""堂"由其高大的特点引申有气势盛大之义，如"冠冕堂皇""堂而皇之""仪表堂堂"等。

（10）型。型中山王譽鼎、型盗壶、型、型颜真卿。

从土刑声，本指铸造器物用的模子。《说文》："型，铸器之法也。从土荆声。"段玉裁注："以木为之曰模，以竹曰范，以土曰型。引申之为典型。"《淮南子·修务训》："明镜之始下型，矇然未见形容。及其粉以玄锡，摩以白旃，鬓眉微毫可得而察。"即用本义。

（11）堯（尧）。堯、堯汉帛、堯衡方碑、堯王羲之、堯欧阳询、堯虞世南。

见第二章第一节"一、人儿组"（第68页）。

4.田:田、苗、甸、畔、畍(界)、畺、畜、當(当)、略

(1) 田。田、田、田、田。田农鼎、田告田觯。田。田秦简、田汉帛、田王羲之、田孙秋生造像、田欧阳询。

甲骨文象阡陌纵横的田地，阡陌的数量或多或少。金文稳定为一纵一横。小篆承之。《说文》："田，陈也。树谷曰田。象四口。十，阡陌之制也。"段玉裁注："树谷曰田，种菜曰圃，树果曰园。……象阡陌之一纵一横也。"《诗·小雅·大田》："雨我公田，遂及我私。"杜佑《通典》："古有井田，画九区如井字形，八家耕之，中为公田，乃公家所藉。"

(2) 苗。苗。苗秦简、苗衡方碑、苗杨统碑、苗敬使君碑。

本指禾苗。《说文》："苗，艸生于田者。从艸从田。"段玉裁注："苗本禾未秀之名，因以为凡艸木初生之名。"《诗·王风·黍离》："彼黍离离，彼稷之苗。"孔颖达疏："苗谓禾未秀。"陶渊明《归园田居》："种豆南山下，草盛豆苗稀。"指豆苗。词义引申也指初生的动物、事物的开端，如"鱼苗""苗头"。

(3) 甸。甸克钟。甸。甸秦简、甸汉帛、甸褚遂良。

从人从田，本指掌管农事的田官。"佃""甸"为一字之分化。人形在小篆中演变成了"勹"，"匈""包""匍""匐""匈"等字里的人形也这样写。《说文》："甸，天子五百里地。从田，包省。"《左传·成公十年》："晋侯欲麦，使甸人献麦。"杜预注："甸人，主为公田者。"甸人为掌管田事的官。引申指田野的出产物、治理田野。《礼记·少仪》："臣为君丧，纳货贝于君，则曰纳甸于有司。"郑玄注："甸，谓田野之物。"《诗·小雅·信南山》："信彼南山，维禹甸之。"《毛传》："甸，治也。"朱熹《诗集传》："言信乎此南山者，本禹之所治，故其原隰垦辟，而我得田之。"

(4) 畔。畔。畔礼器碑。畔颜真卿。

《说文》："畔，田界也。从田半声。"段玉裁注："田界者，田之竟处也。……引申为凡界之称。"《左传·襄公二十五年》："行无越思，如农之有畔。"指田界。《史记·屈原贾生列传》："屈原至于江滨，被发行吟泽畔，颜色憔悴，形容枯槁。"指江边，类似的还有"湖畔""河畔"。

(5) 畍(界)。畍。畍秦简、畍汉帛、畍衡方碑、畍王羲之、畍欧阳通、畍颜真卿。

本指田界，泛指边界、界限。《说文》："畍，境也。从田介声。"段玉裁注："竟俗本作境，今正。乐曲尽为竟，引申为凡边竟之称。""境"为"竟"之后起分化字。"介"有介于二者之间的意味，田界正在田与田之间，即声符"介"同时有提示字义的作用。"界"的小篆为左右结构，隶书逐渐定形为上下结构。《孟子·滕文公上》："夫仁政必自经界始，经界不正，井地不均，谷禄不平。"指田界。《诗·周颂·思文》："无此疆尔界，陈常于时夏。"指疆界。引申指一定的范围、领域，如"眼界""教育界"等。

(6) 畺。畺、畺。畺毛伯簋、畺颂簋、畺克鼎、畺郜公鼎、畺吴王光鉴。畺。畺汉帛、畺华山碑、畺皇象。

疆颜真卿。

"疆"之初文,本指田界,泛指疆界。甲骨文以邻近的二田,会田界之意;或从弓从畺,这一字形后世用作强劲之义,《说文》:"疆,弓有力也。从弓畺声。"疑为通假,但也可能与弓为古代的长度单位有一定关系,《仪礼·乡射礼》有:"侯道五十弓。"贾公彦注:"六尺为步,弓之下制六尺,与步相应,而云弓者,侯之所取数,宜于射器也。"《度地论》有:"二尺为一肘,四肘为一弓,三百弓为一里。"《辞源》:"步弓:量地器,木制,似弓形,有柄,两足相距一步(相当于旧时营造尺五尺),故名。"一弓在不同时代代表的长度不同。金文字形多从弓从畺,西周晚期及春秋早期金文有省写"弓"作"畺"者,春秋以后多增"土"作"疆"。增"土"的原因可能是因为"疆"多用作强劲义。小篆以"畺"为正体,"疆"为或体。《说文》:"畺,界也。从畕;三,其界画也。疆,畺或从彊土。"今"疆"行而"畺"废。奚子宿车鼎、田季加匜作"萬年無畺",梁其钟作"萬年無疆",敬事天王钟作"釁(彌)壽無疆",均为界限、止境义。

(7)畜。樂書缶、秦公鎛、秦简、汉帛、皇象、颜真卿。

甲骨文从幺从囿,"幺"象丝绳,"囿"为畜养鸟兽的园子,卜辞有"王畜馬",指畜养。金文部件"囿"中的草木被简省,成了"田"。小篆部件"幺"变作了"玄"。《说文》:"畜,田畜也。《淮南子》曰:'玄田为畜。'𢏚,《鲁郊礼》畜从田从兹。兹,益也。"早期名动常共用一字,"畜"也指畜养的牲畜。《左传·昭公二十五年》:"为六畜、五牲、三牺,以奉五味。"杜预注:"为六畜:马、牛、羊、鸡、犬、豕。"引申指积蓄,如《荀子·天论》:"繁启、蕃长于春夏,畜积、收藏于秋冬。"此义后来写作"蓄"。

(8)當(当)。鄂君啟車節、秦简、汉帛、樊敏碑、王羲之、钟繇、张猛龙碑、欧阳询。

金文或从土尚声。《说文》:"當,田相值也。从田尚声。"段玉裁注:"值者,持也,田与田相持也。引申之,凡相持相抵皆曰當。"汉字简化时,草书楷化作"当"。本指相当、对等,《后汉书·隗嚣传》:"愿因将军兵马,鼓旗相当。"即指双方力量相对等,不分高低。所谓典当,名义上也是用东西作抵押换对等的钱。引申指面对、正遇上。《论语·卫灵公》:"当仁,不让于师。"即面对"仁"应该积极主动,不必谦让。还引申有担当、当值义,如"敢作敢当""当班"。又有应当、恰当等义。《后汉书·马援传》:"丈夫为志,穷当益坚,老当益壮。"指应当。《礼记·乐记》:"夫古者天地顺而四时当,民有德而五谷昌。"指得当。

(9)略。略、汉帛、桐柏庙碑、略、张迁碑、略、王羲之、略、欧阳询、略、褚遂良。

《说文》:"略,经略土地也。从田各声。"段玉裁注:"引申之,规取其地亦曰略地。几举其要而用功少皆曰略,略者对详而言。"《左传·昭公七年》:"天子经略土地,定城国,制诸侯。"指划分地界。也指地界、疆界。如《左传·昭公七年》:"封略之内,何非君土?食土之毛,谁非君臣?"引申指掠夺、策略。《左传·襄公十五年》:

"晋侯治兵于稷,以略狄土。"指夺取。《左传·定公四年》:"吾子欲复文、武之略,而不正其德,将如之何?"指策略。

三、岩崖组

1.广:广、府、庫(库)、廬(庐)、廟(庙)、底、龐(庞)、序、廉、廣(广)、廚(厨)、廁(厕)、廂(厢)、廈(厦)、厂、厚、匡、仄、厭(厌)、石、户、崖、岸

(1)广。广。

《说文》:"广,因厂为屋,象对刺高屋之形。"段玉裁注:"厂者,山石之崖岩。因之为屋,是曰广。……首画象岩上有屋。"徐灏《说文解字注笺》:"因厂为屋,犹言傍岩架屋,此上古初有宫室之为也。对刺,谓屋上作𠆢形相对也。"未见单用,作构字部件使用,"庵""庭""府""庠""库""廊""廈""廚""廂""廐""廠"等从之,后分作两系,一仍从广,一则变从厂。现代汉字简化时将"廣"简成了"广",《说文》:"廣,殿之大屋也。从广,黄声。""廣"本指大屋,引申指广大。

(2)府。上郡府筐、大府匜、大府牛、府秦简、府汉帛、府礼器碑、府衡方碑、府夏承碑。府王羲之、府张玄墓志、府张猛龙碑、府苏孝慈墓志。

金文从广付声,或增从贝,本指贮存财货和文书的地方。小篆从广付声。《说文》:"府,文书藏也。从广付声。"段玉裁注:"文书所藏之处曰府,引申之为府史胥徒之府。"《礼记·曲礼下》:"在官言官,在府言府,在库言库,在朝言朝。"郑玄注:"府,谓宝藏货贿之处也。"《汉书·郊祀志上》:"史书而臧之府。"颜师古注:"府,臧书之处。"《周礼·太宰》:"以八法治官府。"郑玄注:"百官所居曰府。""五臟(脏)六腑"本作"五藏六府"。《白虎通》:"五藏者何?谓肝、心、肺、肾、脾也。""六府者何谓也?谓大肠、小肠、胃、膀胱、三焦、胆也。"《素问·宣明五气篇》:"心藏神,肺藏魄,肝藏魂,脾藏意,肾藏志。"贾公彦《周礼义疏》:"凡物所聚皆曰府,官人所聚曰官府,在人身中饮食所聚谓之六府。"因为均为人体器官,增意符"肉",遂成"臟(脏)腑"。

(3)庫(库)。庫朝诃右庫戈、庫右庫戈、庫、庫秦简、庫居延汉简、庫颜真卿。

金文从车(車)从广,指收藏兵车武器的仓库。《说文》:"庫,兵车藏也。从车在广下。"段玉裁注:"引申之,凡贮物舍皆曰庫。"汉字简化时,"車"草书楷化为"车","庫"类推简化为"库"。《韩非子·十过》:"城郭不治,仓无积粟,府无储钱,库无甲兵,邑无守具。"即指藏兵器的仓库。

(4)廬(庐)。廬赵曹鼎、廬师汤父鼎、廬汉帛、廬礼器碑、廬衡方碑、廬皇象、廬敬使君碑、廬褚遂良。

金文从广盧声,本指人在田中劳作时暂居的房子。《说文》:"廬,寄也。秋冬去,春夏居。从广盧声。"段玉裁注:"引申之,凡寄居之处皆曰廬。"俗体字中,"盧"保留部分轮廓,简化成了"卢",在类推的基础上,"廬"进一步简成了"庐"。部件"盧"在简化时,有的为"卢",如"鸬""颅""泸""鲈"等,有的成了"户",如

"炉""芦""驴"等。《诗·小雅·信南山》有:"中田有庐,疆场有瓜。"郑玄注:"中田,田中也。农人作庐焉,以便其田事。"孔颖达疏:"古者宅在都邑,田于外野,农时则出而就田,须有庐舍。"《汉书·食货志》颜师古注:"庐各在其田中,而里聚居也。"

(5)廟(庙)。廟免簋、廟虢季子白盘、廟师酉簋、南盠方彝、廟中山王響壺、廟。廟汉帛、廟汉帛、廟乙瑛碑、廟衡方碑、廟钟繇、廟元珍墓志、廟虞世南。

金文由"广""淖"组成,唯周公东征方鼎里该字由"广"与"朝"组成,本指供奉祭祀祖先的房屋。小篆定形为由"广""朝"组成。《说文》:"廟,尊先祖貌也。从广朝声。庙,古文。"段玉裁注:"尊其先祖而以是仪貌之,故曰宗庙。……古者庙以祀先祖,凡神不为庙也,为神立庙者,始三代以后。"战国金文中有从广苗声的写法,即《说文》所谓之古文。现行简化字"庙"是由从广苗声的字形讹写而来。《诗·大雅·思齐》:"雍雍在宫,肃肃在庙。"即指宗庙。

(6)底。底王羲之、底元羽墓志、底颜真卿。

《说文》:"底,止居也。一曰下也。从广氐声。"《左传·昭公元年》:"勿使有所壅闭湫底。"服虔注:"底,止也。"杜预注:"湫,集也;底,滞也。""湫底"是积滞不畅的意思。底端、尽头义可能由此而引申。宋玉《高唐赋》:"俯视峥嵘,窒寥窈冥,不见其底,虚闻松声。"即指山谷深不见底。

(7)龐(庞)。龐、龐、龐、龐、龐颜真卿。

甲骨文从广龍声,本指高大的房屋。《说文》:"龐,高屋也。从广龍声。"段玉裁注:"谓屋之高者也,故字从广。引伸之为凡高大之称。"《国语·周语上》:"敦龐(庞)纯固,于是乎成。"韦昭注:"龐(庞),大也。"《黔之驴》:"虎见之,龐(庞)然大物也。""龐(庞)然"即高大的样子。隋代俗体字中"龍"有写作"龙"者,汉字简化时进一步简作"龙","龐"遂类推简化作"庞"。

(8)序。序汉帛、序辟雍碑、序王羲之、序元珍墓志、序褚遂良。

本指正堂的东西墙。《说文》:"序,东西墙也。从广予声。"《仪礼·士冠礼》:"主人玄端爵韠,立于阼阶下,直东序,西面。"郑玄注:"堂东西墙谓之序。"引申指次序。《离骚》:"日月忽其不淹兮,春与秋其代序。"王逸注:"序,次也。"早期"序""叙""绪"在开头、开端义上通用。《尔雅注疏》郭璞注:"'序'与'绪'音义同。《释诂》云:'叙,绪也。'言已注述之由,叙陈此经之旨,若茧之抽绪耳。"《说文》:"绪,丝端也。"即头绪,《汉书·韦贤传》:"楚王梦亦有序。"颜师古注:"序,绪也,谓端绪。"《文心雕龙·诠赋》:"序以建言,首引情本。""序幕""序曲"皆有排在开头之义。

(9)廉。廉秦简、廉汉帛、廉乙瑛碑、廉褚遂良、廉苏轼。

小篆从广兼声,本指堂的侧边。隶变中部件"兼"的两个"禾"中间相邻的部分被简省。为书写美观,两个"禾"的上边逐渐成了对称的"丷"。《说文》:"廉,仄也。从广,兼声。"段玉裁注:"堂之边曰廉。……堂边有隅有棱,故曰廉。……引伸之为清也、俭也、严利也。"《仪礼·乡饮酒礼》:"设席于堂廉东上。"郑玄注:"侧边曰廉。"屈原《招魂》:"朕幼清以廉洁兮,身服义而未沫。"指品性方直。

(10) 廣(广)。廣_{廣父己簋}、廣_{班簋}。廣。廣_{秦简}、廣_{汉帛}、廣_{西狭颂}、廣_{曹全碑}、廣_{袁博碑}、廣_{皇象}、廣_{王羲之}、廣_{孙秋生造像}、廣_{元倪墓志}。

金文从广黄声,本指四周无壁的大屋。《说文》:"廣,殿之大屋也。从广黄声。"段玉裁注:"殿谓堂无四壁。……覆乎上者曰屋。无四壁而上有大覆盖,其所通者宏远矣,是曰廣(广)。引伸之为凡大之称。"《诗·小雅·六月》:"四牡脩(修)广,其大有颙。"《毛传》:"脩(修),长;廣(广),大也。"《诗·周南·汉广》:"汉之廣(广)矣,不可泳思。"指宽广。汉字简化时,省简了声符"黄",就成了"广"。

(11) 廚(厨)。廚。廚_{颜真卿}。

本指厨房。《说文》:"廚,庖屋也。从广尌声。"《孟子·梁惠王上》:"是以君子远庖廚(厨)也。"即用本义。今意符省写成了"厂",声符"尌"中的"壴"省成了"豆"。

(12) 廁(厕)。廁。廁_{秦简}、廁_{汉帛}、廁_{皇象}、廁_{颜真卿}。

本指厕所。《说文》:"廁,清也。从广则声。"徐锴《说文解字系传》:"古多谓之清者,以其不洁,常当清除之也。清,今俗、字书或作圊。"段玉裁注:"清、圊,古今字。""圊"指厕所。《左传·成公十年》:"将食,张,如廁(厕),陷而卒。"即用本义。汉隶中已有将意符"广"写作"厂"者。汉字简化时,"貝"草书楷化为"贝",声符"則"类推简化为"则"。

(13) 廂(厢)。廂。廂_{颜真卿}。

本指正房两侧的房屋。《说文》:"廂,廊也。从广相声。"《汉书》颜师古注:"廊,堂下四周屋也。"《玉篇》:"廂,东西序也。"《史记·周昌传》:"吕后侧耳于东廂听。"韦昭注:"殿东堂也。"司马贞《史记索隐》:"正寝之东西室,皆号曰廂,言似箱箧之形。"意符"广"在书写中省简成了"厂"。

(14) 廈(厦)。廈。廈_{颜真卿}。

《说文》:"廈,屋也。从广夏声。"《集韵》:"大屋。""夏"有大义。《诗·秦风·权舆》:"于我乎,夏屋渠渠。"《毛传》:"夏,大也。"屈原《楚辞·九章·哀郢》:"曾不知夏之为丘兮。"王逸注:"夏,大殿也。""廈"出现的较晚,为"夏"增意符"广"而来。江淹《杂体诗·卢郎中谌感交》:"大廈(厦)须异材,廊庙非庸器。"即指大殿。书写中,意符"广"误省成了"厂"。

(15) 厂。厂、厂、厂_{散盘}、厂。

甲骨文象山崖。《说文》:"厂,山石之崖岩,人可居。象形。厈,籀文从干。"段玉裁注:"人可居者,谓其下可居也。屋其上则谓之广。"籀文从厂干声,后累增意符"山"而成"岸"。"厂"多作构字部件使用。汉字简化时将从广敞声的廠_{曹全碑}简化成了"厂",《广韵》:"廠(厂),露舍也。"

(16) 厚。厚_{戈厚簋}、厚_{墙盘}、厚。厚_{汉帛}、厚_{皇象}、厚_{王羲之}、厚_{苏孝慈墓志}、厚_{徐浩碑}、厚_{颜真卿}。

从厂㫗声，本指山陵厚，泛指厚、深、多。《说文》："㫗，山陵之厚也。从㫗从厂。垕，古文厚从后土。"段玉裁注："山陵之厚，故其字从厂。"隶变中部件"㫗"渐成"享"。《诗·小雅·正月》："谓天盖高，不敢不局。谓地盖厚，不敢不蹐。"即所谓"天高地厚"。史墙盘"厚福豐年"，指福多。《仪礼·士冠礼》："甘醴惟厚，嘉荐令芳。"指酒醇厚。还引申指重视，如"厚古薄今""厚此薄彼"。

（17）厓。厓。厓秦简。

"崖"之本字。《说文》："厓，山边也。从厂圭声。"谢朓《游山诗》："凌厓必千仞，寻溪将万转。"指山边。水边也叫"厓"，扬雄《甘泉赋》："北爌幽都，南炀丹厓。"服虔曰："丹水之厓也。"指水边。《玉篇·厂部》："厓，水边也。或作涯。"后分成两形，山崖字作"崖"，水涯字作"涯"。

（18）仄。仄。仄苏轼。

本指倾斜。《说文》："仄，侧倾也。从人在厂下。䇶，籀文从矢，矢亦声。"徐锴："人在厓石之下，不得安处也。"段玉裁注："古与侧昃字相假借。"《说文》："昗（昃），日在西方时侧也。从日仄声。"本指太阳偏西。《管子·白心》："日极则仄，月满则亏。"用倾斜义，此句同"昃"。引申指旁侧、仄狭、卑微。《汉书·鲍宣传》："罢退外亲及旁仄素餐之人。"颜师古注："仄，古侧字。"《汉书·晁错传》："险道倾仄，且驰且射，中国之骑弗与也。"指狭窄。《汉书·循吏传》："繇仄陋而登至尊，兴于闾阎，知民事之艰难。"指出身微贱。

（19）厌（厌）。𤜵毛公屠鼎、厭、厭汉帛、猒汉帛、厭王羲之、厭颜真卿。

金文以犬口肉会意，本指饱、满足。这个意思，典籍多借"厭"表示，遂复增意符"土"作"壓"，以记"厭"之本义。《说文》："厭，笮也。从厂猒声。"段玉裁注："此义今人字作壓，乃古今字之殊。土部壓训坏也、塞也。……厭之本义笮也、合也，与壓义尚近，于猒饱也义则远。而各书皆假厭为猒足、猒憎字，猒足、猒憎失其正字、而厭之本义罕知之矣。"后又增意符"食"，写作"饜"。《玉篇》："饜，饱也，足也。"汉字简化时，"厭"删减了部件"口"和"肉"，就成了"厌"；"饜"历史上曾有简写成"餍"的，汉字简化时保留；"壓"则删减了部件"口""肉""犬"，成了"压"，部件"土"写成"圡"。《左传·隐公元年》："姜氏何饜（厌）之有？不如早为之所。"指满足。《孟子·离娄下》："其良人出，则必饜（厌）酒肉而后反。"指吃饱喝足。

（20）石。𥑋、𥑐、𥑎郑子石鼎、𥑇鐘伯鼎、𥑉、石秦简、石汉帛、石乙瑛碑、石衡方碑、石西狭颂、石曹全碑、石皇象、石王羲之、石杨大眼造像、石高贞碑。

甲骨文于山崖之下加"口"表示石头。小篆将"口"写成了圆形以象石头。《说文》："石，山石也。在厂之下；口，象形。"隶书中的山崖之形写成了"丆"。《诗·小雅·鹤鸣》："它山之石，可以攻玉。"本指山石。

（21）屵。屵。

于"厂"的基础上增意符"山"而成。《说文》："屵，岸高也。从山厂，厂亦声。"

（22）崖。崖。崖汉帛、崖褚遂良。

本指山边。《说文》："崖，高边也。从厂圭声。"段玉裁注："垂为远边，崖为高边。……其字从厂也，故为高边。"与"岸"义近，以声符相别。"悬崖峭壁"仍见其本义。

（23）岸。𡸣遣卣、𠂆作册畏卣、岸、岸王羲之、岸褚遂良、岸欧阳通。

金文有从广干声的"庌"，即"厈"，"广""厂"形近通用。小篆增意符"山"而成"岸"。《说文》："岸，水崖而高者。从屵干声。"《诗·卫风·氓》："淇则有岸，隰则有泮。"即指水边高地。引申指高大、严峻，如"伟岸""道貌岸然"。

2.丹：丹、彤、青

（1）丹。月、甘。月庚嬴卣、月、月秦简、月汉帛、丹王羲之、丹欧阳询。

甲骨文于"井"中以点表示红色矿石，犹丹砂、朱砂之类，指红色。用作涂料的矿石不止一种颜色，而用该字形指红色，反映了尚红之风俗古已有之，故红色可作颜色之典型代表，"青"即从丹。金文字形中的"井"形变成了盘形，可能是为与水井之形相区别。小篆承之。隶书、楷书为书写方便、字形匀稳，右上成了横折，连作一笔，下横两端出头，横穿在字形中间。《说文》："丹，巴越之赤石也。象采丹井，一象丹形。甘，古文丹。彤，亦古文丹。"段玉裁注："丹者石之精，故凡药物之精者曰丹。"《诗·秦风·终南》："颜如渥丹，其君也哉！"郑玄笺："渥，厚渍也。颜色如厚渍之丹，言赤而泽也。""渥丹"指润泽光艳的朱砂。牡丹有各种颜色，但以色丹者为上，所以名"丹"。

（2）彤。𣊫休盘、𢒉裹盤、彡𣊫伯簋、彤、彤王羲之、彤李邕、彤颜真卿。

金文从丹从彡，"彡"指其光彩。《说文》："彤，丹饰也。从丹从彡。彡，其画也。"段玉裁注："以丹拂拭而涂之，故从丹彡。"《诗·邶风·静女》："静女其娈，贻我彤管。"指红色。

（3）青。𠷎吴方彝、𠷎墙盘、青、青秦简、青秦简、青汉帛、青孔彪碑、青石婉墓志、青张猛龙碑、青高贞碑。

金文从生从丹，"生"指草木生长，"丹"提示颜色，以草木生长之色指青色。小篆部件"生""丹"仍十分清晰，隶书中"生"变形成了"龶"，"丹"变形成了"月"。《说文》："青，东方色也。木生火，从生丹。"《释名》："青，生也。象物之生时色也。"《诗·齐风·著》："充耳以青乎而。"指青色。《史记·李斯列传》有："江南金锡不为用，西蜀丹青不为采。"丹、青为古代常用的两种颜料，因而后来人们用"丹青"来代指绘画。

3.井：井（丼）、阱、刑、刱（创）、彔（录）

（1）井（丼）。井、丼。井禹鼎、井散盘、井班簋。井、井秦简、井秦简、井汉帛、井王基碑。井王羲之、井欧阳询。

甲骨文字形画的是井口横竖相交的围栏。西周中晚期的金文多于井口中加一饰笔点。小篆承之。隶书逐渐定形为中间不加点的写法。《说文》："丼，八家一丼。象构韓形。丶，䉺象也。"段玉裁注："《风俗通》：'古者二十亩为一井，因为市交易，故称市井。'皆谓八家共一井也。孟子曰：'方里而井，井九百亩，其中为公田。'此古井田之制，因象井韓而命之也。……韓，井上木阑也。"《周易·井卦》："改邑不改井。"指水井。古八家共一井，所以引申有家乡之义，如马致远《汉宫秋》有"背井离乡，卧雪眠霜"。井栏交错有序，引申有整齐、条理义，如《荀子·儒效》有"井井兮其有理也"。

（2）阱。䆲、䆉、阱。

甲骨文以鹿等动物在井上，会陷阱之意。小篆系于"井"的基础上增"自"而成。《说文》："阱，陷也。从自从井，井亦声。䆉，阱或从穴。䆲，古文阱，从水。"《礼记·中庸》："人皆曰予知，驱而纳诸罟擭陷阱之中，而莫之知辟也。"指陷阱。

（3）荆。荆散盤、荆子禾子釜、荆、荆秦简、荆汉帛、荆郭有道碑、荆王基碑、刑欧阳询、刑虞世南。

金文从井从刀，"井"有秩序、法度之义，"刀"为执法武器。小篆于部件"井"中加点。隶书"荆""刑"二形均见。后来固定为"刑"。《说文》："荆，罚罪也。从井从刀。《易》曰：'井，法也。'井亦声。"《说文》又有："刑，到也。从刀，开声。"段玉裁注："俗字乃用刑为荆罚、典荆、仪荆字，不知造字之旨既殊。""刑"小篆始见，疑本"荆"之讹变。《集韵》："荆，同刑。"《左传·昭公六年》："严断刑罚，以威其淫。"孔颖达疏："对文则加罪为刑，收赎为罚。散则刑罚通也。"《吕氏春秋·顺说》："甲之事，兵之事也，刈人之颈，刳人之腹，隳人之城郭，刑人之父子也。"高诱注："刑，杀也。"《诗·大雅·思齐》："刑于寡妻，至于兄弟，以御于家邦。"郑玄笺："文王以礼法接待其妻，至于宗族。"有典型、典范之义，这个意义后来写作"型"，战国晚期的金文已见"型"。《说文》："型，铸器之法也。从土，刑声。"

（4）刱（创）。刱過伯簋、刱、創西狭颂、創崔敬邕墓志、創虞世南。

本指开始，今作"创"，而"创"是"刅"的异体，指创伤，本为形义不同的两个字。《说文》："刱，造法刱业也。从井刅声。"段玉裁注："《国语》《孟子》字皆作创。"又《说文》："刅，伤也。从刃从一。创，或从刀，仓声。"徐锴《说文解字系传》："一，刃所伤，指事也。"段玉裁注："一者，伤之象。""刅"本指创伤，"创"是用形声的方法造出的异体。《荀子·礼论》："创巨者其日久，痛甚者其愈迟。"即指创伤。疑"刱"或以草创法令会意，泛指首创、开创，而字形上很早就混入了"创"。《论语·宪问》："为命，裨谌草创之。"指创作。《孟子·梁惠王下》："君子创业垂统，为可继也。"指创业。

（5）*录（录）。录、录、录、录、录大保簋、录录卣、录师晨鼎、录颂鼎、录、录曹全碑、录王羲之、录欧阳询、录褚遂良。

疑为井上汲水的装置，即今之辘轳，上象轮轴、支架，下为装水的器物，点象水滴。西周晚期金文字形的水滴形逐渐写作"水"。小篆轮轴、支架等已难辨识。《说文》："录，刻木录录也。象形。"许慎据小篆联想，不可信。卜辞中借用为"麓"，金文里还借用为"禄"。今则作记录义。而文献中记录义多是借"録"来表示的。《说文》："録，金色也。从金录声。"段玉裁注："録与绿同音，金色在青黄之间也。""録"本指金色，假借作记录字。《韩非子·大体》："豪杰不著名于图书，不録功于盘盂，记年之牒空虚。"指记录、记载。汉字简化时，"録"简化成了"录"。

第三节　物象相关

1.金：金、衔（衔）

（1）金。 金录篆、金师兑簋、金史颂簋、金陳侯午镈、金、金秦简、金秦简、金汉帛、金汉帛、金衡方碑、金曹全碑、金张迁碑、金皇象、金王羲之、金元珍墓志、金张猛龙碑、金欧阳询、金虞世南。

金文由斧钺、金属块和声符"今"组成，表示用来制造斧钺之类的金属，本指铜。小篆斧钺变作了"土"，金属块则对称地写在字形左右间隙。隶书声符"今"渐失其形，笔画重组后即成今形。《说文》："金，五色金也。黄为之长。久薶不生衣，百炼不轻，从革不违。西方之行。生于土，从土；左右注，象金在土中形；今声。金，古文金。"《尚书·禹贡》："厥贡惟金三品。"郑玄注："金三品者，铜三色也。"引申泛指金属。颜师古曰："金者五色，黄金、白银、赤铜、青铅、黑铁。"今犹以"五金"泛指金属制品。

（2）衔（衔）。衔、衔衡方碑、衔王羲之、衔石婉墓志、衔魏灵藏造像、衔欧阳询。

本指马嚼子，引申指用嘴衔着、叼着。《说文》："衔，马勒口中。从金从行。"汉字简化时，作偏旁用的"金"多草书楷化为"钅"，"衔"也就成了"衔"。《庄子·人间世》："夫爱马者，以筐盛矢，以蜄盛溺。适有蚊虻仆缘，而拊之不时，则缺衔毁首碎胸。意有所至而爱有所亡。可不慎邪？"用本义。《墨子·非攻下》："赤乌衔珪，降周之岐社。"指嘴里叼着、含着。

2.火：火、烦（烦）、熄、炮、炎、赤、炙、黑、墨、然、寮

（1）火。火、火、火、火秦简、火汉帛、火衡方碑、火王羲之、火欧阳通、火颜真卿。

甲骨文字形象火焰形。小篆字形有所简省，但仍隐约可见火焰形。《说文》："火，毁也。南方之行，炎而上。象形。"隶书笔画化后，火焰形渐难辨识。《尚书·盘庚》："若火之燎于原，不可向迩。"即用本义。"伙伴"原作"火伴"，本指古代军队里用同一灶起火做饭的战友，如《木兰诗》："出门看火伴，火伴皆惊忙。"

（2）烦（烦）。烦、烦秦简、烦汉帛、烦汉帛、烦颜真卿。

《说文》："烦，热头痛也。从页从火。"引申指烦闷、烦躁、烦乱。张舜徽《说文解字约注》："身热头痛，则心意闷乱，因引申为凡闷乱之称。"汉字简化时，"頁"草书楷化为"页"，"烦"也类推简化作"烦"。《韩非子·外储说右上》："夫痤疽之痛也，非刺骨髓，则烦心不可支也。"指心情烦躁。《吕氏春秋·审分》："故名不正，则人主忧劳勤苦，而官职烦乱悖逆矣。"指混乱。

(3) 熄。𤋲。熄颜真卿。

《说文》："𤋲，畜火也。从火息声。"段玉裁注："畜当从艸，积也。熄取滋息之意。"此条为反训。《孟子·告子上》："犹以一杯水救一车薪之火也，不熄，则谓水不胜火。"指火熄灭。泛指消亡，如《孟子·离娄下》："王者之迹熄而《诗》亡，《诗》亡然后《春秋》作。"

(4) 炮。𤊽。炮汉帛、炮褚遂良、炮颜真卿。

《说文》："𤊽，毛炙肉也。从火包声。"段玉裁注："炙肉者，贯之加于火。毛炙肉，谓肉不去毛炙之也。"《诗·小雅·瓠叶》："有兔斯首，炮之燔之。"《毛传》："毛曰炮，加火曰燔。"孔颖达疏："合毛而炮之。"《礼记·内则》："炮：取豚若将，刲之刳之，实枣于其腹中，编萑以苴之，涂之以谨涂，炮之。涂皆干，擘之，濯手以摩之，去其皽。"郑玄注："炮者，以涂烧之为名也。"疑声符"包"亦有表义的作用，即包裹着再用火烤。古代用火来加工制作中药，以增强疗效也用"炮"，如陆游《离家示妻子》："儿为检药笼，桂姜手炮煎。"用作武器的"炮"本来写作"砲"，是古代发射石头的机械装置，后来因为火药用于砲上，遂改意符"石"为"火"，造成了字形的混同。

(5) 炎。𤆍、𤆏、𤆎令簋、𤆎召尊、𤆏、𤆏秦简、炎衡方碑、炎赵宽碑、炎高贞碑、炎欧阳询。

甲骨文以上下排列的两个"火"，会火焰升腾之意。《说文》："炎，火光上也。从重火。"引申指炎热。《诗·小雅·大田》："田祖有神，秉畀炎火。"郑玄笺："田祖之神不受此害，持之付与炎火，使自消亡。"《诗·大雅·云汉》："旱既太甚，则不可沮，赫赫炎炎，云我无所。"《毛传》："炎炎，热气也。"

(6) 赤。𤇾、𤇿、𤈦、𤈦昌鼎、𤈦师西簋、𤈦师虎簋、𤈦颂鼎、𤈦、𤈦秦简、赤汉帛、赤史晨碑、赤欧阳通、赤颜真卿。

甲骨文从大从火，指火红色。小篆"大""火"二形尚十分清晰。隶书部件"大"渐成"土"，火渐成"灬"。《说文》："赤，南方色也。从大从火。𤈦，古文从炎、土。"《诗·豳风·狼跋》："公孙硕肤，赤舄几几。"《毛传》："赤舄，人君之盛屦也。"郑玄注："王吉服有九，舄有三等，赤舄为上，冕服之舄。下有白舄、黑舄。"《尚书·康诰》："若保赤子，惟民其康乂。"孔颖达疏："子生而赤色，故言赤子。"引申指赤诚。如《荀子·王制》："功名之所就，存亡危安之所堕，必将于愉殷赤心之所。"

(7) 炙。𤈽。𤈽秦简、𤈽汉帛、𤈽汉帛、炙赵孟頫。

从肉从火。现代汉字中"肉"形这样写的还有"祭""然"等。《说文》："炙，炮肉也。从肉在火上。𤉂，籀文。"籀文于"炙"旁加了肉串。《诗·小雅·瓠叶》："有兔斯首，燔之炙之。"指烤肉。

(8) 黑。𪐗。𪐗郳伯取簋、𪐗铸子弔黑𦣻、𪐗秦简、𪐗秦简、𪐗汉帛、黑汉帛、黑史晨碑、黑皇象、黑王羲之、黑孙秋生造像、黑苏孝慈墓志。

甲骨文构形不明，似为人头上罩物。疑金文本从炎从囪，以火熏窗，会黑色之意，然金文中部件"炎"多写作"大"的四周加点。小篆从炎从囪。隶书部件"囪"写成了"田","炎"则写成了"杰"。楷书上半的"田"恢复为"囧"。《说文》:"黑,火所熏之色也。从炎,上出囧。囧,古窗字。"《诗·邶风·北风》:"莫赤匪狐,莫黑匪乌。"即指黑色。

(9) 墨。墨、墨秦简、墨汉帛、墨袁博碑、墨王羲之、墨欧阳询、墨龙藏寺碑。

《说文》:"墨,书墨也。从土从黑,黑亦声。"段玉裁注:"盖笔墨自古有之,不始于蒙恬也。"早期文献里多指笔墨、墨刑、黑色、不洁。《尚书·伊训》:"臣下不匡,其刑墨。"指墨刑。《左传·僖公三十二年》:"遂墨以葬文公,晋于是始墨。"指穿黑色的衣服。《孟子·尽心上》:"大匠不为拙工改废绳墨,羿不为拙射变其彀率。"指墨线。《庄子·田子方》:"舐笔和墨,在外者半。"指笔墨。《左传·昭公十四年》:"己恶而掠美为昏,贪以败官为墨。"指不廉洁。

(10) 然。然中山王䁹鼎、然、然秦简、然汉帛、然肥致碑、然皇象、然索靖、然王羲之、然欧阳询、然虞世南。

"燃"之本字。《说文》:"然,烧也。从火肰声。𤈷,或从艸难。"段玉裁注:"通假为语词,训为如此,尔之转语也。"《说文》:"肰,犬肉也。从犬、肉。读若然。"声近者义多有相通,疑"燃"以烧烤狗肉,会燃烧之意。《孟子·公孙丑上》:"若火之始然,泉之始达。"即指燃烧。假借为虚词,用作形容词或副词词尾的助词、转折连词,还表对的、应允、如此等义。《诗·邶风·终风》:"终风且霾,惠然肯来。"作形容词词尾,表"……的样子"。《左传·僖公三十年》:"吾不能早用子,今急而求子,是寡人之过也。然郑亡,子亦有不利焉。"指但是。《论语·雍也》:"雍之言然。"指对的。《论语·阳货》:"子曰:'然!有是言也。'"表应答。《论语·宪问》:"子曰:'何必高宗,古之人皆然。'"指如此、这样。"理所当然""其实不然"均指这样、如此。

(11) 尞。米、燊、燊、燊、燊、燊廊伯馭簋、燊、燎曹全碑、燎颜真卿。

"燎"之本字。甲骨文于木柴下画火会意,或仅以象火星的点代表火,卜辞用作祭名。金文取完整写法。小篆字形中的木柴与火星讹变为"昚"。《说文》:"尞,柴祭天也。从火从昚。昚,古文慎字。祭天所以慎也。"《汉书·礼乐志·郊祀歌》:"雷电尞,获白麟。"颜师古注:"尞,古燎字。"增意符"火"以强调其焚烧义。《说文》:"燎,放火也。从火,尞声。"《尚书·盘庚上》:"若火之燎于原,不可向迩,其犹可扑灭。"指焚烧。《吕氏春秋·季冬》:"及百祀之新燎。"高诱注:"燎者,积聚柴薪,置璧与牲于上而燎之,升其烟气。"即用"尞"之本义。

第六章 器物建筑类部首及相关联的汉字溯源

第一节 饮食服饰相关

一、饮食组

1.品：品、喿、區（区）、器

（1）品。品、品、品保卣、品尹姞鼎、品、品华山神庙碑、品欧阳询。

甲骨文以三"口"会众多之意。《说文》："品，众庶也。从三口。"《周易·乾卦》："云行雨施，品物流形。"品物指各类事物，即万事万物。引申指品类、品级。如《尚书·禹贡》："厥贡惟金三品。"指金、银、铜三类。《国语·周语中》："内官不过九御，外官不过九品。"指官吏等级。

（2）喿。喿弔喿父簠、喿秦简、喿颜真卿。

"噪"之本字。《说文》："喿，鸟群鸣也。从品在木上。"段玉裁注："此与雧同意。俗作噪。"睡虎地秦简："鬼来阳灰击箕以喿之。"即指喧闹、聒噪。

（3）區（区）。区、区、区、区子禾子釜、區、區汉帛、區张迁碑、區惠感造像、區褚遂良。

甲骨文从匚从品，以众物藏于曲器之中会意。小篆从匚从品。之后只是笔形的变化。汉字简化时，用抽象符号"乂"代替了部件"品"，就成了"区"。《说文》："區，踦區，藏匿也。从品在匚中。品，众也。"段玉裁注："'踦區'犹危部、自部之'觭隑'。彼言倾侧不安也，此言委曲包蔽也。區之义内藏多品，故引申为區域、为區别。"《左传·昭公七年》："吾先君文王，作仆区之法，曰：'盗所隐器，与盗同罪。'"服虔注："仆，隐也；区，匿也。为隐匿亡人之法也。"杨伯峻注："今言窝藏。"《论语·子张》："譬诸草木，区以别矣。"指区别。《汉书·张敞传》："敞以耳目发起贼主名、区处，诛其渠帅。"颜师古注："区，谓居止之所也。"释玄应等《一切经音义》："区，处所也。"

（4）器。器翏生盨、器甬皇父簋、器弔姬匜、器秦公簋、器秦简、器汉帛、器郭有道碑、器元珍墓志、器欧阳询、器颜真卿。

金文均指器皿、器具。《说文》："器，皿也。象器之口，犬所以守之。"段玉裁注："皿专谓食器，器乃凡器统称。器下云皿也者，散文则不别也。"《论语·卫灵公》：

"工欲善其事，必先利其器。"指器具。《老子》："大方无隅，大器晚成。"以器具讲成才的道理。

2.皿：皿、盂、盌、盛、盆、盧（卢）、盈、盡（尽）、盟、血、盂

（1）皿。㇒、㇒、㇒皿犀簋、㇒廿七年皿、皿。㎜汉帛、皿颜真卿。

甲骨文字形象盛食物的器具形。金文或增"金"，以表其制作材质。小篆字形原象器沿外翻的部分断离成两条竖线，对称地写在器座两侧。隶书字形原象器身的弧线平直化，两竖与上下相接，遂成今形。《说文》："皿，饭食之用器也。象形。与豆同意。"《左传·昭公元年》："于文，皿虫为蛊。"杜预注："皿，器也。"

（2）盂。㇒、㇒、㇒、㇒盂鼎、㇒大鼎、㇒鲁元匜饮盂、㇒、盂皇象。

甲骨文、金文从皿于声。小篆声符"于"变形成了"亏"，下作曲笔以表呼气。隶书中，"亏"又写回了"于"。《说文》："盂，饭器也。从皿亏声。"扬雄《方言》："盂，宋、楚、魏之间或谓之盌。""盌"即"碗"。《荀子·君道》："君者盂也，盂方而水方。"盂内盛的是水。

（3）盌。盌右里盌、盌、碗颜真卿。

即今之"碗"。金文从金夗声。小篆从皿夗声。历史上还有"䀦""埦""椀"等异体，从皿提示的是器物的功用，从金、石、瓦、土、木反映的是器物的材质。《说文》："盌，小盂也。从皿夗声。"史游《急就篇》："椭杅盘案杯閜盌。"颜师古注："盌，似盂而深长。"

（4）盛。㇒、㇒曾伯霁匜、㇒史兔臣、㇒盛季壶、盛、盛汉帛、盛礼器碑、盛衡方碑、盛白石君碑、盛樊敏碑、盛王羲之、盛元珍墓志、盛元倪墓志、盛欧阳询。

金文从皿成声，本指装盛、盛放，由盛满引申指丰盛、盛大、兴盛。《说文》："盛，黍稷在器中以祀者也。从皿成声。"段玉裁注："盛者，实于器中之名也。……引伸为凡丰满之称。"《诗·召南·采蘋》："于以盛之，维筐及筥。"指装盛。《论语·乡党》："有盛馔，必变色而作。"指丰盛。《左传·襄公二十九年》："节有度，守有序，盛德之所同也。"指盛大。《左传·襄公二十九年》："美哉！周之盛也，其若此乎！"指兴盛。

（5）盆。盆曾大保盆、盆影子中盆、盆、盆汉帛、盆皇象、盆王羲之、盆颜真卿。

金文从皿分声。《说文》："盆，盎也。从皿分声。"《庄子·至乐》："庄子则方箕踞，鼓盆而歌。"郭象注："盆，瓦缶也。"史游《急就篇》："甄缶盆盎瓮甖壶。"颜师古注："缶、盆、盎一类耳。缶即盎也，大腹而敛口；盆则敛底而宽上。"凡盆状者亦谓之盆，如"花盆""火盆"等。

（6）盧（卢）。㇒、㇒、㇒婴次盧、㇒伯公父匜、㇒邵鐘、㇒、盧汉帛、盧桐柏庙碑、盧欧阳询、盧颜真卿。

本指火炉。甲骨文下象火炉形，上为声符"虍"，或从皿虍声。金文火炉形和"虍"融合成了"膚"，作声符，意符为"皿"，如㇒婴次盧；或有改意符为"金"者，如㇒邵鐘；从皿是因为古人视炉为盛火器，从金则是提示炉子的材质。《说文》："盧，饭器也。

从皿庐声。🔲，籀文盧。"段玉裁注："凵盧，饭器。……笞、筶籚二物相似，笶籚即凵盧也。"许慎所云乃"凵盧"，非"盧"之本义。小篆以从金的"鑪"记录火炉义。《说文》："鑪，方鑪也。从金盧声。"段玉裁注："凡燃炭之器曰鑪。"《左传·定公三年》有："自投于床，废于鑪炭，烂，遂卒。"邾庄公用的即是炭炉。因炉具中放的是炭火，遂改意符为"火"，《玉篇·火部》："爐，火爐也"。唐宋以后，"爐"字使用渐多。古代酒家放酒瓮的土坛形似盧，故称之为"盧"，后来增"土"写作"壚"。《汉书·司马相如传》："买酒舍，乃令文君当盧。"颜师古注："累土为盧，以居酒瓮，四边隆起，其一面高，形如锻盧，故名盧耳。"汉字简化时，"盧"取其上半之轮廓，简写成了"卢"，"瀘""顱""鱸""鸕"等字也类推简化作"泸""颅""鲈""鸬"。但"爐""廬""蘆""驢"中之"盧"却简写成了"户"，即"炉""庐""芦""驴"。此外，"黸""矑""獹""鸕"等均有黑色义，《玉篇》："目瞳子谓之黸，犹黑犬谓之卢，黑土谓之垆，黑水谓之泸也。"疑均与炉子使用日久，多被烟熏黑有关。

（7）盈。盈秦简、盈汉帛、盈樊敏碑、盈颜真卿。

本指盛满。《说文》："盈，满器也。从皿、夃。"徐锴《说文解字系传》："夃，古乎切，益多之义也。古者以买物多得为夃，故从夃。"段玉裁注："秦以市买多得为夃，故从夃。"《诗·周南·卷耳》："采采卷耳，不盈顷筐。"指装满。由装满泛指满。《周易·丰卦》："日中则昃，月盈则食。"指月满。《左传·襄公三十一年》："且年未盈五十，而谆谆焉如八九十者，弗能久矣。"指年满。《左传·庄公十年》："彼竭我盈，故克之。"指士气满。

（8）盡（尽）。盡、盡、盡、盡中山王䦛壶。盡、盡秦简、盡汉帛、盡朝侯残碑、盡王羲之、盡石婉墓志、盡元倪墓志、盡敬使君碑。

甲骨文以手持毛刷清洗器皿会意，本指器空。现行简化字"尽"是草书楷化而成，见于唐代。《说文》："盡，器中空也。从皿𡰪声。"由器空泛指竭尽、完结，引申指全部、极端。《左传·成公十三年》："是故君子勤礼，小人尽力。"指竭尽。李商隐《无题》："春蚕到死丝方尽，蜡炬成灰泪始干。"指完结。《左传·昭公二年》："周礼尽在鲁矣。"指全部。《论语·八佾》："子谓《韶》：'尽美矣，又尽善也。'"指极端。

（9）盥。盥、盥备弔匜、盥齐侯盤、盥。

甲骨文为手于盆上冲洗之形，本指洗手。《说文》："盥，澡手也。从臼水临皿。"《左传·僖公二十三年》："奉匜沃盥。"段玉裁注："匜者，柄中有道可以注水。……沃者自上浇之，盥者手受之，而下流于盘，故曰臼水临皿。"古各有专名。段玉裁曰："凡洒手曰澡、曰盥，洒面曰靧，濯发曰沐，洒身曰浴，洒足曰洗。"

（10）血。血、血、血、血秦简、血汉帛、血颜真卿。

甲骨文在器皿中以点表示血液。小篆象血液的点写成了横，楷书中发展成撇。《说文》："血，祭所荐牲血也。从皿，一象血形。"段玉裁注："古者茹毛饮血，用血报神，因制血字，而用加之人。"《诗·小雅·信南山》："执其鸾刀，以启其毛，取其血膋。"郑玄笺："膋，脂膏也。血以告杀，膋以升臭。""盟"，甲骨文从皿囧声，金文多从皿朙声，之所以从皿，是为表示"歃血盟誓"之义。

（11）孟。🔣父乙孟觚、🔣辅伯鼎、🔣洹子孟姜壶、🔣鑄公匜、🔣子仲匜、🔣秦简、🔣汉帛、🔣朝侯残碑、🔣礼器碑、🔣衡方碑、🔣孙秋生造像、🔣石婉墓志、🔣欧阳询。

本指兄弟姐妹里排行第一的，《诗·郑风·有女同车》："彼美孟姜，洵美且都。"《毛传》："孟姜，齐之长女。"《说文》："🔣，长也。从子皿声。🔣，古文孟。"孟、伯有别，《礼纬》："嫡长曰伯，庶长曰孟"。引申指初始。《玉篇》："始也，四时之首月曰孟月。"《逸周书·周月》："岁有春夏秋冬，各有孟仲季，以名十有二月。"

3.鬯：鬯、鬱（郁）

（1）鬯。🔣、🔣、🔣、🔣矢方彝、🔣师兑簋、🔣毛公厝鼎、🔣叔卣、🔣。

本指用香草与黑黍酒合煮而成的香酒。《说文》："🔣，以秬酿鬱草，芬芳攸服，以降神也。从凵，凵，器也；中象米；匕，所以扱之。"段玉裁注："谓用秬酿及筑煮之鬱草合和之降神也。鬯主于秬酿也。"《诗·大雅·江汉》："釐尔圭瓒，秬鬯一卣。"《毛传》："秬，黑黍也；鬯，香草也。筑煮合而郁之曰鬯。"郑玄笺："秬鬯，黑黍酒也。谓之鬯者，芬香条鬯也。"孔颖达正义："鬯非草名，而此《传》言鬯草者，盖亦谓鬱为鬯草。何者？……以其可和秬鬯，故谓之鬯草。"

（2）鬱（郁）。🔣弔卣、🔣弔趯父卣小鬱彝、🔣。

《说文》："🔣，芳草也。十叶为贯，百廿贯筑以煮之为鬱。从臼冂缶鬯；彡，其饰也。一曰：鬱鬯，百草之华，远方鬱人所贡，芳草合酿之以降神。"《周礼·春官·鬱人》郑玄注："鬱，鬱金香草，宜以和鬯。"因音同，"鬱"多被写作"鬱"，《说文》："鬱，木丛生者。从林，鬱省声。"指草木茂盛。"郁"本为邑名，先秦文献中假借指香气浓郁，遂与"鬱"均有芳香义。汉字简化时，"鬱""鬱"并入了"郁"。

4.豆：豆、豐（丰）、豊（礼）、荅

（1）豆。🔣、🔣、🔣、🔣豆闭簋、🔣周生豆、🔣大师虘豆、🔣散盘、🔣、🔣秦简、🔣校官碑、🔣王羲之、🔣颜真卿。

一种高脚的盛装食物的器皿。金文上象器盖，中为浅腹，下为底座。《说文》："🔣，古食肉器也。从口，象形。🔣，古文豆。"《尔雅·释器》："木豆谓之豆，竹豆谓之笾，瓦豆谓之登。"《诗·大雅·生民》："卬盛于豆，于豆于登。"《毛传》："木曰豆，瓦曰登；豆荐菹醢也，登盛大羹也。"港澳地区所谓之"豆捞"尚存其本义。通作"荅"，指豆类植物，汉代以后逐渐取代"荅"，如《战国策·韩策一》："韩地险恶，山居，五谷所生，非麦而豆"。历史上曾出现增"艹"之"荳"以记此义，但未被普遍使用。

（2）豐（丰）。🔣何尊、🔣鼎、🔣王孟、🔣豐簋、🔣、🔣颜真卿。

金文多从壴丰声，表示钟声，疑以鼓声拟之。小篆部件"壴"之上半与鼓身断离，下半讹变成"豆"。《说文》："豐，豆之豐满者也。从豆，象形。🔣，古文豐。"据已变形之小篆立说，不可靠。字形下边本象鼓形，由鼓声充盈引申指丰盛、丰饶。《左传·桓

公六年》："吾牲牷肥腯，粢盛豐备。"指丰盛。《左传·桓公六年》："谓其三时不害而民和年豐也。"指丰饶。明代有取处于字之一角的声符"丰"以代之者。《说文》："丰，草盛丰丰也。"本指植物茂盛，引申之后也可指人仪态美好，如《诗·郑风·丰》："子之丰兮，俟我乎巷兮"，《毛传》："丰，丰满也。"汉字简化后，二字合用"丰"。

（3）豊（礼）。豊、豊、豊、豊、豊伯豊方彝、豊长由盉、豊、豊汉帛、豊妇神颂。

"礼"之初文，本指祭神致福。甲骨文从壴从珏，"鼓"与"玉"为古代礼仪活动中的必备之物。战国时期，出现增意符"示"的分化字形"禮"。小篆部件"壴"上下断离，下半讹写成了"豆"。《说文》："豊，行礼之器也。从豆，象形。"又"禮，履也，所以事神致福也。从示从豊，豊亦声"。《论语·阳货》："禮云禮云，玉帛云乎哉？乐云乐云，钟鼓云乎哉？"引申指礼仪、规范、礼物。《诗·小雅·宾之初筵》："百禮既至，有壬有林。"指各种礼仪。《论语·颜渊》："非禮勿视，非禮勿听，非禮勿言，非禮勿动。"指行为规范。《礼记·表记》："无辞不相接也，无禮不相见也。"指礼物。"禮"，《说文》古文作礼，汉代衡方碑作礼，为现代简化字形采用。

（4）䜋。䜋、䜋、䜋、䜋。

甲骨文为双手捧豆献祭之形。小篆"豆"上增"肉"。《说文》："䜋，礼器也。从廾持肉在豆上。"段玉裁注："《释文》、唐《石经》《篇》《韵》皆无'登'字，《玉篇》有'䜋'字，俗制'登'字改经，非也。""䜋"省写作"登"，因形近，"登"误混入登乘之"登"。《诗·大雅·生民》："卬盛于豆，于豆于登。"《孟子·滕文公上》："五谷不登，禽兽逼人。"疑均本作"䜋"。

5.皀：皀、即（即）、既（既）、食、會（会）、倉（仓）

（1）皀。皀、皀、皀簋弔篇、皀。

"簋"之初文。甲骨文象器皿中盛着食物。金文基本上以从殳从皀的"段"来表示该器物。小篆又以"簋"来表示。《说文》："皀，谷之馨香也。象嘉谷在裹中之形。匕，所以扱之。"又"簋，黍稷方器也。从竹从皿从皀"。对"皀"的分析有误，"簋"为增意符"竹"与"皿"的后起字形。"皀"早已不单用，"簋""即""既""卿""乡""食"等字本从之。《周礼·地官·舍人》："凡祭祀，共簠簋。"郑玄注："方曰簠，圆曰簋，盛黍稷稻粱器。"

（2）卽（即）。卽、卽、卽、卽孟鼎、卽扬簋、卽颂鼎、卽、卽秦简、卽秦简、卽汉帛、卽史晨碑、卽衡方碑、卽白石君碑、卽王羲之。

甲骨文以人靠近食器就食会意。《说文》："卽，即食也。从皀卪声。"徐锴《说文解字系传》："即，犹就也，就食也。""皀"为食器，"卪"为就食之人。《诗·卫风·氓》："匪来贸丝，来即我谋。"指接近、靠近。由空间上的靠近引申指时间上的接近，遂有即刻、当即义。《史记·项羽本纪》："项王即日因留沛公与饮。"指当天。《汉书·原涉传》："丧家子即时刺杀言者。"指立即。即兴，指兴致被激发而当时创作、表演。

（3）既（既）。既、既、既、既庚嬴卣、既师虎簋、既、既秦简、既汉帛、既汉帛、既衡方碑、既曹全碑、既钟繇、既王羲之。

以人食毕转头，会完成之意。《说文》："既，小食也。从皀旡声。""皀"为食器，"旡"为人转头张口形。《左传·隐公元年》："遂置姜氏于城颍，而誓之曰：'不及黄泉，无相见也。'既而悔之。"指上一件事发生后不久。《左传·庄公十年》："既克，公问其故。"指已经。古代把每月第一日叫"朔"，二日就叫"既朔"，每月十五日为"望"，十六日就叫"既望"。

（4）食。食、食、食仲義昪簋、食、食秦简、食汉帛、食桐柏庙碑、食袁博碑、食元倪墓志、食虞世南。

甲骨文从倒口、从皀，既指吃的动作，也指吃的食物。《诗·魏风·硕鼠》："硕鼠硕鼠，无食我黍。"《论语·雍也》："一箪食，一瓢饮。"指食物。《说文》："食，一米也。从皀亼声。"许慎所析殆有未当。文字发展中，为就书写之便，口形渐成"亼"。

（5）會（会）。會、齲羌钟、趞亥鼎、铃陈肪簋、沈兒钟、會秦简、會汉帛、會孔宙碑、會衡方碑、會西狭颂、會王羲之、会王羲之、會王羲之。

甲骨文、金文字形，以甑上盖盖子，会会合之意，引申指人、物会聚。汉字简化时，草书楷化为"会"。《说文》："會，合也。从亼，从曾省。曾，益也。䘄，古文會如此。"段玉裁注："器之盖曰會，为其上下相合也。凡曰會计者，谓合计之也。"《仪礼·士虞礼》："命佐食启會。"郑玄注："會，合也，谓敦盖也。"《尚书·禹贡》："雷、夏既泽，灉、沮會同。"指水会合。《左传·隐公九年》："冬，公會齐侯于防，谋伐宋也。"指诸侯盟会。《周礼·天官·泉府》："岁终则會其出入，而纳其余。"郑玄注："會，计也。"作"统计""核算"讲时，古外切，今念 kuài。

（6）倉（仓）。倉、皀弔仓父簋、默钟、倉、倉秦简、倉汉帛、倉孙秋生造像、倉崔敬邕墓志。

见本章第三节"4. 户牖"（第298页）。

6. 鬲：鬲、鍋、䰞、䰜、融、粥、鬻

（1）鬲。鬲、鬲、鬲、鬲召仲鬲、鬲孟鼎、鬲戈弔庆父鬲、鬲魯侯鬲、鬲仲枏父鬲、鬲。

一种三足的、足中空的烧煮炊器。《说文》："鬲，鼎属，实五穀，斗二升曰觳。象腹交文，三足。䰞，鬲或从瓦。鬲，汉令鬲从瓦厤声。"段玉裁注："上象其口，乂象腹交文，下象三足也。"《汉书·郊祀志上》："禹收九牧之金，铸九鼎，象九州岛，皆尝鬺享上帝鬼神。其空足曰鬲，以象三德，飨承天祐。"记其形制甚详，足部中空是为了更快加热。《说文》有从瓦之"瓹"，说明该器有陶制的。

（2）鍋。鍋。

《说文》："鍋，秦名土釜曰鍋。从鬲䵷声。读若过（过）。"段玉裁注："今俗作鍋。土釜者，出于匋也。""鍋"草书楷化为"锅"，意符"金"草书楷化为"钅"，声符"咼"变形成了"呙"。《方言》："盛膏者乃谓之鍋（锅）。"《玉篇·金部》："鍋（锅），盛膏器。"盛膏以润滑车轴的"鍋（锅）"初为木质，后多为铁质，故改从金。《说文》："楇，盛膏器。从木，咼声。读若过（过）。"与"鍋"同音。后来因铁锅流

行,"鬴"俗写成了新形声字"鍋(锅)",遂与盛膏器之"鍋(锅)"相混。《广韵》:"鍋(锅),温器。"徐广《孝子传》:"母好食鍋(锅)底焦饭。"即指炊器。其实锅本陶质,现在炊器中仍有砂锅。

(3) 鬴。 陈猷釜、 子禾子釜、 鬴、 秦简。釜 皇象。

《说文》:"鬴,鍑属。从鬲甫声。釜,鬴或从金父声。"段玉裁注:"今经典多作釜。""釜"本为"釜",省"金"上之"人"而成。"鬴""釜"均为形声字,意符分别为"鬲""金",一提示功用,一提示材质;声符分别为"甫""父",而"甫"为"圃"之本字,小篆 由"父""用"组成,甲骨文作 ,金文作 ,"父"由象禾苗的"屮"形变而成,提示字音,部件"用"则由"田"变形而来。《方言》:"鍑,江淮陈楚之间谓之锜。"《经典释文》:"锜,其绮反,三足釜也。"《诗·召南·采蘋》:"于以湘之?维锜及釜。"《毛传》:"有足曰锜,无足曰釜。"

(4) 鬵。鬵。

《说文》:"鬵,鬵属。从鬲曾声。"徐锴《说文解字系传》:"今俗作甑,甑无底曰鬵。"段玉裁注:"鬵者,甑之或体耳。"《玉篇》:"鬵,亦作甑。"《孟子·滕文公上》:"许子以釜甑爨,以铁耕乎?"甑本为蒸食物的一种瓦器。

(5) 融。融、鬲 白石君碑, 鬲虫 居延汉简, 融 王羲之, 融 李璧碑, 融 颜真卿。

《说文》:"融,炊气上出也。从鬲,虫省声。融,籀文融不省。"《说文解字系传》:"气上融散也。"由暖气融融引申指气氛融洽,如《左传·隐公元年》:"大隧之中,其乐也融融",杜预注:"融融,和乐也"。传说中的火神名祝融,当与"融"之本义有关。

(6) 弜。弜。

《说文》:"弜,鬻也。古文亦鬲字。象孰(熟)饪五味气上出也。"徐锴《说文解字系传》:"弜,气之状也。"段玉裁注:"鬲弜本一字。鬲专象器形,故其属多谓器。弜兼象孰饪之气,故其属皆谓孰(熟)饪。"

(7) 鬻。鬻。

《说文》:"鬻,键也。从鬻米声。"徐锴《说文解字系传》:"今俗作粥,古或借此为卖鬻字。"《尔雅·释言》:"鬻,糜也。"邢昺:"糊、饘、鬻、糜,相类之物,稠者曰糜,淖者曰鬻,糊、饘是其别名。"《左传·昭公七年》:"饘于是,鬻于是,以糊余口。"杜预注:"饘鬻,糊属。"《仪礼·士丧礼》:"夏祝鬻余饭,用二鬲于西墙下。"郑玄注:"鬻余饭,以饭尸余米为鬻也。"均指粥。

7.鼎:鼎、員(员)

(1) 鼎。 、 、 、 、 方彝、 厘鼎、 甬皇父簋、 鲁左司徒元鼎、 鼎、 鼎 汉帛、 鼎 曹全碑、 鼎 元珍墓志、 鼎 欧阳询。

甲骨文象鼎形,上象两耳及鼎腹,下象鼎足。《说文》:"鼎,三足两耳,和五味之宝器也。"《玉篇》:"鼎,器也,所以熟食者。"《左传·宣公三年》:"定王使王孙满劳楚子，楚子问鼎之大小轻重焉。"即用本义。后用"问鼎"指图谋夺取政权，今用"问鼎"指在比赛中获得了第一。《史记·淮阴侯列传》："莫若两利而俱存之，三分天下，鼎足而居。"圆鼎有三足，人们用"三足鼎立"喻指三方对峙并存。

(2) 員（员）。◇、◇、◇、◇员父尊、◇员盂、◇员觯、◇、◇秦简、◇汉帛、◇史晨碑、◇元珍墓志、◇李璧碑、◇颜真卿。

甲骨文于圆鼎口上画圆圈，以表示圆形之义。金文变化不大。小篆部件"鼎"讹为"貝"。汉字简化时，"贝"草书楷化为"贝"，"员"类推简化作"员"。《说文》："員，物数也。从贝口声。鼏，籀文从鼎。"段玉裁注："本为物数，引申为人数，俗称官员。"作量词是其引申用法，复增意符"囗"作"圆"，以记其本义。《孟子·离娄上》："不以规矩，不能成方员。"即指圆形，孔颖达《礼记》疏："规所以正圆，矩所以正方。"《史记·平原君虞卿列传》："今少一人，愿君即以遂备员而行矣。""备员"即凑足人数。

8.壶：壺（壶）、壹

(1) 壺（壶）。◇、◇、◇、◇曾伯陭壶、◇伯公父壶、◇伯壶、◇散车父壶、◇函皇父盘、◇。◇秦简、◇汉帛、◇颜真卿、◇赵孟頫。

象壶形。金文壶盖渐成"大"。小篆承之。隶书壶盖又变形成了"士"。现代汉字，壶腹及壶底草书楷化作"业"。《说文》："壺，昆吾圜器也。象形。从大，象其盖也。"段玉裁注："《缶部》曰：'古者昆吾作匋。'壶者，昆吾始为之。"王筠《说文释例》："昆吾者，壶之别名也。昆读如浑，与壶双声，吾与壶迭韵。"《公羊传·昭公二十五年》："国子执壶浆。"何休注："壶，礼器。腹方口圆曰壶，反之曰方壶，有爵饰。"

(2) 壹。◇。◇秦简、◇汉帛、◇欧阳询、◇颜真卿。

小篆从壶（壶）吉声。《说文》："壹，专壹也。从壶（壶）吉声。"隶变之后，壶盖变成了"士"，"吉"与壶身重构为"豆"。古人为防数字"一"被涂改，常以同音的"壹"代之。汉字简化时归并进了"一"。《左传·昭公二十年》："若琴瑟之专壹，谁能听之？"即用专一义。"一致""一概"均用其引申义。《商君书·赏刑》："圣人之为国也，壹赏，壹刑，壹教。"用义为一致、统一。

9.酉：酉、酒、酋、尊（尊）、畐（富）、釀（酿）、醴、醇、酷、酌、醮、醫（医）、酸、醬（酱）、醒、醉

(1) 酉。◇、◇、◇、◇、◇酉卣、◇师遽方彝、◇师酉簋、◇郜王义楚觯、◇陈喜壶、◇。◇秦简、◇秦简、◇汉帛、◇汉帛、◇乙瑛碑、◇桐柏庙碑、◇衡方碑、◇刁遵墓志。

甲骨文象尖底的酒坛，多借用作地支名，与天干相配，用以记日。金文多有用作"酒"者。《说文》："酉，就也。八月黍成，可为酎酒。象古文酉之形。"段玉裁注："必言酒者，古酒可用酉为之，故其义同曰'就也'。"酉为十二时辰之一，指下午五点至七点。古代官府酉时下班，故挂"酉"字以示不再办公。

（2）酒。⿓、⿓、⿓。⿓天君鼎、⿓及季良父壺、⿓國差䱭、⿓三年瘐壺。⿓、⿓秦简、⿓汉帛、⿓汉帛、⿓乙瑛碑、⿓曹全碑、⿓王羲之、⿓虞世南、⿓颜真卿。

甲骨文从水从酉，本指酒。金文以"酉"为"酒"，多于坛中加点以示酒水。小篆从水从酉。《说文》："酒，就也，所以就人性之善恶。从水从酉，酉亦声。"《诗·小雅·鹿鸣》："我有旨酒，以燕乐嘉宾之心。"即用本义。

（3）酋。⿓。⿓赵氏墓志。⿓王僧墓志。

本指陈酒。《说文》："酋，绎酒也。从酉，水半见于上。"徐锴《说文解字系传》："酋，久酒也。酒久则水上见，谓糟少也。"段玉裁注："绎酒，谓日久之酒。"《方言》："酋，熟也。自河以北，赵魏之间，火熟曰烂，气熟曰糦，久熟曰酋。"《周礼·天官·酒正》："辨三酒之物，一曰事酒，二曰昔酒，三曰清酒。"郑玄注："昔酒，今之酋。久白酒，所谓旧醳者也。"引申指管酒的官员。如《礼记·月令》："仲冬之月，……乃命大酋。"郑玄注："酒熟曰酋。大酋者，酒官之长也。"

（4）尊（尊）。⿓、⿓、⿓。⿓作父辛鼎、⿓旁鼎、⿓康侯簋、⿓弔専父𪚥、⿓仲義父鼎、⿓。⿓秦简、⿓汉帛、⿓史晨碑、⿓衡方碑、⿓曹全碑、⿓王羲之、⿓崔敬邕墓志、⿓虞世南、⿓颜真卿。

甲骨文为双手捧尊之形。西周中期部件"酉"多繁化为"酋"。小篆承之。隶书双手省作单手，写成"寸"。《说文》："尊，酒器也。从酋，廾以奉之。尊，尊或从寸。"段玉裁注："凡酌酒者必资于尊，故引申以为尊卑字。犹贵贱本谓货物而引申之也。自专用为尊卑字，而别制罇、樽为酒尊字矣。"《周礼·春官·小宗伯》："辨六尊之名物，以待祭祀、宾客。"指六种酒器。《礼记·礼器》："夫奥者，老妇之祭也，盛于盆，尊于瓶。"孔颖达疏："盛食于盆，盛酒于瓶。"指放置。《论语·子张》："君子尊贤而容众，嘉善而矜不能。"指尊敬。

（5）畐（富）。⿓、⿓、⿓。⿓畐父辛爵、⿓士父鐘。⿓。⿓秦简。

甲骨文象酒坛，疑以器满，传达字义。金文用为"福"，意符"示"为后增。小篆"畐"写成了"富"。《说文》："富，满也。从高省，象高厚之形。"从"畐"的字多有厚、满之义。满则齐备。《礼记·祭统》："福者，备也。备者，百顺之名也。""福"指富贵、寿考等吉祥之事齐备。《尚书·洪范》："五福：一曰寿，二曰富，三曰康宁，四曰攸好德，五曰考终命。"《说文》："富，备也。一曰：厚也。从宀，畐声。"段玉裁注："富与福音义皆同。《释名》曰：'福，富也。'"《方言》："偪，满也，腹满曰偪。"《说文》："幅，布帛广也。"

（6）酿（釀）。⿓。⿓颜真卿。

今改声符为"良"。《说文》："釀，酝也。作酒曰釀。从酉襄声。"《史记·孟尝君传》："乃多釀酒，买肥牛。"指酿造。引申指酒。如《世说新语·赏誉》："刘尹云：'见何次道饮酒，使人欲倾家釀。'"

（7）醴。⿓。⿓长由盉、⿓三年瘐壺、⿓曾伯陭壺、⿓、⿓秦简、⿓汉帛、⿓曹全碑、⿓欧阳询。

指一种甜酒。甲骨文借"豊"表示。金文增意符"酉"。小篆承之。《说文》："醴，酒一宿孰也。从酉豊声。"《释名》："醴，礼也。酿之一宿而成，醴有酒味而已也。"

《周礼·天官·酒正》："辨五齐之名，一曰泛齐，二曰醴齐，三曰盎齐，四曰缇齐，五曰沉齐。"郑玄注："醴，犹体也，成而汁滓相将，如今恬酒矣。"引申指甘甜。如《礼记·礼运》："天降膏露，地出醴泉。"

（8）醇。醇。醇辟雍碑。醇中岳灵庙碑。醇颜真卿。

小篆从酉𦎫声。隶书就书写之便，声符"𦎫"变形成了"享"。本指酒质浓厚。《说文》："醇，不浇酒也。从酉𦎫声。"段玉裁注："凡酒沃之以水则薄，不杂以水则曰醇，故厚薄曰醇浇。"《史记·陈丞相世家》："陈平为相非治事，日饮醇酒，戏妇女。"用本义。引申指精粹。《玉篇·酉部》："醇，粹清也。"《周易·系辞下》："天地絪缊，万物化醇。"孔颖达疏："万物感之变化而精醇也。"

（9）酷。酷。酷曹全碑。酷王羲之、酷苏孝慈墓志、酷欧阳询。

本指酒味浓烈，引申指气味浓烈、程度深。《说文》："酷，酒厚味也。从酉告声。"段玉裁注："引申为已甚之义。"曹植《七启》："盛以翠樽，酌以雕觞。浮蚁鼎沸，酷烈馨香。"指酒的香气浓烈。司马相如《上林赋》："芬香沤郁，酷烈淑郁。"指香气浓郁。《世说新语·贤媛》有"陶公少有大志，家酷贫，与母湛氏同居"，表程度深；"酷似""酷爱""酷暑"等均用此义。

（10）酌。酌。酌伯公父勺。酌。酌袁博碑。酌王羲之、酌褚遂良。

从酉从勺，以勺取酒，指斟酒。《说文》："酌，盛酒行觞也。从酉勺声。"段玉裁注："盛酒于觯中以饮人曰行觞。"《诗·周南·卷耳》："我姑酌彼金罍，维以不永怀。"指斟满酒杯。引申指考虑取舍、衡量得失。《左传·成公六年》："子为大政，将酌于民者也。"杜预注："酌取民心，以为政。""酌情""商酌"等即用此义。

（11）醺。醺。

《说文》："醺，醉也。从酉熏声。""熏"兼表义。徐锴《说文解字系传》："饮有酒气熏熏然。"段玉裁注："谓酒气熏蒸。"岑参《送羽林长孙将军赴歙州》："青门酒楼上，欲别醉醺醺。"即指醉酒之态。

（12）醫（医）。醫。醫秦简、醫汉帛、醫衡方碑。醫皇象、醫颜真卿。

从酉殴声，本指医生。汉字简化时，取其一角以代之，遂成"医"。《说文》："醫，治病工也。殴，恶姿也；醫之性然。得酒而使，从酉。"《周礼·天官·医师》："凡邦之有疾病者、疕疡者造焉，则使醫分而治之。"指医生。王念孙《广雅疏证》："巫与醫皆所以除疾，故醫字或从巫作毉。"也指一种由黍粥酿成的甜酒。《周礼·天官·酒正》："辨四饮之物，一曰清，二曰醫，三曰浆，四曰酏。"郑玄注："醫，《内则》所谓'或以酏为醴'，凡醴浊，酿酏为之则少清矣。"陆德明《释文》："酏，薄粥也。"贾公彦疏："二曰醫者，谓酿粥为醴则为醫。"

（13）酸。酸。酸曹全碑。酸王羲之、酸崔敬邕墓志、酸高湛墓志、酸颜真卿。

《说文》："酸，酢也。从酉夋声。关东谓酢曰酸。䤒，籀文酸从畯。"宋玉《招魂》："大苦醎酸，辛甘行些。"朱熹《楚辞集注》："醎，盐也。酸，酢也。"早期文献多指跟醋一样的酸味，如《周礼·天官·食医》："凡和，春多酸，夏多苦，秋多辛，冬多咸，调以滑甘"。由味觉转指心理体验，引申指心酸、嫉妒，如阮籍《咏怀》："对酒不能言，感慨怀酸辛"。现常用"辛酸"喻指痛苦悲伤。《醒世恒言·卖油郎独占花魁》："朱十老平时与兰花也有一手，未免有拈酸之意。""拈酸"即今口语中的"吃醋"。

（14）酱（醬）。 [中山王響兆域圖] [秦简] [汉帛] [颜真卿]。

本指肉酱。汉字简化时，部件"夕（肉）"省变成了"夕"。《说文》："醬，盬也。从肉从酉，酒以和酱也；爿声。[古文]，古文。[籀文]，籀文。"段玉裁注："酱，醢也。……从肉者，醢无不用肉也。"《周礼·天官·膳夫》："珍用八物，酱用百有二十瓮。"郑玄注："酱谓醯、醢也。""醢"就是肉酱，也指一种酷刑，就是把人剁成肉酱。"酱"引申指用豆、麦等做成的调味品。《急就篇》颜师古注："酱以豆合面而为之也。以肉曰醢，以骨为臡。"肉酱叫"醢"，带骨头的酱叫"臡"。

（15）醒。[醒]。[醒]颜真卿。

本指酒醒，引申指睡醒、醒悟。《说文》："醒，醉解也。从酉星声。"《左传·僖公二十三年》："姜与子犯谋，醉而遣之；醒，以戈逐子犯。"指酒醒。杜甫《早发》："烦促瘴岂侵，颓倚睡未醒。"指睡醒。王充《论衡·佚文》："陆贾说以汉德，惧以帝威，心觉醒悟，蹶然起坐。"指觉悟。

（16）醉。[醉]。[汉帛]。[昭仁寺碑]。[颜真卿]。

本指饮酒至足量，也指醉酒，引申指陶醉、沉迷。《说文》："醉，卒也。卒其度量，不至于乱也。一曰溃也。从酉从卒。"《诗·周颂·执竞》："既醉既饱，福禄来反。"即今所谓酒足饭饱。《诗·小雅·宾之初筵》："宾既醉止，载号载呶。"指饮酒过量。《庄子·应帝王》："列子见之而心醉。"指沉迷。

10.瓦：瓦、甑、瓮、甗、瓴、瓶、瓷、缶、匋、餅（瓶）、缸、缺、磬、罐、寶（宝）、甾、畚（畚）

（1）瓦。[瓦]。[秦简]、[汉帛]、[汉帛]、[王羲之]、[颜真卿]。

象屋瓦俯仰叠放之形，泛指用土烧制而成的器物。《说文》："瓦，土器已烧之总名。象形。"徐锴《说文解字系传》："象乙乙交相任受也。"段玉裁注："凡土器未烧之素皆谓之坯，已烧皆谓之瓦。"《庄子·达生》："虽有忮心者，不怨飘瓦。"指屋瓦。《淮南子·泰族》："则瓦解而走，遂土崩而下。"指像一片一片的瓦分解开了一样。《诗·小雅·斯干》："乃生女子，载寝之地。载衣之裼，载弄之瓦。"指陶制的纺锤。

（2）甑。[甑]。

本指蒸食物的一种瓦器。《说文》："甑，甗也。从瓦曾声。[籀文]，籀文甑从鬵。"段玉裁注："甑所以炊蒸米为饭者，其底七穿，故必以算蔽甑底，而加米于上，而馏之、而馏之。"《孟子·滕文公上》："许子以釜甑爨，以铁耕乎？"釜、甑是古代日常常用之炊器。

（3）瓮。[瓮]。[瓮]颜真卿。

今指小口大腹的瓦坛。《说文》："瓮，罂也。从瓦公声。"《集韵》："亦作甕。或作甓。"声符改作"雍",或改意符为"缶"。段玉裁注:"罂者,䍃也。䍃者,小口罂也。然则甕者,罂之大口者也。"《庄子·让王》:"蓬户不完,桑以为枢而甕牖。"即用破甕做成的窗户。

(4) 䀏。䀏。

即今之"碗"。与"盌"当为一字,"盌"以"皿"提示器用,"䀏"以"瓦"提示材质。《说文》:"䀏,小盂也。从瓦夗声。"《方言》:"盂,宋楚魏之间或谓之盌。"《玉篇》:"亦作盌。"《集韵》:"或作埦。"段玉裁注:"俗作椀。"

(5) 瓴。瓴。

《说文》:"瓴,甕,似瓶也。从瓦令声。"《淮南子·修务训》:"今夫救火者,汲水而趋之,或以瓮瓴,或以盆盂。"即盛水的瓦器。《史记·高祖本纪》:"地势便利,其以下兵于诸侯,譬犹居高屋之上建瓴水也。"如淳注:"瓴,盛水瓶也。"此即今"高屋建瓴"之来源。又戴侗《六书故》:"瓴,牝瓦仰盖者,仰瓦受覆瓦之流,所谓瓦沟也。"

(6) 瓬。瓬。

已并入"碎"。《说文》:"瓬,破也。从瓦卒声。""碎,䃺也。从石,卒声。"段玉裁以为"䃺"当为"䃺"。《说文》:"䃺,碎也。"段玉裁注:"破上当有瓦字。破下曰石瓬也,此曰瓦破也。是二篆为转注,而形各有所从。瓬与碎音同义异。碎者,䃺也。瓬则破而已,不必䃺也。今则碎行而瓬废矣。"《公羊传·庄公十二年》:"万臂揉仇牧,碎其首。"指击碎。

(7) 瓷。瓷。瓷颜真卿。

本指用高岭土烧制成的比陶器细致坚硬的器物。《说文》:"瓷,瓦器。从瓦次声。"《集韵》:"瓷,陶器之致坚者,或从缶。"潘岳《笙赋》:"披黄苞以授甘,倾缥瓷以酌醽。"即指装酒的瓷瓶。

(8) 缶。缶、缶、缶缶鼎、蔡侯朱缶、䍃栾书缶、缶。

甲骨文由"午"与"口"组成,"午"象木杵,"口"象器物形。《说文》:"缶,瓦器。所以盛酒浆。秦人鼓之以节歌。象形。"《左传·襄公九年》:"具绠缶,备水器。"杜预注:"绠,汲索。缶,汲器。"《诗·陈风·宛丘》:"坎其击缶,宛丘之道。"用作乐器。

(9) 匋。匋善父盘、匋麓伯簋、匋胜公剑、匋邛君壶、匋汉帛、陶孔彪碑、陶皇象、陶孙秋生造像、陶龙藏寺碑。

金文为人持杵制作陶器之形。后写作"陶"。《说文》:"匋,瓦器也。从缶,包省声。"段玉裁注:"今字作陶,陶行而匋废矣。"《说文》中"陶"为地名,指陶丘。《玉篇》:"陶,作瓦器也。"《墨子·节用中》:"凡天下群百工,轮车鞼匏,陶冶梓匠,使各从事其所能。""陶""冶"分别指制作陶器和冶铸金属的人。后用"陶冶"喻指教化培育。《汉书·董仲舒传》:"臣闻命者天之令也,性者生之质也,情者人之欲也。或夭或寿,或仁或鄙,陶冶而成之,不能粹美。"颜师古注:"陶以喻造瓦,冶以喻铸金也。言天之生人有似于此也。"

（10）缾（瓶）。﹝金文形﹞孟城缾、﹝金文形﹞陳公孫瓶父瓨、﹝篆形﹞瓶王羲之、瓶房山佛经、瓶颜真卿。

今作"瓶"。金文从缶比声。小篆从缶并声。《说文》："缾，罋也。从缶并声。瓶，缾或从瓦。"后用其从瓦并声之或体。《诗·小雅·蓼莪》："瓶之罄矣，维罍之耻。"郑玄笺："瓶小而尽，罍大而盈。言为罍耻者，刺王不使富分贫、众恤寡。"

（11）缸。缸。缸颜真卿。

《说文》："缸，瓨也。从缶工声。"又"瓨，似罂，长颈。受十升。读若洪。从瓦工声。"段玉裁注："缸与瓨音义皆同也。"《史记·货殖列传》："醯酱千缸。"即今之所谓酱缸。

（12）缺。缺、缺汉帛。缺李璧碑、缺虞世南。

本指器物破损，泛指残缺，引申指空缺、不足。《说文》："缺，器破也。从缶，决省声。"《淮南子·说林》："为车者步行，陶者用缺盆。"指盆残破。《诗·豳风·破斧》："既破我斧，又缺我斨。"指武器破损。《庄子·逍遥游》："夫子立而天下治，而我犹尸之；吾自视缺然，请致天下。"指能力不足。

（13）罄。罄、罄武威汉简、罄唐玄宗。

《说文》："罄，器中空也。从缶殸声。殸，古文磬字。"《诗·小雅·蓼莪》："瓶之罄矣，维罍之耻。"指瓶空。引申指全部，如《诗·小雅·天保》："罄无不宜，受天百禄"，《毛传》："罄，尽也"。《左传·僖公二十六年》："室如县罄，野无青草。"陆德明《经典释文》："罄，亦作磬，尽也。"

（14）罐。罐。罐颜真卿。

《说文》："罐，器也。从缶雚声。"《类篇》："罐，汲器。"《世说新语·尤悔》："既中毒，太后索水救之。帝预敕左右毁瓶罐，太后徒跣趋井，无以汲。"早期典籍中，瓶、罐常用来汲水。

（15）寶（宝）。﹝甲骨、金文形﹞、﹝金文形﹞伯魚篤、﹝金文形﹞克鼎、﹝金文形﹞毛弔盘、﹝金文形﹞禽簋、﹝金文形﹞貯子己父匜、﹝金文形﹞姑昌母鼎、寶、寶夏承碑、寶校官碑、寶王羲之、寶元倪墓志、寶敬使君碑。

见本章第二节"二、工具组"（第285页）。

（16）甾。﹝甲骨形﹞、﹝甲骨形﹞、﹝金文形﹞子陕鼎、﹝金文形﹞旬簋、甾。

甲骨文象器物形，至小篆仍大体保持了器形。为便于书写，字形讹析成两段，器口成了"巛"，器身成了"田"。《说文》："甾，东楚名缶曰甾。象形。甾，古文。"段玉裁注："缶既象形矣，甾复象形，实一物而语言不同，且实一字而书法少异耳。"战国中期的司马成公权有"半石甾平石"，为盛粮食的器具。

（17）畚（畚）。畚。畚

楷书变小篆之形而成"畚"，书写中，又省写中间部分遂成"畚"。《说文》："畚，𦈢属，蒲器也，所以盛穜。从甾弁声。""蒲器"是说畚多为蒲草编制而成。《广韵》："畚，同畚。"段玉裁注："粮各本作穜，今正。"《左传·宣公二年》："宰夫胹熊蹯不熟，杀之，实诸畚，使妇人载以过朝。"指筐篓一类的盛物器具。

11. 箕：箕、䊝（粪）、棄（弃）、畢（毕）

（1）箕。◇其侯父己簋、◇沈子它簋、◇克鼎、◇弔向父簋、◇善夫克鼎、◇史问鐘、◇邕子甗、箕秦简、箕汉帛、箕颜真卿。

甲骨文象簸箕形。金文于其下加了底座。因常被假借为副词和代词，战国时期遂增意符"竹"以记其本义。《说文》："箕，簸也。从竹◇象形，下其丌也。◇，古文箕省。◇，亦古文箕。◇，亦古文箕。◇，籀文箕。◇，籀文箕。"《诗·小雅·大东》："维南有箕，不可以簸扬。""箕"为星宿名，由四颗星组成，形似簸箕，故名"箕宿"。

（2）䊝（粪）。◇、◇、◇秦简、◇王羲之。

甲骨文为双手持盛着垃圾的撮箕。小篆垃圾写成了"釆"，撮箕写成了"華"。隶书"釆"讹写成了"米"，撮箕与双手融合重组成"異"。汉字简化时，省简了中间的"田"，就成了"粪"。《说文》："䊝，弃除也。从廾推華弃釆也。"段玉裁注："古谓除秽曰粪，今人直谓秽曰粪，此古义今义之别也。……釆似米非米，乃矢字，故廾推華除之也。矢，草部作菌，云'粪也'，谓粪除之物为粪。"《左传·昭公三年》："小人粪除先人之敝庐。"指扫除。《论语·公冶长》："朽木不可雕也，粪土之墙不可圬也。"指秽土、污泥。粪便义较为晚起，如贾思勰《齐民要术·耕田》："其美与蚕矢、熟粪同。"《正字通》："粪者，屎之别名。"

（3）棄（弃）。◇、◇散盘、◇中山王曹鼎、◇、◇秦简、◇秦简、◇汉帛、◇皇象、◇欧阳询、◇颜真卿。

甲骨文为双手拿着簸箕抛弃婴儿之形。金文"子"均写为倒子形。小篆中的簸箕变形为"華"。《说文》："棄，捐也。从廾推華弃之，从厷。厷，逆子也。◇，古文弃。◇，籀文弃。"隶书中双手简写成了分布于"華"之左右的两点，楷书进一步变作撇捺。汉字简化时保留了倒子形与双手形，继承了《说文》所载古文的写法。《诗·小雅·谷风》："将安将乐，女转弃予。"指抛弃。《史记·周本纪》："周后稷，名弃。其母有邰氏女，曰姜原。……初欲弃之，因名曰弃。"

（4）畢（毕）。◇、◇段簋、◇伯夏父鬲、◇倗仲鼎、◇召卣、◇邵鐘、◇、◇秦简、◇汉帛、◇肥致碑、◇曹全碑、◇王基碑、◇皇象、◇王羲之、◇王羲之、◇虞世南。

甲骨文象用于捕猎的长柄小网。金文增意符"田"。小篆承之。《说文》："畢，田罔也。从華，象畢形。"段玉裁注："谓田猎之网也。……以華象畢形也，柄长而中可受。畢与華同，故取華象形。"隶书部件"華"稍有简化。汉字简化时保留了长柄部分，以声符"比"代替了字形的上半部分。《诗·小雅·鸳鸯》："鸳鸯于飞，毕之罗之。"就是用"毕"和"罗"捕捉鸳鸯，"罗"甲骨文作◇，从网从隹，指捕鸟网。

12. 斗：斗、斛、料、斡、魁、斟、斜、升、勺、与、匕（匙）、匚、匠、匧（箧）、匡（筐）、匣、柩、宁（㝉）、貯（贮）、寧（宁）

（1）斗。◇秦公簋、◇䢅胅鼎、◇、◇秦简、◇秦简、◇汉帛、◇皇象、◇颜真卿。

金文象长柄勺子。小篆字形中，勺子已不太形象。《说文》："◇，十升也。象形，有柄。"段玉裁注："上象斗形，下象其柄也。"早期隶书十分形象。楷书笔画化之后遂失勺子之形。争斗之"斗"本作"鬥",与"斗"毫无关系,汉字简化时,因读音相近,"鬥"也写成了"斗"。《诗·小雅·大东》:"维北有斗,不可以挹酒浆。"北斗由七颗主星组成,排布的形状像长柄的勺子。

(2)斛。_{十一年庱鼎}、_{居延汉简}、_{安乐王墓志}。

《说文》:"斛,十斗也。从斗角声。""角"亦有表义作用。《吕氏春秋·仲秋》:"正钧石,齐升角。""角"为量器。《孙子兵法·虚实篇》:"形之而知死生之地,角之而知有余不足之处。""角"有衡量义。斛的容量后来有变化,《正字通》:"斛,今制五斗曰斛,十斗曰石。"《庄子·胠箧》:"为之斗斛以量之,则并与斗斛而窃之。"斗、斛均为量器。

(3)料。_{司料盆盖}、_{秦简}、_{欧阳询}、_{颜真卿}。

金文从米从斗。《说文》:"料,量也。从斗,米在其中。"楷书笔画化之后,斗勺之形遂难以辨识。段玉裁注:"量者,称轻重也。称其轻重曰量,称其多少曰料,其义一也。……引申之,凡所量度预备之物曰料。"《国语·周语上》:"夫古者不料民而知其少多。"指计点人数。《史记·项羽本纪》:"料大王士卒足以当项王乎?"指估量、料想。《三国志·吴书·陆逊传》:"逊料得精兵八千余人。"指挑选。白居易《咏所乐》:"官优有禄料,职散无羁縻。"指食料。

(4)斡。

《说文》:"斡,蠡柄也。从斗㑒声。"段玉裁注:"判瓠为瓢以为勺,必执其柄而后可以挹物。执其柄则运旋在我,故谓之斡。引申之,凡执柄枢转运皆谓之斡。……小车之轮曰斡,亦取善转运之意。"贾谊《鵩鸟赋》:"斡流而迁兮,或推而还。"如淳曰:"斡,转也。"

(5)魁。_{中岳灵庙碑}、_{颜真卿}。

《说文》:"魁,羹斗也。从斗鬼声。"徐锴《说文解字系传》:"斗枸为魁,柄为标也。"段玉裁注:"魁头大而柄长。……引申之,凡物大皆曰魁。……北斗七星,魁方杓曲。魁象首,杓象柄也。"郭璞《易洞林》:"太子洗马荀子骥家中,以龙铜魁作食,欻鸣。"指汤勺。《尚书·胤征》:"歼厥渠魁,胁从罔治。"喻指首领、主帅。《吕氏春秋·劝学》:"不疾学而能为魁士名人者,未之尝有也。"高诱注:"魁大之士,名德之人。"以"夺魁"指夺取第一,与此义近。《史记·孟尝君列传》:"始以薛公为魁然也,今视之,乃眇小丈夫耳。"指身材魁梧高大。

(6)斟。_{袁博碑}、_{颜真卿}。

本指用勺子舀取。《说文》:"斟,勺也。从斗甚声。"段玉裁注:"'勺',《玉篇》《广韵》作'酌'。……勺之谓之斟,引申之盛于勺者亦谓之斟。《方言》:'斟,汁也。'勺之斟之,多少在己,故凡处分曰斟勺,今多用斟酌。"《吕氏春秋》:"孔子穷乎陈蔡之间,藜羹不斟,七日不尝粒。"指倒入。《史记·张仪列传》:"厨人进斟,因反斗以击代王,杀之。"司马贞《史记索隐》:"斟谓羹勺,故名羹曰斟。"《国语·周语上》:"耆艾修之,而后王斟酌焉。"韦昭注:"斟,取也。酌,行也。"《吕氏春秋》高诱注:

"斟酌，取其善而行。"今以"斟酌"指考虑、思量。陶渊明《移居》："过门更相呼，有酒斟酌之。""斟"指倒酒。

（7）斜。斜_{欧阳通}、斜_{颜真卿}。

《说文》："斜，杼也。从斗余声。"段玉裁改"杼"为"抒"，注曰："抒者，挹也。……凡以斗挹出之谓之斜，故字从斗。音转义移，乃用为衺。俗人乃以人之衺正作邪，物之衺正作斜。"《玉篇·斗部》："斜，不正也。"贾谊《鵩鸟赋》："单阏之岁兮，四月孟夏，庚子日斜兮，鵩集予舍。""日斜"即太阳西斜。

（8）升。灵、灵、弓_{友簋}、弓_{秦公簋}、灵、手_{秦简}、又_{汉帛}、升_{曹全碑}、升_{皇象}、升_{王羲之}、升_{虞世南}、升_{褚遂良}。

甲骨文在"斗"的基础上加代表酒水或粮食的点表示。金文稍有简省，在"斗"中加一点。小篆字形较"斗"多一斜笔。《说文》："灵，十龠也。从斗，亦象形。"段玉裁注："古经传登多作升，古文假借也。"朱骏声《说文通训定声》："'升'假借为'登'。字亦作'昇'，作'陞'。"《诗·唐风·椒聊》："椒聊之实，蕃衍盈升。""升"即为容量单位。《诗·小雅·天保》："如月之恒，如日之升。"此实《说文·新附》所谓日上之"昇"。

（9）勺。勺、勺、勺、勺、勺_{汉帛}、勺_{张猛龙碑}。

甲骨文象勺子形。《说文》："勺，挹取也。象形，中有实，与包同意。"《玉篇》："亦作杓。"段玉裁注："勺是器名。挹取者，其用也。……外象其哆口、有柄之形，中一象有所盛也。'与包同意'，谓包象人怀子，勺象器盛酒浆，其意一也。"《王力古汉语字典》："'勺'与'酌'是名词和动词的关系。舀酒的饮器叫做'勺'；舀酒的动作叫做'酌'。"《周礼·考工记》："梓人为饮器，勺一升。"即指舀东西的器具。

（10）与。与、与_{王羲之}、与_{王献之}。

实"與"之简省。"與"的金文作与，由"舁"和"牙"组成，"舁"为四手相交，"牙"亦有交互义。小篆中部件"牙"变形成了"与"。《说文》："與，党與也。从舁从与。"又"与，赐予也。一勺为与。此与與同"。误析字形为"一勺"。《左传·僖公二十三年》："乞食于野人，野人与之块。"指给予。《论语·阳货》："日月逝矣，岁不我与。"指等待。《管子·八观篇》："请谒得于上，则党与成于下。"指党与。《左传·僖公三十三年》："蹇叔之子与师。"指参与。《孟子·公孙丑上》："取诸人以为善，是与人为善者也，故君子莫大乎与人为善。"朱熹《孟子集注》："与，犹助也。"《庄子·大宗师》："相与于无相与，相为于无相为。"指交往。

（11）匕（匙）。匕、匕_{汉帛}、匕_{皇象}、匕_{颜真卿}。

形似勺而稍浅，首锐而薄的长柄取食器具。《说文》："匕，相与比叙也。从反人。匕，亦所以用比取饭，一名柶。"《玉篇》："匙也。"《诗·小雅·大东》："有饛簋飧，有捄棘匕。"朱熹《诗集传》："棘匕，以棘为匕，所以载鼎肉而升之于俎也。"又象匕首形。《史记·刺客列传》："荆轲至秦献燕督亢地图，图穷而匕首见。"服虔《通俗文》："匕首，剑属。其头类匕，故曰匕首。短而便用。"

（12）匚。㔷、㔸、㔹、㔺、㔻、㔼乃孙作且己鼎、㔽匚宁鼎。匚。

《说文》："匚，受物之器。象形。㔿，籀文匚。"段玉裁注："此其器盖正方，文如此作者，横视之耳。直者其底，横者其四围，右其口象。"甲骨文、金文用为祭名。方以智《通雅》："匚为古筐。"

（13）匠。匠秦简、匠汉帛。匠皇象、匠王羲之、匠高贞碑。

《说文》："匠，木工也。从匚从斤。斤，所以作器也。"段玉裁注："百工皆称工、称匠，独举木工者，其字从斤也。以木工之称引申为凡工之称也。……匚者，柋也。"匚疑为盛放工具的器物。《孟子·梁惠王下》："工师得大木，则王喜，以为能胜其任也。匠人斫而小之，则王怒，以为不胜其任矣。"指木匠。

（14）匧（箧）。匧秦简。匧。箧皇象、箧王羲之、箧褚遂良。

今作"箧"。《说文》："匧，藏也。从匚夹声。箧，匧或从竹。""竹"为累增意符。"夾"很早即草书楷化为"夹"，"匧"中的"夾"亦如之。《左传·昭公十三年》："卫人使屠伯馈叔向羹与一箧锦。"藏物之具，大曰"箱"，小曰"箧"。

（15）匡（筐）。匡弔家父匡、匡曶鼎、匡禹鼎。匡。匡汉帛、匡张表碑、匡赵宽碑。匡王羲之、匡欧阳询。

金文从匚坒声。《说文》："匡，饭器，筥也。从匚坒声。筐，匡或从竹。"段玉裁注："匡不专于盛饭，故《诗》采卷耳以顷匡、求桑以懿匡。匡之引申假借为匡正。《小雅》：'王于出征，以匡王国。'传曰：'匡，正也。'盖正其不正为匡。""匡"为方形，引申指匡正，后以增意符"竹"的"筐"记其本义，以"匡"表匡正义。《诗·召南·采蘋》："于以盛之，维筐及筥。"《毛传》："方曰筐，圆曰筥。"指方形竹筐。《左传·襄公十四年》："善则赏之，过则匡之。"指匡正。

（16）匣。匣。匣董美人墓志。

收藏东西的小型器具。《说文》："匣，匮也。从匚甲声。"《史记·刺客列传》："而秦舞阳奉地图匣，以次进。"指匣子。

（17）柩。柩。柩乐生墓志、柩张永昌刻石、柩王羲之、柩旧馆坛碑。

《说文》："柩，棺也。从匚从木，久声。匶，籀文柩。"段玉裁注："虚者为棺，实者为柩。析言之也。柩或可以呼棺，棺不可以呼柩。"《礼记·曲礼下》："在床曰尸，在棺曰柩。"本指装有尸体的棺材。部件"久"有表义作用。班固《白虎通》："柩之为言究也，久也，不复变也。"《玉篇》："匶，棺也。亦作柩。"《左传·僖公三十二年》："出绛，柩有声如牛。"指灵柩。

（18）宁（宀）。㝉、㝊、㝋、㝌宁未盂、㝍宁父丁觯、㝎改宁父戊爵、㝏。

今分为"贮""伫"二字。《说文》："㝎，辨积物也。象形。"段玉裁注："辨，具也，分别而具之，故其字从刀。积者，聚也。宁与贮盖古今字。……《毛诗传》云：'宁立，久立也。'然则凡云宁立者，正积物之义之引申，俗字作佇、作竚。"《说文·新附》："佇，久立也。从人从宁。""贮""伫"是在"宁"的基础上分别加意符"贝"和"人"而成。汉字简化时，"寧"省简中间部分就成了形体相同的"宁"，《说文》："寧，愿词也。从丂寍声。"本指安宁，与"宁"毫无关系。为示区别，"宁"变形成了"宁","貯""佇"也就成了"贮""伫"。《尔雅·释宫》:"门屏之间谓之宁。"孙炎注:"门内屏外,君视朝所宁立处也。"《礼记·曲礼》:"天子当宁而立,诸公东面,诸侯西面,曰朝。"仍用本形。

(19) 貯(贮)。卑、卑、𧶠卫盂、𧶠尹氏匜、𧶠兮甲盘、𧶠貯子己父匜、貯、貯颜真卿。

甲骨文从贝从宁,以存贝于匣中会意。金文"贝"写在了"宁"的下边。小篆定形为左右结构。《说文》:"貯,积也。从贝宁声。"段玉裁注:"此与宁音义皆同,今字专用貯矣。"汉字简化时,因安宁之"寧"保留特征轮廓简写成了"宁",为免混淆,原象储物器具的"宁"变形成了"㝉","貯"也就成了"贮"。《公羊传·僖公三年》:"无貯粟。"指贮藏。

(20) *寧(宁)。𥁕、𥁕、宁女父丁鼎、𥁕寧簋、寧、寧秦简、寧汉帛、寧汉帛、寧景君碑、寧张表碑、寧郭有道碑、寧校官碑、寧皇象、寧王羲之、寧欧阳询、寧褚遂良。

甲骨文由"宀""皿""丂"组成,以房屋、器皿,会安宁之意。西周金文增意符"心"。《说文》:"寧,愿词也。从丂寍声。"段玉裁注:"其意为愿,则其言为寧,是曰意内言外。"《说文》:"寍,安也。从宀,心在皿上。人之饮食器,所以安人。"段玉裁注:"此安寧正字,今则寧行而寍废矣。"秦汉以后,"寍"未见使用。汉字简化时,保留特征轮廓,"寧"省简中间部分,就成了"宁"。《左传·桓公十八年》:"寡君畏君之威,不敢宁居,来修旧好。"指安宁。《左传·襄公二十六年》:"《夏书》曰:'与其杀不辜,宁失不经。'"用作副词,指宁愿、宁可。

二、服饰组

1.叀:叀、專(专)、幺、幼、䍃、胤、玄、幽、率、糸、纯、經(经)、绍、级、组、绔、红、素、絲(丝)、系

(1) 叀。𠀒、𠀓、𠀔、𠀕、𠀖。𠀗无叀鼎、𠀘录伯簋、𠀙仲叀父簋、𠀚克鼎、叀。

甲骨文象纺锤形,上为丝绪,中为缠着丝线的锤体,下为露出的小底。小篆三部分仍大体清晰。《说文》:"叀,小谨也。从幺省;屮,财见也;屮亦声。"隶变中上部的丝线渐成一横,缠着丝线的锤体成了方形,底部则写作"厶"。《正字通》:"同專。"早期文献多假作语气助词,与"惟"用法相近。卜辞有"叀牛叀羊",意即"惟牛惟羊"。

(2) 專(专)。𢆶、𢆷、𢆸、𢆹、𢆺、專、專汉帛、專杨统碑、專敬使君碑、專虞世南。

甲骨文、金文为手持纺砖形。小篆中象侧视之手的"又"写成了"寸",缠着丝线的纺砖仍大体可见。隶书将一些曲笔平直化,纺砖与手形均失。汉字简化时,"專"草书楷化为"专"。《说文》:"專,六寸簿也。从寸叀声。一曰專,纺專。"徐锴《说文解字系传》:"今络丝之塼也。"段玉裁注:"纲丝者,以專为锤。《广韵》曰'罐、纺锤'是也。今專之俗字作甎、塼,以專为嫥壹之嫥。"《诗·小雅·斯干》:"载衣之裼,载弄之瓦。"《毛传》:"瓦,纺塼也。"早期纺砖多为陶制,故《诗》以"瓦"称之,

后增意符"土"或"瓦"或"石"以记之，今定形为从石的"砖"。"专"则记专一、专注、专断、专长等义。《周易·系辞上》："夫乾，其静也专，其动也直。"指专一不杂。《孟子·告子上》："今夫奕之为数，小数也，不专心致志，则不得也。"指专注。《左传·桓公十五年》："祭仲专，郑伯患之。"指独断专权。

(3) 幺。 ❁父癸爵、❁颂簋、❁郑公華鐘、❁郑公𨷼鐘、❁。

金文象丝束形，以丝之细微表示细、小之义。《说文》："❁，小也。象子初生之形。"段玉裁注："俗谓一为幺，亦谓晚生子为幺，皆谓其小也。"《通俗文》："不长曰幺，细小曰麼。"《汉书·叙传上》："又况幺𪎮，尚不及数子，而欲暗奸天位者乎！"颜师古注："幺、𪎮，皆微小之称也。"

(4) 幼。ᛉ、ᛐ禹鼎、ᛑ秦简、ᛒ汉帛、ᛓ王羲之、ᛔ高贞碑、ᛕ褚遂良、幼颜真卿。

甲骨文从幺从力，本指年少。《说文》："ᛐ，少也。从幺从力。"《左传·僖公三十三年》："王孙满尚幼，观之。"即用本义。

(5) 𤔔。𤔔番生簋、𤔔召伯簋、𤔔、𤔔秦简、𤔔秦简、乱米芾。

"乱"的初文。金文以一上一下两只手理丝会意。战国时期出现增"乙"的字形。《说文》："𤔔，治也。幺子相乱，𠬪治之也。𤔔，古文𤔔。"段玉裁注："此与乙部亂音义皆同。"《说文》："亂，治也。从𤔔，从乙。乙，治之也。"徐锴《说文解字系传》："乙者，治之难也。"段玉裁注："亂本训不治，不治则欲其治，故其字从乙，乙以治之。"汉字简化时，"亂"草书楷化为"乱"。"乱"兼有混乱、治理两义。《尚书·泰誓》："予有乱臣十人，同心同德。"指治理。《左传·庄公十年》："吾视其辙乱，望其旗靡，故逐之。"指混乱。

(6) 胤。𦙷秦公簋、𦙷晋公盫、𦙷盗壶、𦙷、胤张表碑、胤李邕、胤颜真卿。

金文从八从幺从肉，表示血肉之分支、延续。隶书部件"八"写成了"儿"。《说文》："𦙷，子孙相承续也。从肉；从八，象其长也；从幺，象重累也。𦙷，古文胤。"段玉裁注："八，分也。骨肉所传，支分派别，传之无穷。"《左传·隐公十一年》："夫许，太岳之胤也。"指子孙后代。

(7) 玄。❁师至父鼎、❁、玄秦简、玄汉帛、玄王羲之、玄虞世南。

初与"幺"同形，象丝束形，本指黑有带红之色，红、绿、紫等表颜色的字均从纟，即其类。春秋金文为示区别，始于字形上部加点，为便于书写，点又渐写成短横。小篆引长，成向下的曲线。隶书上边写成了"亠"。《说文》："❁，幽远也。黑而有赤色者为玄。象幽而入覆之也。❁，古文玄。"《诗·豳风·七月》："载玄载黄，我朱孔阳。"《毛传》："玄，黑而有赤也。"引申指玄妙、深奥。如《老子》："玄之又玄，众妙之门。"

(8) 幽。𢆷、𢆷、𢆷、𢆷墙盘、𢆷寓卣、𢆷柳鼎、𢆷禹鼎、𢆷书向簋、𢆷、𢆷汉帛、幽曹全碑、幽王羲之、幽张玄墓志、幽敬使君碑、幽虞世南。

甲骨文从火从丝，细微之物，以火照亮，方可明显，"洞幽烛微"即其证也。金文部件"火"渐讹为"山"。小篆承之。《说文》："𢆷，隐也。从山丝中，丝亦声。"

屈原《楚辞·九章·涉江》:"山峻高以蔽日兮,下幽晦以多雨。"指幽暗。《诗·小雅·隰桑》:"隰桑有阿,其叶有幽。"《毛传》:"幽,黑色也。"《诗·小雅·伐木》:"出自幽谷,迁于乔木。"指幽深。王籍《入若耶溪》:"蝉噪林愈静,鸟鸣山更幽。"指幽静。

（9）*率。 ※、※、※、※。 ※孟鼎、※毛公厝鼎。 牽。 衛汉帛、率辟雍碑、率敬使君碑、率欧阳询。

甲骨文象绳索形。后绳索上下端加饰笔点。小篆中饰笔点写作横。《说文》:"牽,捕鸟毕也。象丝网,上下其竿柄也。"《说文》另有从行之"衛",训将帅;从辵之"達",训率领;从素之"繛",训绳索。古文字中"行"与"辵"常通用,将帅、率领意义相关,疑"衛""達"本一字。"繛"或作"繛",或作"繂","素""索""糸（纟）"为后增意符。周伯琦《六书正讹》:"率,大索也。象形。"从早期字形看,疑"率"本象绳索,即后世之"繂"。"衛""達"则为记其引申义而增意符分化而成,早期典籍均本作"率"。《诗·周颂·噫嘻》:"率时农夫,播厥百谷。"指率领。《史记·绛侯周勃世家》:"前日吾诏列侯就国,或未能行,丞相吾所重,其率先之。"指率先、带头。《史记·平津侯主父列传》:"夫三公者,百寮之率,万民之表也。"指表率。"率先""表率"均由率领义引申而来。早期名动多有同用一形者,"率"既指率领,也指将帅。如《荀子·富国》:"将率不能则兵弱",指将领,这个意思汉代以后多用"帅"。

（10）糸。 ※、※、※、※。 ※子糸爵、※糸父壬爵、※子父癸鼎。 ※。 ※汉东海木牍。

甲骨文象束丝形,完整写法,上下均有端绪。小篆仅存下部端绪。隶书中的端绪写成了"小"。作构字部件使用的"糸"在现代汉字里草书楷化为"纟"。《说文》:"※,细丝也。象束丝之形。※,古文糸。"徐锴《说文解字系传》:"一蚕所吐为忽,十忽为丝。糸,五忽也。"《管子·轻重丁》:"君以织籍,籍于糸,束为糸,籍糸抚织,再十倍其贾。"指细丝。

（11）纯。 ※颂簋、※陈猷釜。 純。 純衡方碑、純张表碑、純郭有道碑、純张迁碑。 純王羲之、純高贞碑、純欧阳询、純颜真卿。

本指蚕丝。《说文》:"※,丝也。从糸屯声。"《论语·子罕》:"麻冕,礼也。今也纯,俭,吾从众。"何晏《论语集解》:"纯,丝也。丝易成,故从俭。"引申指纯正、精纯。《周易·乾卦》:"大哉乾乎,刚健中正,纯粹精也。"孔颖达疏:"纯粹不杂。"

（12）經（经）。 ※毛公厝鼎、※虢季子白盘。 經。 經秦简、經秦简、經汉帛、經乙瑛碑、經衡方碑、經白石君碑、經皇象、經王羲之、經欧阳询、經褚遂良、經颜真卿。

金文从糸从巠,"糸"表丝线,"巠"象纺织机上有纵向的丝线。汉字简化时,"經"草书楷化作"经"。《说文》:"經,织也。从糸巠声。"段玉裁注:"必先有经而后有纬,是故三纲五常六艺谓之天地之常经。"《韩非子·外储说右上》:"吾始经之而不可更也。"指织布时定下的经线。引申指南北向的道路、人体的经脉、法则、经典等,也引申表筹划、经历等。戴德《大戴礼记·易本命》:"凡地东西为纬,南北为经。"指南北纵贯的道路。《黄帝内经·素问·阴阳应象大论》:"六经为川,肠胃为海。"指经脉。《左传·昭公十五年》:"礼,王之大经也。"指纲纪、常道、准则。《荀子·劝学》:"其数则始乎诵经,终乎读礼。"指经典。《诗·大雅·灵台》:"经始灵台,经之营之。"

指规划。《史记·大宛列传》:"经匈奴,匈奴得之。"指经过。

(13)绍。𦅈、𦅈、𦅈 舍志盘。 絽。絽 衡方碑、糸召 郭有道碑、紹 褚遂良、紹 欧阳通、紹 颜真卿。

形声字。《说文》:"絽,继也。从糸召声。𦅈,古文绍从邵。"本指承续,引申指介绍。《尚书·盘庚》:"绍复先王之大业。"指继承。《晏子春秋·问下》:"诸侯之交,绍而相见。"指介绍。

(14)级。級。級 秦简。級 曹全碑。級 虞世南。

《说文》:"級,丝次弟也。从糸及声。"段玉裁注:"本谓丝之次弟,故其字从糸。引申为凡次弟之称。"本指丝的优劣等次,引申指阶级、等级。《吕氏春秋·重言》:"乃令宾者延之而上,分级而立。"高诱注:"级,阶陛。"《左传·僖公二十三年》:"以伯舅耋老,加劳,赐一级,无下拜。"指爵位品级。

(15)组。組 师衷簋、組 虢季氏子组簋。組。組 秦简、組 汉帛、組 曹全碑、組 褚遂良。

《说文》:"組,绶属。其小者以为冕缨。从糸且声。"段玉裁注:"'属'当作'织',浅人所改也。组可以为绶,组非绶类也。……织成之绶材谓之组。"本指编织丝带,编织成的丝带也称为"组"。《诗·鄘风·干旄》:"素丝组之,良马五之。"《毛传》:"总以素丝而成组也。"郑玄笺:"以素丝缕缝组于旌旗以为之饰。"《诗·邶风·简兮》:"有力如虎,执辔如组。"朱熹《诗集传》:"辔,今之缰也;组,织丝为之,言其柔也。御能使马,则辔如组也。"由组织引申有组合、成组等义。

(16)绔。絝。

今多写作"裤"。《说文》:"絝,胫衣也。从糸夸声。"段玉裁注:"今所谓套袴也,左右各一,分衣两胫。"声符"夸"兼有以声音提示意义的作用。《释名·释衣服》:"绔,跨也,两股各跨别也。"《说文》:"胯,股也。从肉夸声。"段玉裁注:"合两股言曰胯。"后出现改意符"糸"为"衣"的异体。《集韵》:"或作袴。""褲"则为宋代出现的俗字,系改"袴"之声符"夸"为"庫"而成。汉字简化时,"車"草书楷化为"车","褲"遂成"裤"。然而,"绔"仍在使用,如"纨绔",纨绔本指用细绢做的裤子,代指富贵人家的子弟。《汉书·叙传上》:"出与王、许子弟为群,在于绮襦纨袴之间,非其好也。""纨袴"即纨绔。

(17)红。紅。紅 秦简、紅 汉帛、紅 衡方碑、红 王羲之、紅 颜真卿。

本指粉红色。《说文》:"紅,帛赤白色。从糸工声。"颜色字多有从糸者,殆与日常生活中染色的布帛有关。《论语·乡党》:"红紫不以为亵服。"即用本义。泛指红色。白居易《忆江南》:"日出江花红胜火,春来江水绿如蓝。"指火红色。

(18)素。素 师克盨。緐。素 汉帛、素 史晨碑、素 衡方碑、素 白石君碑、素 张迁碑。素 索靖、素 王羲之、素 张婉墓志、素 张猛龙碑、素 李超墓志。

本指未染色的丝帛,引申指白色、空、本质、质朴、蔬菜等义。金文借"索"表白色,"索"由双手与"素"组成。小篆由"巫"与丝束组成。隶变中部件"巫"写成了"圭",丝束则成了"糸"。《说文》:"緐,白致缯也。从糸巫,取其泽也。"段玉裁注:"素,生帛也。……以其色白也,故为凡白之称。以白受采也,故凡物之质曰素。……以质未有文也，故曰素食、曰素王。……泽者，光润也。毛润则易下巫，故从糸巫会意。"《古诗为焦仲卿妻作》："十三能织素，十四学裁衣。"指本色生绢。《左传·僖公三十二年》："秦伯素服郊次，乡师而哭。"指白色。《诗·魏风·伐檀》："彼君子兮，不素餐兮。"作副词，指空的、平白的。《老子》："见素抱朴，少私寡欲。"喻指本真、纯朴。《淮南子》："其心愉而不伪，其事素而不饰。"指朴素。《墨子·辞过》："古之民未知为饮食时，素食而分处。"孙诒让《墨子间诂》："素食，谓食草木。"

（19）絲（丝）。 🔣、🔣、🔣 冒鼎、🔣 守宫盘、🔣 商尊、🔣 🔣 秦简、🔣 秦简、🔣 汉帛、🔣 衡方碑。🔣 王羲之、🔣 颜真卿。

甲骨文象两束丝，或画其上下之端绪，或省。金文多仅画下部的端绪。小篆承之。隶书中，端绪写成了"小"，亦时有写作三点者。汉字简化时，作偏旁的"糸"草书楷化为"纟"，两个"纟"下的两短横连作一长横，就成了"丝"。《说文》："絲，蚕所吐也。从二糸。"《诗·卫风·氓》："氓之蚩蚩，抱布贸丝。"指蚕丝。喻指如丝之细微，如《礼记·缁衣》："王言如丝，其出如纶"，孔颖达疏："微细如丝"。"发丝""雨丝""钢丝"即其类。引申指细微，遂有"一丝不苟""一丝微笑"等说法。代指用丝制成之物。《周礼·春官·大师》："皆播之以八音：金、石、土、革、丝、木、匏、竹。"郑玄注："丝，琴瑟也。"琴瑟以丝为弦。《史记·平准书》："天下已平，高祖乃令贾人不得衣丝乘车。"指丝绸做的衣服。

（20）系。 🔣、🔣、🔣 小臣系卣、🔣 藏系爵、🔣、🔣 欧阳询。

甲骨文、金文从爪从絲，本义为系联。小篆部件"爪"省变成了一撇。《说文》："🔣，繫也。从糸丿声。🔣，系或从縠處。🔣，籀文系，从爪糸。"段玉裁注："引申为凡总持之称。……系者，垂统于上而承于下也。……系之义引申为世系。"典籍中，在表捆缚、关联义时，"系"与"係""繫"通用。汉字简化时，"係""繫"均并入了"系"。《荀子·劝学》："以羽为巢，而编之以发，系之苇苕。"指系结。刘向《别录》："录黄帝以来帝王诸侯及卿大夫系谥名号。"指世系。

2.衣：衣、裘、襄、表、裏（里）、袂、初、裁、裔、雜（杂）、裕、巾、帥（帅）、帛、常、布、飾（饰）、佩、尚、敝、丩、纠、叕（缀）

（1）衣。 🔣、🔣、🔣、🔣、🔣 颂鼎、🔣 天亡簋、🔣 吴方彝、🔣、🔣 秦简、🔣 秦简、🔣 汉帛、🔣 王羲之、🔣 石婉墓志、🔣 张猛龙碑。

甲骨文象上衣形。小篆仍象形，然许慎误析。《说文》："🔣，依也。上曰衣，下曰裳。象覆二人之形。"隶书笔画变形重组，遂失象形意味。本指上衣，后泛指衣服。《诗·齐风·东方未明》："东方未明，颠倒衣裳。"《毛传》："上曰衣，下曰裳。"《诗·秦风·无衣》："岂曰无衣？与子同裳。"泛指衣服。

（2）裘。 🔣、🔣 番生簋、🔣 五祀卫鼎、🔣 次尊、🔣 沂伯簋、🔣 衡簋、🔣、🔣 秦简、🔣 秦简、🔣 虞世南、🔣 孙过庭。

甲骨文象兽毛朝外的毛皮衣。金文增声符"又"或"求"，遂省写衣上的兽毛。

小篆定形为从衣求声的写法，"求"在"衣"中。汉代印章中出现上"求"下"衣"的写法，但并不常见。现代汉字定形为上"求"下"衣"。《说文》："裘，皮衣也。从衣求声。一曰象形，与衰同意。求，古文省衣。"段玉裁注："裘之制毛在外，故象毛文。"《诗·豳风·七月》："一之日于貉，取彼狐狸，为公子裘。"即用狐狸皮做裘衣。"集腋成裘"，本指聚集狐狸腋下的皮做成裘衣，喻指积少成多。《晏子春秋·杂上》："睹弊冠反裘负刍，息于涂侧者。"说明裘一般都是有毛的一面朝外的。

（3）蓑。蓑、蓑秦简、蓑汉帛、蓑史晨碑、蓑皇象、蓑王羲之、蓑虞世南。

"衰"本为古人以棕榈皮、蓑草编成的雨衣，即今之"蓑"。从衣从冉，"冉"象棕毛、蓑草下垂之形。小篆中的"衣""冉"两部分十分清晰。隶书中，处于"衣"中的"冉"简写成"冄"，后又省作"㠯"。《说文》："衰，艸雨衣。秦谓之萆。从衣，象形。衰，古文衰。"《玉篇》："草衣也。"段玉裁注："'衰'俗从艸作'蓑'，而'衰'遂专为等衰、衰绖字。……以艸为雨衣，必层次编之，故引伸为等衰。后世异其形、异其音，古义茫昧矣。"因"衰"的常用义变为衰弱、减少，遂增意符"艸"以记其本义。《诗·小雅·无羊》："尔牧来思，何蓑何笠。"《毛传》："蓑，所以备雨。笠，所以御暑。"

（4）表。表、表秦简、表汉帛、表王基碑、表索靖、表王羲之、表欧阳询。

本指外衣。小篆从衣从毛，"毛"在"衣"中。隶书，衣之上半与"毛"融合重组成了"圭"。《说文》："表，上衣也。从衣从毛。古者衣裘，以毛为表。麃，古文表从麃。"段玉裁注："引伸为凡外箸之称。"《庄子·让王》："子贡乘大马，中绀而表素。"指外衣。喻指外表、外面。《尚书·尧典》："光被四表，格于上下。"孔颖达疏："圣德美名，充满被溢于四方之外，又至于上天下地。"

（5）裹（里）。裹师兑簋、裹毛公厝鼎、裹、裹秦简、裹汉帛、裹颜真卿。

金文从衣里声，"里"在"衣"中。小篆承之。《说文》："裹，衣内也。从衣里声。"段玉裁注："引伸为凡在内之称。"历史上曾有左右结构的异体"裡"与之长期并存，汉字简化时，将之归并进了同音的"里"。《说文》："里，居也。从田从土。""里"本指村民聚居的地方，今之"故里""里弄"犹可见其本义，与"表裹（里）"之"裹（里）"本无关。《诗·邶风·绿衣》："绿兮衣兮，绿衣黄裹（里）。"与外衣相对，指里边穿的衣服。《左传·僖公十八年》："若其不捷，表裹（里）山河，必无害也。"杜预注："晋国外河而内山。"

（6）袂。袂汉帛、袂李邕、袂赵孟頫。

本指衣袖，"联袂"一词即用本义。《说文》："袂，袖也。从衣夬声。"屈原《楚辞·九歌·湘夫人》："捐余袂兮江中，遗余褋兮澧浦。"王逸注："袂，衣袖也。"

（7）初。初虢季子白盘、初兔簋、初柞钟、初、初秦简、初汉帛、初衡方碑、初孔彪碑、初校官碑、初皇象、初王羲之、初孙秋生造像、初虞世南、初欧阳通。

以裁衣之始指开始。《说文》："初，始也。从刀从衣。裁衣之始也。"段玉裁注："引伸为凡始之称。"《诗·大雅·荡》："靡不有初，鲜克有终。"指开始。引申指最初、刚、当初。《列子·天瑞》："太初者，气之始也。"指最初。"初秋""初雪""初版""初恋""初衷"等都指最先的、开头的。《史记·秦始皇本纪》："天下初定，远方黔首未集，诸生皆诵法孔子，今上皆重法绳之，臣恐天下不安。"用作副词，指才、刚刚。"初出茅庐"意即刚进入社会。《左传·隐公元年》："遂为母子如初。"指当初，"和好如初"就是重新和好，和当初一样。

（8）裁。𧚃。裁王羲之、𧚅索靖、裁颜真卿。

《说文》："𧚃，制衣也。从衣𢦒声。"部件"𢦒"隶变中成了"𢦏"。本指裁剪。引申指裁断、削减。《论衡·讥日》："作车不求良辰，裁衣独求吉日，俗人所重，失轻重之实也。"指裁制衣服。《韩非子·初见秦》："臣愿悉言所闻，唯大王裁其罪。"指裁断。《国语·吴语》："富者吾安之，贫者吾与之。救其不足，裁其有余，使贫富皆利之。"指削减。

（9）裔。𧝓陈逆簋、裔。

《说文》："裔，衣裾也。从衣𠔼声。𧘇，古文裔。"段玉裁注："此字衣在上，正谓其末下垂。"本指衣服垂下来的边缘。泛指边沿，引申指边远、后代子孙。屈原《楚辞·九歌·湘夫人》："麋何食兮庭中？蛟何为兮水裔？"指水边。《左传·文公十八年》："投诸四裔，以御螭魅。"指边远地带。《尚书·周书·微子之命》："功加于时，德垂后裔。"指后代。

（10）雜（杂）。𧝎。𧝏秦简、𧝐秦简、雜汉帛、雜乙瑛碑、雜中岳灵庙碑、雜王羲之、雜王献之、雜欧阳询、雜颜真卿。

本指各种色彩相组合，引申指驳杂、混杂、杂乱、繁杂。《说文》："雜，五彩相会。从衣集声。"段玉裁注："所谓五采彰施于五色作服也，引伸为凡参错之称。亦借为聚集字。……此篆盖本从衣雧，故篆者以木移左衣下作𧝎，久之，改雥为隹，而仍作雜也。"从衣集声，小篆移"集"下之"木"于"衣"下。汉隶已见书写时将"木"上之"衣"讹省成"九"者。汉字简化时，省去了部件"隹"，遂成"杂"。《周礼·考工记·画缋》："画缋之事，杂五色。"指颜色相混合。《庄子·刻意》："纯粹而不杂，静一而不变。"指驳杂、不纯。《吕氏春秋》："黄白杂则坚且韧，良剑也。"指混杂。《墨子·非攻下》："日月不时，寒暑杂至。"指错乱。《荀子·性恶》："齐给便敏而无类，杂能旁魄而无用。"杨倞注："杂能，多异术也。"指博杂。

（11）裕。𧞰十六年载、𧞱汉帛、裕衡方碑、裕张君碑、裕欧阳询、裕褚遂良。

《说文》："𧞰，衣物饶也。从衣谷声。"形声字，"浴""欲"等字亦以"谷"为声符。段玉裁注："引伸为凡宽足之称。"《诗·小雅·角弓》："此令兄弟，绰绰有裕。"《毛传》："裕，饶也。"

（12）巾。巾。巾㠱壶、巾汉帛、巾衡方碑、巾敬使君碑、巾颜真卿。

《说文》："巾，佩巾也。从冂，丨象糸也。"《玉篇》："佩巾，本以拭物，后人著之于头。"《诗·郑风·出其东门》："缟衣綦巾，聊乐我员。"《毛传》："綦巾，苍艾色女服也。"高亨注："綦巾，浅绿色围裙。"金文有巿兔簋，较"巾"仅多一横，《说文》：

"市，韠也。上古衣，蔽前而已，市以象之。"疑"綦巾"与"市"相类。《仪礼·士丧礼》："沐巾一，浴巾二，皆用绤于笲。"郑玄注："巾，所以拭汗垢。浴巾二者，上体下体异也。"

（13）帥（帅）。 史颂簋、 虢甲钟、 井人妄钟、 师虎簋、 、 秦简、 景君碑、 孔彪碑、 姚辩墓志。

甲骨文为双手持长杖形。金文增"巾"。小篆双手持杖形讹变成了"自"。后来书写中，部件"自"又草书楷化为"刂"，元代俗字已见"帅"。《说文》："帥，佩巾也。从巾、自。帨，帥或从兑。"段玉裁注："帥、率、帨、说、㕞、刷，六字古同音通用，后世分文析字。帨训巾。帅训率导、训将帅，而帅之本义废矣。率导、将帅字在许书作達、作衛，而不作帅与率。六书惟同音假借之用最广。"佩巾义，典籍中无有用"帅"者，而用"帨"，疑二字本非异体，"帅"之本义或为将帅、帅领。《左传·隐公元年》："命子封帅车二百乘以伐京。"指率领。《左传·僖公三十三年》："文嬴请三帅。"指将帅。

（14）帛。 大簋、 蔺簋、 、 秦简、 汉帛、 衡方碑、 华山神庙碑、 欧阳询。

本指白色丝织品，泛指丝织品。《说文》："帛，缯也。从巾白声。"《仪礼·聘礼》："受束帛加璧。"郑玄注："帛，如今之璧色缯也。"璧色即白色。《孟子·梁惠王上》："五亩之宅，树之以桑，五十者可以衣帛矣。"指丝绸衣服。

（15）常。 陈公子甗、 、 秦简、 汉帛、 乙瑛碑、 桐柏庙碑、 衡方碑、 西狭颂、 钟繇、 欧阳询。

《说文》："常，下帬也。从巾尚声。裳，常或从衣。""衣""巾"时有通用，如"帬襄""幝裤""帙袄"等。异体分工，"常"借作恒常之"常"，"裳"则表下裳。类似的如"隹""鸟"通用，"雅"借作雅正之"雅"，"鸦"则表乌鸦。《诗·大雅·文王》："天命靡常。"指恒常、不变。引申指经常、平常、伦常。《列子·天瑞》："常生常化者，无时不生，无时不化。"指经常。《庄子·人间世》："传其常情，无传其溢言，则几乎全。"指平常、一般。《管子·幼官》："明法审数，立常备能，则治。"尹知章注："常，谓五常也。"另外，"常"又用作长度单位。《左传·成公十二年》："争寻常以尽其民。"杜预注："言争尺丈之地，以相攻伐。"《小尔雅·广度》："寻，舒两肱也。倍寻谓之常。"《国语》韦昭注："八尺为寻，倍寻为常"，"寻常"后来人们以"寻常"表普通、平常义，如刘禹锡《乌衣巷》诗句："旧时王谢堂前燕，飞入寻常百姓家。"指普通、平凡。

（16）布。 裘卣、 守宫盘、 、 市、 秦简、 秦简、 汉帛、 汉帛、 肥致碑、 曹全碑、 王羲之、 元珍墓志、 龙藏寺碑。

金文从巾父声。小篆亦然。隶书中，部件"父"渐讹作"ナ"。《说文》："布，枲织也。从巾父声。"段玉裁注："古者无今之木绵布，但有麻布及葛布而已。引申之凡散之曰布，取义于可卷舒也。"初指麻葛织品。《孟子·滕文公上》："许子必织布而后衣乎？"用本义。《韩非子·难一》："万乘之主不好仁义，亦无以下布衣之士。"以"布衣"代指平民。《诗·卫风·氓》："抱布贸丝。"《毛传》："布，币也。"孔颖达疏："此布币谓丝麻布帛之布。币者，布帛之名。"后"布"亦泛指货币。《周礼·天官·外府》："掌邦布之入出，以供百物。"郑玄注："布，泉也。布读为宣布之布。其藏曰泉，其行曰布。取名于水泉，其流行无不遍。"《国语·周语上》："阴阳分布，震雷出滞。"指散开、散布。

（17）飾（饰）。_{王羲之}、_{欧阳询}、_{欧阳通}。

从巾从人，食声。书写中部件"人"渐成"亻"。汉字简化时，部件"食"草书楷化为"饣"。本指刷拭，引申指修饰、饰品、掩饰。《说文》："飾，刷也。从巾从人，食声。"段玉裁注："饰、拭古今字。许有饰无拭。……凡物去其尘垢即所以增其光采，故刷者饰之本义。而凡踵事增华皆谓之饰，则其引伸之义也。……拭物者巾也，用巾者人也。"《周礼·地官·封人》："凡祭祀，饰其牛牲。"郑玄注："饰，谓刷治洁清之也。"《左传·昭公元年》："子晳盛饰入，布弊而出。"指修饰、装扮。《庄子·盗跖》："强足以拒敌，辩足以饰非。"指掩饰、粉饰。《墨子·辞过》："暴夺民衣食之财，以为宫室台榭曲直之望，青黄刻镂之饰。"指饰品、饰物。

（18）佩。_{颂簋}、_{痶簋}、_{秦简}、_{汉帛}、_{虞世南}。

金文由"人""凡""巾"组成。小篆"人""凡""巾"仍十分清晰。隶书"凡"将"巾"罩在了里边。《说文》："佩，大带佩也。从人从凡从巾。佩必有巾，巾谓之饰。"段玉裁注："从人者，人所以利用也。从凡者，所谓无所不佩也。从巾者，其一端也。"本指佩饰，也作动词，指佩戴。《诗·郑风·女曰鸡鸣》："知子之来之，杂佩以赠之。"《毛传》："杂佩者，珩璜、琚瑀、冲牙之类。"《左传·闵公二年》："公衣之偏衣，佩之金玦。"指佩挂、系戴。

（19）尚。

以在"巾"的周围加表示尘土的点会意。《说文》："尚，败衣也。从巾，象衣败之形。"段玉裁注："此败衣正字，自敝专行而尚废矣。"典籍多用"敝"表此义，但字书均收有"尚"。

（20）敝。_{秦简}、_{汉帛}、_{史晨碑}、_{王羲之}、_{敬使君碑}。

甲骨文从攴从巾，"巾"周围有小点，为手持棍棒击打巾，扬起灰尘之状。小篆中的点稳定为对称分布的四点。隶书中，部件"攴"渐成"攵"。《说文》："敝，帗也。一曰败衣。从攴从尚，尚亦声。"《玉篇》："与尚同。"段玉裁注："引伸为凡败之称。"《诗·郑风·缁衣》："缁衣之宜兮，敝予又改为兮。"指衣服破旧了。泛指破旧的。《东观汉记·光武帝纪》："家有敝帚，享之千金。"指破旧的扫帚。引申指疲惫。《史记·酷吏列传》："吏民益凋敝。"指疲惫、困乏。还用作自谦之词。《左传·僖公二十六年》："寡君闻君亲举玉趾，将辱于敝邑。"

（21）丩。

《说文》："丩，相纠缭也。一曰瓜瓠结丩起。象形。"段玉裁注："象交结之形。""句"为"丩"增"口"分化而来。《说文》："句，曲也。从口，丩声。""丩"兼表义。从句的"笱""鉤（钩）""狗""疴""鞠"均有弯曲义。勾连之物多为弯曲纠缠在一起。徐锴《说文解字系传》："《诗》：'南有樛木。'传曰：'木下曲也。'《尔雅》作'朻'，今松柏及桑临崖岸者，性多然。"木曲为"朻"，丝绳相绞合则为"纠"。

(22) 纠。糾曹全碑、糾张表碑、糾褚遂良。

《说文》："糾，绳三合也。从糸丩。"《玉篇》："纠，绞也，缭也。""纠"由"丩"增意符"糸"分化而来。隶变中的部件"丩"，失交结勾连之状。段玉裁注："凡交合之谓之纠，引伸为纠合诸侯之纠，又为纠责之纠。"本指纠缠，引申指纠合、纠正。《诗·周颂·良耜》："其笠伊纠，其镈斯赵，以薅荼蓼。"指绞缠、编织。《左传·僖公二十四年》："纠合宗族于成周。"指纠集、集合。《左传·昭公二十年》："政宽则民慢，慢则纠之以猛。"指纠正。

(23) 叕（缀）。秦简。

"缀"之初文。《说文》："叕，缀联也。象形。"徐锴《说文解字系传》："交络互缀之象。"段玉裁注："以缀释叕，犹以紊释糸也。"《说文》："缀，合箸也。从叕从糸。"段玉裁注："联之以丝也。""缀"行而"叕"废。《尚书·立政》："王左右常伯、常任、准人、缀衣、虎贲。"孔颖达疏："衣服必连缀着之，此历言官人，知'缀衣'是掌衣服者。此言亲近大臣，必非造衣裳者。"泛指连缀，引申指点缀。《管子·小匡》："设象以为民纪，式券以相应，比缀以书，原本穷末。"指编排连缀。曹植《七启》："饰以文犀，雕以翠绿，缀以骊龙之珠，错以荆山之玉。"指装饰点缀。

3. 冖：冖（冪）、冠、冃、冡（蒙）、月、冒、冕、冑、最

(1) 冖（冪）。冖。

《说文》："冖，覆也。从一下垂也。"《玉篇》："以巾覆物。"徐铉："今俗作幂。""冪"今作"幂"。本义为覆盖。《周礼·天官·幂人》："祭祀，以疏布巾幂八尊，以画布巾幂六彝。"指覆盖。也用作名词，指覆盖东西的巾。《小尔雅·广诂》："大巾谓之幂。"《仪礼·公食大夫礼》："簠有盖幂。"郑玄注："幂，巾也。"

(2) 冠。冠景君碑、冠乙瑛碑、冠朝侯残碑、冠王献之、冠褚遂良。

"元"为脑袋，"冖"为帽子，"寸"为手，以手拿帽子戴在人头上会意。小篆手形写成了"寸"。后来书写中，为使字形紧凑，部件"寸"又写在了"元"的末笔弯勾之上。《说文》："冠，縏也。所以縏发，弁冕之总名也。从冖从元，元亦声。冠有法制，从寸。"段玉裁注："縏者，缠臂绳之名，所以约束袭者也。冠以约束发，故曰縏发。引伸为凡覆盖之称。"本指帽子，也指戴帽子。引申有覆盖、超越义。屈原《楚辞·渔父》："新沐者必弹冠，新浴者必振衣。"指帽子。屈原《楚辞·九章·涉江》："带长铗之陆离兮，冠切云之崔嵬。"指戴帽子。古代男子二十岁开始戴冠，举行加冠礼，代表成年。《论语·先进》："冠者五六人，童子六七人，浴乎沂，风乎舞雩，咏而归。""冠者"即指成年人。《史记·魏其武安侯列传》："身荷戟，驰入不测之吴军，身被数十创，名冠三军。"指位居第一。像帽子的东西亦谓之冠，如"树冠""花

冠""鸡冠"等。

（3）冂。冂。

《说文》："冂，重复也。从冂、一。""冖"为覆盖义，"冖"下的"一"代表被蒙覆者。

（4）冡（蒙）。冡、冡、冡。

今作"蒙"。《说文》："冡，覆也。从冂、豕。"段玉裁注："凡蒙覆、童蒙之字，今字皆作蒙，依古当作冡。蒙行而冡废矣。""蒙"从艸冡声，本为草名，《尔雅·释草》："唐、蒙，女萝。"典籍多用作"冡"。《诗·唐风·葛生》："葛生蒙楚，蔹蔓于野。"指覆盖。引申指蒙受、蒙昧、蒙骗。《周易·明夷卦》："内文明而外柔顺，以蒙大难。"《经典释文》："蒙，犹遭也。"《周易·蒙卦》："匪我求童蒙，童蒙求我。"孔颖达："蒙者，微昧暗弱之名。"《左传·昭公二十七年》："蒙王与令尹以自利也。"杜预注："蒙，欺也。"

（5）冃。冃。

"帽"的本字。《说文》："冃，小儿、蛮夷头衣也。从冂；二，其饰也。"《玉篇》："或作帽。"段玉裁注："冃即今之帽字也。后圣有作，因冃以制冠冕。""冃"先下增"目"作"冒"，以记帽子义，后因蒙盖、冒犯等引申义常用，遂复增"巾"作"帽"，以记其本义。相较而言，帽多为便帽，冠冕则体面光彩，有身份及礼仪色彩。

（6）冒。冒九年卫鼎。冒秦简。冒王羲之、冒颜真卿。

金文从冃从目，"冃"象帽子，"目"代表脑袋。本指帽子，引申指蒙盖、冒犯。《说文》："冒，冡而前也。从冃从目。冒，古文冒。"段玉裁注："冡者，覆也。引申之，有所干犯而不顾亦曰冒，如假冒、如冒白刃、如贪冒是也。"《汉书·隽不疑传》："衣黄襜褕，着黄冒。"颜师古注："冒，所以覆冒其首。"也是就帽子。《诗·邶风·日月》："日居月诸，下土是冒。"《毛传》："冒乎月乎，照临之也。"有覆盖之义。《史记·司马相如列传》："触白刃，冒流矢，义不反顾，计不旋踵。"指顶着、冒着。《史记·秦本纪》："于是岐下食善马者三百人，驰冒晋军，晋军解围。"指冲击、冒犯。因其引申义常用，遂增意符"巾"作"帽"，以记其本义。《释名·释首饰》："帽，冒也。"

（7）冕。冕、冕樊敏碑。冕欧阳询、冕颜真卿。

从冃免声。本为大夫以上人员所戴的礼冠，后专指帝王戴的礼冠。《说文》："冕，大夫以上冠也。邃延、垂瑬、紞纩。从冃免声。絻，冕或从糸。"其或体从"糸"，反映了制作冕的材料考究。《荀子·大略》："天子山冕，诸侯玄冠，大夫裨冕，士韦弁，礼也。"说明戴冠冕要合乎礼仪等级的。《字汇》："古者诸侯、大夫皆有冕，但以旒之多寡别耳。"因冠冕多为达官显贵所戴，人们遂以"冠冕堂皇"形容庄严体面、气派高贵，后多指表面光明正大。

（8）胄。胄康簋、胄戜簋、胄盂鼎、胄臣、胄。

金文上象头盔，下以"目"代表头部。小篆字形的头盔写成了"由"，下边的"目"改作表示帽子的"冃"。《说文》："胄，兜鍪也。从冃由声。䩅，《司马法》胄从革。"《左传·僖公三十三年》："秦师过周北门，左右免胄而下。"即指头盔。《说文》另有从肉由声之"胄"，指帝王或贵族的子孙，与"胄"形义迥异。书写中，甲胄字已混入"贵胄"之"胄"。

（9）最。☒秦简、☒汉帛、☒王羲之、☒欧阳询、☒颜真卿。

《说文》："冣，犯而取也。从冃从取。"段玉裁注："犯而取犹冡而前。"楷书中的部件"冃"写成了"曰"，但"冒"却没有发生类似的变化。帽子戴在人的最高处，故以上功曰"最"，引申指至极。《史记·绛侯周勃世家》："攻槐里、好畤，最。击赵贲、内史保于咸阳，最。"指在将帅之中，功劳居首位。《庄子·天下》："然惠施之口谈，自以为最贤。"用作副词，表程度。

第二节　武器工具相关

一、武器组

1.网：网、羅（罗）、買（买）、罩、署、罵（骂）、罾

（1）网。☒、☒、☒戈网甗、☒仲网父簋、☒、☒秦简、☒褚遂良。

甲骨文象一张张开的网。小篆网形仍十分形象。战国文字中出现增声符"亡"的写法，隶变中这一形体渐成"罔"。因为"罔"常被借作否定词，表示无、没有，遂又增加意符"糸"作"網"以记其本义。简化汉字跟小篆基本相同。《说文》："网，庖牺所结绳以渔。从冂，下象网交文。凡网之属皆从网。☒，网或从亡。☒，网或从糸。☒，古文网。☒，籀文网。"本指用来捕捉鱼虾鸟兽的网。《诗·邶风·新台》："鱼网之设，鸿则离之。"指鱼网。形状或系统像网的也称之为网。《老子》："天网恢恢，疏而不失。"喻指约束人的规律、天道。引申指搜求，如《汉书·王莽传上》："网罗天下异能之士，至者前后千数。"

（2）羅（罗）。☒、☒罗兄匜、☒、☒秦简、☒汉帛、☒王羲之、☒龙藏寺碑。

甲骨文从网从隹。金文增"糸"。小篆承之。隶书中处于字形上边的"网"渐成"罒"。元代俗字中已有据草书楷化的"罗"，汉字简化时采用了这一形体。《说文》："羅，以丝罟鸟也。从网从维。"《诗·王风·兔爰》："有兔爰爰，雉离于罗。"指捕鸟网。《诗·小雅·鸳鸯》："鸳鸯于飞，毕之罗之。"指用网捕鸟。引申指包罗、罗列。《庄子·天下》："万物毕罗，莫足以归。"即今之"包罗万物"。班固《西都赋》："列卒周匝，星罗云布。"即今之"星罗棋布"。

（3）買（买）。☒、☒、☒買王卣、☒右買戈、☒、☒秦简、☒史晨碑、☒褚遂良。

甲骨文由"网"与"贝"组成，疑与"羅"的构意相近。"買（买）""賣（卖）"同声同韵，仅声调有别，"賣"从出从買，由"買"孳乳而来，買賣是为获取财富。"買"，小篆的上"网"、下"貝"两个部件仍然十分清晰。隶书中的部件"网"渐成

"罒"。《说文》：";买,市也。从网贝。《孟子》曰：'登垄断而网市利。'"徐锴《说文解字系传》："谓登高望，见利则取之也。"段玉裁注："市者，买物之所，因之买物亦言市。"本指购买，如《庄子·逍遥游》："客闻之，请买其方百金"。

（4）罩。罩。罩欧阳通、罩颜真卿。

《说文》："罩，捕鱼器也。从网卓声。"字形上边的"网"隶变之后渐成"罒"。《尔雅·释器》："篧，谓之罩。"郭璞注："捕鱼笼也。"本指捕鱼的竹笼，如温庭筠《罩鱼歌》："持罩入深水，金鳞大如手。"也指形状像罩子的器物，如灯罩、口罩等。还用作动词，指笼罩、覆盖，如司空图《王官》："荷塘烟罩小斋虚，景物皆宜入画图"。

（5）署。署。署汉帛、署朝侯残碑、署苏孝慈墓志。

《说文》："署，部署，有所网属。从网者声。"徐锴《说文解字系传》："署，置之，言罗络之若罘网也。"隶变中，部件"网"渐成"罒"，"者"的笔画也粘连、变形、重组。《史记·项羽本纪》："梁部署吴中豪杰为校尉、候、司马。"指安排、布置。引申指官署、签署。《国语·鲁语》："夫署，所以朝夕虔君命也。"指官吏办公的地方。《战国策·齐策》："冯谖署曰'能。'"指签写。

（6）罵（骂）。罵。罵颜真卿。

《说文》："罵，詈也。从网马声。"徐锴《说文解字系传》："谓以恶言加网之也。"小篆从网马声。字形上边的"网"后省简变形成"罒"，后又改"罒"为"吅"，以突出骂以言语。《说文》："吅，惊呼也。从二口。"汉字简化时，"馬"草书楷化为"马"，"罵"遂成"骂"。《说文》另有："詈，骂也。从网从言，网罪人。""罵""詈"相互为训，但后来"詈"上之"罒"没有改作"吅"。《左传·昭公二十六年》："冉竖射陈武子，中手，失弓而骂。"指以恶语加于人。

（7）罾。罾。

《说文》："罾，鱼网也。从网曾声。"《汉书·陈胜传》颜师古注："罾，鱼网也。形似仰伞盖，四维而举之。"屈原《楚辞·九歌·湘夫人》："鸟何萃兮苹中，罾何为兮木上？"即指鱼网。

2.單：單（单）、嘼（兽）、獸（兽）、戰（战）

（1）單（单）。單。單子伯盨、單异簋、單伯鬲、王孟。單。單秦简、單汉帛、單鲜于璜碑、單衡方碑。單钟繇、單王羲之、單颜真卿。

甲骨文字形象一种用于打猎和战争的武器。小篆字形失上端分杈的叉形。汉字简化时，草书楷化为"单"。《说文》："單，大也。从吅单，吅亦声。"许慎所释非字之本义，作部件使用时，在"獸""戰""彈"诸字中或见其本义。《玉篇》："单，一也，只也。"很早其常用义即为单一。《荀子·正名》："单足以喻则单，单不足以喻则兼。"杨倞注："单，物之单名也。兼，复名也。喻，晓也。谓若止喻其物则谓之马；喻其毛色，则谓之黄马、白马之比也。"指单音节的名称。

(2) 嘼（兽）。☒孟鼎、☒邵鐘、☒王母鬲、☒。

金文于"單"下增"口"而成，亦有由"單""丙""口"组成者，裘锡圭先生认为即"單"之繁文。《说文》："嘼，㹌也。象耳、头、足厹地之形。古文嘼，下从厹。"字形分析与初文不符。楷书字形省写了"單"中竖的下半。现行汉字由草书楷化而成，"吅"写成了"丷"。文献中多表牲畜。《玉篇》："嘼，六嘼，牛、马、羊、犬、鸡、豕也。"段玉裁《说文解字注》："《尔雅》释兽、释嘼必异其名者，陆德明曰：'嘼是嘼养之名，兽是毛虫总号。'故释嘼惟论马牛羊鸡犬，释兽通说百兽之名。按：《尚书·武成》'归嘼'，今作'归兽'，二字不分久矣。"

(3) 獸（兽）。☒、☒、☒、☒宰宙簋、☒史獸鼎、☒员鼎、☒獸爵、☒。☒秦简、☒秦简、☒汉帛、☒桐柏庙碑、☒索靖、☒虞世南、☒颜真卿。

甲骨文从單从犬，"單"象狩猎工具，"犬"为辅助。金文部件"單"稳定为繁复的写法，战国时期出现"單"下增"口"作者。小篆承继了最繁复的写法。《说文》："獸，守备者。从嘼从犬。"楷书稳定为"獸"。本指狩猎，引申指所猎获的动物，多指四足而长毛的脊椎动物。汉字发展中，狩猎义由"狩"承担了，"獸"专表野兽。汉字简化时，"獸"并入了"兽"。《尔雅·释鸟》："二足而羽谓之禽，四足而毛谓之兽。"《诗·小雅·车攻》："建旐设旄，搏兽于敖。"指狩猎。《尚书·虞书·益稷》："予击石拊石，百兽率舞。"指野兽。

(4) 戰（战）。☒盗壺、☒舍志鼎、☒。☒秦简、☒秦简、☒汉帛、☒曹全碑、☒王羲之、☒昭仁寺碑、☒颜真卿。

金文由"單"与"戈"组成，二者皆为作战兵器，"單"亦提示字音。构字部件一直比较稳定。明末俗字以声符"占"代替了部件"單"，汉字简化时采用了这一形体。《说文》："戰，鬭也。从戈單声。"段玉裁注："战者，圣人所慎也，故引申为战惧。"章太炎先生认为："战惧、战栗，乃颤之借。"《左传·庄公十年》："可以一战。战则请从。"指打仗。《诗·小雅·小旻》："战战兢兢，如临深渊，如履薄冰。"指发抖。

3. 弓：弓、發（发）、弜、彊、強（强）、弦、張（张）、弭、引、弘

(1) 弓。☒、☒、☒、☒、☒、☒弓父庚卣、☒父癸觯、☒趙曹鼎、☒虢簋、☒。☒秦简、☒汉帛、☒礼器碑。☒皇象、☒欧阳询。

甲骨文象上了弦的弓，或有省弦者。金文亦然。小篆省写弓弦。隶书笔画变形，与现代汉字写法基本相同。《说文》："弓，以近穷远。象形。"《诗·大雅·公刘》："弓矢斯张，干戈戚扬，爰方启行。"指射箭用的弓。"弓"还用作古代长度单位。《仪礼·乡射礼》："侯道五十弓。"贾公彦："弓之下制六尺，与步相应。"古代弓有三种规格，上制长六尺六寸，中制长六尺三寸，下制长六尺。《周礼·考工记·弓人》："弓长六尺有六寸，谓之上制，上士服之；弓长六尺有三寸，谓之中制，中士服之；弓长六尺，谓之下制，下士服之。"郑玄注："人各以其形貌大小服其弓。"

(2) 發（发）。☒、☒、☒工𢿻大子剑、☒。☒秦简、☒秦简、☒汉帛、☒衡方碑、☒校官碑、☒辟雍碑。

發苏孝慈墓志、發褚遂良、發颜真卿。

甲骨文从弓从攴。金文增"址",与"攴"组合成声符"癹"。小篆承之。隶书部件"址"渐成"癶",发生类似形变的有"登"。汉字简化时,"發"与"头髪"之"髪"都简化成了"发","发"由"髪"的草书楷化而成。"發""髪"二字意思本无关联。《说文》:"發,射发也。从弓癹声。"本指发射。《诗·小雅·宾之初筵》:"发彼有的,以祈尔爵。"指发射。引申指出发、发生、发布、启发。屈原《楚辞·九章·涉江》:"朝发枉渚兮,夕宿辰阳。"指出发。《诗·大雅·生民》:"实发实秀,实坚实好。"指萌发。《诗·小雅·小旻》:"发言盈庭,谁敢执其咎。"指表达。《论语·述而》:"不愤不启,不悱不发。"指启发。

(3) 弜。弜、弜、弜、弜父丁觯、弜隶篇、弜。

甲骨文以二"弓"会意,卜辞多借用为否定词。《说文》:"弜,彊也。从二弓。"段玉裁注:"重弓者,彊之意也。"张舜徽《说文解字约注》:"凡言倔强,当以弜为本字。"北周卫元嵩《元包经·仲阴》:"讼,倔弜胥执。"唐李江注:"倔,巨勿切;弜,音奇,并强也。"小篆有弱,指柔弱,与"弜"相较,唯多数撇。《说文》:"弱,桡也。上象桡曲,彡象毛犛桡弱也。弱物并,故从二弓。"段玉裁注:"直者多强,曲者多弱。……曲似弓,故以弓像之。弱似毛犛,故以彡像之。'弱物并',不能独立。"

(4) 彊。彊、彊颂篇、彊、彊秦简、彊汉帛。

甲骨文由"弓"与"畕"组成。金文"畕"变作"畺",多用为"疆",表田界义。《说文》:"彊,弓有力也。从弓畺声。"又"畺,界也。从畕,三其界画。疆,畕或从彊、土。"《六韬》:"太彊必折,太张必缺。"指弓有力。文献中多借"強(强)"表示,"彊"渐废弃不用。

(5) 強(强)。強、強秦简、強汉帛、強钟繇、強王羲之、強欧阳询。

小篆从虫弘声。隶书部件"弘"中的"厶"写成了"口"。《说文》:"強,蚚也。从虫弘声。䡄,籀文强,从蚰从彊。"段玉裁注:"假借为彊弱之彊。"本指米中的小黑虫,多借用为"彊弱"之"彊",并取代了它。现代简化字为"强"。《孟子·梁惠王上》:"晋国,天下莫强焉。"指强大。

(6) 弦。弦、弦秦简、弦汉帛、弦董美人墓志。

从弓从糸,以丝系于弓会意。隶书部件"糸"渐讹成"玄"。《说文》:"弦,弓弦也。从弓,象丝轸之形。"段玉裁注:"弓弦以丝为之,张于弓,因之张于琴瑟者亦曰弦。"《周易·系辞下》:"弦木为弧,剡木为矢。"指装上弓弦。《庄子·让王》:"上漏下湿,匡坐而弦。"指弹奏弦乐。

(7) 張(张)。張中山王嚳壶、張、張秦简、張汉帛、張曹全碑、張钟繇、張张猛龙碑、張欧阳询。

小篆从弓长声。现代简化字形由草书楷化而成。《说文》:"張,施弓弦也。从弓长声。"段玉裁注:"张弛,本谓弓施弦、解弦,引申为凡作、辍之称。"《诗·小雅·吉日》:"既张我弓,既挟我矢。"指拉紧弓弦。引申指张设、张开、紧张。屈原《楚辞·九歌·湘夫人》:"罔薜荔兮为帷,擗蕙櫋兮既张。"指张挂、张设。《庄子·天运》:"予口张而不能噤。"指张开口。《礼记·杂记下》:"一张一弛,文武之道也。"孔颖达疏:"言弓一时须张,一时须弛,喻民一时须劳,一时须逸。"

(8) 弭。𢎺弭弔簋、𢎞、弭褚遂良。

形声字。《说文》:"𢎺,弓无缘,可以解辔纷者。从弓耳声。𢎞,弭或从兒。"《尔雅·释器》:"弓有缘者谓之弓,无缘者谓之弭。"段玉裁注:"弭谓不以缴束,骨饰两头者也。……弭可以解纷,故引申之训止。凡云弭兵、弭乱者,是也。"《诗·小雅·采薇》:"四牡翼翼,象弭鱼服。"《毛传》:"象弭,弓反末也,所以解结也。"孔颖达疏:"弭,弓弰之名,以象骨为之,是弓之末弭,弛之则反曲,故云象弭为弓反末也。"《左传·成公十六年》:"若之何?忧犹未弭。"指消除、平息。

(9) 引。𢎘毛公旅鼎、𢎘守簋、𢎘毛公鼎、𢎘秦公簋。引、𢎘秦简、𢎘汉帛、引贺若谊碑、引欧阳询。

金文于弓上加一小画,表示拉开弓。小篆小画与"弓"分离,写成了一竖。《说文》:"引,开弓也。从弓丨。"段玉裁注:"施弦于弓曰张。钩弦使满,以竟矢之长,亦曰张,是谓之引。凡延长之称、开导之称皆引申于此。"《孟子·尽心上》:"君子引而不发,跃如也。"指拉弓。《周易·系辞下》:"服牛乘马,引重致远,以利天下。"指拉、牵引。《左传·成公十三年》:"我君景公,引领西望。"指引伸、伸长。《管子·法法》:"引而使之,民不敢转其力。"指引导。

(10) 弘。𢎺、𢎎、𢎘、𢎌毫作父乙方鼎。弘、𢎺汉帛、𢎎汉帛、𢎘华山碑、𢎌郭有道碑。和欧阳询、弘虞世南、弘褚遂良。

甲骨文由"弓"与"口"组成,"弓"也提示字音。金文部件"弓"定形为未上弦之弓。小篆部件"口"写成了"厶"。《说文》:"弘,弓声也。从弓厶声。厶,古文肱字。"段玉裁注:"弓声之义引申为他声。经传多假此篆为宏大字。"由声音大泛指大,还用为动词,指扩大、弘扬。《诗·大雅·民劳》:"戎虽小子,而式弘大。"指巨大。《论语·卫灵公》:"人能弘道,非道弘人。"指弘扬。

4.矢:矢、至、疾、雉、矣

(1) 矢。𠂕、𠂕、𠂕、𠂕矢伯卣、𠂕不恐簋、𠂕伯晨鼎、𠂕、𠂕秦简、𠂕汉帛、𠂕王羲之、𠂕昭仁寺碑。

甲骨文象箭矢形。金文于箭杆上加饰笔点,或将点简写作短横。小篆承之。隶书将箭头写成了"𠂇",箭杆、箭尾组成了"人"。《说文》:"𠂕,弓弩矢也。从入,象镝栝羽之形。"上非"入",为箭头。《诗·小雅·吉日》:"既张我弓,既挟我矢。"即指箭矢。

(2) 至。𦤳、𦤳、𦤳禹鼎、𦤳至鼎、𦤳驹父盨、𦤳邾公牼钟、𦤳、𦤳秦简、𦤳秦简、𦤳汉帛、𦤳曹全碑。𦤳王羲之、𦤳元详造像、𦤳高贞碑、𦤳虞世南。

甲骨文从矢从一,以箭矢落到地面,表到达之义。金文箭头写成了弧线。小篆亦然。隶书为方便书写,箭尾渐成"云",箭头则成了横。《说文》:"𦤳,鸟飞从高下至地也。从一,一犹地也。象形。不,上去;而至,下来也。𦤳,古文至。"上非为鸟形,乃箭矢形变化而成。《左传·文公二年》:"秦师又至。"指到来。引申指达到极点。

《左传·襄公二十九年》："德至矣哉！大矣，如天之无不帱也，如地之无不载也！"指达到顶点。《左传·僖公五年》："凡分、至、启、闭，必书云物。"杜预注："分，春、秋分也；至，冬、夏至也；启者，立春、立夏；闭者，立秋、立冬；云物者，气色灾变也。"冬至、夏至均为至日，冬至昼最短，夏至昼最长。

(3) 疾。🅐毛公厝鼎、🅑上官鼎、🅒秦简、🅓汉帛、🅔张表碑、🅕郭有道碑、🅖孔彪碑、🅗校官碑、🅘曹全碑。🅙王羲之、🅚崔敬邕墓志、🅛元倪墓志。

甲骨文从大从矢，疑本义为疾速，也有学者主张为箭伤。甲骨文另有🅐，从人从爿，即《说文》之"疒"，以人生病倚床会意，当为疾病之"疾"的本字。两字音近，甲骨文里已有通用。金文中，两字渐合并为"疾"。小篆承之。隶书就书写之便，笔画变形重组。《说文》："🅐，病也。从疒矢声。🅑，古文疾。🅒，籀文疾。"段玉裁注："析言之则病为疾加，浑言之则疾亦病也。按：经传多训为急也、速也，此引伸之义。……矢能伤人，矢之去甚速，故从矢会意。"《论语·雍也》："伯牛有疾，子问之。"指疾病。《孙子·九地》："疾战则存，不疾战则亡者，为死地。"指急速。

(4) 雉。🅐、🅑、🅒、🅓、🅔汉帛。

形声字，本指野鸡。《说文》："🅐，从隹矢声。🅑，古文雉从弟。"有更换声符的"雉""雉"等异体。《诗·邶风·雄雉》："雄雉于飞，泄泄其羽。"即用本义。

(5) 矣。🅐中山王昔鼎、🅑秦简、🅒汉帛、🅓欧阳询、🅔虞世南。

语气助词。《说文》："🅐，语已词也。从矢以声。"徐锴《说文解字系传》："矢气直疾，今试言矣，则口出气直而疾也。会意。"段玉裁注："已矣叠韵。已，止也。其意止，其言曰矣，是为意内言外。"《左传·僖公二十八年》："晋侯在外，十九年矣。"表已然。《论语·阳货》："诺，吾将仕矣。"表将然。《周易·系辞下》："德薄而位尊，知小而谋大，力小而任重，鲜不及矣。"表肯定。《论语·季氏》："危而不持，颠而不扶，则将焉用彼相矣？"表疑问。

5.戈：戈、伐、成、戍、我、武、戎、戒、或、贼（賊）、威

(1) 戈。🅐、🅑、🅒、🅓戈父丁簋、🅔戈妣辛鼎、🅕戈簋、🅖师奎父鼎、🅗成阳戈、🅘、🅙秦简、🅚汉帛、🅛衡方碑、🅜虞世南。

甲骨文象一种长柄横刃的兵器。商代金文或于横刃末端添加饰物；周代金文多不加，长柄渐作弧形，镦则上移，写成了一斜线。小篆承之。隶书长柄上端的饰物渐成一点。《说文》："🅐，平头戟也。从弋，一横之。象形。"徐锴《说文解字系传》："小枝上向则为戟，平之则为戈。"《诗·周颂·时迈》："载戢干戈，载櫜弓矢。"干是防御的盾，干、戈都是古代常用的武器，因此并称代指兵器、战争。

(2) 伐。🅐、🅑、🅒、🅓、🅔大保簋、🅕康侯簋、🅖令簋、🅗南疆钲、🅘、🅙秦简、🅚秦简、🅛汉帛、🅜汉帛、🅝衡方碑、🅞张表碑、🅟曹全碑、🅠孙秋生造像、🅡欧阳询、🅢苏孝慈墓志。

甲骨文以戈刺穿人的颈部会意。金文亦多如此，战国金文已有人形与"戈"不相交者，南疆钲作🅐。小篆人形与"戈"相分离，隶书亦然。《说文》："🅐，击也。从人持戈。一曰败也。"从甲骨文、金文看，非为人持戈，当是人被戈击刺。小篆"戌（戍）""伐（伐）"以人形所处位置不同来区别，段玉裁曰："戍者，守也。故从人在戈下。""伐者，外击也。故从人杖戈。"系从小篆已变形之字形出发做的分析，从甲骨文及绝大多数金文来看，戈形均刺穿人之颈脖处，或以为象人荷戈形，然甲骨文"何"（古同"荷"）作 🤚、🤚，担荷之形甚明，与 伐（伐）殊然有别，"伐"本义当为以戈伐人，为杀伐字，泛指征伐、砍伐。《左传·庄公二十九年》："凡师有钟鼓曰伐，无曰侵，轻曰袭。"指攻伐。《诗·魏风·伐檀》："坎坎伐檀兮，置之河之干兮。"指砍伐。引申指夸耀，如《左传·襄公十三年》："君子称其功以加小人，小人伐其技以冯君子，是以上下无礼，乱虐并生。"杜预注："自称其能为伐。"

（3）戍。 戍、戍、戍、戍。戍录卣、戍竞卣、戍令簋、戍貞簋、戍孚尊。戍。戍秦简、戍秦简、戍汉帛、戍衡方碑、戍曹全碑。

甲骨文从人从戈，人在戈下，以人扛戈，会戍守之意。金文变化不大。小篆人形与"戈"相接。隶书为就书写之便和字形美观，人形渐成撇点。《说文》："戍，守边也。从人持戈。"《左传·僖公三十年》："秦伯说，与郑人盟，使杞子、逢孙、杨孙戍之，乃还。"指戍守。"戍边""戍卫"等均用其本义。

（4）戉。 戉、戉、戉、戉。戉父癸觚、戉师克盨、戉虢季子白盘。戉。戉汉帛。

"钺"之初文。甲骨文象一把圆刃大斧。金文里的简写形为"戈"的基础上加一象圆刃的弧线。小篆斧刃变形后，许慎误以为声符。《说文》："戉，斧也。从戈乚声。"段玉裁注："俗多金旁，作鉞。"《司马法》："夏执玄戉，殷执白戚，周左杖黄戉，右秉白旄。"即指象征王权的大斧。《说文》有："鏐，车銮声也。从金，戉声。"疑有误。段玉裁注："以戉声之字状銮声，尤殊不类。……戌声岁声则与銮声相似。……《说文》'鉞'篆讹'鏐'。"

（5）我。 我、我、我、我。我毓且丁卣、我䣄伯簋、我孟鼎、我兮甲盘、我猷钟、我曶鼎。我。我秦简、我汉帛、我孔宙碑、我鲜于璜碑、我衡方碑、我郭有道碑、我校官碑、我张迁碑、我皇象、我索靖、我王羲之、我张猛龙碑、我元恭墓志、我欧阳询。

甲骨文象一种刃为锯齿形的长柄兵器，假借为第一人称代词。《诗·豳风·破斧》："既破我斧，又缺我锜。""锜"可能就是这种兵器。金文齿状刃变形较大。小篆更难辨识。隶书在此基础上进一步变形重组。然自金文以来，字形中始终留存着戈形，为探寻字形本义保留了线索。《说文》："我，施身自谓也。或说我，顷顿也。从戈从扌。扌，或说古垂字。一曰古杀字。我，古文我。"以假借义分析字形，不可信。《诗·小雅·采薇》："昔我往矣，杨柳依依；今我来思，雨雪霏霏。"用于自称。

（6）武。 武、武、武。武墙盘、武作册大鼎、武秦公簋、武曾伯霎匦、武虢季子白盘。武。武秦简、武秦简、武汉帛、武衡方碑、武郭有道碑、武校官碑、武曹全碑、武张迁碑、武王羲之、武元珍墓志、武张猛龙碑、武元倪墓志、武高贞碑、武欧阳询。

甲骨文由"止"与"戈"组成，字形表示的是扛着武器出征，指武力、军事。《说文》："武，楚庄王曰：'夫武，定功戢兵。故止戈为武。'"以使用武力希望达到某种局面来析解字形，将构件"止"解为停止，不可靠。《尚书·周书·武成》："乃偃武修文，归马于华山之阳，放牛于桃林之野。"指武事、战争。引申指勇猛，如《诗·郑风·羔裘》："羔裘豹饰，孔武有力"。

（7）戎。★、★、★、★孟鼎、★班簋、★不娶簋、★參生盉、★眉敖簋、★。★秦简、★汉帛、★衡方碑、★元倪墓志、★虞世南。

甲骨文从戈从甲，为兵器之总称。金文变化不大。小篆部件"甲"繁复化，隶书又恢复为"十"，楷书竖笔写成了撇。《说文》："★，兵也。从戈从甲。"《诗·大雅·抑》："修尔车马，弓矢戎兵。"即指各种军械。引申指军队、战争。《周易·同人卦》："伏戎于莽。"指军队。《尚书·说命中》："惟口起羞，惟甲胄起戎。"指战争。

（8）戒。★、★、★、★戒鬲、★戒弔尊、★、★秦简、★汉帛、★元珍墓志、★龙藏寺碑、★苏孝慈墓志、★欧阳询、★欧阳通。

甲骨文以双手持戈，会警戒之意，双手多分处于"戈"的两侧。金文则多有双手相并连者。小篆双手稳定在戈的同一侧。隶书中的双手写成了"廾"，汉字中发生同样隶变的还有"弄""弃""弈""异""舁""彝"等字。《说文》："★，警也。从廾持戈，以戒不虞。"《诗·小雅·采薇》："岂不日戒，玁狁孔棘。"指警戒。文献中有用"戒"为"械""诫"者。鄘侯库戈："乍（作）戎戒（械）"，金文多有以"戒"表兵械的情形。《左传·宣公十二年》："军政不戒而备。"杜预注："戒，敕令。"警戒所持之器具则为"械"，以言语警告则为"诫"，二字当由"戒"分化而来。

（9）或。★、★、★、★猷鐘、★明公簋、★召伯簋、★保卣、★毛公厝鼎、★师衰簋、★、★秦简、★汉帛、★郭有道碑、★白石君碑、★曹全碑、★王羲之、★元珍墓志、★高贞碑、★欧阳询、★欧阳通。

见本章第三节"3.仓廪"（第294页）。

（10）贼（贼）。★散盤、★、★秦简、★秦简、★汉帛、★礼器碑、★张景碑、★曹全碑、★李璧碑、★颜真卿。

金文由"则"与"戈"组成。小篆字形紧凑，"则"所从之"刀"写在了"戈"下。隶变中"刀"渐讹作"ナ"。汉字简化时，"貝"草书楷化为"贝"，"贼"类推简化为"贼"。《说文》："★，败也。从戈则声。"段玉裁注："贝部又云'败、贼皆从贝会意'，据从贝会意之云，是贼字为用戈若刀毁贝。""贼"的本义为破坏，引申指实施破坏行为的人。《左传·宣公二年》："贼民之主，不忠。"指杀害。《左传·宣公二年》："子为正卿，亡不越竟，反不讨贼，非子而谁？"指叛贼。

（11）戚。★、★戚姬簋、★、★汉帛、★隶辨、★钟繇、★王羲之、★李璧碑、★高贞碑、★褚遂良。

甲骨文象一种刃部有齿牙的斧钺，多用作礼器。金文从戈尗声。小篆从戉尗声。《说文》："★，戉也。从戉尗声。"《山海经·海外西经》："乃以乳为目，以脐为口，操干戚以舞。"即指武器。假借为悲戚、亲戚字。《释名·释兵》："戚，戚也。斧以斩断，见者皆戚惧也。"《诗·小雅·小明》："心之忧矣，自诒伊戚。"指忧愁，这个意思后来加意符"心"写作"慽"或"慼"，汉字简化时，归并进了"戚"。《诗·大雅·行苇》："戚戚兄弟，莫远具尔。"《毛传》："戚戚，内相亲也。"孔颖达："戚戚，犹亲亲然亲其所亲，起于心内，故言内相亲也。"

6.矛

矛。或篆。秦简。汉帛。王羲之、颜真卿。

金文象长矛形。小篆矛头变形严重。《说文》：" ，酋矛也。建于兵车，长二丈。象形。 ，古文矛从戈。"段玉裁注："其刃当直，而字形曲其首，未闻。直者象其柲，左右盖象其英。"《诗·郑风·清人》："二矛重英，河上乎翱翔。"《毛传》："重英，矛有英饰也。"郑玄笺："二矛，酋矛、夷矛也，各有画饰。"

7.殳：殳、芟、設（设）

（1）殳。 。 汉帛。

字形为手持击打兵器。小篆中的击打兵器写成了"几"。《说文》：" ，以杸殊人也。从又几声。"《说文》又有："杸，军中士所持殳也。从木，从殳。""杸"与"殳"本为一字，增意符"木"分化而出。《释名·释兵》："殳，殊也。长丈二尺而无刃，有所撞挃于车上，使殊离也。"《诗·卫风·伯兮》："伯也执殳，为王前驱。"《毛传》："殳长丈二尺而无刃。"

（2）芟。 。 校官碑、 曹全碑、 敬使君碑。

《说文》：" ，刈艸也。从艸从殳。"段玉裁注："殳取殺意也。"《说文》："殺，戮也。从殳，杀声。""芟"本指除草。《诗·周颂·载芟》："载芟载柞，其耕泽泽。"《毛传》："除草曰芟，除木曰柞。"引申指清除、删除。《文选·尚书序》："芟夷烦乱，翦截浮辞。"指删减文辞。

（3）設（设）。 。 汉帛、 衡方碑、 西狭颂、 曹全碑。 欧阳询、 褚遂良、 颜真卿。

本指陈设、设置。汉字简化时，部件"言"草书楷化为"讠"，"設"遂成"设"。《说文》：" ，施陈也。从言从殳。殳，使人也。"段玉裁注："殳者，可运旋之物，故使人取意于殳。'般'字下曰：'殳，所以旋也。'"《左传·僖公二十八年》："狐毛设二旆而退之。"指摆设。《诗·商颂·殷武》："设都于禹之绩。"指建设。

8.干、盾

（1）干。 。 干氏弔子盤、 毛公層鼎、 。 秦简、 汉帛、 衡方碑、 校官碑、 曹全碑、 王羲之、 虞世南。

字形象一种防御武器，学者多认为是盾一类的。扬雄《方言》："盾，自关而东或谓之瞂，或谓之干。关西谓之盾。"《说文》：" ，犯也。从反入，从一。"许慎据小篆分析，殆失之。隶书字形上边分叉部分渐成一横。汉字简化时，将读音相同的乾燥之"乾"、主榦之"榦（幹）"也归并进了"干"。《诗·大雅·公刘》："干戈戚扬，爰方启行。"即指盾牌。引申指保卫、侵犯。《诗·周南·兔罝》："赳赳武夫，公侯干城。"指捍卫。孔颖达："干城者，言以武夫自固，为扞蔽如盾，为防守如诚然。"《左传·文公四年》：" 今陪臣来继旧好，君辱贶之。其敢干大礼以自取戾？"指触犯、冒犯。

（2）臿。

从干从臼，本指舂捣，舂捣之工具及相似的器物也叫臿。《说文》："臿，舂去麦皮也。从臼，干所以臿之。"段玉裁注："引伸为凡刺入之称，如农器刺地者曰锹臿。"《韩非子·五蠹》："禹之王天下也，身执耒臿以为民先。"即后世之锹锸。汉乐府诗《郑白渠歌》有："举锸如云，决渠为雨。"《说文》："梠，臿也。从木昌声。"徐铉曰："今俗作耜。"耜是古代插地握土的农具。许慎以臿释耜。《释名·释用器》："锸，插也。插地起土也。"司马相如《上林赋》："赤瑕驳荦，杂臿其间。"指错杂穿插，这个意思后来写作"插"。

9.盾

盾。 五年师旋簋、 盾 秦简、 盾 汉帛、 盾 颜真卿。

本指盾牌。五年师旋簋似为人执盾形。《说文》："盾，瞂也。所以扞身蔽目。象形。"徐锴："斤，象盾形。"《诗·秦风·小戎》："龙盾之合，鋈以觼軜。"《毛传》："龙盾，画龙其盾也。"

10.㫃：㫃、游、旅、族、㫃、旗

（1）㫃。 休盘、 㫃。

甲骨文为旗帜在竿上飘扬之形。小篆旗杆与旌旗相分离。《说文》："㫃，旌旗之游，㫃蹇之貌。从中，曲而下垂，㫃，相出入也。读若偃。古人名㫃字子游……㫃，古文㫃字。象旌旗之游及㫃之形。"段玉裁注："旌旗者，旗之通称。旌有羽者，其未有羽者。……从中谓竿首，下垂谓游也。……晋有籍偃、荀偃，郑有公子偃、驷偃，孔子弟子有言偃，皆字游。今之经传皆变作偃，偃行而㫃废矣。"

（2）游。 冉斿卣、 亚若癸方彝、 长㠯戊鼎、 曾仲斿父壶、 鄂君启舟节、 䇳平钟、 㳺 秦简、 斿 汉帛、 遊 辟雍碑、 游 皇象、 遊 王羲之、 遊 欧阳询、 遊 褚遂良、 遊 颜真卿、 游 颜真卿。

"斿"的甲骨文、金文从㫃从子，《说文》无之，《玉篇》："斿，旌旗之末垂者。或作游。"金文有"游""遊"，分别增意符"水""辵"，各有所专。《说文》："㳺，旌旗之流也。从㫃汓声。 ，古文游。"段玉裁注："《集韵》《类篇》乃作旒，俗字耳。旗之游如水之流，故得称流也。大常十有二游，旂九游，旗七游，旗六游，旐四游。……《周礼》省作斿。引伸为凡垂流之称。……又引伸为出游、嬉游，俗作遊。"典籍中虽常用"游"，但"旗斿"之"斿"、"出遊"之"遊"、"浮游"之"游"已各司其义。汉字简化时，归并入"游"。《左传·桓公二年》："鞶、厉、游、缨，昭其数也。"杜预注："游，旌旗之游也。"同"斿""旒"。《诗·邶风·谷风》："就其浅矣，泳之游之。"指游泳。《墨子·贵义》："子墨子南遊于楚，见楚献惠王。"指出游。

（3）旅。 廣父己簋、 虢弔匡、 㧥甗、 子邦父甗、 彊伯簋、 杳尊、 蒙伯簋、 作旅卣、 旅。 秦简、 汉帛、 旅 曹全碑、 旅 王羲之、 旅 元珍墓志、 旅 颜真卿。

甲骨文从放从从，本义为师旅。金文或增"车"。小篆从放从从。隶书部件"从"渐成"氏"。《说文》："𣃼，军之五百人为旅。从放从从。从，俱也。𣃸，古文旅。"《诗·小雅·黍苗》："我徒我御，我师我旅。"郑玄笺："五百人为旅，五旅为师。"

（4）族。𣃼、𣃻、𣃼、𣃸。𣃸盟公簋、𣃸番生簋、𣃸师酉簋、𣃼、𣃻秦简、𣃻汉帛、𣃻礼器碑。𣃻元倪墓志、𣃻高贞碑、𣃻颜真卿。

甲骨文从放从矢，本指以氏族为基础的军事组织，清代的八旗制度即古制之遗留。《说文》："𣃻，矢锋也。束之族族也。从放从矢。"段玉裁注："今字用镞，古字用族。"许慎所释实为后起之"镞"，非"族"之本义。《尚书·虞书·尧典》："克明俊德，以亲九族。"指家族。

（5）旂。𣃻。𣃻遹鼎、𣃻豆閉簋、𣃻颂壶、𣃻扬簋、𣃻。𣃻欧阳询。

金文从放斤声，一种竿头系铃的旗帜。《说文》："𣃻，旗有众铃，以令众也。从放斤声。"《尔雅·释天》："注旄首曰旌，有铃曰旂。"郭璞注："县铃于竿头，画交龙于旂。"《诗·周颂·载见》："龙旂阳阳，和铃央央。"即是这种旗帜。汉字简化时，"旂"归并进了"旗"。

（6）旗。𣃻。𣃻秦简、𣃻王基碑、𣃻李璧碑、𣃻李秀残碑。

形声字，本指画有熊虎的军旗，后泛指各种旗帜。《说文》："𣃻，熊旗五游，以象罚星，士卒以为期。从放其声。"《释名·释兵》："熊虎为旗，旗，期也，言与众期于下，军将所建，象其猛如虎。"《左传·庄公十年》："吾视其辙乱，望其旗靡。"指军旗。《周礼·春官·司常》："司常掌九旗之物名，各有属以待国事。日月为常，交龙为旂，通帛为旃，杂帛为物，熊虎为旗，鸟隼为旟，龟蛇为旐，全羽为旞，析羽为旌。"为旗帜之总称。

二、工具组

1.鼓：鼓、壴、喜、彭、嘉

（1）鼓。𣃻、𣃻、𣃻。𣃻痶钟、𣃻邾钟、𣃻师楚簋、𣃻子璋钟、𣃻。𣃻秦简、𣃻汉帛、𣃻张景碑。𣃻孙秋生造像、𣃻虞世南。

甲骨文从壴从攴，为手持鼓槌击鼓之形。金文已有将手持鼓槌的部分写成"支"的。小篆承之。隶书笔画形状略有变化。《说文》："𣃻，郭也。春分之音，万物郭皮甲而出，故谓之鼓。从壴，支象其手击之也。𣃻，籀文鼓从古声。"又"𣃻，击鼓也。从支从壴，壴亦声"。两字实一字。《左传·庄公十年》："公与之乘，战于长勺。公将鼓之。"指击鼓。《诗·陈风·宛丘》："坎其击鼓，宛丘之下。"指乐鼓。引申指鼓动。《诗·小雅·鹿鸣》："鼓瑟鼓琴，和乐且湛。"指弹奏。《庄子·盗跖》："摇唇鼓舌，擅生是非。"指摇动、振动。由鼓的形状引申有凸起、涨大之义，如"圆鼓鼓""鼓胀"等。

（2）壴。𣃻、𣃻、𣃻、𣃻、𣃻、𣃻。𣃻女壴方彝、𣃻王孙钟。𣃻。

甲骨文象竖立的鼓，上为饰物，中为鼓面，下为鼓座。小篆饰物与鼓分离，许慎误以为从豆。饰物"中"隶变中写成了"十"。《说文》："壴，陈乐，立而上见也。从中从豆。"卜辞中与"鼓"通用，秦以后只作部件使用。

（3）喜。🔣、🔣、🔣、🔣。🔣弔㕚簋、🔣士父鐘、🔣史喜鼎、🔣兮仲鐘、🔣伯喜簋、🔣天亡簋、🔣。🔣秦简、🔣汉帛。🔣薛稷、🔣颜真卿。

甲骨文从壴从口。《说文》："喜，乐也。从壴从口。🔣，古文喜从欠，与欢同。"段玉裁注："古音乐与喜乐无二字，亦无二音。……闻乐则笑，故从壴从口会意。"本指喜悦，引申指喜爱。《诗·小雅·菁菁者莪》："既见君子，我心则喜。"指高兴。《诗·小雅·彤弓》："我有嘉宾，中心喜之。"指喜爱。

（4）彭。🔣、🔣、🔣、🔣、🔣。🔣彭女鼎、🔣彭女簋、🔣廣簋、🔣。🔣汉帛。🔣索靖、🔣褚遂良、🔣颜真卿。

甲骨文从壴从彡，"彡"代表鼓声。《说文》："彭，鼓声也。从壴彡声。"段玉裁注："《诗》之言鼓声者，惟'鼍鼓逢逢'。……'逢逢'，《埤苍》《广雅》作'韸韸'。……许无'韸'字。'彭'即'韸'也。……言马而假鼓声之字者，其壮盛相似也。"《诗·鲁颂·駉》："有骊有黄，以车彭彭。"毛亨传："彭彭，有力有容也。"形容车马壮盛。司马相如《上林赋》："沸乎暴怒，汹涌彭湃。"指水势浩大，今作"澎湃"。

（5）嘉。🔣伯嘉父簋、🔣齐鞄氏鐘、🔣陳侯作嘉姬簋。🔣。🔣汉帛、🔣景君碑、🔣桐柏庙碑、🔣史晨碑、🔣衡方碑、🔣曹全碑。🔣王献之、🔣褚遂良。

金文从壴加声，部件"加"的耒耜形上多有握持之手爪形，"壴"上的饰物也有多种繁复的变体。小篆构件的"壴""加"呈上下结构。《说文》："嘉，美也。从壴加声。"《诗·豳风·东山》："其新孔嘉，其旧如之何？"指美好。引申指赞美，如《论语·子张》："君子尊贤而容众，嘉善而矜不能"。

2.樂：樂（乐）、龠、䚵、𪛉、琴

（1）樂（乐）。🔣、🔣、🔣、🔣樂鼎、🔣癲鐘、🔣邾公釛鐘、🔣命瓜君壺。🔣秦简、🔣汉帛、🔣礼器碑、🔣史晨碑、🔣肥致碑、🔣衡方碑、🔣曹全碑。🔣皇象、🔣王羲之、🔣孙秋生造像、🔣欧阳询、🔣褚遂良。

甲骨文从丝从木，本指木上系着丝弦的乐器，引申指音乐、快乐。金文增"白"，"白"本象大拇指之形。小篆承续了金文繁复的写法。隶书笔画形状略有调整。现代简化字形"乐"为草书楷化而来。《说文》："樂，五声八音总名。象鼓鞞。木，虡也。"《韩非子·解老》："竽先则钟瑟皆随，竽唱则诸乐皆和。"指乐器。《论语·子路》："事不成，则礼乐不兴。"指音乐。《左传·隐公元年》："大隧之中，其乐也融融。"指快乐。

（2）龠。🔣、🔣、🔣、🔣散盤、🔣臣辰卣、🔣臣辰盉。🔣秦简、🔣隶辨。

"籥"之初文。甲骨文象编连在一起的排管乐器，上为管口形。金文多增倒口形以示吹奏之义，编连的竹管数量也有增加。小篆承之。隶书笔画整齐之，仍隐约可见其初形。《说文》："龠，乐之竹管，三孔，以和众声也。从品侖。侖，理也。"许慎对字形的分析不准确。因其为竹管编连而成，后增意符"竹"而成"籥"，典籍中常见此种乐器。《诗·邶风·简兮》:"左手执籥,右手秉翟。"《毛传》:"籥,六孔。"典籍中"籥"也有用以指钥匙者,通"鑰","鑰"本指关闭门的直闩,引申指开门的钥匙。《说文》:"鑰,关下牡也。从门龠声。"段玉裁注:"'关下牡'者,谓以直木上贯关,下插地。……管籥,搏键器也。然则关下牡谓之键,亦谓之籥。籥,即鑰之假借字。析言之,则键与鑰有二;浑言之,则一物也。"《墨子·备城门》:"五十步一方,方尚必为关籥守之。"孙诒让《墨子间诂》:"关籥即管籥。"这个意思后来改意符"竹"为"金"而成"鑰","钥"则为"鑰"之部件"龠"改为声符"月"而成。

(3) 龢。 ⿕、⿕、⿕ 秦公鐘、⿕ 虢弔鐘、⿕ 邾君壶、⿕ 益公鐘、⿕ 鲁遽鐘、⿕、⿕ 乙瑛碑。

甲骨文从龠禾声,本指音调和谐。如《左传·襄公十一年》:"九合诸侯,如乐之龢,无所不谐。"《说文》:"龢,调也。从龠禾声。"段玉裁注:"此与口部和音同义别,经传多假和为龢。"《说文》:"和,相譍也。从口,禾声。"本指声音相应和。两字引申义多有叠合。战国以后文献中多用"和"。

(4) 龤。⿕。

从龠皆声,本指音乐和谐,引申指各种关系融洽。《说文》:"⿕,乐和龤也。从龠皆声。《虞书》曰:'八音克龤。'"段玉裁注:"龤龢作谐和者,皆古今字变。……龤与言部谐音同义异,各书多用谐为龤。"《说文》:"谐,詥也。从言皆声。"段玉裁注:"此与龠部龤异用,龤专谓乐和。""谐"偏于言语。引申之后意义多有叠合。典籍多用"谐"。汉字简化时,统一为"谐"。

(5) 琴。⿕ 楚简、⿕、⿕ 汉帛、⿕ 孔彪碑、⿕ 颜真卿。

战国文字从珡金声,为《说文》古文之所本。《说文》:"珡,禁也。神农所作。洞越。练朱五弦,周加二弦。象形。⿕,古文珡从金。"段玉裁注:"《白虎通》曰:'琴,禁也。以禁止淫邪、正人心也。'此叠韵为训。"明显是受儒家礼乐教化思想影响的训释。《诗·小雅·常棣》:"妻子好合,如鼓瑟琴。"琴、瑟是古代两种常用的弦乐器。

3. 工:工、仝、巨、㨻、塞

(1) 工。⿕、⿕、⿕、⿕、⿕ 木工鼎、⿕ 史獸鼎、⿕ 兔卣。⿕ 秦简、⿕ 汉帛、⿕ 礼器碑、⿕ 衡方碑、⿕ 曹全碑、⿕ 牛橛造像、⿕ 欧阳询。

甲骨文象某种工具。金文方框部分简写成粗横线,进而成横线。小篆承之。《说文》:"工,巧饰也。象人有规矩也。与巫同意。⿕,古文工,从彡。"由工具引申有工匠、擅长、精巧等义。《论语·卫灵公》:"工欲善其事,必先利其器。"指工匠。《韩非子·五蠹》:"工文学者非所用,用之则乱法。"指擅长。《吕氏春秋·知度》:"若此则工拙、愚智、勇惧,可得以故易官。"与"拙"相对。

(2) 仝。⿕ 秦简、⿕ 曹全碑、⿕ 褚遂良。

《说文》:"仝,完也。从入从工。全,篆文仝从玉,纯玉曰全。⿕,古文仝。"段玉裁注:"从工者,如巧者之制造必完好也。……今字皆从籀,而以仝为同字。"《周礼·考工记·玉人》："天子用全，上公用龙。"郑众："全，纯色也。龙当为尨，尨谓杂色。"郑玄："全，纯玉也。"典籍多用完全义。《说文》："完，全也。""完"与"全"互训。《庄子·养生主》："三年之后，未尝见全牛也。"指完整。

（3）巨。㠪 伯矩尊、㠪 伯矩盂、㠪 伯矩鼎、跃 卫盉、丅 鄘侯簋。㠪、㠪 秦简、㠪 汉帛、巨 郭有道碑、巨 张迁碑。巨 石婉墓志、巨 张玄墓志、巨 欧阳询、巨 褚遂良、巨 颜真卿。

"矩"的金文为人持工尺形，部件中象人形的"大"有增一横作"夫"者。小篆省人形，仅保留了工尺，隶变作"巨"。楷书中"夫"写成了"矢"而成"矩"。《说文》："巨，规巨也。从工，象手持之。榘，巨或从木、矢。矢者，其中正也。㠪，古文巨。"《说文》无"矩"，以"巨"为"矩"。段玉裁注："后人分别，巨，大也；矩，法也、常也。与《说文》字异。"文献中的"矩"表矩尺义，"巨"则借用指巨大义。《孟子·离娄上》："不以规矩，不能成方员。""矩"指用来画方形的工具。《孟子·梁惠王下》："为巨室，则必使工师求大木。""巨"指大。

（4）㠭。㠭。

《说文》："㠭，极巧视之也。从四工。"《玉篇·㠭部》："㠭，今作展。"段玉裁注："工为巧，故四工为极巧。'极巧视之'，谓如离娄之明、公输子之巧，既竭目力也。凡展布字当用此，展行而㠭废矣。"《说文》："展，转也。从尸，襄省声。"疑"展"由"㠭"得声，非为古今字。章太炎《国故论衡·原道》："欲与畴人百工比巧，犹不得，况其至㠭察者！"用仔细看之义。

（5）塞。窒。窒 秦简、窒 汉帛、窒 衡方碑、塞 王羲之、塞 高贞碑、塞 欧阳询。

字形似为双手持物填塞进房屋，疑其本义为填塞、堵塞，引申指充满。《说文》："窒，隔也。从土从寅。"段玉裁注："俗用为窒窾字，而塞之义、窾之形俱废矣。"隶变中，部件"㠭"写成了"丰"，双手与上边共有一横，写成了"八"。《诗·豳风·七月》："穹窒熏鼠，塞向墐户。"指堵塞。《孟子·公孙丑上》："其为气也，至大至刚，以直养而无害，则塞于天地之间。"指充满。

4.車：車（车）、連（连）、庫（库）、軒（轩）、輕（轻）、斬（斩）、轟（轰）、轍（辙）、輔（辅）

（1）車（车）。車、車、車、車、車、車 今甲盘、車 盂鼎、車 父丁觯、車 同簋、車。車 秦简、車 汉帛。車 智永、車 欧阳询、車 米芾。車 钟繇、車 欧阳询。

甲骨文象车辆形，其中车轮、车轴、车辕、车舆、车轭、车厢等形状细节完备，简写形则仅表现车轮、车轴、车辕。金文情形大体相仿，最简者已成"車"。小篆承之。现代简化字形"车"为草书楷化而成。《说文》："車，舆轮之总名。象形。𨍋，籀文車。"段玉裁注："谓象两轮一轴一舆之形，此篆横视之乃得。"《诗·郑风·有女同车》："有女同车，颜如舜华。"指车辆。

（2）連（连）。連 连迁鼎、連、連 秦简、連 汉帛、連 朝侯残碑、連 智永、連 崔敬邕墓志、連 虞世南。

金文从辵从車，"辵"多反写。小篆定形为左"辵"右"車"。隶书中"辵"渐成

"辶"。汉字简化时,部件"車"草书楷化为"车","連"遂成"连"。《说文》:"䢖,员连也。从辵从车。"段玉裁改"员连"为"负车",注曰:"连即古文輦也。……'负车'者,人挽车而行,车在后如负也。……人与车相属不绝,故引伸为连属字"。马王堆帛书《战国纵横家书》:"老妇持连而裹。""连",典籍多作"輦"。《庄子·骈拇》:"是故骈于足者,连无用之肉也。"指连接。

（3）庫（库）。䫀朝訶右庫戈、庫秦简、庫居延汉简、庫褚遂良。

金文从车从广,本指收藏兵车及武器的地方。现代汉字简化时,部件"車"草书楷化为"车","庫"遂成"库"。《说文》:"庫,兵车藏也。从车在广下。"段玉裁注:"引伸之,凡贮物舍皆曰库。"《墨子·七患》:"库无备兵,虽有义不能征无义。"指收藏武器、战车的地方。《荀子·富国》:"田野荒而仓廪实,百姓虚而府库满,夫是之谓国蹶。"指仓库。

（4）軒（轩）。軒。軒汉帛、軒衡方碑、軒曹全碑、軒王羲之、軒安乐王墓志、軒张猛龙碑。

本指一种车,有曲辕、车厢前高后低、有帷幕,供大夫以上的官员乘坐。汉字简化时,部件"車"草书楷化为"车","軒"遂成"轩"。《说文》:"軒,曲辀藩车。从车干声。"段玉裁注:"谓曲辀而有藩蔽之车也。……许于藩车上必云曲辀者,以辀穿曲而上,而后得言轩,凡轩举之义引申于此。"《左传·闵公二年》:"卫懿公好鹤,鹤有乘轩者。"杜预注:"轩,大夫车。"王粲《赠蔡子笃》:"潜鳞在渊,归雁载轩。"李善注:"轩,飞貌。"

（5）輕（轻）。輕。輕秦简、輕汉帛、輕景君碑、輕衡方碑、輕校官碑、輕王羲之、輕敬使君碑、輕龙藏寺碑、輕虞世南、輕褚遂良。

从车巠声,汉字简化时,草书楷化为"轻"。《说文》:"輕,轻车也。从车巠声。"段玉裁注:"輕本车名,故字从车。引申为凡轻重之轻。"宋玉《楚辞·九辩》:"前轻辌之锵锵兮,后辎乘之从从。"朱熹《诗集传》:"轻辌,车之轻而有窗者。"《孟子·梁惠王上》:"权,然后知轻重;度,然后知长短。"指重量轻。还引申有轻便、轻易、轻率、轻视、轻贱等义。《老子》:"夫轻诺必寡信,多易必多难。"指轻易。《左传·僖公三十三年》:"秦师轻而无礼,必败。"指轻佻。《老子》:"祸莫大于轻敌,轻敌几丧吾宝。"指轻视。《孟子·尽心下》:"民为贵,社稷次之,君为轻。"指轻贱。

（6）斬（斩）。斬。斬秦简、軘秦简、斬汉帛、斬颜真卿。

从车从斤,汉字简化时,部件"車"草书楷化为"车"。《说文》:"斬,截也。从车从斤。斩法车裂也。"段玉裁注:"截者,断也。……本谓斩人,引申为凡绝之称。……盖古用车裂,后人乃法车裂之意而用鈇钺,故字亦从车。斤者,鈇钺之类也。"《墨子·号令》:"皆就其守,不从令者斩。"指杀人。《墨子·非攻下》:"入其国家边境,芟刈其禾稼,斩其树木,堕其城郭。"指砍树。

（7）轟（轰）。轟。轟颜真卿。

《说文》:"轟,群车声也。从三车。"古以三表多数,"轟"本指群车行驶时发出的声响,泛指巨大的声响。典籍中又作"輷""輷""輷"。《仓颉篇》:"輷輷,众车声也。"《玉篇·车部》:"輷,车声也。"释玄应等《一切经音义》:"轟今作輷。"汉字简化时,部件"車"草书楷化为"车",用符号"双"代替了字形下边的两个"車",就成了"轰",类似的如"聶",简化字作"聂"。《史记·苏秦列传》:"人民之众,车马之多,日夜行不绝,轰轰殷殷,若有三军之众。"指车发出的巨大声响。元稹《答姨兄胡灵之见寄五十韵》:"春郊才烂熳,夕鼓已砰轰。"形容鼓声响亮。

（8）轍（辙）。 辙 颜真卿。

《说文》:"轍,车迹也。从车,徹省声。辙,古文彻。"汉字简化时,部件"車"草书楷化为"车","轍"遂成"辙"。《左传·庄公十年》:"吾视其辙乱,望其旗靡,故逐之。"指车轮压出的痕迹。引申指路线、原则,如陶渊明《咏贫士》:"量力守故辙,岂不寒与饥"。

（9）輔（辅）。 辅师嫠簋、辅伯鼎、辅、辅汉帛、辅景君碑、辅白石君碑、辅曹全碑、辅张迁碑。辅王羲之、辅杨大眼造像、辅元珍墓志。

金文从车甫声,本指为增强车轮的承重能力而在车轮外侧绑缚的两条直木,引申指辅助。汉字简化为"辅"。《说文》:"輔,人颊车也。从车甫声。"因面颊与车辅有相似之处,故亦称"辅",改意符"车"为"面"而成"酺"。《说文》:"酺,颊也。从面甫声。"段玉裁注:"古多借辅为酺。……盖自外言,曰酺、曰颊、曰厴酺。自里言,则上下持牙之骨谓之酺车、亦谓牙车、亦谓颔车、亦谓颊车、亦谓鎌车、亦谓之酺、亦谓之颊。"《诗·小雅·正月》:"其车既载,乃弃尔辅。"孔颖达疏:"辅是可解脱之物,盖如今人缚杖于辐,以防辅事也。"《左传·僖公五年》:"辅车相依,唇亡齿寒。"杜预注:"辅,颊辅;车,牙车。"《尚书·汤誓》:"尔尚辅予一人,致天之罚,予其大赉汝。"指辅助、辅佐。

5. 舟、俞、朕、服

（1）舟。 舟父丁卣、舟父壬尊、洹秦簋、鄂君启舟节、舟汉帛、舟虞世南。

甲骨文象船形。金文变化不大。小篆船头加了一曲线。隶变中曲线渐成撇,船舱部分的横线渐成上下对称的一横两点。《说文》:"舟,船也。象形。"段玉裁注:"古人言舟,汉人言船。"《诗·邶风·二子乘舟》:"二子乘舟,泛泛其景。"即指船。

（2）俞。 俞、俞不嬰簋、俞鲁伯俞父簠、俞豆闭簋、俞、俞汉帛、俞王羲之、俞蔡襄。

甲骨文构形不明。金文由"舟"与"余"组成,旁加饰笔线条。小篆部件"余"及饰笔重组成"亼"和"巜"。隶书就书写之便,"巜"又成了"刂",部件"舟"则讹写为"月"。《说文》:"俞,空中木为舟也。从亼从舟从巜。巜,水也。"段玉裁注:"其始见本空之木用为舟,其后因剡木以为舟。凡穿窬、厕牏皆取义于俞。"文献中"俞"没有用义为凿木为舟的用例,然在其作构件使用的"窬""牏""扁"等字中似留有一些痕迹。裴骃《史记集解》:"东南人谓凿木空中如槽谓之牏。"卜辞及早期典籍中,"俞"借用作叹词。《甲骨文合集》10405:"王占曰:'俞!有咎,有梦。'"表惊叹。《尚书·尧典》："帝曰：'俞！予闻，如何？'"表应答。

（3）朕。[字形]录伯簋、[字形]休盘、[字形]圆鼎、[字形]大作大仲簋、[字形]鲁伯愈父簋、[字形]秦公镈、[字形]齐侯敦、[字形]封孙宅盘、[字形]、[字形]汉帛、[字形]王羲之、[字形]颜真卿、[字形]白鹤观碑。

甲骨文由"舟""丨"和"廾"的组合构成，似为双手持物，填补船的缝隙。双手所持之物在金文字形中稍有变化。小篆变作"火"。隶变之后与"双手"重组成了"关"，部件"舟"则讹写为"月"。小篆《说文》："朕，我也。"段玉裁注："朕在舟部，其解当曰舟缝也。……戴先生曰：舟之缝理曰朕，故札续之缝亦谓之朕，所以补许书之佚文也。本训舟缝，引伸为凡缝之称。凡言朕兆者，谓其几甚微，如舟之缝，如龟之坼也。……释诂曰：'朕，我也。'此如卬、吾、台、余之为我，皆取其音，不取其义。……云从舟关声者，人部佚字亦云关声。今《说文》虽无关字，然论例当有之。凡胜、腾、滕、縢、䑍皆以朕为声。""送"金文作[字形]，从辵关声，隶书中部件"关"也笔画重组成了"关"。《周礼·考工记·函人》："眡其朕，欲其直也。"孙诒让《周礼正义》："朕，谓甲之缝。"《庄子·应帝王》："体尽无穷，而游无朕。"成玄英疏："朕，迹也。"屈原《楚辞·离骚》："回朕车以复路兮，及行迷之未远。"秦以前尊卑皆自称"朕"。

（4）服。[字形]、[字形]孟鼎、[字形]克鼎、[字形]、[字形]秦简、[字形]汉帛、[字形]桐柏庙碑、[字形]孔彪碑、[字形]曹全碑、[字形]王羲之、[字形]元珍墓志、[字形]虞世南、[字形]颜真卿。

甲骨文由"𠬝"与"凡"组成。其中"𠬝（𠬝）"为以手降服人之意，《说文》："𠬝，治也。从又从卩。"西周大盂鼎中的"服"的部件"凡"变作"舟"。小篆承之。隶书中部件"舟"又变作"月"。《说文》："服，用也。一曰车右骖，所以舟旋。从舟𠬝声。𦩕，古文服从人。"《周易·系辞下》："服牛乘马，引重致远，以利天下。"指役使、服用。《诗·周南·葛覃》："为絺为绤，服之无斁。""服，整也。女在父母之家，未知将所适，故习之以絺绤烦辱之事，乃能整治之，无厌倦。"《论语·为政》："远人不服，而不能来也。"指顺服。《韩非子·外储说左上》："齐桓公好服紫，一国尽服紫。"指穿服。屈原《楚辞·九章·涉江》："余幼好此奇服兮，年既老而不衰。"指服装。

6. 几、凭、凥、处（處）、丌、奠

（1）几。[字形]。[字形]汉帛、[字形]史晨碑、[字形]欧阳通、[字形]颜真卿。

《说文》："几，踞几也。象形。"段玉裁注："象其高而上平可倚，下有足。""处""凥""凳""凭"等字从之。汉字简化时，因读音相同，"幾"也简化成了"几"，两字意义本来毫无关系，"幾"从丝，本指细微。《诗·大雅·行苇》："或肆之筵，或授之几。"郑玄笺："年稚者为设筵而已，老者加之以几。""茶几""窗明几净"等犹存其本义。

（2）凭。[字形]。[字形]王羲之、[字形]褚遂良。

《说文》："凭，依几也。从几从任。""凭栏远眺"尤存其本义。段玉裁注："依者，倚也。'凭几'亦作'凭几'，假借字。……任几犹言倚几也。会意。"《尚书·顾命》："相被冕服，凭玉几。""憑"为"凭"之异体，从心凭声，《说文》无之，典籍

多用来表抽象意义"凭借",此处指具体的依靠。《左传·哀公七年》:"冯恃其众,而背君之盟,辟君之执事,以陵我小国。""冯"即"凭",指凭靠、依仗。汉字简化时,取用了原形"凭"。

(3)尻。凥。

《说文》:"凥,处也。从尸得几而止。"段玉裁注:"引申之为凡凥处之字。既又以蹲居之字代凥,别制踞为蹲居字,乃致居行而凥废矣。""居"为"踞"之古字,甲骨文从尸古声,本指箕踞,段玉裁注:"臀着席而伸其脚于前,是曰箕踞。"典籍中皆以"踞"记"居"之本义,而多用"居"为"凥"。《玉篇》:"凥,与居同。"《诗·邶风·击鼓》:"爰居爰处?爰丧其马?"指居处、居住。《左传·宣公二年》:"问其名居,不告而退。"指住所。《史记·吕不韦传》:"此奇货可居。"指囤积。

(4)处(處)。 墙盘、痶钟、井人妄钟、鄂君啟車節、处。电秦简、扁汉帛、家礼器碑、家桐柏庙碑、家衡方碑、家曹全碑、家钟繇、家王羲之、家牛橛造像、家褚遂良、处颜真卿。

金文从人从几虍声。小篆人形变作"夂",《说文》以省"虍"者为字头。隶书不省。现行简化字省"處"上半之"虍",与小篆近,然部件"几"讹写成了"卜"。《说文》:"处,止也。得几而止。从几从夂。處,处或从虍声。"段玉裁注:"人遇几而止,引申之为凡凥处之字。……人两胫后有致之者,至乎几而止,故字从夂几。"《孙子·军争》:"是故卷甲而趋,日夜不处。"指止息。《左传·僖公四年》:"君处北海,寡人处南海,唯是风马牛不相及也。"指居处。《周易·系辞上》:"君子之道,或出或处。"指隐居,古称隐士为处士亦用此义。《荀子·非十二子》:"古之所谓处士者,德盛者也,能静者也。"

(5)丌。丌。六秦简、元汉帛。

《说文》:"丌,下基也。荐物之丌。象形。"段玉裁注:"平而有足,可以荐物。""丌"象承载东西的基座,"其""奠"本从之。战国、秦汉时期,或于其上增一横作"亓",曾作为"其"的异体使用。《集韵》:"其,古作丌、亓。"

(6)奠。 、 、 、 、 。奠师艅鼎、奠昌鼎、奠郑虢仲簋、奠克钟、奠韦尃父盨、奠、奠汉帛。奠苏孝慈墓志、奠颜真卿。

甲骨文为置酒坛于地面形,本义为设酒祭祀。金文字形于放酒坛的平面下加了两个支脚。小篆酒坛上加"八"。隶变中下边的部件"丌"渐成"大",为方便书写,字形上边的"八"写作"丷"。《说文》:"奠,置祭也。从酋。酋,酒也。下其丌也。"段玉裁注:"置祭者,置酒食而祭也,故从酋丌。丌者,所置物之质也,如置于席则席为丌。引伸为凡置之称。又引伸为奠高山大川之奠。"《诗·召南·采蘋》:"于以奠之?宗室牖下。"指祭祀。《仪礼·士冠礼》:"赞者奠纚、笄、栉于筵南端。"指放置。《尚书·商书·盘庚下》:"盘庚既迁,奠厥攸居,乃正厥位,绥爰有众。"指奠定。

7. 且、俎、宜

(1)且。 、 、 、 。且乙卣、且亚耳尊、且秦公簋。且。且秦简、且汉帛、且汉帛、且衡方碑、且曹全碑、且张迁碑、且安乐王墓志、且虞世南。

王国维先生认为象自上观下的俎面之形，俎面上有横格，用以盛放牲肉或祭品。[①]《说文》："且，荐也。从几，足有二横，一其下地也。"段玉裁注："且，古音俎，所以承藉进物者。引申之，凡有藉之词皆曰且。凡语助云且者，必其义有二：有藉而加之也，云姑且、苟且者；谓仅有藉而无所加，粗略之词也，凡经注言且字者十有一。"甲骨文、金文多用作"祖"。先秦典籍则多作虚词使用。《诗·小雅·鱼丽》："君子有酒，旨且多。"表并列，指而且。《诗·唐风·山有枢》："且以喜乐，且以永日。"指姑且。《诗·齐风·鸡鸣》："会且归矣，无庶予子憎。"指将要。《周易·乾卦》："天且弗违，而况于人乎？"指尚且。

（2）俎。且三年瘐壶、俎、俎秦简、俎虞世南、俎欧阳通。

王国维先生认为金文象"自其侧观之"的俎形，描画的有俎足、俎面及横格，本为祭祀、宴飨时割肉、载肉的礼器。[②]小篆俎足讹写成了"仌"。《说文》："俎，礼俎也。从半肉在且上。"段玉裁注："仌为半肉字，如酉、谷有半水字。会意字也。"据已变形的小篆分析字形，与初文不合。《左传·隐公五年》："鸟兽之肉，不登于俎。"杜预注："俎，祭宗庙器。"《史记·项羽本纪》："今人方为刀俎，我为鱼肉，何辞为？"指切肉的砧板。

（3）宜。宜、宜、宜作册般甗、宜脂作父辛卣、宜梁上官鼎、宜中山王䤵鼎、宜、宜汉帛、宜汉帛、宜景君碑、宜曹全碑、宜钟繇、宜欧阳询。

甲骨文为俎案的两个横格里分别放着一块肉。金文中的肉纹描画得更为细致，战国晚期字形的俎案形渐成"宀"。小篆承之，下边保留了一块肉形。《说文》："宜，所安也。从宀之下，一之上，多省声。宜，古文宜。宜，亦古文宜。"《说文》所载古文字形仍为两块肉。小篆变形太多，许慎的字形分析不准确。隶书字形下边变成了"且"，虽为书写笔画粘连重组使然，但恰好与俎案之形偶合。《礼记·王制》："天子将出，类乎上帝，宜乎社，造乎祢。"郑玄注："类、宜、造，皆祭名。"作祭名用者还有《诗·鲁颂·閟宫》："皇皇后帝，皇祖后稷，享以骍牺，是飨是宜，降福既多。"《尚书·周书·泰誓上》："予小子夙夜祗惧，受命文考，类于上帝，宜于冢土。"等等。《诗·郑风·女曰鸡鸣》："弋言加之，与子宜之。"毛亨传："宜，肴也。"《诗·周南·桃夭》："之子于归，宜其室家。"朱熹《诗集传》："宜者，和顺之意。"《吕氏春秋·不苟论·当赏》："主之赏罚爵禄之所加者宜，则亲疏远近贤不肖，皆尽其力而以为用矣。"指适当。

8.斤：斤、斳（折）、析、斧、所、斯、斷（断）、芻（刍）、新、兵

（1）斤。斤、斤天君鼎、斤仕斤戈、斤、斤秦简、斤汉帛、斤衡方碑、斤颜真卿。

甲骨文象曲柄斧。金文的斧刃与斧柄分离。小篆承之。隶书笔画变形重组，遂成"斤"。《说文》："斤，斫木也。象形。"段玉裁注："凡斫物者皆曰斧，斫木之斧，则

[①] 王国维，《说俎》，见《观堂集林》，中华书局，1959年，156-157页。
[②] 王国维，《说俎》，见《观堂集林》，中华书局，1959年，156-157页。

谓之斤。"徐灝《说文解字注笺》："斧斤同物，斤小于斧。"王筠《说文句读》："斤之刃横，斧之刃纵。"《左传·哀公二十五年》："皆执利兵，无者执斤。"指斧斤。

（2）断（折）。〖古文字形〗今甲盘、多友鼎、洹子孟姜壶、秦简、汉帛、汉帛、衡方碑、曹全碑、王羲之、欧阳询、褚遂良。

甲骨文以斤断草木会意。金文从上下相承的屮、从斤，春秋晚期金文或有于二"屮"之间加短横以示折断义。小篆继承了金文主流的写法。《说文》："𣂪，断也。从斤断艸。籀文𣂪从艸在仌中，仌寒故𣂪。𣂪，篆文𣂪从手。"籀文𣂪实来源于春秋金文二"屮"之间加短横的写法。段玉裁认为从手之𣂪为"唐后人所妄增。……《说文》作𣂪，隶省作折"。隶书部件"屮"粘连变形成了"扌"，"𣂪"遂成"折"。《诗·郑风·将仲子》："无逾我里，无折我树杞。"指折断。引申指曲折、折叠、挫折、折服等。《礼记·玉藻》："周还中规，折还中矩。"指曲折。《后汉书·郭太传》："尝于陈、梁间行遇雨，巾一角垫，时人乃故折巾一角，以为林宗巾。"指折叠。《汉书·蒯通传》："一日数战，亡尺寸之功，折北不救。"颜师古注："折，挫也。"《战国策·齐策·南梁之难》："晚救之，韩且折而入于魏，不如早救之。"指折服。

（3）析。〖古文字形〗、、格伯簋、秦简、汉帛、西狭颂、虞世南、褚遂良。

甲骨文从木从斤。金文部件"斤"，斧刃与斧柄分离。小篆承之。隶书为便于书写，笔画形状变形重组，遂成今形。《说文》："析，破木也。一曰折也。从木从斤。"段玉裁注："以斤破木，以斤断草，其义一也。"《诗·齐风·南山》："析薪如之何？匪斧不克。"指劈开木头。引申指离析、辨析。《论语·季氏》："邦分崩离析而不能守也。"指离散。《庄子·天下》："判天地之美，析万物之理。"指分析、辨析。

（4）斧。〖古文字形〗邵大弔斧、居簋、秦简、白石君碑、颜真卿。

甲骨文从斤父声，郭沫若认为"父"的甲骨文为手持石斧形。金文部件"斤"多写在"父"的左下角，排布紧凑。小篆承之。隶书笔画断离重组，遂成今形。《说文》："斧，斫也。从斤父声。"《诗·豳风·伐柯》："伐柯如何？匪斧不克。"指砍伐树木的斧头。《左传·昭公四年》："王弗听，负之斧钺，以徇于诸侯。"则用作兵器。

（5）所。〖古文字形〗不易戈、所鼎、易秦简、汉帛、乙瑛碑、孔宙碑、衡方碑、孔彪碑、曹全碑、钟繇、王羲之、颜真卿。

金文由"斤"和"户"组成。小篆亦然。部件"户"在"所"中较好地保留着原始特征，而在其他汉字里，最上之笔画在现行楷书中写成了"丶"。《说文》："所，伐木声也。从斤户声。《诗》曰：'伐木所所。'"段玉裁注："伐木声乃此字本义。用为处所者，假借为处字也。若王所、行在所之类是也。用为分别之词者，又从处所之义引申之。若予所否者、所不与舅氏同心者之类是也。皆于本义无涉，是真假借矣。"《诗·郑风·大叔于田》："襢裼暴虎，献于公所。"指处所。《周易·系辞下》："交易而退，各得其所。"指位置。《孟子·告子上》："生，亦我所欲也；义，亦我所欲也。"与动词组成名词结构，代人或物。

（6）斯。〖古文字形〗徽儿钟、禹鼎、汉帛、衡方碑、郭有道碑、孔彪碑、西狭颂、曹全碑。

斯中岳灵庙碑、斯牛橛造像、斯元倪墓志、斯欧阳询。

从斤其声，本指劈开。《说文》："䉲，析也。从斤其声。《诗》曰：'斧以斯之。'"段玉裁注："以叠韵为训。……假借训为此，亦叠韵也。"《广雅》："斯，裂也。"王念孙《广雅疏证》："今俗语犹呼手裂为斯。"《集韵》："或作撕，亦作厮。"张舜徽《说文解字约注》："今语犹称裂物为斯，俗作撕。""撕"为"斯"之后起分化字。《诗·陈风·墓门》："墓门有棘，斧以斯之。"《毛传》："斯，析也。"郑玄笺："维斧可以开析之。"《论语·子罕》："天之将丧斯文也，后死者不得与于斯文也。"作指示代词，指此、这。今以"斯文"指有文化或有涵养。

（7）斷（断）。𠚤、𣃔、𣂢量侯簋、𣃔秦简、𣃔汉帛、𣃔皇象、𣃔王羲之、斷颜真卿。

《说文》："𣃔，截也。从斤从𢇍。𢇍，古文绝。𠚤，古文斷从𠧮。𠧮，古文叀字。𠧮，亦古文。""叀"为纺砖，金文与《说文》古文相近，以刀断丝会意。小篆从斤从𢇍，𢇍已有断绝义，累增意符"斤"。本指截断。段玉裁注："引申之义为决断。"隶书部件"𢇍"写成了"𢇍"，现代简化字将之草书楷化为"㡀"，"斷"遂成"断"。《周易·系辞上》："二人同心，其利断金。"孔颖达《周易正义》："二人若同齐其心，其纤利能断截于金。"《周易·系辞上》："以定天下之业，以断天下之疑。"孔颖达《周易正义》："以此《易》道决断天下之疑。"《史记·李斯列传》："断而敢行，鬼神避之。"指果断。还引申指判断、区分，《释名》："断，段也，分为异段。"《周易·系辞上》："系辞焉以断其吉凶，是故谓之爻。"指判断。

（8）*芻（刍）。𠫑、𠫓、𠫓、𠫓散氏盘、𠫓、𠫓秦简、𠫓汉帛、𠫓褚遂良。

甲骨文以手持断草会意，双"屮"或改为双"木"，作构字部件时"草""木"时有通用。金文从手从二屮。小篆手形讹变成了包束着两个"屮"的形状，隶书为就书写之便又离析成了两个"勹"。汉字简化时，草书楷化为"刍"，上半之"ク"源于复写符号。《说文》："𡴍，刈艸也。象包束艸之形。"《左传·昭公六年》："禁刍牧采樵，不入田，不樵树，不采蓺。"指割草。《诗·大雅·板》："先民有言，询于刍荛。"《毛传》："刍荛，薪采者。"指割草的人。后以"刍荛之见"表谦称，指浅陋的意见。又指喂牲口的草、用草喂牲口、食草的牲口。《左传·僖公二十九年》："公在会，馈之刍米，礼也。""刍米"犹今之"柴米"。《周礼·地官·充人》："祀五帝，则系于牢，刍之三月。"郑玄注："养牛羊曰刍。"《孟子·告子上》："理义之悦我心，犹刍豢之悦我口。"赵岐注："草牲曰刍，谷养曰豢。"

（9）新。𣂪、𣂪、𣂪、𣂪、新颂簋、新邿大弔斧、新散盘、新师酉簋、新望簋、新仲义父鼎、新。新秦简、新汉帛、新衡方碑、新白石君碑、新张迁碑、新钟繇、新孙秋生造像、新张猛龙碑、新欧阳询。

甲骨文多从斤辛声，或改造"辛"之下半为"木"，本义为以斤劈木为薪。金文均则多从斤从木辛声，偶有从斤辛声者。小篆由"辛""木""斤"组成。隶书中的部件"辛""木"融合成了"亲"。《说文》："新，取木也。从斤亲声。"段玉裁注："取木者，新之本义，引申之为凡始基之称。……当作从斤木，辛声，非从亲声也。"章太炎："衣之始裁为之'初'，木之始伐谓之'新'。"自甲骨文以来，"新"均用新旧义,遂增"艹"作"薪"以记其本义。《诗·邶风·谷风》:"燕尔新婚,如兄如弟。"与"旧"相对。引申指刚刚,如《荀子·不苟》:"新浴者振其衣,新沐者弹其冠"。《诗·大雅·棫朴》:"芃芃棫朴,薪之槱之。"《毛传》:"山木茂盛,万民得而薪之。"作动词,取以为薪。《诗·齐风·南山》:"析薪如之何?匪斧不克。"作名词,指柴薪。

(10) 兵。 䇮、䇮、𠦪庚壺、𠦪舍志盤、䇮、䇮秦简、䇮秦简、兵汉帛、兵孔宙碑、兵衡方碑、兵虞世南。

甲骨文从廾从斤,以双手持斤会意。金文、小篆主要是部件"斤"的变化。隶书笔画变形重组,双手渐成"八"。《说文》:"䇮,械也。从廾持斤,并力之貌。䇮,古文兵,从人廾干。䇮,籀文。"段玉裁注:"械者器之总名,器曰兵,用器之人亦曰兵。"双手持戈为戒,持斤为兵。《左传·僖公三十三年》:"郑穆公使视客馆,则束载、厉兵、秣马矣。"指兵器。《左传·襄公元年》:"晋韩厥、荀偃帅诸侯之师伐郑,入其郛,败其徒兵于洧上。"指士兵、军队。

9.刀:刀、刃、刅(创)、利、分、则(則)、列、刊、荆、絕(绝)、辛、宰、辟、辠(罪)、辭或辝(辞)、䇷、辯(辩)

(1) 刀。𠄎、𠄎、𠄎、𠄎子父癸鼎、𠄎刀爵、𠄎子刀父辛方鼎、𠄎秦简、𠄎汉帛、𠄎衡方碑、𠄎欧阳询。

甲骨文象刀刃,下为刀柄,上边的刀面仅写象刀背的线条。商代晚期的金文多有完整表现刀形者。小篆刀背曲线弧度增大。隶书渐失象刀背的曲线。《说文》:"𠄎,兵也。象形。"《左传·襄公三十一年》:"未能操刀而使割也,其伤实多。"是说一个人还不会拿刀,就让他去割东西,多半会伤了自己。先秦有外形像刀的钱币,也称为刀。《管子·国蓄》有:"以珠玉为上币,以黄金为中币,以刀布为下币。"《荀子·荣辱》:"余刀布,有囷窌,然而衣不敢有丝帛。"杨倞注:"刀布,皆钱也。刀取其利,布取其广。"假借指小船。《诗·卫风·河广》:"谁谓河广?曾不容刀。"郑玄笺:"小船曰刀。"这个意思后增意符"舟",作"舠"。

(2) 刃。𠄏、𠄎、𠄎秦简、𠄎汉帛、𠄎钟繇、𠄎褚遂良。

甲骨文于"刀"上加一点以示锋刃之所在。《说文》:"𠄎,刀坚也。象刀有刃之形。"《尚书·费誓》:"锻乃戈矛,砺乃锋刃。"指刀刃。引申指有刃的利器,如《孟子·梁惠王上》:"杀人以梃与刃,有以异乎?"也用作动词,指杀,如《左传·襄公二十五年》:"请自刃于庙,弗许"。

(3) 刅(创)。𠚒刅壶、𠚒刅觯、𠚒。

金文于"刃"的基础上再加一点以示创伤义。《说文》:"𠚒,伤也。从刃从一。创,或从刀仓声。"段玉裁注:"当是从刃从一。一者,伤之象,剿之所入也。"或体"創"行,今简化为"创"。《荀子·礼论》:"创巨者其日久,痛甚者其愈迟。"指创伤。开创之"创",《说文》作"刱","刱,造法刱业也。从井刅声,读若创"。段玉裁注:"《国语》《孟子》字皆作创。"典籍一般写作"创"。《论语·宪问》:"为命,裨谌草创之,世叔讨论之,行人子羽修饰之,东里子产润色之。"实即"刱",与"创"共用一形,而以读音相别,平声表创伤,去声表创造。

（4）利。🔾、🔾、🔾、🔾利簋、🔾利鼎。🔾。🔾秦简、🔾汉帛、🔾史晨碑、🔾张迁碑、🔾王羲之、🔾石婉墓志、🔾欧阳询。

甲骨文由"禾"与"刀"组成，或于"刀"旁增点，本义为锋利。金文情形与甲骨文差不多。小篆由"禾"与"刀"组成。隶书部件"禾"中象下垂的谷穗部分写成了撇，部件"刀"渐成"刂"。《说文》："🔾，铦也。从刀。和然后利，从和省。🔾，古文利。"段玉裁注："引伸为铦利字，铦利引伸为凡利害之利。"《墨子·明鬼下》："勇力强武，坚甲利兵。"指锋利。《论语·里仁》："君子喻于义，小人喻于利。"指利益。《周易·乾卦》："飞龙在田，利见大人。"指吉利。

（5）分。🔾、🔾鬲攸比鼎、🔾郡公𨨛鐘、🔾四分鼎、🔾。🔾秦简、🔾汉帛、🔾曹全碑、🔾皇象、🔾王羲之、🔾敬使君碑、🔾虞世南。

甲骨文从八从刀，"八"象分开的两物。《说文》："🔾，别也。从八从刀，刀以分别物也。"指分割。《论语·季氏》："邦分崩离析而不能守也。"指分裂、瓦解。《左传·僖公五年》："凡分、至、启、闭，必书云物。"杜预注："分，春、秋分也；至，冬、夏至也；启者，立春、立夏；闭者，立秋、立冬；云物者，气色灾变也。"董仲舒《春秋繁露·阴阳出入上下》："春分者，阴阳相半也，故昼夜均而寒暑平。"即昼夜均分等长，秋分亦然。"分"引申有分配、分散、区分等义。《左传·庄公十年》："衣食所安，弗敢专也，必以分人。"指分配、分给。《孙子·谋攻》："用兵之法，十则围之，五则攻之，倍则分之。"指分散。《论语·微子》："五谷不分，孰为夫子！"指分辨、区分。

（6）则（则）。🔾冒鼎、🔾鬲攸比鼎、🔾兮甲盘、🔾中山王𰯼壶、🔾。🔾秦简、🔾汉帛、🔾衡方碑、🔾袁博碑、🔾上尊号碑、🔾石婉墓志、🔾魏灵藏造像、🔾欧阳询。

金文从刀从鼎，本指法则、规则。鼎足简写之后与"贝"相近，小篆由"贝"与"刀"组成。隶书中部件"刀"渐成"刂"。汉字简化时，"貝"草书楷化为"贝"，"則"遂成"则"。《说文》："🔾，等画物也。从刀从贝。贝，古之物货也。🔾，古文则。🔾，亦古文则。🔾，籀文则从鼎。"段玉裁注："介画之，故从刀。引伸之为法则。假借之为语词。"《诗·大雅·皇矣》："不识不知，顺帝之则。"郑玄笺："其为人，不识古，不知今，顺天之法而行之者。"作名词，指法则。《诗·小雅·鹿鸣》："视民不恌，君子是则是效。"《毛传》："是则是效，言可法效也。"作动词，指效法，法其可法者曰则。

（7）列。🔾晋侯穌鐘。🔾。🔾秦简、🔾汉帛、🔾景君碑、🔾夏承碑、🔾曹全碑、🔾皇象、🔾王羲之、🔾欧阳询、🔾颜真卿。

金文从刀从歺，歺亦声，本指分裂、分解。"歺"亦作"歹"，"死""残"等字从之，《说文》"剔骨之残也"。小篆形体变化不大。隶书中部件"歺"渐成"歹"，部件"刀"渐成"刂"。《说文》："🔾，分解也。从刀歺声。"段玉裁注："列之本义为分解，故其字从刀。齿分骨之齭从列。引伸为行列之义。"《管子·五辅》："是故博带梨，大袂列，文绣染，刻镂削。"《荀子·大略》："古者列地建国，非以贵诸侯而已。"指分割，这个意义后来写作"裂"。《说文》："裂，缯余也。从衣，列声。"段玉裁注：

"引伸为凡分散、残余之称。"《左传·昭公元年》:"召使者,裂裳帛而与之。"指撕裂。"列"还引申指行列、位次。《左传·僖公二十二年》:"既济,而未成列。"指行列。《左传·昭公十三年》:"昔天子班贡,轻重以列,列尊贡重,周之制也。"指位次、职位。

(8) 刊。刊秦简、刊孔宙碑、刊曹全碑、刊张迁碑、刊魏灵藏造像、刊张猛龙碑、刊颜真卿。

《说文》:"刊,剟也。从刀干声。"段玉裁注:"凡有所削去谓之刊,故刻石谓之刊石。此与木部栞,音同义异,唐卫包乃改栞为刊,误认为一字也。"《周礼·秋官·柞氏》:"夏日至,令剥阳木而火之;冬日至,令剥阴木而水之。"郑玄注:"刊、剥互言耳,皆谓斫去次地之皮。"《仪礼·士丧礼》:"重木,刊凿之。"指雕刻。杜预《春秋左氏传序》:"左丘明受经于仲尼,以为经者不刊之书也。"指修改,"不刊之论"即用此义。《尚书·益稷》:"予乘四载,随山栞木。"徐锴《说文解字系传》:"谓随所行林中,斫其枝为道记识也。"颜师古《汉书注》:"栞,古刊字。斫其木也。""栞"指砍斫,很早即混入"刊"。

(9) 荆。荆散盘、荆蛮壶。荆。荆秦简、荆汉帛、荆郭有道碑、荆欧阳询、荆虞世南。

《说文》:"荆,罚罪也。从井从刀。"段玉裁注:"假借为典型字。……以荆入井部,谓有犯五荆之罪者则用刀法之。……此荆罚正字也,今字改用刑。刑者,到也,见刀部,其义其音皆殊异。"疑"刑"为"荆"书写之变,《说文》:"刑,到也。从刀开声。"隶书中部件"开"连成了"开",遂成"刑"。《左传·昭公六年》:"严断刑罚,以威其淫。"孔颖达疏:"对文则加罪为刑,收赎为罚。散则刑罚通也。"《诗·大雅·荡》:"虽无老成人,尚有典刑。"郑玄笺:"犹有常事故法可案用也。""典刑"后来写作"典型"。《说文》:"型,铸器之法也。从土刑声。"段玉裁注:"以木为之曰模,以竹曰范,以土曰型。引申之为典型。假借荆字为之,俗作刑,非是。"

(10) 絕(绝)。絕、絕、絕、幷、幷、絕佣生簋、絕中山王響壶、絕、絕秦简、絕汉帛、絕衡方碑、絕郭有道碑、絕孔彪碑、絕校官碑、絕曹全碑、絕王羲之、絕欧阳询、絕虞世南、絕颜真卿。

甲骨文从刀从糸,以刀断丝会意。金文变化不大。小篆增声符"卩"。隶变中,部件"糸"之端绪渐成"小",部件"刀"渐成"勹",部件"卩"渐成"巴"。汉字简化时,部件"糸"草书楷化为"纟"。《说文》:"絕,断絲也。从糸从刀从卩。蠿,古文絕。象不连体,絕二絲。"段玉裁注:"断之则为二,是曰绝。引申之,凡横越之曰绝,如绝河而渡是也。又绝则穷,故引申为极,如言绝美、绝妙是也。"《吕氏春秋·本味》:"钟子期死,伯牙破琴绝弦,终身不复鼓琴。"《史记·孔子世家》:"读《易》,韦编三绝。"均指断绝。引申指抽象的断绝。如《左传·襄公十四年》:"百姓绝望,社稷无主。"即不存希望。《荀子·劝学》:"假舟楫者,非能水也,而绝江河。"指横渡。《诗经·小雅·正月》:"终逾绝险,曾是不意。"表程度,极、最。

(11) 辛。辛、辛、辛且己父辛卣、辛父辛盂、辛辛鼎、辛利簋、辛父辛簋、辛服尊、辛申鼎、辛、辛秦简、辛汉帛、辛乙瑛碑、辛衡方碑、辛郭有道碑、辛曹全碑、辛欧阳通、辛颜真卿。

甲骨文象一种刑具,因首笔为横,遂有于其上增一短横为饰笔者。金文变化不大,以增短横者为多，复于中竖之下半增点为饰笔，为便于书写，点又写作短横。小篆承之。楷书中最上之短横写成了点。《说文》："辛，秋时万物成而熟；金刚，味辛，辛痛即泣出。从一从䇂。䇂，辠（罪）也。"段玉裁注："辛痛泣出，辠（罪）人之象。凡辠（罪）、宰、辜、辟、辞皆从辛者，由此。"与刑罪相关的本义存于"辛"作构字部件的汉字中，文献多用其辛痛、辛辣、辛苦等引申义。宋玉《楚辞·招魂》："大苦咸酸，辛甘行些。"指辛辣味。曹植《赠白马王彪》："仓猝骨肉情，能不怀苦辛？"指悲痛。李绅《悯农》："谁知盘中餐，粒粒皆辛苦。"指劳苦。至于天干之辛，则为假借用法。

（12）宰。宰㮆角、宰师楚簋、宰颂鼎、宰汉帛、宰虞世南。

甲骨文从宀从辛，裘锡圭先生认为从辛，"辛"象镰刀类的工具，为"乂"之初文，有治理之义。《说文》："宰，辠（罪）人在屋下执事者。从宀从辛。辛，辠（罪）也。"段玉裁注："此宰之本义也，引伸为宰制。"引申指治理、官名。《诗·小雅·楚茨》："诸宰君妇，废彻不迟。"朱熹《诗集传》："诸宰，家宰，非一人之称也。"《韩非子·说难》："伊尹为宰，百里奚为虏。"指宰夫、厨夫。《论语·子路》："仲弓为季氏宰，问政。"指卿大夫的家臣。《老子》："生而不有，为而不恃，长而不宰，是谓玄德。"作动词，指主宰。

（13）辟。辟墙盘、辟孟鼎、辟禹鼎、辟克鼎、辟善夫克鼎、辟虢弔鐘、辟𬨎羌鐘、辟作册䰧卣、辟弔䟸父卣、辟师害簋、辟、辟秦简、辟秦简、辟汉帛、辟曹全碑、辟皇象、辟欧阳询、辟颜真卿。

甲骨文从卩从辛，少数或增饰笔"口"。金文多为增"口"的形体，因"口"均写作圆形，有学者主张为"璧"之初文，然西周金文用义多为治理、法则等，未见用璧玉义者。小篆由"卩""口""辛"组成。《说文》："辟，法也。从卩从辛，节制其辠（罪）也；从口，用法者也。"徐灝《说文段注笺》："《尔雅》曰：'辟，法也。'法谓法令。君称辟，行法者也。罪称辟，犯法者也。法谓之辟，因之犯法亦曰辟矣。"《诗经·小雅·雨无正》："如何昊天，辟言不信。"《毛传》："辟，法也。"郑玄笺："如何乎昊天，痛而诉之也，为陈法度之言，不信之也。"《左传·文公六年》："宣子于是乎始为国政，制事典，正法罪，辟刑狱。"杜预注："辟，犹理也。"《尚书·吕刑》："大辟之罚，其属三百。"孔颖达疏："《释诂》云：'辟，罪也。'死是罪之大者，故谓死刑为大辟。"《尔雅·释训》："皇、王、后、辟，君也。天子、诸侯通称辟。"《尚书·洪范》："惟辟作福，惟辟作威，惟辟玉食。"指君主。汉字简化时，开闢之"闢"也简化成了"辟"，《说文》："闢，开也。从门，辟声。"

（14）辠（罪）。辠中山王䗟鼎、辠、辠秦简、辠汉帛、辠乙瑛碑、罪钟繇、罪王羲之、罪欧阳询。

金文从自从辛，为犯罪之"罪"的本字。《说文》："罪，捕鱼竹网。从网、非。秦以罪为辠字。"隶变中，字形上边的"网"写成了"罒"，"罗""罩""署""置""罹""罟""䍜""罟""罝"等字上边的"罒"也原本是"网"。《说文》："辠，犯法也。从辛从自，言辠人蹙鼻苦辛之忧。秦以辠似皇字，改为罪。"段玉裁注："罪本训捕鱼竹网，从网、非声。始皇易形声为会意。""经典多出秦后，故皆作罪。罪之本义少见于竹帛。"《诗·小雅·小明》:"岂不怀归,畏此罪罟。"郑玄笺:"我诚思归,畏此刑罪罗网我,故不敢归尔。"屈原《楚辞·九章·惜往日》:"何贞臣之无辠兮,被离谤而见尤。"王逸注:"辠,一作罪。"

（15）辭、辤（辞）。䇂䖒綧鐘、䇂郑公䍧钟、辭、辤汉帛、辭衡方碑、辭曹全碑、辭朝侯残碑。辞王羲之、辞石婉墓志、辞张猛龙碑、辭敬使君碑、辤欧阳询。

《说文》:"辭,讼也。从䇂,䇂犹理辜也。䇂,理也。𤔲,籀文辞从司。"《说文》:"辤,不受也。从辛从受。受辛宜辤之。辤,籀文辤,从台。""台"为声符。段玉裁注:"经传凡辤让皆作辭说字,固属假借,而学者乃罕知有辤让本字。"疑"辤"由"辭"分化出来专表推辞义,"受"为"䇂"之省。汉字简化时,"辭"简化成了"辞","辤"亦归并入"辞"。《尚书·吕刑》:"明清于单辞。民之乱,罔不中听狱之两辞。"孔颖达疏:"单辞,谓一人独言,未有与对之人。""两辞"则指双方的讼辞。《周易·乾卦》:"修辞立其诚。"指文辞、言辞。《论语·雍也》:"与之粟九百,辞。"指推辞、拒绝。

（16）辡。䇂䇂。

《说文》:"䇂䇂,罪人相与讼也。从二辛。"未见单用,疑为许慎由"辯"析出。

（17）辯（辩）。辯。辯秦简、辯汉帛、辯虞世南、辯褚遂良。

从言从二辛,本指讼辩,泛指论辩。汉字简化时,部件"言"草书楷化为"讠","辯"遂成"辩"。《说文》:"辯,治也。从言在辡之间。"《孟子·滕文公下》:"孟子曰:'予岂好辩哉?予不得已也。'"赵岐注:"好辩,好辩争。"

10. 册：册、删、嗣、典、扁、栅、聿或筆（笔）、書（书）、畫（画）、律、建、尹

（1）册。册、册、册戍卣、册颂鼎、册父乙卣、册矢尊、册、册汉帛、册王羲之、册虞世南、册颜真卿。

甲骨文字形象用两道绳索编连在一起的竹简。金文、小篆的字形变化不大。隶书、楷书整齐之而成"册",后书写中,上边又断离开来而成"册"。《说文》:"册,符命也。诸侯进受于王也。象其札一长一短,中有二编之形。𠕁,古文册。"段玉裁注:"编,次简也。次简者,竹简长短相间排比之,以绳横联之,上下各一道。"《尚书·金縢》:"公归,乃纳册于金縢之匮中。"指简册。

（2）删。删、删史晨碑、删王羲之、删虞世南、删颜真卿。

从册从刀,本义指用刀在简册上删改。《说文》:"删,剟也。从刀册。册,书也。"段玉裁注:"凡草创不定者,以削削之谓之删。因之凡刊落不用者皆谓之删。"《汉书·律历志》:"故删其伪辞,取正义,著于篇。"指删除。

（3）嗣。嗣戍嗣鼎、嗣孟鼎、嗣曾姬无卹壶、嗣中山王䇂壶、嗣、嗣曹真碑、嗣王羲之、嗣虞世南。

金文多从册从口,司声,或增从子,指继承。《说文》:"嗣,诸侯嗣国也。从册从口,司声。𤲬,古文嗣从子。"徐锴《说文解字系传》:"册必于庙,史读其册,故从口。此会意。"《左传·襄公十三年》："子产而死，谁其嗣之？"指继承。《左传·襄公三年》："祁奚请老，晋侯问嗣焉。"指继承人。

（4）典。册、 _{召伯簋}、 _{格伯簋}、 _{井侯簋}、 _{典弜父丁觯}、 、 _{秦简}、 _{汉帛}、 _{景君碑}、 _{校官碑}、 _{曹全碑}、 _{王羲之}、 _{欧阳询}。

甲骨文从册从廾，以双手捧典册会意。金文唯商代晚期的典弜父丁觯所记之字形仍为手形，其他字形里的双手形均换成了"丌"。小篆承之。隶书中象简册的部分写成了"曲"。《说文》："典，五帝之书也。从册在丌上，尊阁之也。典，古文典从竹。"《左传·昭公十二年》："是能读三坟、五典、八索、九丘。"杜预注："皆古书名。"指典籍。《左传·昭公十五年》："数典而忘其祖。"指记录前代法则、制度的重要书籍。《诗·周颂·维清》："维清缉熙，文王之典。"《毛传》："典，法也。"指典章制度。

（5）扁。扁、 _{秦简}、 _{汉帛}、 _{颜真卿}。

《说文》："扁，署也。从户册。户册者，署门户之文也。"段玉裁注："署门户者，秦书八体，六曰署书。"指书于门户上的文字。杨万里《真州重建壮观亭记》："为之赋，且大书其扁。"这个意思后来写作"匾"。引申有扁平义。《后汉书·东夷传》："（辰韩）儿生，欲其头扁，皆押之以石。"

（6）栅。 、 、 _{颜真卿}。

《说文》："栅，编树木也。从木从册，册亦声。"王筠《说文句读》："谓立木而编绾之以为栅也。"编木之形与编竹简之形相近，故而小篆特以意符"木"别之。《庄子·天地》："内支盈于柴栅，外重纆缴。"指栅栏，王先谦《庄子集解》："支柱充塞于内，故以柴栅拟之"。

（7）聿、筆（笔）。 、 、 、 、 _{女帚卣}、 _{聿叟鼎}、 _{者沪钟}、 _{父丁尊}、 、 _{杨叔恭碑}、 _{虞世南}。

"笔"之初文。甲骨文为手执笔形。金文变化不大，春秋金文有于笔毛下端加饰点或短横者。小篆承继了加短横的写法。隶书笔画平直化。《说文》："聿，所以书也。楚谓之聿，吴谓之不律，燕谓之弗。从聿一声。""一"是由春秋时期出现的饰笔演化而来的，非声符。先秦典籍中常借用作语气助词，如《诗·大雅·文王》有："无念尔祖，聿修厥德"，"聿"为发语词。睡虎地秦简已有"筆"，增"竹"以表其本义，古代毛笔笔杆多为竹质。《说文》："筆，秦谓之筆。从聿，从竹。"朱骏声《说文通训定声》："秦以竹为之，加竹。"北齐碑文出现了从竹从毛的"笔"，将"聿"改作了"毛"，汉字简化时取用之，反映了毛笔作为笔的典型形象之深入人心。《庄子·田子方》："众史皆至，受揖而立，舐笔和墨。"扬雄《太玄·饰》："舌笔之利，利见知人也。"指笔。

（8）書（书）。 _{颂簋}、 _{颂鼎}、 _{裹盘}、 、 _{秦简}、 _{秦简}、 _{汉帛}、 _{衡方碑}、 _{郭有道碑}、 _{白石君碑}、 _{皇象}、 _{王羲之}、 _{元珍墓志}、 _{元倪墓志}、 _{欧阳询}。

指书写，也指书写的文字、文书。金文从聿者声。小篆变化不大。隶书部件"聿"的笔毛部分写成了横，部件"者"省简，留下了"曰"。现行汉字"书"为草书楷化而成。《说文》："書，箸也。从聿者声。"徐锴《说文解字系传》："著于竹帛曰书也。"

《左传·宣公二年》："太史书曰：'赵盾弑其君。'"指书写、记载。《诗·小雅·出车》："岂不怀归？畏此简书。"孔颖达："古者无纸，有事书之于简，故曰简书。"指记录着策命的文书。《论语·先进》："何必读书，然后为学？"指书籍。《周易·系辞下》："上古结绳而治，后世圣人易之以书契。"指文字。

（9）畫（画）。^{甲骨文字形}宅簋、^形師克盨、^形录伯簋、^形師兑簋、^形上官登、^形。畫_{秦简}、畫_{汉帛}、畫_{汉帛}、畫_{汉帛}、畫_{王羲之}、畫_{褚遂良}。

甲骨文字形上边为手执笔形，下边为画出的图案。金文中表示图案的部分变化较大，西周早期的宅簋将之写成"周"，金文里"周"用作"琱""彫"，指有雕饰的玉器、雕饰玉器，所以这一改动不影响字义的传达。西周中晚期的金文多在"聿"与"周"之间加两条交叉的线条，大概意在强调文饰、图案之义，"周"多有增"口"的写法，也有增"玉"作者。西周晚期，金文部件"周"省写得颇近于"田"。战国秦简就变成了"田"，还在"田"下加了一横。小篆继承了这种写法，于"田"的四周加线条，左右两边的竖画是由原交叉的线条变来的。隶书部件"聿"的笔毛部分写成了横，省写了"田"两侧的竖线。简化字形"画"是将小篆畫省去上边的"聿"变形而成的，最早见于戴侗的《六书故》。《说文》："畫，界也。象田四界。聿，所以画之。畫，古文画。劃，亦古文画。"从甲骨文、金文看，界划义非其本义。《说文》另有："劃，锥刀也。从刀、畫，畫亦声。"与劃实一字，由"畫"增"刀"分化而来，表刻划义，引申指划分，今简作"划"。今"笔画""笔划"仍并存。"画"的本义指绘画、描绘，也指画出的图画。宅簋有"白（伯）易（赐）小臣宅画盾"，意思是伯赏赐给小臣宅有绘饰的盾。《尚书·顾命》："东序西向，敷重丰席，畫纯，雕玉仍几。"孔颖达疏："彩色为画，盖以五彩色画帛以为缘。""画纯"指用彩帛镶边。《周礼·考工记·画缋》："画缋之事，杂五色。"指图画。《仪礼·乡射礼》："大夫布侯，画以虎、豹。士布侯，画以鹿、豕。"指描绘。《释名·释书契》："画，绘也。以五色绘物象也。"引申指谋划，如《左传·哀公二十六年》："闻下有师，君请六子画。"《玉篇·书部》："画，计也，策也。"《左传·襄公四年》："芒芒禹迹，画为九州。"指划分。

（10）律。^形律鼎、^形、律_{秦简}、律_{汉帛}、律_{曹全碑}、律_{虞世南}、律_{褚遂良}。

甲骨文由"彳"与"聿"组成。金文或增"止"。小篆与甲骨文相近。《说文》："律，均布也。从彳，聿声。"段玉裁注："均律双声，均古音同匀也。……律者所以范天下之不一而归于一，故曰均布也。"早期文献中训为纪律、音律。《周易·师卦》："师出以律，否臧凶。"王弼注："为师之始，齐师者也。齐众以律，失律则散，故师出以律。"指纪律。《尚书·虞书·舜典》："诗言志，歌永言，声依永，律和声。"孔安国传："声谓五声，宫、商、角、徵、羽；律谓六律、六吕，十二月之音气。言当依声律以和乐。"

（11）建。^形蔡侯鐘。建_{秦简}、建_{秦简}、建_{汉帛}、建_{衡方碑}、建_{曹全碑}、建_{王羲之}、建_{张猛龙碑}、建_{高贞碑}、建_{张玄墓志}、建_{欧阳询}、建_{虞世南}。

金文从聿从㇄从土，裘锡圭先生认为可能有树物于土上的意味。小篆从聿从廴，

"凵"变作"廴"。隶书中"廴"又或写作"辶"。《说文》:"建,立朝律也。从聿从廴。"又:"廴,长行也。从彳引之。"段玉裁注:"今谓凡竖立为建。"早期文献多用树立、建立义。《诗·小雅·出车》:"设此旐矣,建彼旄矣。"指树立。《周易·比卦》:"先王以建万国,亲诸侯。"指建立。《左传·昭公二十六年》:"康王息民,并建母弟以蕃屏周。"指封立。

(12) 尹。尹、尹、尹、尹、尹。尹矢方彝、尹乙亥鼎、尹克鼎、尹克盨。尹。尹汉帛、尹衡方碑、尹校官碑、尹欧阳询、尹褚遂良。

甲骨文为手持"丨","丨"多以为笔,或以为杖,卜辞用为官职名。金文"丨"与"又"相叠交,渐有写作撇者。小篆承之。隶书中的部件"又"渐成"彐"。《说文》:"尹,治也。从又丿,握事者也。尹,古文尹。"《左传·定公四年》:"故周公相王室,以尹天下。"指治理。《论语·公冶长》:"令尹子文三仕为令尹,无喜色;三已之,无愠色。旧令尹之政,必以告新令尹。"《汉书·百官表》:"内史,周官,秦因之,掌治京师。武帝更名曰京兆尹。""尹"为官名。

11. 午:午、卸、御、缶、舂、臼

(1) 午。午、午、午、午。午作册魃卣、午齄簋、午公父宅匜。午、午秦简、午秦简、午汉帛、午安乐王墓志、午高贞碑、午马鸣寺碑、午元倪墓志。

甲骨文象木杵形,假借为地支字。金文木杵上边的点渐成"八",下边的点渐成短横。小篆承之。隶书为就书写之便,"八"又渐成"𠂉",类似的如"矢"上之"𠂉"。《说文》:"午,啎也。五月,阴气午逆阳。冒地而出。"《说文》:"杵,舂杵也。从木午声。"《周易·系辞下》:"断木为杵,掘地为臼。"孙绰《游天台山赋》:"尔乃羲和亭午,游气高褰。"指午时、正午。又借为交午,如《仪礼·大射礼》:"若丹若墨,度尺而午",郑玄注:"一纵一横曰午。谓画物也。"

(2) 卸。卸。卸颜真卿。

《说文》:"卸,舍车解马也。从卩止午。"徐锴《说文解字系传》:"从卩、止,午声。"段玉裁注:"舍,止也。马以驾车,止车则解马矣。"杜甫《王竟携酒,高亦同过,共用寒字》:"自愧无鲑菜,空烦卸马鞍。"指解下。

(3) 御。御、御、御、御、御、御、御孟簋、御遹簋、御颂鼎、御子禾子釜。御。御秦简、御汉帛、御皇象、御王羲之、御元珍墓志、御敬使君碑、御虞世南。

甲骨文由"彳""午""卩"组成,罗振玉认为:"与'午'字同形,殆象马策,人持策于道中,是御也。"《说文》:"御,使马也。从彳从卸。𩢲,古文御从又从马。"徐锴《说文解字系传》:"卸,解车马也;彳,行也。或行或卸皆御者之职也。会意。"金文"御""驭"为两字。"驭"西周金文作𩢲令鼎、𩢲大孟鼎,从马从攴,义为持鞭使马。而"御"用义为治理、抵御。睡虎地秦简方见用"御"为驾车义,始与"驭"相混。《说文》以"驭"为"御"之古文,《玉篇》亦有"驭,与御同。使马也"。文献用例,两字只在驾御车马一义上可通用,表御用、防御等义则只能用"御"。《诗·小雅·车攻》："徒御不惊，大庖不盈。"《毛传》："徒，辇也。御，御马也。"《尚书·大禹谟》："临下以简，御众以宽。"指治理。《诗·邶风·谷风》："我有旨蓄，亦以御冬。"《毛传》："御，禦也。"指抵御。《诗·小雅·棠棣》："兄弟阋于墙，外禦其侮。""禦"甲骨文、金文用为祭名，引申而有禁御、防御义，段玉裁云："古只用御字"。汉字简化时，"禦"归并进了"御"。

（4）缶。缶鼎、蔡侯朱缶、樂书缶、缶。

甲骨文由"午"与"口"组成。金文有"匋"作曾父盘、麓伯簋，由"缶"与"勹"组成，"勹"象俯身的人，"匋"象人持杵制作陶器。"缶"为容器，也用作乐器。《说文》："缶，瓦器。所以盛酒浆。秦人鼓之以节歌。象形。"《周易·比卦》："有孚盈缶，终来有它，吉。"郑玄注："缶，汲器也。"《诗·陈风·宛丘》："坎其击缶，宛丘之道。"孔颖达："此云'击缶'，则缶是乐器。"

（5）舂。伯舂盉、舂秦简、舂汉帛。

甲骨文为双手持棍棒在臼中舂捣。金文中棍棒变为典型的木杵的写法。小篆承之。隶变之后双手与木杵重组为"夫"。《说文》："舂，捣粟也。从廾持杵临臼上。午，杵省也。"《诗·大雅·生民》："或舂或揄，或簸或蹂。"指舂米。

（6）臼。臼秦简、臼汉帛、臼颜真卿。

《说文》："臼，舂也。古者掘地为臼，其后穿木石。象形。中，米也。"段玉裁注："引伸凡凹者曰臼……凵象木石臼也。""臽"甲骨文作，金文作肷鐘，陷阱的写法也渐成"臼"。《周易·系辞下》："断木为杵，掘地为臼。"王充《论衡·量知》："谷之始熟曰粟，舂之于臼，簸其秕糠。"均指舂米的器具。

12.力：力、男、加、勒、荔

（1）力。䰜羌鐘、中山王䯶鼎、力、力秦简、力汉帛、力史晨碑、力衡方碑、力皇象、力王羲之、力张猛龙碑、力欧阳询。

甲骨文象一种掘土的农具，前端短横为供脚踩踏的横木。金文中短横渐成曲线。小篆承之，加大了手柄曲度。隶书简省手柄弯曲部分，由横木变来的曲线渐成"丁"。《说文》："力，筋也。象人筋之形。"文献常用义为力气，段玉裁注："引申之，凡精神所胜任皆曰力。"《诗·邶风·简兮》："有力如虎，执辔如组。"指力气。《论语·季氏》："周任有言曰：'陈力就列，不能者止。'"指能力。《孟子·离娄上》："圣人既竭目力焉，继之以规矩准绳，以为方员平直，不可胜用也；既竭耳力焉，继之以六律，正五音，不可胜用也。"指视力、听力。

（2）男。矢方彝、師寰簋、翏生盨、齐侯敦、男、男秦简、男汉帛、男王羲之、男欧阳询、男颜真卿。

甲骨文从田从力，"力"象耒形，以耒耕于田，会男性之意。金文部件"力"曲度更大，与"田"排布紧凑。小篆定型为上田下力。《说文》："男，丈夫也。从田从力。言男用力于田也。"《说文》"夫"下云："周制以八寸为尺，十尺为丈。人长一丈，故曰丈夫。""丈夫"指成年男子。《诗·小雅·斯干》："乃生男子，载寝之床。""男子"指男孩子。

（3）加。〔加爵〕、〔虢季子白盘〕、〔汉帛〕、〔礼器碑〕、〔史晨碑〕、〔朝侯残碑〕、〔皇象〕、〔王羲之〕、〔欧阳询〕。

金文从力从口，与"嘉"通，用于人名或表嘉美义。《说文》："加，语相增加也。从力从口。"段玉裁注："诬人曰譖，亦曰加，故加从力。……引申之，凡据其上曰加。"《左传·庄公十年》："牺牲玉帛，弗敢加也，必以信。"指虚报夸大。《论语·子路》："既富矣，又何加焉？"指增加。《论语·先进》："加之以师旅。"指施加。《管子·小匡》："力死之功，犹尚可加也；显生之功，将何如是？"通"嘉"，指嘉奖、夸奖。

（4）勒。〔录伯簋〕、〔颂鼎〕、〔昌壶〕、〔勒〕、〔汉帛〕、〔衡方碑〕、〔曹全碑〕、〔牛橛造像〕、〔欧阳询〕。

金文由"革"与"力"组成，指马衔，用皮革制成的套在马嘴上用以驾驭马的器具。《说文》："勒，马头络衔也。从革力声。"段玉裁注："此云落衔者，谓落其头而衔其口，可控制也。引申之为抑勒之义。又为物勒工名之义。"屈原《楚辞·九章·思美人》："勒骐骥而更驾兮，造父为我操之。"指收紧缰绳。《史记·孝武本纪》："乃遂北巡朔方，勒兵十余万。"指统率。《礼记·月令》："物勒工名，以考其诚。"郑玄注："刻名于器，以备考验。"

（5）劦。〔劦〕、〔劦〕、〔劦〕、〔隶篇〕、〔劦〕、〔汉帛〕。

"协"之初文。《说文》："劦，同力也。从三力。《山海经》曰：'惟号之山，其风若劦。'"段玉裁注："浅人妄谓与恊、勰、协同音，而不知三字皆以劦会意，非以形声也。……许意盖谓其风如并力而起也。"《说文》："恊，同心之和。从劦从心。"段玉裁注："同心一如同力，故从劦心会意。"《说文》："勰，同思之和。从劦从思。"段玉裁注："同思一如同力。"《说文》："协，众之同和。"段玉裁注："同众之和，一如同力。""协"今简化作"协"。类似的如"脅"简化成了"胁"。卜辞有"劦田其受年"，指协力耕作。《山海经·北山经》有："北望鸡号之山，其风如飙。"郭璞注："飙，急风貌也。"《玉篇·风部》："飙，急风也。""其风如飙"疑与"其风若劦"同，"飙"为增意符"风"而成。

13.耒：耒、耤、耜（耜）、鉏（锄）

（1）耒。〔耒父乙爵〕、〔耒〕、〔汉帛〕。

金文象一种下端分叉的翻土农具。小篆于"木"之上竖加"彡"表示。隶变之后，"彡"写成了三横。《说文》："耒，手耕曲木也。从木推丰。"《周易·系辞下》："斫木为耜，揉木为耒。"即为一种曲柄农具。

（2）耤。〔令鼎〕、〔弭伯簋〕、〔耤〕、〔耤秦简〕。

甲骨文以人执耒，会耕作之意，手足均有表现，双手持耒，画足则表示用以踏耒。西周金文增声符"昔"，因表示的意思是发土耕田，西周晚期有改"昔"下为"田"

者。小篆只保留了"耒"和"昔"。《说文》："藉，帝耤千亩也。古者使民如借，故谓之耤。从耒昔声。"段玉裁注："今经典多作藉。"《说文》："藉，祭藉也。一曰艸不编，狼藉。从艸耤声。""藉"本指祭祀时用的草垫子。卜辞有："乎（呼）耤于陮，受屮（有）年？"即在陮地耕种。《礼记·祭义》："昔者天子为藉千亩，冕而朱纮，躬秉耒；诸侯为藉百亩，冕而青纮，躬秉耒。""藉"通"耤"。

(3) 梠（耜）。松。

典籍多作"耜"，为锹、锸一类的农具。《说文》："松，臿也。从木呂声。㭒，或从里。"徐铉曰："今俗作耜。"段玉裁注："可以插地捱土者。"因是农具，所以改意符为"耒"，类似的如"耨"有异体作"槈"。《诗·小雅·大田》："以我覃耜，俶载南亩。"即指犁田松土的农具。

(4) 鉏（锄）。鉏。鉏樊敏碑、鉏皇象、鋤颜真卿。

《说文》："鉏，立薅所用也。从金且声。"段玉裁注："其器曰槈，其柄短。若立为之，则其器曰鉏，其柄长。……俗作锄。"典籍多作"锄"。屈原《楚辞·卜居》："宁诛锄草茅，以力耕乎。"陶渊明《归园田居》："晨兴理荒秽，带月荷锄归。"《说文》另有从耒之"耡"："耡，商人七十而耡。耡，耤税也。从耒助声。"为一种田税。《周礼·地官·旅师》："掌聚野之耡粟。"郑玄注："耡粟，民相助作，一井之中，所出九夫之税粟也。"因意符"耒"为农具，宋代亦通"锄"，王安石《独卧》："谁有锄耰不自操，可怜园地满蓬蒿。"即指农具之锄。

14. 贝：貝（贝）、得、责、賢（贤）、賀（贺）、寶（宝）、賴（赖）、敗（败）、具、貫（贯）、册

(1) 貝（贝）。ᢒ、ᢒ。ᢒ荣簋、ᢒ御尊、ᢒ齐甬鼎、ᢒ戍甬鼎、ᢒ臣辰卣、ᢒ师遽簋、ᢒ剌鼎、ᢒ召伯簋。貝、貝秦简、貝汉帛、貝汉帛。貝皇象、貝王羲之、貝褚遂良、貝颜真卿。

甲骨文象贝壳之形。西周金文字形上边逐渐规整，下边引出两笔，遂失贝壳形。小篆承之。《说文》："貝，海介虫也。居陆名猋，在水名蜬。象形。古者货贝而宝龟，周而有泉，至秦废贝行钱。"现行简化字"贝"是草书楷化而成，宋元时期俗字已见之。《山海经》："阴山渔水中多文贝，邽山蒙水多黄贝。"指贝类水生物。《尚书·盘庚》："兹予有乱政同位，具乃贝玉。"孔颖达疏："贝者，水虫。古人取其甲以为货，如今之用钱然。"《诗·小雅·菁菁者莪》："既见君子，锡我百朋。"郑玄笺："古者货贝，五贝为朋。"

(2) 得。ᢒ、ᢒ、ᢒ、ᢒ父乙瓿、ᢒ兽鼎、ᢒ克鼎、ᢒ陈章壶。得、得秦简、得汉帛、得孔宙碑、得史晨碑、得郭有道碑、得白石君碑、得欧阳询。

甲骨文从彳从贝从又，以在路上拾得贝币，会得到之意。金文变化不大，或有变"又"为"手"作者。小篆部件"贝"讹写成了"见"，部件"又"加点成了"寸"。隶书中已变作"见"的部分又渐成"旦"。《说文》："得，行有所得也。从彳䙷声。ᢒ，古文省彳。"《诗·周南·关雎》："求之不得，寤寐思服。"指得到、获得。

（3）责。[字形]旂作父戊鼎、[字形]秦公簋、[字形]今甲盘、[字形]、[字形]秦简、[字形]秦简、[字形]汉帛、[字形]衡方碑、[字形]颜真卿。

甲骨文从贝朿声。金文逐渐规整、笔画化。小篆承之。隶书部件"朿"渐成"丰"。本指责求。《说文》："[字形]，求也。从贝朿声。"段玉裁注："引伸为诛责、责任。……'称责'，即今之'举债'，古无债字，俗作债，则声形皆异矣。"王筠《说文句读》："责，谓索求负家偿物也。"《左传·桓公十三年》："宋多责赂于郑，郑不堪命。"指索取。《左传·昭公二十年》："使有司宽政，毁关，去禁，薄敛，已责。"指债务，这个意思后来写作"债"，《说文·新附》："债，债负也。从人责，责亦声。"《管子·大匡》："文姜通于齐侯，桓公闻，责文姜。"指责备。

（4）贤（贤）。[字形]贤簋、[字形]中山王䶨壶、[字形]、[字形]秦简、[字形]汉帛、[字形]衡方碑、[字形]曹全碑、[字形]钟繇、[字形]王羲之、[字形]石婉墓志、[字形]元珍墓志、[字形]张猛龙碑、[字形]欧阳询。

金文从贝臤声，战国金文有改"贝"为"子"作者，殆以强调人才义。现行简化字由草书楷化而来。《说文》："[字形]，多才也。从贝臤声。"段玉裁注："贤本多财之称。引伸之，凡多皆曰贤。人称贤能，因习其引伸之义而废其本义矣。"《论语·雍也》："贤哉！回也。"指贤能、才德过人。《战国策·赵策四》："老臣窃以为媪之爱燕后贤于长安君。"指胜过、超过。

（5）贺（贺）。[字形]中山王䶨壶、[字形]、[字形]秦简、[字形]汉帛、[字形]校官碑、[字形]张迁碑、[字形]贺兰汗造像、[字形]褚遂良。

金文从贝加声，意符"贝"表示礼物。《说文》："[字形]，以礼相奉庆也。从贝加声。"《诗·大雅·下武》："受天之祐，四方来贺。"指庆贺。

（6）宝（宝）。[字形]、[字形]、[字形]、[字形]、[字形]伯鱼簋、[字形]师遽壶、[字形]頌鼎、[字形]邵公鼎、[字形]克鼎、[字形]毛弔盘、[字形]禽簋、[字形]贮子己父匜、[字形]姑冒母鼎、[字形]、[字形]夏承碑、[字形]校官碑、[字形]索靖、[字形]王羲之、[字形]元倪墓志、[字形]敬使君碑、[字形]虞世南、[字形]颜真卿。

甲骨文从宀从贝从玉，以贝、玉贮藏于家中，会珍宝之意。商代晚期的金文增声符"缶"。小篆承之。隶书多有从宀从珎从贝的写法，"珎"为"珍"手写之变，作为俗字长期存在。隶书、楷书仍承小篆而来。汉代中山王印作"[字形]"，仅保留了部分核心元素"宀"与"玉"，宋元俗字多写作"宝"，现代简化汉字采用了这一形体。《说文》："[字形]，珍也。从宀从王从贝，缶声。[字形]，古文宝省贝。"段玉裁注："玉与贝在屋下，会意。"《诗·大雅·崧高》："锡尔介圭，以作尔宝。"《毛传》："宝，瑞也。"李斯《谏逐客书》："今陛下致昆山之玉，有随和之宝。"均指珍宝。

（7）赖（赖）。[字形]、[字形]秦简、[字形]汉帛、[字形]桐柏庙碑、[字形]辟雍碑、[字形]张猛龙碑、[字形]龙藏寺碑、[字形]颜真卿。

本指利益、得利，引申指依赖。《说文》："[字形]，赢也。从贝剌声。"段玉裁注："今人云无赖者，谓其无衣食致然耳。"《国语·晋语一》："仓廪盈，四邻服，封疆信，君得其赖。"韦昭注："赖，利也。"《尚书·吕刑》："一人有庆，兆民赖之。"孔颖达疏："天子有善，以善事教天下，则兆民蒙赖之。"指得益于。《左传·襄公十四年》："王室之不坏，繄伯舅是赖。"指依赖。

（8）败（败）。[字形]、[字形]、[字形]五年师旋簋、[字形]南疆钲、[字形]、[字形]秦简、[字形]汉帛、[字形]礼器碑、[字形]褚遂良、[字形]颜真卿。

甲骨文从鼎从攴，或从贝，以击打鼎或贝，会毁坏、败坏之意。金文从攴从二贝。

小篆从攴从贝。隶书部件"攴"渐成"攵"。汉字简化时，部件"貝"草书楷化为"贝"，"敗"遂成"败"。《说文》："䘼，毁也。从攴贝。败、贼皆从贝，会意。䘼，籀文败从賏。"《诗·召南·甘棠》："蔽芾甘棠，勿翦勿败，召伯所憩。"指毁坏。引申指失败、腐败、衰败。《左传·庄公十一年》："凡师，敌未陈曰败某师，皆陈曰战，大崩曰败绩。"指战败。《论语·乡党》："鱼馁而肉败，不食。"指腐败。《荀子·赋篇》："功立而身废，事成而家败。"指衰败。

（9）具。𥃲、𥃲函皇父簋、𥃲取八卣、𥃲㝬钟、𥃲孙弔师父壶、𥃲弔具鼎、𥃲、𥃲秦简、𥃲汉帛、𥃲曹全碑。𥃲元珍墓志、𥃲苏孝慈墓志。

甲骨文从廾从鼎，鼎为古代烹煮、盛载食物的器皿，以双手捧鼎，会供置、备办之意。商代金文已有讹"鼎"为"貝"者，春秋金文又讹省而近于"目"。小篆承之。《说文》："𥃲，共置也。从廾，从贝省。古以贝为货。"段玉裁注："共供古今字，当从人部作供。"隶书部件"廾"渐成"八"，"目"两竖下延与"八"之长横相接，遂成今形。本指备办。《诗·小雅·无羊》："三十维物，尔牲则具。"指备齐、具备。引申指器具、工具。《史记·货殖列传》："谣俗被服饮食奉生送死之具。"指用具、器物。又引申指才干。李陵《答苏武书》："皆信命世之才，抱将相之具。"指才能。

（10）貫（贯）。𥃲。𥃲汉帛、𥃲曹全碑。𥃲虞世南。
《说文》："𥃲，钱贝之贯。从毌、贝。"汉字简化时"貝"草书楷化为"贝"，"貫"遂成"贯"。本指用绳子将贝贯穿在一起，泛指贯穿、贯通。《史记·平准书》："京师之钱累巨万，贯朽而不可校。"指穿钱的绳索。因此用为量词，古代以一千钱为一贯，所以用"腰缠万贯"喻指钱财极多。《诗·齐风·猗嗟》："舞则选兮，射则贯兮。"指贯穿。《周易·剥卦》："贯鱼以宫人宠，无不利。"与后世所谓"鱼贯而入"义近，"贯鱼"字面意思为像鱼依次串连。《论语·里仁》："吾道一以贯之。"指贯通、贯彻。

（11）毌。𥃲、𥃲、𥃲、𥃲、𥃲。

《说文》："𥃲，穿物持之也。从一横贯，象宝货之形。"段玉裁注："今贯行而毌废矣。……贯之用专，后有串字、有弗字，皆毌之变也。"《仓颉篇》："毌，穿也。通作贯。"《墨子·备城门》："疏束树木，令足以为柴抟，毌前面树。"指贯穿。

15. 玉：玉、理、玩、弄、班、璧、王

（1）玉。𥃲、𥃲、𥃲、𥃲鸟且癸簋、𥃲乙亥簋、𥃲毛公厝鼎、𥃲。𥃲秦简、𥃲汉帛、𥃲白石君碑、𥃲索靖、𥃲王羲之、𥃲安乐王墓志、𥃲张猛龙碑、𥃲虞世南。

本指玉石。甲骨文象用绳子串连着的几块玉片，玉片多少不一。金文的写法与今天楷书之"王"相近，三横等长，均匀排布，中竖上下不出头，中横居中以与中横偏上的"王"相区分。小篆承之。《说文》："王，象三玉之连。丨，其贯也。𥃲，古文玉。"以中横的位置作为区别手段并不十分有效。战国时期已有于横线之间加一两斜笔或点以区别于"王"的。汉代两种字形并存，加点以相区别的做法渐成主流。段玉

裁改《说文》之"玨"为"王":"王,朽玉也。从王有点。"段玉裁注:"盖后人以朽玉字为玉石字,以别于帝王字。复高其点为朽玉、玉姓字,以别于玉石字。又或改《说文》从王加点为从王有声,作玨,亦以别于玉石字也。朽玉者,谓玉有瑕刮,故从玉加点以象形。"《诗·郑风·有女同车》:"将翱将翔,佩玉将将。"《诗·召南·野有死麕》:"白茅纯束,有女如玉。"均用本义。引申有美好、珍贵之义,"锦衣玉食""亭亭玉立""金科玉律"等皆是也。

（2）理。理。理汉帛、理景君碑、理曹全碑、理王羲之、理高贞碑、理欧阳询。

形声字。《说文》:"理,治玉也。从玉里声。"本指雕琢加工玉石,泛指治理、处理、整理,治理得井然有序则谓之有条理,合乎规律谓之有道理。《韩非子·和氏》:"王乃使玉人理其璞而得宝焉,遂命曰'和氏之璧'。"指治玉。《诗·大雅·江汉》:"于疆于理,至于南海。"指治理土地。《周易·系辞上》:"仰以观于天文,俯以察于地理。"孔颖达正义:"天有悬象而成文章,故称文也;地有山川原隰,各有条理,故称理也。"《孟子·告子上》:"故理义之悦我心,犹刍豢之悦我口。"指道理、规律。

（3）玩。玩。玩汉帛、玩衡方碑、玩曹全碑、玩欧阳询。

《说文》:"玩,弄也。从玉元声。貦,玩或从贝。"《国语·楚语下》:"若夫白珩,先王之玩也。"指玩赏之物,"古玩""文玩""奇珍异玩"即有此义。《尚书·旅獒》:"玩人丧德,玩物丧志。"指戏弄、轻慢对待,玩世不恭即用此义。《周易·系辞上》:"君子居则观其象而玩其辞,动则观其变而玩其占。"指玩味、研习。屈原《楚辞·九章·思美人》:"惜吾不及古人兮,吾谁与玩此芳草?"指赏玩。

（4）弄。弄智君子鑑。弄。弄秦简、弄汉帛、弄颜真卿。

金文以双手捧玉,会把玩之义。《说文》:"弄,玩也。从廾持玉。"隶书双手形渐成"廾"。《诗·小雅·斯干》:"乃生男子,载寝之床,载衣之裳,载弄之璋。"即用本义。《左传·僖公九年》:"夷吾弱不好弄。"杜预注:"弄,戏也。""弱不好弄"是说年幼时不爱玩耍。

（5）班。班班簋、班邾公孙班镈。班。班李璧碑、班颜真卿。

金文从玨从刀,以刀割玉会意。《说文》:"班,分瑞玉。从玨从刀。"段玉裁注:"刀所以分也。"隶变中部件"刀"渐成"刂"。《尚书·舜典》:"觐四岳群牧,班瑞于群后。"指将玉一分为二,以为信物。《左传·襄公十八年》:"有班马之声,齐师其遁。"指分开、分别。《左传·襄公十年》:"水潦将降,惧不能归,请班师。"杜预注:"班,还也。"即班师回朝。"分发""返还"相反为训。又引申有位次,等级义。如《左传·襄公三十一年》:"辨于其大夫之族姓、班位、贵贱、能否"。

（6）璧。璧洹子孟姜壶、璧召伯簋、璧汉帛、璧白石君碑、璧皇象、璧欧阳询。

从玉辟声,金文或有刻意将部件"口"写成"〇",以表现璧玉的形状。《说文》:"璧,瑞玉圜也。从玉辟声。"《尔雅·释器》:"肉倍好谓之璧。"邢昺疏:"肉,边也;好,孔也。边大倍于孔者名璧。"《诗·卫风·淇奥》:"有匪君子,如金如锡,如圭如璧。"即指璧玉。

(7) 王。王、王、王、王、王、王。王 小臣系卣、王 成王鼎、王 艅尊、王 攻吴王夫差鑑、王。王 秦简、王 汉帛、王 乙瑛碑、王 礼器碑、王 华山碑、王 衡方碑、王 曹全碑。王 索靖、王 王羲之、王 孙秋生造像、王 高庆碑、王 杨大眼造像、王 元珍墓志。

甲骨文象斧钺形，象征王权，顶部短横为晚期加附的饰笔。西周中晚期的金文字形里斧头的锋刃渐失其形，写作一横。小篆承之。《说文》："王，天下所归往也。董仲舒曰：'古之造文者，三画而连其中谓之王。三者，天、地、人也，而参通之者王也。'孔子曰：'一贯三为王。'凡王之属皆从王。玊，古文王。李阳冰曰：'中画近上。王者，则天之义。'"古文犹见斧头的弧形锋刃。孔子、董仲舒非据本形说解，非造字本义。小篆以中横偏上区别于"玉"。汉代于"玉"中加点，"王"之中横遂居中书写。《诗·小雅·北土》："溥天之下，莫非王土。率土之滨，莫非王臣。"指帝王。

第三节　建筑居处相关

1.宫室： 宀、穴、宫（宫）、室、奥、宴、宗、宿、實（实）、宵、宋、字、客、宾、官

（1）宀。介、冂、冂。

甲骨文象房屋形。《说文》："冂，交覆深屋也。象形。"卜辞有"辛未卜，乍宀"，指造房屋。

（2）穴。宂、冗 秦简、穴 汉帛、穴 苏孝慈墓志、穴 颜真卿。

《说文》："冗，土室也。从宀八声。"朱骏声《说文通训定声》："象嵌空之形，非八字。"楷书中写成了"八"。段玉裁注："引伸之，凡空窍皆为穴。"《诗·大雅·绵》："古公亶父，陶复陶穴，未有室家。"郑玄笺："凿地曰穴。"《周易·系辞下》："上古穴居而野处，后世圣人易之以宫室。"反映了上古时期人类居住在洞穴里。《诗·王风·大车》："谷则异室，死则同穴。"指墓穴。《荀子·劝学》："蟹六跪而二螯，非蛇鳝之穴无可寄托者，用心躁也。"指动物的巢穴。"不入虎穴，焉得虎子"即用此义。宋玉《风赋》："枳句来巢，空穴来风。"指孔洞。

（3）宫（宫）。宫、宫、宫 召尊、宫 君夫簋、宫 克鐘、宫。宫 秦简、宫 汉帛、宫 衡方碑。宫 王羲之、宫 高贞碑、宫 欧阳询。

甲骨文在"宀"下用两个方框表示人居住的房屋，方框有相叠交者示居室相连也。金文、小篆变化不大。《说文》："宫，室也。从宀，躳省声。"段玉裁注："宫言其外之围绕，室言其内。析言则殊，统言不别也。"小篆两个方框间以短竖相连接，隶书多省写连接的短画。旧字形作"宮"，汉字简化时，省连接的短画，作"宫"。陆德明《经典释文》："古者贵贱同称宫。秦汉以来，惟王者所居称宫焉。"《墨子·号令》："父母妻子，皆同其宫。"指房屋。《史记·秦始皇本纪》："作宫阿旁，故天下谓之阿

房宫。""少年宫""文化宫""迷宫"则因建筑物高大、复杂而称之。

（4）室。🔲頌壺、🔲遹伯簋、🔲吕鼎、🔲、🔲秦简、🔲秦简、🔲汉帛、🔲肥致碑、🔲衡方碑、🔲夏承碑、🔲曹全碑、🔲王羲之、🔲欧阳询、🔲虞世南。

甲骨文由"宀"和"至"组成，"宀"象房屋，"至"从矢从一，以箭矢所至，表到达之义，本指居室，泛指房屋，引申指家庭、宗室。金文字形里的箭头渐成一短横。小篆中的箭头写成向上的弧线。隶书为就书写之便，箭尾成了"云"，箭头写作横。《说文》："🔲，实也。从宀从至。至，所止也。"徐锴《说文解字系传》："室屋皆从至，所止也。"段玉裁注："古者前堂后室。……引申之，则凡所居皆曰室。……室兼形声，屋主会意。"《论语·先进》："由也，升堂矣，未入于室也。"指内室。《诗·周南·桃夭》："之子于归，宜其室家。"指家庭。《诗·唐风·葛生》："百岁之后，归于其室。"指墓室。

（5）奥。🔲。🔲郭有道碑、🔲校官碑、🔲索靖、🔲王羲之、🔲苏孝慈墓志、🔲虞世南、🔲褚遂良。

《说文》："🔲，宛也。室之西南隅。从宀𢍏声。"隶书中的部件"宀"写作"冖"，"𢍏"上之"釆"写成了"米"，双手则成了"六"。"六"后来楷化作"大"。段玉裁注："宛者，委曲也。室之西南隅，宛然深藏，室之尊处也。"古时室内西南隅为尊长者所居，也是祭神的方位。《论语·八佾》："与其媚于奥，宁媚于灶。"指西南角的神灵。《尚书·序》："至于夏、商、周之书，虽设教不伦，雅诰奥义，其归一揆。"指意义深奥。

（6）宴。🔲宴簋、🔲郄王子旃鐘、🔲鄂侯鼎、🔲、🔲辟雍碑、🔲颜真卿。

金文由"宀"与"妟"组成。《说文》："🔲，安也。从宀妟声。"段玉裁注："引伸为宴飨。经典多假燕为之。"《诗·邶风·谷风》："宴尔新婚，如兄如弟。"《毛传》："宴，安也。"《左传·宣公十六年》："王享有体荐，宴有折俎。"指宴飨。

（7）宗。🔲、🔲、🔲保卣、🔲克鼎、🔲仲叀父簋、🔲文考日己方彝、🔲秦简、🔲汉帛、🔲乙瑛碑、🔲桐柏庙碑、🔲校官碑、🔲曹全碑、🔲王羲之、🔲始平公造像、🔲安定王墓志、🔲元珍墓志。

甲骨文从宀从示，本指宗庙。金文、小篆字形变化不大。隶书房屋形渐仅包覆字形的上端，楷化而成"宀"。《说文》："🔲，尊祖庙也。从宀从示。"段玉裁注："宗从宀从示。示谓神也，宀谓屋也。"《诗·大雅·凫鹥》："既燕于宗，福禄攸降。"指祖庙。引申指祖宗、宗族、尊崇。《左传·成公三年》："若不获命，而使嗣宗职。"杜预注："嗣其祖宗之位职。"《左传·僖公五年》："晋吾宗也，岂害我哉？"指宗族。《诗·大雅·公刘》："食之饮之，君之宗之。"郑玄笺："宗，尊也。"《吕氏春秋·下贤》："以天为法，以德为行，以道为宗。"指本原、宗旨。

（8）宿。🔲、🔲、🔲宿父尊、🔲䵼弔簋、🔲、🔲秦简、🔲汉帛、🔲华山神庙碑、🔲虞世南、🔲欧阳通、🔲颜真卿。

甲骨文以房屋、人、席子会意。金文写法变化不大。小篆席子形变成了"因"，隶变之后成了"百"。《说文》："🔲，止也。从宀佰声。佰，古文夙。"段玉裁注："凡止曰宿。夜止，其一端也。"《诗·邶风·泉水》："出宿于泲，饮饯于祢。"指住宿。

一夜称为一宿。《左传·庄公三年》："凡师一宿为舍，再宿为信，过信为次。"指一夜。《论语·颜渊》："子路无宿诺。"指隔夜的。"宿雨""宿醉"犹用此义。引申指长久以来、素来。这个意义上，"夙""宿"古籍常通用。"夙愿""夙志""夙将""夙儒"也作"宿愿""宿志""宿将""宿儒"。《史记·魏公子列传》："晋鄙嚄咤宿将，往恐不听，必当杀之。""宿将"指久经战争的将领。

（9）實（实）。 ▢散氏盤、▢鈇簋、▢國差罉、▢、▢秦简、▢汉帛、實钟繇、实王羲之、實高贞碑、寳虞世南。

散氏盘铭文以"宀"下放满玉、贝等财物会意，本指富实，"殷实"犹存其本义。小篆字形里，财物组合变形成了"貫"。现代简化字形"实"见于元代俗字，可能为草书楷化而成。《说文》："▢，富也。从宀从貫。貫，货贝也。"段玉裁注："引申之为草木之实。……貫为货物，以货物充于屋下是为實。"《左传·文公十八年》："缙云氏有不才子，贪于饮食，冒于货贿，侵欲崇侈，不可盈厌，聚敛积实，不知纪极。"杜预注："实，财也。"指聚敛财货。引申指充实、确实、真实、坚实、事实、果实。《孟子·尽心下》："充实之谓美，充实而有光辉之谓大。"指充满、充实。《诗·邶风·燕燕》："瞻望弗及，实劳我心。"指确实。《韩非子·主道》："虚则知实之情。"指真实、真相。《孙子·虚实》："兵之形，避实而击虚。"指坚实。《左传·文公五年》："且华而不实，怨之所聚也。"以只开花不结果比喻外表漂亮，内里空虚。《庄子·德充符》："今吾闻至人之言，恐吾无其实。"指事实、实际。

（10）宵。▢宵簋、▢、▢秦简、▢汉帛、宵王羲之、宵虞世南。

金文从宀肖声。《说文》："▢，夜也。从宀，宀下冥也；肖声。"段玉裁注："谓日在下而窈冥，地覆日如屋也。"《周礼·秋官·司寤氏》："禁宵行者、夜游者。"郑玄注："宵，定昏也。"专指入夜这一时段。浑言则宵即夜也。《诗·豳风·七月》："昼尔于茅，宵尔索绹。"《毛传》："宵，夜。"

（11）宋。▢、▢、▢、▢、▢北子宋盤、▢永盂、▢不易戈、▢、申秦简、宋汉帛、宋孙秋生造像、宋张猛龙碑、宋褚遂良。

甲骨文由"宀"与"木"组成。《说文》："▢，居也。从宀从木。"徐铉曰："木者所以成室以居人也。"段玉裁注："此义未见经传。"构形本义待考，甲骨文用作人名、地名。周王封商汤的后裔微子启于宋，此即早期典籍中常见的宋国。《左传·隐公十一年》："郑伯以虢师伐宋。"指宋国。

（12）字。宇字父己觯、▢邡其簋、▢、宇秦简、字汉帛、字郭有道碑、字衡方碑、字赵宽碑、字白石君碑、字曹全碑、字皇象、字王羲之、字高贞碑、字褚遂良。

就目前材料而言，最早见于商代晚期的字父己觯，从宀从子，本义为在屋里生育孩子。《说文》："▢，乳也。从子在宀下，子亦声。"《山海经·中山经》："其上有木焉，名曰黄棘，黄华而员叶，其实如兰，服之不字。"郭璞注："字，生也。"《左传·成公十一年》："不能字人之孤而杀之。"指抚育。引申指女子许嫁以及孳乳义。"待字闺中"即是说等待许嫁。许慎《说文解字·叙》："仓颉之初作书，盖依类象形，故谓之文；其后形声相益，即谓之字。文者，物象之本；字者，言孳乳而浸多也。""文字"之"字"即用孳乳义。《礼记·檀弓上》："幼名，冠字。"孔颖达疏："名以名质，生若无名，不可分别，故始生三月而加名，故云'幼名'也；'冠字'者，人年二十，有为人父之道，朋友等类不可复呼其名，故冠而加字。"

（13）客。◯师遽簋、◯郤王鼎、◯鑄客鼎、◯秦简、◯汉帛、◯李璧碑、客欧阳询、客欧阳通。

金文由"宀"与"各"组成，"各"以脚朝向洞穴，会到来之意。本指客人。《说文》："◯，寄也。从宀各声。"《周易·需卦》："有不速之客三人来，敬之终吉。"指客人。引申指门客、作客他乡的人、顾客，如《史记·魏公子列传》："诸侯以公子贤，多客，不敢加兵谋魏十余年"，王维《九月九日忆山东兄弟》："独在异乡为异客，每逢佳节倍思亲"，《韩非子·外储说右上》："宋人有酤酒者，升概甚平，遇客甚谨，为酒甚美"。

（14）宾。◯、◯、◯、◯、◯、◯、◯、◯。◯虎钟、◯孟鼎、◯守簋、◯齐鞄氏钟、◯妹弔昏簋、◯郑井弔钟。◯、◯汉帛、◯衡方碑、◯王羲、◯李璧碑、◯褚遂良、◯颜真卿。

甲骨文从宀丏声。金文增"贝"，王国维先生认为："古者宾客至，必有物以赠之，其赠之之事谓之宾，故其字从贝。"①与金文相较，小篆主要是部件"丏"的变形较大。隶变、楷化中，部件"丏"存其轮廓，有两种写法，遂产生了"賓""賔"两种字形。清代俗字有改字形下半部分为声符"兵"而作"宾"者，汉字简化时，取用了这一形体。《说文》："◯，所敬也。从贝丏声。◯，古文。"段玉裁注："宾谓所敬之人，因之敬其人亦曰宾。"《诗·小雅·鹿鸣》："我有嘉宾，鼓瑟吹笙。"《左传·僖公三十三年》："冀缺耨，其妻馌之，敬，相待如宾。"均指贵客。以礼迎接宾客也称为宾，如《尚书·舜典》："宾于四门，四门穆穆"，这个意思后来写作"傧"。

（15）官。◯、◯传卣、◯卯簋、◯师西簋、◯鑄客鼎、◯、◯秦简、◯汉帛、◯史晨碑、◯曹全碑。◯皇象、◯孙秋生造像、◯欧阳询。

甲骨文、金文从宀从𠂤。《说文》："◯，史，事君也。从宀从𠂤。𠂤犹众也。此与师同意。"段玉裁注："𠂤不训众，而可联之训众。以宀覆之，则治众之意也。"本指官署，引申指官员。《论语·子张》："不见宗庙之美，百官之富。"指官舍。《左传·成公二年》："敢告不敏，摄官承乏。"指官职。

2.城郭：高、亭、京、𩫏、郭、墉、城

（1）高。◯、◯、◯、◯。◯师高簋、◯秦公簋、◯高密戈。高、◯秦简、◯汉帛、◯乙瑛碑、◯衡方碑、◯郭有道碑、◯夏承碑、◯西狭颂、◯曹全碑、◯张迁碑、◯孙秋生造像、◯元珍墓志、◯李璧碑、◯张猛龙碑、◯元倪墓志、◯高贞碑。

甲骨文以台观之高，传达高的意思，多于高台下加"口"以区别于"京"。金文变化不大。小篆字形里的亭楼部分写成了尖顶与"口"的组合。隶书中的尖顶部分写

---

① 王国维《与林浩卿博士论洛诰书》，见《观堂集林》，中华书局，1959年，43页。

成了"亠"。《说文》："高，崇也。象台观高之形。从冂口。与仓、舍同意。"《诗·小雅·车舝》："高山仰止，景行行止。"指山高。泛化为年龄、辈分、兴致、品德、声望等的高，故有"高龄""高祖""高兴""高才""高见""高傲""高人""高风亮节"等。

（2）亭。㐭_{秦简}、亭_{史晨碑}、亭_{曹全碑}、亭_{王羲之}、亭_{梁师亮墓志}、亭_{欧阳询}。

《说文》："㐭，民所安定也。亭有楼，从高省，丁声。"段玉裁注："云'民所安定'者，谓居民于是备盗贼、行旅于是止宿也。亭、定迭韵。亭之引伸为亭止，俗乃制停、渟字。依《释名》，则汉时已有'停'字，而许不收。"《墨子·备城门》："百步一亭，高垣丈四尺，厚四尺，为闺门两扇，令各可以自闭。亭一尉，尉必取有重厚忠信可任事者。"指岗亭。秦汉时期，"亭"演变为基层行政机构，如《汉书·百官公卿表上》："大率十里一亭，亭有长。十亭一乡"。何劭《游仙诗》："青青陵上松，亭亭高山柏"，形容高耸直立的样子，后以"亭亭玉立"喻指女子身材修长苗条。

（3）京。京、京、京、京、京_{矢方彝}、京_{井鼎}、京_{遹簋}、京_{㝬羌钟}、京_{汉帛}、京_{礼器碑}、京_{衡方碑}、京_{张迁碑}、京_{皇象}、京_{王羲之}、京_{张猛龙碑}、京_{欧阳询}。

甲骨文象高大的楼台形，与"高"主要的区别在于"京"字的高台下为一竖线。金文变化不大。小篆竖线突破高台，与楼观相接。隶书中楼观的尖顶部分写成了"亠"，竖线与高台的组合则变形为"小"。《说文》："京，人所为绝高丘也。从高省，丨象高形。"《诗·大雅·民劳》："惠此京师，以绥四国。"指周的都城。《公羊传·桓公九年》："京师者何？天子之居也。京者何？大也。师者何？众也。天子之居，必以众大之辞言之。"北京、南京的得名即缘于此。扬雄《羽猎赋》："乘巨鳞，骑京鱼。"李善注："京鱼，大鱼也。字或为鲸。"

（4）𩫏。𩫏、𩫏、𩫏_{伯庸父盂}、𩫏_{國差罎}、𩫏。

"郭"之本字，指外城。古代在城的外围加筑一道城墙以作防护，内城外郭。甲骨文以城墙上画有岗亭，表达外城之义，多为上下画岗亭，也有四面都画岗亭者。金文大体同之，或于城墙之内又画一圈城墙。小篆承之。《说文》："𩫏，度也。民所度居也。从回，象城𩫏之重。两亭相对也。或但从口。"段玉裁注："城𩫏字今作郭，郭行而𩫏废矣。""𩫏"有外围义，孳乳出"廓""椁"字。"廓"，《说文》未见，《释名·释宫室》："郭，廓也，廓落在城外也。"《说文》："椁，葬有木𩫏也。从木𩫏声。"段玉裁注："木𩫏者，以木为之，周于棺，如城之有𩫏也。"《说文》："郭，𩫏也。从邑孛声。"徐锴《说文解字系传》："郭犹柎也，草木花房为柎，在外苞裹之也。"《说文》："稃，䅯也。从禾孚声。"徐锴《说文解字系传》："稃即米壳也。草木花房为柎，麦之皮为麸，音义皆同也。""郭""稃""柎""麸"音近，皆有外壳、防护之义。

（5）郭。郭、郭_{秦简}、郭_{汉帛}、郭_{乙瑛碑}、郭_{桐柏庙碑}、郭_{衡方碑}、郭_{曹全碑}、郭_{孙秋生造像}、郭_{欧阳询}。

小篆由"𩫏"加意符"邑"而成。隶书部件"𩫏"渐成"享"，"邑"渐成"阝"。《说文》："郭，齐之郭氏虚。善善不能进，恶恶不能退，是以亡国也。从邑𩫏声。"段玉裁注："郭本国名。……郭今以为城𩫏字。又以为恢郭字。"《公羊传·庄公二十四年》："赤者何？曹无赤者，盖郭公也。郭公者何？失地之君也。"说的大概就是郭国。《管子·度地》："内之为城，城外为之郭。"指外城。《后汉书·董卓传》："钱无轮郭文章，不便人用。""轮郭"即"轮廓"。

（6）墉。墉。

"啇"之分化字，"啇"加意符"邑"为"䣊（郭）"，指外城；"墉"为后起形声字，从土庸声，指城墙。《说文》："墉，城垣也。从土庸声。㝡，古文墉。"段玉裁注："城者，言其中之盛受。墉者，言其外之墙垣具也。"《诗·大雅·皇矣》："以尔钩援，与尔临冲，以伐崇墉。"孔颖达疏："墉，城垣也。"泛指墙壁，如《诗·召南·行露》："谁谓鼠无牙？何以穿我墉？"

（7）城。㘭城虢遣生簋、㘭散盘、戌虢羌钟、戌鄂君启车节、城。城秦简、城汉帛、城礼器碑、城孔宙碑、城衡方碑、城曹全碑、城王羲之、城孙秋生造像、城崔敬邕墓志、城敬使君碑、城欧阳询。

西周金文由"啇"与"成"或"戌"组成，春秋晚期以后的字形多由"土"与"戌"组成。小篆由"土"与"成"组成。部件"成"从戌丁声，"戌"为刃部弧形内凹的斧钺类兵器，在"城"里传达守卫之义。在隶书中，声符"丁"渐成"冂"，与"戌"组成"成"。《说文》："城，以盛民也。从土从成，成亦声。䧆，籀文城，从啇。""城"本指围绕某一区域以供防守的墙垣，"长城"即用此义。被城墙护卫着的都邑也称作"城"。《诗·小雅·出车》："天子命我，城彼朔方。"即是到朔方修筑城墙以防守。《左传·僖公十五年》："赂秦伯以河外列城五，东尽虢略，南及华山，内及解梁城。"指城邑。

3.仓廪：囗、圍（围）、韋（韦）、國（国）、或、囚、因、困、邑、鄉（乡）、邦、鄙、都、亩、啚、圖（图）、啬（啬）

（1）囗。囗。

《说文》："囗，回也。象回帀之形。"段玉裁注："围绕、周围字当用此，围行而囗废矣。"象一块被围着的区域。

（2）圍（围）。圍庚壶、圍、圍秦简、圍汉帛、圍安乐王墓志、圍崔敬邕墓志、圍虞世南、圍米芾。

金文由"囗"与"韋"组成，本义为包围。部件"韋"甲骨文已见，由"囗"和二到四个"止"组成，"止"均平行于"囗"排布，以脚围绕城邑会意，因"韋"假借指兽皮，复增意符"囗"以记其本义。《说文》："圍，守也。从囗韋声。"简化字形"围"为草书楷化而成。《左传·隐公五年》："宋人伐郑，围长葛。"指包围。

（3）韋（韦）。韋、韋、韋、韋、韋、韋黄韦俞父盘、韋韦鼎、韋、韋秦简、韋汉帛、韋张迁碑。韋褚遂良。

甲骨文以"止"围绕在"囗"的周围会意，多为二"止"，偶有三"止"者。商代金文有于"囗"之四方各写一"止"的。金文逐渐稳定为"囗"之上下各一"止"的写法。要注意的是，甲骨文、金文中"止"均与"囗"平行。小篆、隶书里上下的脚形渐成"㐄""牛"。简化字形"韦"为草书楷化而成。《说文》："韋，相背也。从舛口声。兽皮之韋，可以束枉戾相韋背，故借以为皮韋。䄋，古文韋。"金文以"违"表违背、违反义。《说文》："违，离也。从辵韋声。"违背为其引申义。"韋"典籍多用皮韋义，如《左传·僖公三十三年》："以乘韋先，牛十二犒师。"杜预注："乘，四韋。"就是四张熟牛皮。屈原《楚辞·卜居》："将突梯滑稽，如脂如韋，以挈楹乎？""如脂如韋"是说如油脂一样光滑，如熟牛皮一样柔软。《正字通·韋部》："韋，柔皮。熟曰韋，生曰革。"从韋之"韌""韜""韠""韈""鞻""韣"等也都与皮韋有关，"韌"指柔软结实，"韜"指剑衣，"韠"指蔽膝，"韈"是袜子，"鞻"是鞋子，"韣"指弓衣。

(4) 國（国）。可、或毛公盾鼎、彔卣、國差罈、國。國汉帛、國史晨碑、國衡方碑、國校官碑、國曹全碑、國张迁碑、国皇象、國王羲之、國杨大眼造像、國欧阳询、國颜真卿。

甲骨文以戈守卫一方领土会意。金文多于其外加表示区域范围的"囗"或"匚"。小篆从囗从或。北齐碑文有从囗从王作者，宋元俗字亦多见之。汉字简化时，改"王"为"玉"而成"国"。《说文》："國，邦也。从囗从或。"段玉裁注："古或國同用，邦封同用。"《周礼·天官·大宰》："大宰之职，掌建邦之六典，以佐王治邦国。"郑玄注："大曰邦，小曰国，邦之所居亦曰国。"《左传·桓公六年》："君姑修政而亲兄弟之国，庶免于难。"指诸侯国。《左传·隐公元年》："先王之制，大都不过参国之一，中五之一，小九之一。"指国都。《诗·魏风·硕鼠》："逝将去女，适彼乐国。"指地方。《战国策·齐策四》有："孟尝君就国于薛。"指封地。《诗·小雅·节南山》："尹氏大师，维周之氐；秉国之钧，四方是维。"泛指国家。

(5) 或。可、可、耴、或明公簋、或默钟、或召伯簋、或保卣、或毛公盾鼎、或师寰簋、或秦简、或汉帛、或郭有道碑、或白石君碑、或曹全碑、或王羲之、或元珍墓志、或高贞碑、或欧阳询、或欧阳通。

从戈从口，以戈守卫城邑会意。西周金文加"囗"而专指"國"，"或"则泛指区域、疆域。后以《说文》所载之或体"域"表区域义，"或"则假借作代词、表疑惑等义。《说文》："或，邦也。从口从戈，以守一。一，地也。域，或又从土。"段玉裁注："盖或、國在周时为古今字。古文只有或字，既乃复制國字。以凡人各有所守，皆得谓之或。……又从土，是为后起之俗字。""國""域"均为后起字形，分化为各司其义的两个字。卜辞有："夷方率伐东或。"何尊："余其宅兹中或。"指的是区域、疆域。《诗·商颂·玄鸟》："邦畿千里，维民所止，肇域彼四海。"朱熹《诗集传》："域，封境也。"指疆域。早期文献中，"或"借用为代词。《诗·小雅·吉日》："儦儦俟俟，或群或友。"作代词，有的。《墨子·备蛾傅》："夜半，而城上四面鼓噪，敌人必或，破军杀将。"指迷惑，这个意思后来增意符"心"，作"惑"。

(6) 囚。囚、囚、囚。囚秦简、囚汉帛、囚衡方碑、囚曹全碑、囚皇象、囚敬使君碑。

《说文》："囚，系也。从人在囗中。"字形变化不大，"囗"为监牢，"人"在"囗"中，会被拘禁之意，引申指被拘禁的人。《左传·成公七年》："晋人以钟仪归，囚诸军府。"指囚禁。《诗·鲁颂·泮水》："淑问如皋陶，在泮献囚。"郑玄："囚，所虏获者。"

（7）因。〔古文字形〕螭鼎、陳侯因資錞、〔古文字形〕、〔古文字形〕秦简、〔古文字形〕汉帛、〔古文字形〕汉帛、〔古文字形〕索靖、〔古文字形〕王羲之、〔古文字形〕牛橛造像、〔古文字形〕太妃侯造像、〔古文字形〕褚遂良。

裘锡圭先生认为字之本形为人在衣中，为方便书写，人形周遭之衣形渐成"囗"。《说文》："因，就也。从囗大。"所释为其引申义。《玉篇》："裀，衣身也。"引申指依靠、依托、依据，因袭、顺应。《诗·鄘风·载驰》："控于大邦，谁因谁极？"指依靠。"因材施教""因地制宜"即用根据、依据义。《左传·昭公二十年》："昔爽鸠氏始居此地，季荝因之，有逢伯陵因之，蒲姑氏因之，而后太公因之。"指沿袭，"因循守旧"即用沿袭义。

（8）困。〔古文字形〕、〔古文字形〕、〔古文字形〕秦简、〔古文字形〕汉帛、〔古文字形〕西狭颂、〔古文字形〕钟繇、〔古文字形〕王羲之、〔古文字形〕颜真卿。

疑为"梱"之初文。《说文》："梱，门橛也。从木，困声。"段玉裁注："谓当门中设木也。""困，故庐也。从木在囗中。朱，古文困。"段玉裁注："困之本义为止而不过，引申之为极尽。"阻碍、困窘等义均由门橛义引申而来。《墨子·备城门》："试藉车之力，而为之困。"指门槛。《周易·困卦》："困于石，据于蒺藜。"指阻碍。《左传·僖公三十年》："行李之往来，共其乏困。"指困窘、贫乏。

（9）邑。〔古文字形〕、〔古文字形〕、〔古文字形〕、〔古文字形〕臣卿鼎、〔古文字形〕小臣邑斚、〔古文字形〕師酉簋、〔古文字形〕召伯簋、〔古文字形〕、〔古文字形〕秦简、〔古文字形〕汉帛、〔古文字形〕礼器碑、〔古文字形〕孙秋生造像、〔古文字形〕杨大眼造像、〔古文字形〕敬使君碑、〔古文字形〕龙藏寺碑。

甲骨文从囗从卩，指人聚居的地方。部件"卩"隶变楷化之后，成了"巴"。《说文》："邑，国也。从囗；先王之制，尊卑有大小，从卩。"本为泛称，后指等级低于国、都的城市。《诗·商颂·殷武》："商邑翼翼，四方之极。"《毛传》："商邑，京师也。"指京城。《左传·隐公元年》："制，严邑也，虢叔死焉。它邑唯命。"指城邑。《左传·庄公二十八年》："凡邑，有宗庙先君之主曰都，无曰邑。"《史记·五帝本纪》："一年而所居成聚，二年成邑，三年成都。"

（10）𨞪（鄉）。〔古文字形〕、〔古文字形〕、〔古文字形〕、〔古文字形〕秦简、〔古文字形〕汉帛、〔古文字形〕曹全碑、〔古文字形〕张君碑、〔古文字形〕郭休碑、〔古文字形〕牛橛造像、〔古文字形〕张猛龙碑、〔古文字形〕元倪墓志、〔古文字形〕虞世南、〔古文字形〕颜真卿。

甲骨文字形为两人相对共食，"卿""饗""嚮"为其后起分化字。小篆字形里相对的人形稍有变形而成"卿"，另有写成相背的"邑"而作"𨞪"的，各司其义。隶书为就书写之便，"𨞪"左边反向的"邑"渐成"乡"，右边的"邑"渐成"阝"，中间装食物的簋写成了"皀"。楷书中间的"皀"写成了"良"。《说文》："卿，六卿。从卯皀声。"段玉裁注："鄉大夫每鄉卿一人，即此六卿也。"后泛指公卿。《说文》："𨞪，国离邑，民所封鄉也。啬夫别治。封圻之内六鄉，六卿治之。从𨚇皀声。"何晏《论语集解》："五家为邻，五邻为里，万二千五百家为鄉，五百家为党。"《说文》："饗，鄉人饮酒也。从食从鄉，鄉亦声。"《左传·庄公十年》："其鄉人曰：'肉食者谋之，又何间焉？'"指同乡。这个意思汉字简化时保留部分形体成了"乡"。《墨子·尚贤》："以上事天，则天鄉其德。"指享用，这个意思后来多作"饗"，汉字简化时简作"飨"。《左传·僖公三十三年》："秦伯素服郊次，鄉师而哭。"指面向。《集韵·漾韵》："鄉，面也。或从向。"即这个意思后来增意符"向"，作"嚮"，汉字简化时，简成了"向"。

另外，典籍中"鄉"还有作从前讲的。《论语·颜渊》："鄉也，吾见于夫子而问知。"陆德明《经典释文》："鄉，又作曏。"汉字简化时，归并进了同音的"向"。

（11）邦。 $\text{邦}_{牆盤}$、$\text{邦}_{弔向簋}$、$\text{邦}_{邾公华钟}$、$\text{邦}_{禹鼎}$、$\text{邦}_{毛公厝鼎}$、$\text{邦}_{中山侯盗铖}$。$\text{邦}_{秦简}$、$\text{邦}_{汉帛}$、$\text{邦}_{张表碑}$、$\text{邦}_{王羲之}$、$\text{邦}_{石婉墓志}$、$\text{邦}_{高贞碑}$、$\text{邦}_{欧阳询}$。

甲骨文从丰从田，以植树于田界，表封邦建国之意。金文增意符"邑"，意符"田"则多作"土"，从丰从土的字形为"封"之本字，与从丰从田的"邦"义近，均为植木以为地界，"封"增"手"作动词，"邦"增"邑"作名词。与金文相较，"邦"的小篆省写了部件"土"。隶书为书写便捷，部件"丰"向上弯曲的树枝变成了一横，部件"邑"渐成"阝"，字形就变成了"邦"。《说文》："邦，国也。从邑丰声。邦，古文。"段玉裁注："古者城郭所在曰国、曰邑，而不曰邦。邦之言封也，古邦、封通用。""邦"指封地，"国"指国都，"邑"为城邑。"国"词义扩大之后与"邦"成为近义词。《诗·鲁颂·閟宫》："宜大夫庶士，邦国是有。"指国家。

（12）鄙。 $\text{鄙}_{輪鎛}$、$\text{鄙}_{鄂君啟舟節}$、鄙、$\text{鄙}_{秦简}$、$\text{鄙}_{钟繇}$、$\text{鄙}_{王羲之}$、$\text{鄙}_{褚遂良}$。

"啚"之分化字，本指郊野之处，引申指边邑、浅陋、鄙视。甲骨文从口亩，即"啚"，"口"表示城邑，"亩"象粮仓。金文稍有变形，或增意符"邑"。小篆承之。隶变之后，部件"邑"成了"阝"。《说文》："鄙，五酂为鄙。从邑啚声。"《周礼·地官·遂人》："五家为邻，五邻为里，四里为酂，五酂为鄙，五鄙为县。""五酂"就是五百家，"鄙"为周代行政区划单位。段玉裁《说文解字注》："郑注以邦之所居曰国、都之所居曰鄙，对言。春秋经传，鄙字多训为边者，盖周礼，都、鄙距国五百里，在王畿之边，故鄙可释为边。又引申为轻薄之称。"《左传·僖公元年》："既而大叔命西鄙、北鄙贰于己。"杜预注："鄙，郑边邑。"《左传·庄公十年》："肉食者鄙，未能远谋。"指浅陋。"鄙见""鄙人"常用作自谦之词。《左传·昭公十六年》："我皆有礼，夫犹鄙我。"杜预注："鄙，贱也。"指轻视、看不起，"鄙视"即用此义。

（13）都。 $\text{都}_{猷鐘}$、$\text{都}_{輪鎛}$、都、$\text{都}_{孔宙碑}$、$\text{都}_{衡方碑}$、$\text{都}_{曹全碑}$、$\text{都}_{皇象}$、$\text{都}_{王羲之}$、$\text{都}_{张猛龙碑}$、$\text{都}_{元倪墓志}$。

金文从邑者声。小篆部件"者"稍有变形。为就书写之便，隶书笔画重组而成"都"。《说文》："都，有先君之旧宗庙曰都。从邑者声。"《左传·庄公二十八年》："凡邑有宗庙先君之主曰都，无曰邑。"指有宗庙或先君神主的城，"国都""首都""京都""成都"等尚存遗意。泛指大城市、都市。《左传·隐公元年》："都城过百雉，国之害也。"《史记·廉颇蔺相如列传》："召有司案图，指从此以往十五都予赵。"指城市。引申有闲雅、总括义。《诗·郑风·有女同车》："彼美孟姜，洵美且都。"指优雅。《诗》中有男子名"子都"，亦当用此义。《列子·黄帝》："心凝形释，骨肉都融。"指全部。"都督""都察院""都邮"等均有总领义。

（14）亩。 亩、亩、亩、亩。

今写作"廪"，本指仓廪。甲骨文象谷堆，上为顶盖。小篆有或体作"廪"，增意符"广""禾"，以明晰粮仓义。《说文》："亩，谷所振入。宗庙粢盛，仓黄亩而取之，故谓之亩。从入，回象屋形，中有户牖。廪，亩或从广从禾。"《玉篇·亩部》："亩，藏米室也。亦作廪。"《诗·周颂·丰年》："丰年多黍多稌，亦有高廪，万亿及秭。"即指粮仓。书写中，部件"禾"讹作"示"，遂成"廪"。《集韵·寝韵》："亩，《说文》：'谷所振入。'或作廪、稟。""稟"实"亩"之分化。《说文》："稟，赐谷也。从亩从禾。"段玉裁注："禾犹谷也，谷在于亩。……凡赐谷曰稟，受赐亦曰稟，引伸之凡上所赋、下所受皆曰稟。"《左传·昭公二十六年》："先王所稟于天地，以为其民也。"指承受。引申指稟性、稟告。《韵会》："俗作禀，非。"书写中，部件"禾"讹作"示"，"稟"遂成"禀"。

（15）啚。啚、啚、啚康侯啚簋、啚雍伯啚鼎、啚楚简、啚。啚索靖、啚王羲之、啚石婉墓志、啚欧阳询。

"鄙"之初文，甲骨文、金文用作边郊义。从口亩，"口"表示城邑，"亩"象粮仓。《说文》："啚，啬也。从口亩。亩，受也。啚，古文啚如此。"

（16）圖（图）。圖子禾图卣、圖矢簋、圖散盘、圖善夫山鼎、圖、圖秦简、圖汉帛、圖西狭颂、圖钟繇、圖欧阳询、圖虞世南、圖颜真卿。

金文由"囗"与"啚"组成。汉字简化时，据俗字简成了"图"。《说文》："圖，画计难也。从囗从啚。啚，难意也。"徐锴："囗，其规画也，图画必先规画之。"段玉裁注："先规画其事之始终曲折，历历可见，出于万全，而后行之也，故引伸之义谓绘画为图。"《诗·小雅·常棣》："是究是图，亶其然乎！"《毛传》："图，谋。"指谋划。《周易·系辞上》："河出图，洛出书，圣人则之。"指图画。

（17）啬（嗇）。啬、啬、啬、啬、啬、啬中父壬爵、啬沈子它簋、啬牆盘、啬虢匜、啬、啬秦简、啬汉帛、啬皇象、啬岳飞。

"穑"之本字。甲骨文从来从亩，来象麦子，或从秝从亩。金文渐定形为从来从亩。小篆承之。隶书部件"來"之下半与"亩"之上半融合，简作一横。简体字形"啬"系由草书楷化而成。《说文》："嗇，爱濇也。从來从亩。來者，亩而藏之。故田夫谓之啬夫。啬，古文啬从田。""啬夫"即"穑夫"。《礼记·郊特牲》："蜡之祭也，主先啬而祭司啬也。"郑玄注："先啬，若神农者。"贾公彦疏："种曰稼，敛曰啬。"这个意思，增意符"禾"而成"穑"。《说文》："穑，谷可收曰穑。"段玉裁注："古多假啬为穑。""啬"实"穑"之本字，古用本字。借指节省、吝啬。《老子》："治人事天，莫若啬。"王弼注："啬者，有余不尽用之意。"《周易·说卦》："坤为地，为母，为布，为釜，为吝啬。"孔颖达疏："为吝啬，取其地生物不转移也。"均有爱惜义。过分爱惜、节省即为吝啬，如《三国志·魏志·曹洪传》："洪家富而性吝啬，文帝少时假求不称，常恨之。"

4.户牖：户（户）、房、扉、启、啟（启）、倉（仓）、門（门）、閨（闺）、閑（闲）、閒（间）、閉（闭）、開（开）、闖（闯）、囱（窗）、囧、朙（明）、向

（1）戶（户）。戶、戶、戶、戶、戶秦简、戶秦简、戶汉帛、戶乙瑛碑、戶校官碑、戶曹全碑、戶王基碑、戶安乐王墓志、戶欧阳询、戶虞世南。

甲骨文象单扇的门。小篆字形里，门的上边框右边笔画与门板断离开来。隶书、

楷书中渐成撇，为便于书写，又变成了点。《说文》："戶，护也。半門曰戶。象形。𣏾，古文戶从木。"《诗·豳风·七月》："穹室熏鼠，塞向墐户。"指门户。引申指人家。《周易·讼卦》："其邑人三百户。"一家称一户，三百户即三百家。

（2）房。房秦简、房汉帛。房皇象、房王羲之、房金仙公主石经碑。

形声字，指正室两边的房间。《说文》："房，室在旁也。从戶方声。"徐锴《说文解字系传》："秦筑宫于骊山之旁，曰阿房宫也。"段玉裁注："凡堂之内、中为正室，左右为房，所谓东房西房也。引申之俎亦有房。"《尚书·周书·顾命》："兑之戈、和之弓、垂之竹矢，在东房。"中国房屋多为坐北朝南，主室两旁的房，按方位多称作"东房""西房"。构造或作用像房子的物体也称为"房"。如《淮南子·泛论训》："蜂房不容鹄卵，小形不足以包大体也。"高诱注："房，巢也。"王勃《采莲赋》："听菱歌兮几曲，视莲房兮几株。"指莲蓬。

（3）扉。扉。扉赵孟頫。

形声字，指门扇。《说文》："扉，户扇也。从户非声。"《左传·襄公二十八年》："子尾抽桷击扉三。"杜预注："扉，门阖也。"书籍封面内的第一页往往印有一些重要的信息，设计也非常美观，犹如门面一般，故称"扉页"。

（4）启。启、启、启。

甲骨文从户从口，当为"啟"之简省写法。《说文》："启，开也。从户从口。"许慎以"启""啟"为两字，"启发"实为"开启"之引申义，典籍多并用"啟"。《玉篇》："书曰启明，本亦作启。"段玉裁注："后人用啟字训开，乃废启不行矣。……此字不入户部者，以口户为开户也。"汉字简化时，以"启"为正体。

（5）啟（启）。啟、啟、啟、啟啟作文父辛尊、啟癲鐘、啟攸簋、啟盗壺、啟亚戍父乙鼎、啟秦简、啟汉帛。啟高湛墓志、啟欧阳询、啟颜真卿。

甲骨文从又从户，以手开门会意，或增"口"。金文承袭了繁复的写法，或改部件"又"为"攴"。小篆承之。《说文》："啟，教也。从攴启声。""教"实为开启之引申，由开启门户引申指开启心智。汉字简化时，复以已见于甲骨文的简省写法"启"为正体。《诗·小雅·大东》："东有启明，西有长庚。"启明星为早晨天亮时东方特别明亮的一颗星，"启明"即开启黎明之义。开口曰"启齿"，《庄子·徐无鬼》："奉事而大有功者，不可为数，而吾君未尝启齿。"王先谦《庄子集解》："笑也。"指开口笑，后来指开口说话。《论语·述而》："不愤不启，不悱不发。"指开导、教育。开发蒙昧曰"启蒙"，如应劭《风俗通义·五伯》："每辄挫血刃，亦足以祛蔽启蒙矣。"后多以启蒙指儿童开始学习。构字部件含"啟"的"啓""肇"亦有开启、开始义。《说文》："啓，雨而昼姓也。"指雨过天晴。《广韵》："肇，始也。"

（6）倉（仓）。倉、倉书倉父盨、倉獸鐘、倉。倉秦简、倉汉帛、倉王献之、倉孙秋生造像、倉崔敬邕墓志。

甲骨文象粮仓，上为顶盖，中为仓门，下为储粮的坑。金文变化不大。小篆笔画圆转，许慎误将顶盖与仓门析为"食"省。《说文》："倉，谷藏也。倉黄取而藏之，故谓之倉。从食省，口象倉形。"隶书笔画变形后，隐约可见象仓门的"户"。现代简化汉字仅存其轮廓而为"仓"。《诗·小雅·楚茨》："我仓既盈，我庾维亿。"指谷仓。杨万里《五月初二日苦热》："船仓周围各五尺，且道此中底宽窄。"指船舱，这个意思后来增意符"舟"写作"舱"。

（7）門（门）。𩋢、𩍿、門、𨳇、𨳆 門射颥、𨳋 元年师兑簋、𨳌 格伯簋、𨳍 师酉簋、門、門 秦简、門 汉帛、𨳐 史晨碑、𨳏 衡方碑、門 西狭颂、𨳒 曹全碑、门 王羲之、門 张玄墓志、門 虞世南。

甲骨文象双扇的门。金文变化不大。小篆写成相对的两个户。隶书门扇之形犹见，只是写得偏上了。现代简化字形"门"为草书楷化而成。《说文》："門，闻也。从二户。象形。"《左传·僖公二十二年》："妇人送迎不出门，见兄弟不逾阈。"指家门。《诗·陈风·东门之杨》："东门之杨，其叶牂牂。"指城门。引申指门径、门第、门派、门类。《老子》："玄之又玄，众妙之门。"指门径、关键。《左传·昭公十三年》："晋政多门，贰偷之不暇，何暇讨？"杜预注："政不出一家。"指家族、门第。《论衡·问孔》："孔门之徒，七十子之才，胜今之儒。"指学派、门派，以"孔门"借指儒家，类似的如"儒门""佛门"等。《旧唐书·杜佑传》："书凡九门，计二百卷。"指门类、类别。

（8）閨（闺）。閨。𨵿 汉帛。

本指小门。汉字简化时，部件"門"草书楷化为"门"，"閨"遂成"闺"。《说文》："閨，特立之户，上圜下方，有似圭。从门圭声。"《尔雅·释宫》："宫中之门谓之闱，其小者谓之闺。"《左传·襄公十年》："荜门闺窦之人，而皆陵其上，其难为上矣。"杜预注："闺窦，小户，穿壁为户，上锐下方，状如圭也。"引申指内室、女子卧室。枚乘《七发》："今夫贵人之子，必宫居而闺处，内有保母，外有傅父。"指内室。白居易《长恨歌》："杨家有女初长成，养在深闺人未识。"特指女子卧室。

（9）閑（闲）。𣐊 同簋、閑、閑 白石君碑、閑 张朗碑、闲 王羲之、閑 李璧碑、閑 龙藏寺碑、閑 欧阳询。

本指木栅栏。金文由"門"与"木"组成。简化汉字"闲"为草书楷化而成，部件"門"简成了"门"。《说文》："閑，阑也。从门中有木。"段玉裁注："引申为防闲。古多借为清闲字，又借为娴习字。"《周礼·夏官·虎贲氏》："舍则守王闲。"郑玄注："闲，梐枑。"贾公彦疏："闲与梐枑皆禁卫之物。"孙诒让《周礼正义》："盖梐枑所以遮阑行人，故亦谓之闲。"引申指界限、限制。《论语·子张》："大德不逾闲，小德出入可也。"指界限、法度。《周易·乾卦》："闲邪存其诚。"孔颖达疏："言防闲邪恶，当自存其诚实也。"通作"閒"，表闲暇义。贾谊《鵩鸟赋》："止于坐隅兮，貌甚闲暇。"今多用此义，本义已不再使用。

（10）閒（间）。𨳿 趠鐘、𨴁 中山王䂮兆域图、閒、閒 秦简、閒 汉帛。

金文从月从门，以月光从门缝中照进来，会间隙之意。小篆定形为"月"在"門"中。"間"为"閒"的异体。汉字简化时，部件"門"草书楷化为"门"，"間"遂成"间"。详见第五章第一节"月"组（第198页）。

（11）閉（闭）。𨳕 豆闭簋、𨴆 子禾子釜、閉、閉 秦简、閉 秦简、閉 汉帛、閉 石经周易、閉 欧阳询、閉 颜真卿。

金文字形由门与门闩组成。小篆字形中的门闩变形成了"才"。汉字简化时，部件"門"草书楷化为"门","閉"遂成"闭"。《说文》:"閉,阖门也。从门;才,所以歫门也。"段玉裁注:"盖许书本作从门午,午所以歫门。春字下曰:'午,杵省也。'然则此午亦是杵省,歫门用直木如杵然。转写失真,乃昧其本始矣。"《左传·定公十年》:"公闭门而泣之,目尽肿。"指关门。泛指关闭,"闭门造车""闭关锁国""闭目养神"等均用关的意思。引申指闭塞、闭藏、停止。《周易·坤卦》:"天地闭,贤人隐。"孔颖达正义:"谓二气不相交通,天地否闭,贤人潜隐。"指闭塞。《左传·僖公五年》:"凡分、至、启、闭,必书云物。"杜预注:"分,春、秋分也;至,冬、夏至也;启者,立春、立夏;闭者,立秋、立冬;云物者,气色灾变也。"立秋、立冬均为"闭",意为开始闭藏的时节,《管子·度地》云:"当冬三月,天地闭藏。""闭幕""闭会"等则指结束、停止。

（12）開（开）。𨳜。𨳜秦简、𨳜秦简、𨳜汉帛、𨳜曹全碑、𨳜白石君碑、𨳜辟雍碑、𨳜高贞碑、𨳜王羲之、𨳜欧阳询。

《说文》:"開,张也。从门从开。𨳜,古文。"小篆字形为"𨳜"之形变,段玉裁注:"一者,象门闭。从収者,象手开门。"隶书双手变形为"开",与门闩融合成"开"。汉字简化时,只保留了部件"开"。本指开门。泛指张开、打开,如"开花""开口""开颜""开怀""开卷"等。引申指开始、开创、开导、开阔等。屈原《楚辞·九章·思美人》:"开春发岁兮,白日出之悠悠。"指开始。《周易·师卦》:"大君有命,开国承家,小人勿用。"指开创、创设。《荀子·儒效》:"教诲开导成王,使谕于道,而能揜迹于文、武。"指启发、劝导。陶渊明《桃花源记》:"复行数十步,豁然开朗。"指开阔。

（13）闖（闯）。𨳜。𨳜颜真卿。

以马出门会意。汉字简化时,部件"門""馬"草书楷化为"门""马","闖"遂成"闯"。《说文》:"闖,马出门貌。从马在门中。"段玉裁注:"引申为突兀惊人之辞。"如《公羊传·哀公六年》:"开之,则闯然公子阳生也。"

（14）囪（窗）。𨳜。𨳜颜真卿。

"窗"之本字。象天窗形。《说文》:"𨳜,在墙曰牖,在屋曰囪。象形。窗,或从穴。𨳜,古文。"徐锴曰:"象交疏形。"段玉裁注:"此皆以交木为之,故象其交木之形,外域之也。"炉灶出烟的孔洞最初的形制与之相同,亦称为"囪"。《说文》:"黑,火所熏之色也。从炎,上出囧。囧,古窗(窗)字。"以火熏黑出烟的天窗会意。《玉篇》:"囪,通孔也,灶突也。"后以"囪"专指烟囪,形制虽有变化,但名称未变,书写变形为"囱"。从穴的"窗"则成为窗户的通称。《周礼·考工记·匠人》:"四旁两夹窗。"郑玄注:"窗,助户为明,每室四户八窗。"

（15）囧。𨳜、𨳜、𨳜、𨳜。𨳜戈父辛鼎、𨳜。

甲骨文象镂孔的窗户。小篆象形意味仍十分明显。详第五章第一节"月"组(第197页)。

(16) 朙（明）。各字形 克鼎、矢方彝、秦公簋、秦公鎛、明我鼎、師虎鼎、明我鼎、弔向簋、驫羌鐘、盌壺、各形、秦简、汉帛、乙瑛碑、衡方碑、郭有道碑、白石君碑、曹全碑、索靖、王羲之、王獻之、石婉墓志、惠感造像。

"明"的甲骨文有从月从囧或田作者，"囧""田"均象窗户。小篆以从月从囧的字形为正体。详见第五章第一节"月"组（第196页）。

(17) 向。各字形 向簋、弔向父簋、多友鼎、各形、汉帛、景君碑、王羲之、王羲之、褚遂良。

甲骨文由"口"与"宀"组成。金文、小篆字形与之大体相同。隶书笔画形状略有调整。行书、草书字形中把象屋顶尖端处的点写作撇，楷化之后遂成"向"。《说文》："向，北出牖也。从宀从口。"段玉裁注："引伸为向背字。经传皆假鄉为之。"表朝向义的"鄉"又曾繁化为"嚮"。《诗·豳风·七月》："穹室熏鼠，塞向墐户。"《毛传》："向，北出牖也。"指窗户。引申指方向、朝向。《孙子·九地》："故为兵之事，在于顺详敌之意，并敌一向，千里杀将。"指方向。《庄子·秋水》："望洋向若而叹曰：'野语有之曰：闻道百以为莫己若者，我之谓也。'"指朝向。欣欣向荣，即往茂盛的状态生长。向日葵因花盘常朝向太阳而得名。《说文》："曏，不久也。从日，鄉声。"段玉裁注："今人语曰向年、向时，向者即曏字也。又曰一晌、曰半晌，皆是曏字之俗。""晌"为后起字，从日向声。"曏"即往昔，汉字简化时，归并进了"向"。

附录　检字表[1]

第二至六章讨论汉字一览表

第二章　人体类部首及相关联的汉字溯源

第一节 外形相关

一、人儿组

1.人：人、千、寒、弔（吊）、亟、及、负、臽、厂、臥（卧）、夅、戍、臨（临）、監（监）、飾（饰）、飭（饬）、餤（蚀）、企、介、仚（仙）、夆、囚、勹、坐（坐）、仄、丸、死、从、眾（众）、休、伐、件、休（溺）、閃（闪）、伊、仲、付、傾、仰、伍、什、佰、作、侵、便、倡、偯、儗、伏、係（系）、像、儈（侩）、低、債（债）、價（价）、佇（伫）

2.匕与匕：匕、化、真（真）、疑、𠤎、旨、皀、鄉、卬（印）、𠨯、顷、𡿺（脑）、尼、此、死、匙、能

3.壬与壬：壬、朢（望）、廷、挺、重、𡈼、壬、纴、妊

4.身与月：身、躬（躬）、躲（射）、月、殷、慇

5.老、考、長（长）

6.儿：兒（儿）、兄、祝、元、兀、堯（尧）、允、兌（兑）、光、先、兆、競（竞）、竟、鬼、羌、秃（秃）、亮（亮）、㪚

7.欠：欠、歈（饮）、吹、歌、钦、欣、歡（欢）、歇、嘆（叹）、歐（欧）、欷、歉、欺、次、欲、㳄、盗（盗）、羨（羡）

8.旡：旡、既

9.尢：尢（尤）、尷、稽、就、僦、尬

二、大组（整体动态）

1.大：大、天、夫、美、夾（夹）、夾、齐、夲、央、因、夸、奢、赤、奞、奇、盇或蓋（盖）、去、幸、達（达）

2.立：立、位、竝（并）、併（并）、并（并）

3.亦

4.矢

---

[1]因为汉字的形体构造关联密切，本书在为汉字分组时，尽量将含有同一部件的汉字归为一组，以显示字与字之间的关联；有时为突出某个部件的细节，同一字会归为不同组类，但分析时均有详有略或各有侧重。

5.夭：夭、奔、走、喬（乔）

三、文组（整体装饰）

文、彡

四、交 卩组（整体变形）

1.交、绞

2.卩：卩（㔾）、即、印、归（抑）、令、命、㠯、色、絕（绝）、辟、丞、卮

五、尸隶组（整体曲屈）

1.尸：尸、展、届（届）、履、尾、尿、屬（属）、屈、居、㕓（刷）、屋、扇

2.勹：匈、危、及、负

六、母女组

1.女组：女、姓、安、妾、奴、妻、婦（妇）、始、如、娃

2.母组：母、每、婁（娄）

七、子组

1.子：子、孚、俘、保、孕、包、胞、勹、军、匈、匀、篱

2.厶：厶、育、棄（弃）

第二节 手部相关

一、手组：手、拜、看、失、扶、操

二、廾组：廾、埶（蓺、藝、艺）、孰、執（执）、鬥（斗）

三、𠂇组：𠂇、左、右、厷、友、有

四、又组

1.又：又、祭、丈、史、吏、事、使、支、皮、反、㕎、叔、叕、叙、曼、隻（只）、雙（双）、叟、圣

2.聿：聿、聿或筆（笔）、畫（画）、隶、逮、尹、君、秉、兼、㡱、肅、彗、羞

3.寸：寸、寺、尋（寻）、封、專、專（专）、射、尉、尃、對（对）、得

4.殳：殳、投、毆（殴）、殺（杀）、磬、登、癹、段、毅、役、般

5.攴：政、教、牧、畋、救、赦、攻、敗、徹（彻）、敝、收、斂、散、放、孜、敬、效、攸、敖、枚、改、变、更、寇、鼓、鼓

五、爪组：爪、采、爲（为）、冓、舀

六、双手组：

1.受：受、受、授、爱、爭

2.収：収、共、兵、異（异）、弄、龔、僕（仆）

3.臼：臼、舂、舀、舁、擧（举）、與、與（与）、興（兴）、爨、晨（晨）、臾、要、革

4.𠬞：𠬞（攀）、樊

第三节 足部相关

一、止组

1.止：止、正、证（征）、辵、追、逆、是、走、疋、疏、旋、足、武、此、踵（踵）、歲（岁）、歷（历）、前

2.之：之、往、出

3.夂与夊：夂、麥（麦）、來（来）、後（后）、夏（复）、復（复）、履、各、夔、致、憂（忧）、慐（忧）、愛（爱）、夋、久、降、处（处）

二、双止组

1.癶、登、發（发）

2.步：步、楙（涉）、陟

3.舛：舛、舞、桀、韋（韦）、乘（乘）、粦

第四节 面部相关

一、百组

1.百：百、面、首、県、縣（县、悬）

2.页：頁（页）、頭（头）、頒（颁）、顛（颠）、題（题）、項（项）、領（领）、顏（颜）、頓（顿）、顧（顾）、嚚（嚣）、頌（颂）、碩（硕）、顆（颗）、頗（颇）、煩（烦）、順（顺）、須（须）

3.毛髪：而、冄（冉）、頾（髯）、彡、髟、髮（发）

4.貌：皃（貌）、兜、臣（颐）

二、目组

1.目：目、相、直、德、省、䀘、蜀、眄、瞿、懼（惧）、臣、監（监）、臨（临）、臥（卧）、朢（望）、見（见）、现

2.民：民、氓

3.眉：眉、媚

三、自组：自、鼻、臭、嗅、息、皋（罪）、臬

四、耳组：耳、聽（听）、聖（圣）、聲（声）、取、聞（闻）、聰（聪）、聶（聂）、聾（聋）

五、口组

1.口：口、叩、品、朋、同、喜、合、右、占、古、台、召、告、吾、谷、卻（却）、脚（脚）、名、启、唐、君、听、吠、和、如、加、知、可、号、兮、只、句、咸、哀、咢、喿

2.舌、言、誩、甬、訥（讷）

3.曰、音、竟

4.甘：甘、旨、嘗（尝）、香、猒、甚、酣、甜、某

六、牙齿组：牙、穿、齲（龋）、齒（齿）、齧（啮）、齡（龄）

第五节 内部器官相关

一、肉组

1.肉：肉、朡（残）、腐

2.筋：筋、脱、胡、肖、有、胃、膏、脩（修）、隋
3.多：多、夗、酱（醬）、將（将）、祭、然、炙、飡（飧）

二、骨组
1.冎：冎、刐（別、别）、骨、肯
2.歺：歺、死、叔、殊、碎、殤（殇）、殯、殖、殃

三、吕组：吕、躳（躬）

四、心组：心、悉、恭、恥（耻）、恒

五、囟组：囟、思、慮（虑）、𦛨（脑）

第三章　动物类部首及相关联的汉字溯源

第一节　飞禽相关

一、鳥组：鳥（鸟）、鳳（凤）、鳴（鸣）、烏（乌）

二、隹组：隹、隻（只）、雔、雥（雠）、雥、雧（集）、雀、奞、奪（夺）、奮（奋）、雞（鸡）、雅

三、其他相关字：燕、羽、習（习）、飛（飞）、凡、西、乙、巢

第二节　走兽相关

一、家畜组

1.牛：牛、牟、牢、牧、半、解、判、物、犛（牦）

2.羊：羊、羴（膻）、芈、祥、譱（善）、美、羌、羞

3.犬：犬、狀、獎（奖）、状、倏、類（类）

4.豕：豕、亥、豚、象、隊（队）、豢、家、逐、毅

5.马：馬（马）、駁（驳）、驚（惊）

6.象：象、爲（为）

二、其他相关字

1.舄（兕）

2.廌、灋（法）

3.鹿：鹿、麤（粗）、麈（尘）

4.兔：兔、逸、㲋

5.虎：虎、彪、虍

6.能：能、熊

7.豸：豸、豹

8.鼠：鼠、竄（窜）

第三节　鳞虫相关

一、蛇虫组

1.虫：虫、蚰、蟲（虫）、蠱（蛊）

2.它（蛇）

3.龜（龟）

4.黽（黾）

5.魚（鱼）、鱻（渔）

6.龍（龙）

7.貝（贝）

二、其他相关字

1.禸、萬（万）

2.釆：釆、番、悉

3.角、衡

第四章　植物类部首及相关联的汉字溯源

第一节　草木类相关

一、草木组

1.屮：屮、屯、艸（草）、芔（卉）、茻、莽、莫、朝（朝）、蓐（薅）

2.木：木、林、本、末、朱、未、條（条）、柔、梁、析、梟（枭）、桑、困、片、版、牀（床）、東（东）、束

3.桼（漆）

二、草木萌芽组

1.才：才、在、存、弌

2.耑：耑、端

3.生：生、青、產（产）

三、花组

1.花胚：不、丕、肧（胚）、桮（杯）、帝、蒂（蒂）

2.巫：巫、巠（垂）、䠶、華或蓉（花）

四、果组

1.瓜：瓜、瓞、瓢、瓣

2.果、某

第二节　禾类相关

1.禾：禾、私、移、委、秒、稍、季（年）、秋、租、税、秦、秝、麻、歷（历）、秉、兼、黍、穀（谷）、香

2.來：來（来）、麥（麦）、嗇（啬）

3.米：米、毇、粜、糠（糠）、粱、精、粹、粗、糜、籾、料

第三节　竹麻及其他

1.竹：竹、筆（笔）、笨、等、箕

2.麻：朮、枾、麻、糕、榮（荣）

3.叔豆：尗（菽）、叔、弔（吊）

4.韭

第五章　天文地理类部首及相关联的汉字溯源

第一节　天文相关

1.日：日、旦、晶、曐（星）、春、冥、昧、昭、晏、景、顯（显）、時（时）、暈（晕）

2.月：月、朙（明）、囧、夕、夜、朔、朗、期、閒（间、闲）

3.雨：雨、雲（云）、霝（雪）、霜、零、霾

4.电：申、電（电）、神、靁（雷）、奄、曳、曳

5.气：气、氛、虹、風（风）

第二节　地理相关

一、水组

1.水：水、益、淖（潮）、減（减）、く、巜、鄰、俞、川、邕、巛、巡、州

2.泉：泉、騵（源）、永、昶、羕、辰、派、𠂢（脈、脉）、𠂢

3.冰：仌、冰、寒、冬、冷、凍（冻）、凋、冶

二、山陵组

1.山：山、自、官、追、㠯、障、陵、陽（阳）、阿、際（际）

2.丘：丘、虍（虚）、岳、谷、容、谿（溪）、豁

3.土：土、社、里、堅（坚）、均、坪、塙、壤、堂、型、堯（尧）

4.田：田、苗、甸、畔、畍（界）、畕、畜、當（当）、略

三、岩崖组

1.广：广、府、庫（库）、廬（庐）、廟（庙）、底、龐（庞）、序、廉、廣（广）、廚（厨）、廁（厕）、廂（厢）、廈（厦）、厂、厚、厓、仄、厭（厌）、石、屵、崖、岸

2.丹：丹、彤、青

3.井：井（井）、阱、荆、刱（创）、彔（录）

第三节　物象相关

1.金：金、銜（衔）

2.火：火、煩（烦）、熄、炮、炎、赤、炙、黑、墨、然、尞

第六章　器物建筑类部首及相关联的汉字溯源

第一节　饮食服饰相关

一、饮食组

1.品：品、喿、區（区）、器

2.皿：皿、盂、盌、盛、盆、盧（卢）、盈、盡（尽）、盥、血、孟

3.皀：皀、鬱（郁）

4.豆：豆、豐（丰）、豊（礼）、彝

5.皀：皀、即（即）、既（既）、食、會（会）、倉（仓）

6.鬲：鬲、斛、䙓、齍、融、粥、鬻

7.鼎：鼎、員（员）

8.壺：壺（壶）、壹

9.酉：酉、酒、酋、尊（尊）、畐（富）、釀（酿）、醴、醇、酷、酌、醮、醫（医）、酸、醬（酱）、醒、醉

10.瓦：瓦、甄、瓮、甋、瓴、瓶、瓷、缶、匋、缾（瓶）、缸、缺、磬、罐、寶（宝）、甾、畚（畚）

11.箕：箕、糞（粪）、棄（弃）、畢（毕）

12.斗：斗、斛、料、斡、魁、斟、斜、升、勺、与、匕（匙）、匚、匠、匧（箧）、匡（筐）、匣、樞、宁（宁）、貯（贮）、寧（宁）

二、服飾組

1.叀：叀、專（专）、幺、幼、䍃、胤、玄、幽、率、糸、純、經（经）、紹、級、組、絝、紅、素、絲（丝）、系

2.衣：衣、裘、褻、表、裏（里）、袂、初、裁、裔、雜（杂）、裕、巾、帥（帅）、帛、常、布、飾（饰）、佩、尚、敝、丩、糾、叕（缀）

3.冂：冂（幂）、冠、冃、冢（蒙）、冃、冒、冕、冑、最

第二节　武器工具相关

一、武器組

1.网：网、羅（罗）、買（买）、罩、署、罵（骂）、罾

2.單：單（单）、嘼（兽）、獸（兽）、戰（战）

3.弓：弓、發（发）、弱、彊、強（强）、弦、張（张）、弭、引、弘

4.矢：矢、至、疾、雉、矣

5.戈：戈、伐、戌、戊、我、武、戎、戒、或、賊（贼）、戚

6.矛

7.殳：殳、芟、設（设）

8.干、舌

9.盾

10.㫃：㫃、游、旅、族、旂、旗

二、工具組

1.鼓：鼓、豈、喜、彭、嘉

2.樂：樂（乐）、龠、穌、鼗、琴

3.工：工、仝、巨、琞、塞

4.車：車（车）、連（连）、庫（库）、軒（轩）、輕（轻）、斬（斩）、轟（轰）、轍（辙）、輔（辅）

5.舟、俞、朕、服

6.几、凭、尻、処（处）、丌、奠

7.且、俎、宜

8.斤：斤、斬（折）、析、斧、所、斯、斷（断）、芻（刍）、新、兵

9.刀：刀、刃、办（创）、利、分、則（则）、列、刊、荆、絕（绝）、辛、宰、辟、皋（罪）、辭或辤（辞）、辡、辯（辩）

10.册：册、删、嗣、典、扁、栅、聿或筆（笔）、書（书）、畫（画）、律、建、尹

11.午：午、卸、御、缶、舂、臼

12.力：力、男、加、勒、劦

13.耒：耒、耤、耜（耜）、鉏（锄）

14.貝：貝（贝）、得、责、賢（贤）、賀（贺）、寶（宝）、賴（赖）、敗（败）、具、貫（贯）、冊

15.玉：玉、理、玩、弄、班、璧、王

第三节　建筑居处相关

1.宫室：宀、穴、宫（宫）、室、奥、宴、宗、宿、實（实）、宵、宋、字、客、宾、官

2.城郭：高、亭、京、臺、郭、墉、城

3.仓廪：囗、圍（围）、韋（韦）、國（国）、或、囚、因、困、邑、鄊（乡）、邦、鄙、都、亩、啚、圖（图）、啬（啬）

4.户牖：戶（户）、房、扉、启、啟（启）、倉（仓）、門（门）、闺（闺）、閑（闲）、間（间）、閉（闭）、開（开）、闖（闯）、囪（窗）、囧、朙（明）、向

参考文献

许慎.说文解字[M].北京：中华书局，1963.
段玉裁.说文解字注[M].上海：上海古籍出版社，1988.
陆宗达.说文解字通论[M].北京：中华书局，2015.
中国社会科学院考古研究所.甲骨文编[M].北京：中华书局，1982.
郭沫若主编，胡厚宣总编.甲骨文合集[M].北京：中华书局，1978-1982.
郭沫若.中国古代社会研究[M].北京：人民出版社，1954.
郭沫若.卜辞通纂[M].北京:科学出版社，1983.
李宗焜.甲骨文字编[M].北京：中华书局，2012.
刘钊.新甲骨文编[M].福州：福建人民出版社，2009.
刘钊.古文字构形学[M].福州：福建人民出版社，2006.
李孝定.甲骨文字集释[M].台北：中央研究院历史语言研究所，1965.
于省吾.甲骨文字诂林[M].北京：中华书局，1996.
于省吾.甲骨文字释林[M].北京：商务印书馆，2010.
李圃.古文字诂林[M].上海：上海教育出版社，1999.
徐中舒.汉语古文字字形表[Z].北京：中华书局，2010.
徐中舒.甲骨文字典[Z].成都：四川辞书出版社，1990.
徐中舒.徐中舒论先秦史[M].上海：上海科学技术出版社，2008.
罗振玉.殷虚书契考释[M].北京：中华书局，2006.
宋镇豪，段志洪.甲骨文献集成[M].成都：四川大学出版社，2001.
陈梦家.殷虚卜辞综述[M].北京：中华书局，1988.
容庚.金文编[M].张振林，马国权摹补.北京：中华书局，1985.
陈汉平.金文编订补[M].北京：中国社会科学出版社，1993.
汤馀惠主编. 战国文字编[M].福州：福建人民出版社，2015.
唐兰.古文字学导论[M].上海：上海古籍出版社，2016.
唐兰.中国文字学[M].上海：上海古籍出版社，2005.
高明.中国古文字学通论[M].北京：北京大学出版社，1996.
高明，涂白奎编著.古文字类编[M].上海：上海古籍出版社，2008.
裘锡圭.文字学概要[M].北京：商务印书馆，2013.
裘锡圭.古文字论集[M].北京：中华书局，1992.
李学勤.字源[M].天津：天津古籍出版社，2013.

李学勤.古文字学初阶[M].北京：中华书局，2019.
林沄.古文字学简论[M].北京：中华书局，2012.
杨树达.中国文字学概要·文字形义学[M].上海：上海古籍出版社，2013.
杨树达.积微居小学述林全编[M].上海：上海古籍出版社，2007.
王宁.汉字构形学导论[M].北京：商务印书馆，2015.
王宁.汉字与中华文化十讲[M].北京：生活·读书·新知三联书店，2018.
黄德宽.古文字学[M].上海：上海古籍出版社，2015.
黄德宽主编.古文字谱系疏证[M].北京：商务印书馆，2007.
郑振峰.甲骨文字构形系统研究[M].上海：上海教育出版社，2006.
陈婷珠.殷商甲骨文字形系统再研究[M].上海：上海人民出版社，2010.
王国维.观堂集林[M].北京：中华书局，1959.
邹晓丽.基础汉字形义释源[M].北京：中华书局，2007.
曾宪通，林志强.汉字源流[M].广州：中山大学出版社，2011.
陈炜湛，唐钰明.古文字学纲要[M].广州：中山大学出版社，2009.
陈炜湛.古文字趣谈[M].上海：上海古籍出版社，2005.
林志强.汉字学十六讲[M].北京：高等教育出版社，2019.
王力.中国古代文化常识[M].北京：北京联合出版公司，2014.
何九盈.汉字文化学[M].北京：商务印书馆，2016.
李玲璞，臧克和，刘志基.古汉字与中国文化源[M].贵州：贵州人民出版社，1997.
王贵元.汉字与历史文化[M].北京：中国人民大学出版社，2008.
杨琳.汉字形义与文化[M].天津：南开大学出版社，2012.

后　　记

　　本书系国家社科基金重大项目（20&ZD307）、新闻与文化传播学院部校共建经费资助项目成果。

　　2014年6月，我进入武汉大学中国语言文学博士后流动站，师从卢烈红先生从事常见汉字形体演变中理据信息的调整方面的博士后研究工作。进站前几天，申报的中南财经政法大学通识教育选修课"汉字溯源"获批。10月，申报的中央高校基本科研业务费青年教师创新项目"汉字理据信息的历史传承研究"获得立项。2018年，在此基础上申报的教育部项目获得立项。使得我在近几年时间里能较多地进行汉字形义发展演变方面的思考与研究。2015年12月，"汉字溯源"通识教育选修课教材获得立项，本意欲尽快将这些思考形成文字出版。后因教学、科研工作较多，加上撰作中发现远比想象的工作量要大，一再断断续续地坚持推进至今，可惜早错过了学校的资助时限。2020年，蒙我的博士导师程邦雄先生信任，承担国家社科基金重大项目子课题，为更合理地分配时间与精力，遂潜心静气终于将剩余的撰作计划完成。

　　教材初步的设计，是以简明的言语将汉字的形义讲清楚，框架里本还有从初形初义出发来探讨词汇形成和历史文化信息的章节。意欲从近几年我在湖北电视教育频道"汉字解密"节目讲解的汉字中择取一些进行整理与修订。实际撰作过程中，发现字形里有很多重要的细节，这些细节有的是尚未被关注到的，有的是前贤虽有涉及但未引起足够重视的，个人主张谈历史信息等皆应以原始字形为出发点，否则，就是无源之水、无本之木，因此，觉得第一要务是将这些有价值的细节尽量呈现出来，这样一来，内容就多了许多。加上希望尽量将形义有关的字关联起来集中讨论，呈现出汉字的构形体系，以在读者心中形成系统的观念。这使得教材的体量较大，不宜再生枝蔓。考虑到历史文化信息非常宏富，远非一章所能囊括，只得暂时搁置，留待将来有机会再进一步作系统的探讨。相信有了现在的基础，相关探讨也会更有质量一些。

　　教材多有个人见解，欢迎批评与讨论。对具体汉字的分析，基本都是在前人研究基础上提出的尽量合理周密的看法，希望在目前良莠不齐的说解文字的出版物中，给读者一些理性判别的提示。对一些理论性的问题，也做了一定的评述与拓展，适当的深入是希望读者借助理论工具与方法能把现象看得更通透。

　　教材的初衷是试图以个人绵薄之力在读者头脑中种下一颗正确地看待汉字的种子，交给读者一把解读汉字的钥匙，培养独立思考问题的习惯。我深知这一目标设定极具挑战性，可能非个人学识一时所能达到，所以在撰作过程中尽量全面地利用文字资料、审慎地参详众家之说，以使论证更有说服力、结论更经得起推敲，希望教材多少能给读者一定的启发，聊作引玉之砖。教材以严谨科学的态度对待每一个讨论的汉字，用丰富的实例告诉读者原来是这样的，用充分的证据告诉读者为什么是这样的，也希望我们的分析过程可以让读者初步了解与掌握汉字溯源的基本思路与原则，举一反三，审慎地对待汉字，学会用类似的方法与途径来探究汉字问题，而非缺少独立判断地人云亦云或毫无根据天马行空般地奇思妙想。此外，选字时尽量注意了有关系的字形的关联，提供了汉字发展演变中各阶段的典型字形，可以为相关研究者进一步分析提供一定的基础和参考。当然，现实的结果与理想中的设计往往会有一定的差距，一是材料的梳理与择取远比想象中的要浩繁，在这个漫长而琐碎的过程中，虽尽力保证典型性、避免缺失，但无法排除有遗珠之憾；二是限于目前的资料，有些字存在多种可能性，着实无法给一个合理完美的分析，本欲在前贤时彦研究的基础上形成一个明确的观点，却发现现有的证据不够充分，只能勉力为之，提出一个最有可能的推测。因为时间紧张和以一人之力完成，肯定存在一些不尽如人意的地方，恳请不吝赐教，希望在将来能不断完善充实。

教材对学者观点有明晰标注，而一些常识性的汉字知识因基本已形成学界通识，恐未一一注清来源，在此对学界前辈们表示由衷的感谢，没有前贤时彦的研究，我们对很多问题的看法可能至今仍然迷糊不清，也不大可能有这本书的问世。教材中的图片大多来自网络，感谢相关专业人士共享的高质量清晰图片，为相关问题的说明提供了直观的材料。

谭飞

2021 年 5 月 2 日